THE
BOOK

Audi 100 & 200
Gör-det-själv handbok

John S. Mead

Modeller som behandlas
Samtliga Audi 100 och 200 framhjulsdrivna modeller, inklusive Turbo och Avant
1781cc, 1921cc, 1994cc, 2144cc, 2226cc samt 2309cc
Behandlar inte Quattro och dieselmodeller

(3214-296-2AF1/907-11X4)

ABCDE
FGHIJ
K

Tryckt i USA

Haynes Publishing Nordiska AB
Box 1504, 751 45 UPPSALA, Sverige

Haynes Publishing
Sparkford, Yeovil, Somerset BA22 7JJ, England

Haynes North America, Inc
861 Lawrence Drive, Newbury Park, California 91320, USA

Editions Haynes
4, Rue de l'Abreuvoir
92415 COURBEVOIE CEDEX, France

Innehåll

ATT LEVA MED DIN AUDI

Reparationer vid vägkanten

Innehåll

Presentation av Audi 100 och 200

Den "nya" Audi 100 lanserades i oktober 1982 och 200-versionen blev tillgängligt tidigt 1984.

Samtliga modeller har många glänsande och nyskapande avancemang i fordonsdesign och teknologi, främst bland dessa en minutiös koncentration på aerodynamisk form. Med en luftmotståndskoefficient (Cd) om 0,30 för Audi 100 är dessa bilar bland de mest aerodynamiskt effektiva i sin klass.

Förutom den aerodynamiska överlägsenheten erbjuder samtliga modeller ett omfattande paket med standardutrustning och tillval.

Modellutbudet är synnerligen omfattande och erbjuder olika utrustningsnivåer och val mellan sedan- eller kombikaross (kallad Avant), fyr- eller femcylindriga motorer, fyr- eller femväxlade manuella lådor eller automatlåda. Komplett instrumentuppsättning ingår, beroende på modell, tillsammans med elektriska fönsterhissar, centrallås, färddator, högklassig ljudanläggning och servostyrning. Valmöjligheter finns mellan förgasarmotorer, bränsleinsprutade motorer och bränsleinsprutade motorer med turboladdning.

Med tack till följande

Vi vill tacka Champion Sparking Plug Company Limited, som tillhandahållit illustrationerna över tändstiftens skick. Speciellt tack till Mr John Day hos JP & S Day, South Lee Garage, South Molten, Devon för lånet av projektbilen och till Swallowdale Motors, Seaton, Devon för teknisk hjälp. Vi tackar även Sykes-Pickavant Limited, som tillhandahöll viss verkstadsutrustning samt alla i Sparkford som hjälpt till att producera denna handbok.

Audi 100 CD

Audi 100 Avant CD

Att arbeta på din bil kan vara farligt. Den här sidan visar bara några potentiella risker och faror och har som mål att göra dig uppmärksam på och medveten om vikten av säkerhet i ditt arbete.

Allmänna faror

Skållning

• Ta aldrig av locket till kylare eller expansionskärl när motorn är varm.
• Motorolja, automatväxelolja och styrservovätska kan också vara farligt varma om motorn just har varit igång.

Brännskador

• Var försiktig så att du inte bränner dig på avgassystem och motor. Bromsskivor och trummor kan också vara extremt varma precis efter användning.

Lyftning av fordon

• Vid arbete nära eller under ett lyft fordon, använd alltid extra stöd i form av pallbockar, eller använd ramper. *Arbeta aldrig under en bil som endast stöds av domkraft.*
• Var försiktig vid lossande och åtdragning av skruvar och muttrar med högt åtdragningsmoment om bilen är stödd på domkraft. Inledande lossning och slutgiltig åtdragning skall alltid utföras med fordonet på marken.

Eld

• Bränsle är ytterst eldfarligt; bränsleångor är explosiva.
• Spill inte bränsle på en het motor.
• Rök inte och använd aldrig öppen låga i närheten när du utför arbete på bilen. Undvik också att orsaka gnistor (elektriskt eller via verktyg).
• Bränsleångor är tyngre än luft, så arbeta inte på bränslesystemet med bilen parkerad över en inspektionsgrop.
• Eld kan också orsakas av elektrisk överbelastning eller kortslutning. Var försiktig vid reparation eller ändring av bilens ledningar.
• Ha alltid en brandsläckare till hands, av den typ som är lämplig för bränder i bränsle- och elsystem.

Elektrisk stöt

• Tändningens högspänning kan vara farlig, speciellt för personer med hjärtproblem eller pacemaker. Arbeta inte nära tändsystemet med motorn igång eller tändningen på.
• Nätspänning är också farlig. Se till att all nätansluten utrustning är ordentligt jordad.

Giftiga gaser och ångor

• Avgasångor är giftiga; de innehåller koloxid vilket kan vara ytterst farligt vid inandning. Låt aldrig motorn vara igång i ett trångt utrymme (t ex garage) med dörren stängd.
• Bränsleångor är också giftiga, liksom ångor från vissa typer av rengöringsmedel och färgförtunning.

Giftiga och irriterande ämnen

• Undvik hudkontakt med batterisyra, bränsle, smörjmedel och vätskor, speciellt frostskyddsvätska och bromsvätska. Sug aldrig upp dem med munnen. Om någon av dessa ämnen sväljs eller kommer in i ögonen, kontakta läkare.
• Långvarig kontakt med använd motorolja kan orsaka hudcancer. Bär alltid handskar eller använd en skyddande kräm. Byt oljeindränkta kläder och förvara inte oljiga trasor i fickorna.
• Luftkonditioneringens kylmedel omvandlas till giftig gas om den exponeras för öppen låga (inklusive cigaretter). Det kan också orsaka brännskador vid hudkontakt.

Asbest

• Asbestdamm kan orsaka cancer om det inandas eller sväljs. Asbest kan finnas i packningar och i kopplings- och bromsbelägg. Vid hantering av sådana detaljer är det säkrast att alltid behandla dem som om de innehöll asbest.

Speciella faror

Fluorvätesyra

• Denna extremt frätande syra uppstår när vissa typer av gummi, som kan finnas i O-ringar, oljetätningar, bränsleslangar etc, utsätts för temperaturer över 400°C. Gummit förvandlas till en förkolnad eller kletig massa som innehåller den farliga syran. *När fluorvätesyra en gång uppstått, är den farlig i flera år. Om den kommer i kontakt med huden kan det innebära att man måste amputera den utsatta kroppsdelen.*
• Vid arbete med ett fordon, eller delar från ett fordon, som varit utsatt för brand, bär alltid skyddshandskar och kassera dem på ett säkert sätt efteråt.

Batteriet

• Batteriet innehåller svavelsyra, vilken angriper kläder, ögon och hud. Var försiktig vid påfyllning av batteriet och när du bär det.
• Den vätgas som batteriet avger är ytterst explosiv. Orsaka aldrig gnistor och använd aldrig öppen låga i närheten av batteriet. Var försiktig när batteriet kopplas till/från batteriladdare eller startkablar.

Krockkudde (airbag)

• Airbags kan orsaka skada om de utlöses av misstag. Var försiktig vid demontering av ratt och/eller instrumentbräda. Speciell förvaring kan vara aktuell.

Diesel insprutning

• Diesel insprutningspumpar matar bränsle vid mycket högt tryck. Var försiktig vid arbete med bränsleinsprutare och bränslerör.

⚠️ *Varning: Utsätt aldrig händer, ansikte eller annan kroppsdel för strålen från ett insprutningsmunstycke. Bränslet kan tränga igenom huden och eventuellt orsaka dödliga skador.*

Kom ihåg...

ATT

• Använd skyddsglasögon vid arbete med borrmaskiner, slipmaskiner etc, samt vid arbete under bilen.
• Använd handskar eller en skyddskräm när så behövs.
• Se till att någon regelbundet kontrollerar att allt står väl till när du arbetar ensam på ett fordon.
• Se till att inte löst sittande kläder eller långt hår kommer i vägen för rörliga delar.
• Ta alltid av ringar, klocka etc innan du börjar arbeta på ett fordon - speciellt med elsystemet.
• Försäkra dig om att lyftanordningar och domkraft klarar av den tyngd de utsätts för.

ATT INTE

• Försök inte lyfta delar som är tyngre än du orkar - skaffa hjälp.
• Jäkta inte för att slutföra ett arbete, ta inga genvägar.
• Använd inte verktyg som passar dåligt, då de kan slinta och orsaka skada.
• Lämna inte verktyg eller delar utspridda, det är lätt att snubbla över dem. Torka alltid upp olja eller andra smörjmedel från golvet.
• Låt inte barn eller djur vistas i eller runt ett fordon utan tillsyn.

Mått

Total längd:
Audi 100	4792 mm
Audi 200	4808 mm
Total bredd	1814 mm
Total höjd (olastad)	1428 mm cirka

Markfrigång (belastad):
Sedan	133 mm
Avant	140 mm
Fordon med självutjämnande fjädring	187 mm
Hjulbas	2687,5 mm
Främre spårvidd	1468 mm
Bakre spårvidd	1469 mm
Vändradie (mellan väggar)	11500 mm cirka

Vikter

Tomvikt:

Sedan:
Motor 55 kW	1090 kg
Motor 66 kW	1090 kg
Motor 74 kW	1145 kg
Motor 85 kW	1250 kg
Motor 100 kW	1210 kg
Motor 101 kW	1250 kg
Motor 134 kW	1300 kg

Avant:
Motor 55 kW	1130 kg
Motor 66 kW	1140 kg
Motor 85 kW	1290 kg
Motor 100 kW	1260 kg
Motor 101 kW	1290 kg

Lägg till 75 kg för automatlåda på femcylindriga modeller. Lägg till 25 kg för automatlåda på fyrcylindriga modeller

Maxvikt:

Sedan:
Motor 55 och 66 kW	1640 kg
Motor 74 kW	1645 kg
Motor 85 kW	1800 kg
Motor 100 kW	1710 kg
Motor 101 kW	1800 kg
Motor 134 kW	1790 kg

Avant:
Motor 55 och 66 kW	1680 kg
Motor 85 kW	1840 kg
Motor 100 kW	1760 kg
Motor 101 kW	1840 kg
Max last på takräcke	75 kg

Maximal släpvagnsvikt (12% lutning):

Sedan:
Motor 55 och 66 kW	1150 kg

Motor 74 kW:
Manuell växellåda	1300 kg
Automatlåda	1400 kg

Motor 85 kW:
Manuell växellåda	1200 kg
Automatlåda	1300 kg

Motor 100 kW:
Manuell växellåda	1500 kg
Automatlåda	1600 kg

Motor 101 och 134 kW:
Manuell växellåda	1400 kg
Automatlåda	1500 kg

Avant:
Motor 55 och 66 kW	1100 kg

Motor 74 kW:
Manuell växellåda	1200 kg
Automatlåda	1300 kg

Vikter (forts)

Motor 85 kW:
Manuell växellåda .... 1150 kg
Automatlåda .... 1250 kg

Motor 100 kW:
Manuell växellåda .... 1400 kg
Automatlåda .... 1500 kg

Motor 101 och 134 kW:
Manuell växellåda .... 1350 kg
Automatlåda .... 1450 kg

Volymer

Motorolja:
Fyrcylindriga motorer med filterbyte .... 3,0 liter
Fyrcylindriga motorer utan filterbyte .... 2,5 liter
Femcylindriga motorer med filterbyte .... 4,5 liter
Femcylindriga motorer utan filterbyte .... 4,0 liter
Skillnad mellan MIN och MAX på mätstickan .... 1,0 liter

Kylsystem (inklusive värmeelement):
Fyrcylindriga motorer .... 7,0 liter
Femcylindriga motorer (utom MC) .... 8,1 liter
Motor MC 121 kW .... 8,5 liter

Bränsletank:
Samtliga modeller .... 80 liter

Manuella växellådor:
012 .... 2,35 liter
013 .... 2,0 liter
014 .... 1,7 liter
016 .... 2,6 liter
093 .... 2,3 liter

Automatlådor:
Växellåda 089, hydraulolja (totalt) .... 6,0 liter
Växellåda 089, hydraulolja (service) .... 3,0 liter
Växellåda 089, slutväxel .... 0,75 liter
Växellåda 087, hydraulolja (totalt) .... 6,0 liter
Växellåda 087, hydraulolja (service) .... 3,0 liter
Växellåda 087, slutväxel .... 0,7 liter

Kombinerat hydraulsystem:
Servostyrning och bromsservo .... 1,6 liter
Servostyrning och bromsservo samt självutjämnande
fjädring .... 2,7 liter

Lyft med domkraft och bogsering

Lyft med domkraft

Ta fram reservhjulet och domkraften ur bagageutrymmets vänstra del tillsammans med verktygslådan från den bakre panelen. Bilen ska stå på plan fast mark. Dra åt handbromsen och klossa det hjul som är diagonalt mot det som ska bytas. Använd de medföljande verktygen och demontera i förekommande fall navkapseln och lossa

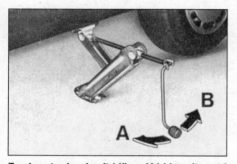

Fordonets domkraft i läge. Vrid handtaget i riktningen "A" för att lyfta bilen och i riktningen "B" för att sänka bilen.

Placering av reservhjul och verktygslåda i sedanmodeller

Placering av reservhjul och verktygslåda i Avantmodeller

sedan samtliga hjulbultar med ett halvt varv vardera. Placera domkraftens lyftarm under den förstärkta svetsfogen på tröskeln rakt under den kilformade försänkningen närmast det hjul som ska bytas. Vrid domkrafts-handtaget till dess att domkraftens fot får kontakt med marken rakt under tröskeln. Fortsätt vrida handtaget till dess att hjulet går fritt från marken. Skruva ur hjulbultarna och demontera hjulet. På lättmetallfälgar ska det centrala dekorlocket lossas och fästas på reservhjulet.

Placera reservhjulet på navet, stick in hjulbultarna och dra åt dessa i diagonal följd. Sänk ned bilen på marken med domkraften och slutdra hjulbultarna. I förekommande fall, sätt tillbaka navkapseln, ta bort hjulkloss-ningen och sätt tillbaka domkraft, verktygs-låda och hjul i bagageutrymmet.

Observera att vissa modeller har ett utrymmesbesparande temporärt reservhjul som är mindre och lättare än vanliga hjul. Detta är endast avsett för tillfälligt bruk över kortare sträckor till närmaste däcksverkstad. Med ett sådant hjul monterat ska farten aldrig överstiga 80 km/t, undvik även fullgas-accelerationer, hårda inbromsningar och snabb kurvtagning.

Om bilen hissas upp med en garage-domkraft ska denna placeras under den förstärkta plattan bakom framhjulet (se bild)

eller under den förstärkta svetsfogen på tröskelns bakre del. Använd samma positioner som vid placering på pallbockar. *Lyft aldrig bilen med en domkraft under fjädrings- eller axeldelar, oljesumpen eller växellådan.*

Bogsering

Bogseringsöglor finns monterade fram- och baktill på bilen och en bogserlina ska inte kopplas på någon annan del av bilen. Det är rekommendabelt att använda en något elastisk bogserlina så att påfrestningarna på bägge fordonen minskas. Använd en bogser-lina tillverkad av syntetfibrer eller en som är försedd med en elastisk länk.

Tänk på följande viktiga punkter vid bog-sering:

(a) *Vrid tändningsnyckeln på det bogserade fordonet så att rattlåset är upplåst*

(b) *Kom ihåg att om motorn inte är igång, så finns det ingen kraft till bromsservon vilket innebär att det krävs högre pedaltryck för inbromsning*

(c) *På fordon med automatlåda ska växelväljaren vara i läge "N". Bogsera inte snabbare än 30 km/tim eller längre sträckor än 50 km, såvida inte framhjulen är upphissade från marken.*

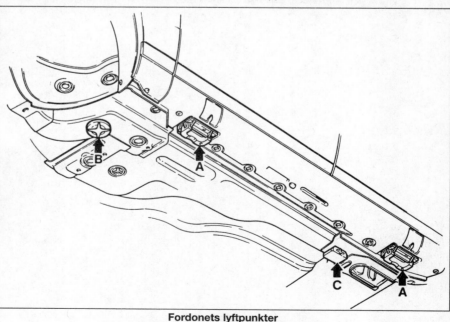

Fordonets lyftpunkter
*A Lyftpunkt endast för fordonets domkraft
B och C Lyftpunkter för hydraulisk eller garagedomkraft*

Att hitta läckor

Pölar på garagegolvet (eller där bilen parkeras) eller våta fläckar i motorrummet tyder på läckor som man måste försöka hitta. Det är ibland inte så lätt att se var läckan är, särskilt inte om motorrummet är mycket smutsigt. Olja eller andra vätskor kan spridas av fartvinden under bilen och göra det svårt att säga var läckan egentligen finns.

 Varning: De flesta oljor och andra vätskor i en bil är giftiga. Vid spill bör man tvätta huden och byta indränkta kläder så snart som möjligt.

Lukten kan vara en hjälp när det gäller att avgöra varifrån ett läckage kommer. Vissa vätskor har en färg som är lätt att känna igen. Det kan vara en god idé att göra ren bilen ordentligt och ställa den över ett rent papper över natten för att lättare se var läckan finns. Tänk på att motorn ibland bara läcker när den är igång.

Olja från sumpen

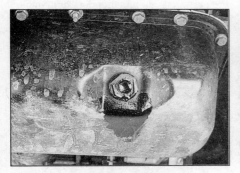

Motorolja kan läcka från avtappnings-pluggen . . .

Olja från oljefiltret

. . . eller från oljefiltrets packning

Växellådsolja

Växellådsolja kan läcka från tätningarna vid drivaxlarnas inre ändar

Kylvätska

Läckande kylvätska lämnar ofta kristallina avlagringar liknande dessa

Bromsvätska

Läckage vid ett hjul är nästan alltid bromsvätska

Olja från styrservo

Hydraulolja kan läcka från styrväxeln eller dess anslutningar

Däckens skick och lufttryck

Det är mycket viktigt att däcken är i bra skick och har korrekt lufttryck - däckhaverier är farliga i alla hastigheter.

Däckslitage påverkas av körstil - hårda inbromsningar och accelerationer eller snabb kurvtagning samverkar tillhögt slitage. Generellt sett slits framdäcken ut snabbare än bakdäcken. Axelvis byte mellan fram och bak kan jämna ut slitaget, men om detta är för effektivt kan du komma att behöva byta alla fyra däcken samtidigt!

Ta bort spikar och stenar som bäddats in i mönstret innan dessa tränger genom och orsakar punktering. Om borttagandet av en spik avslöjar en punktering, stick tillbaka spiken i hålet som markering, byt omedelbart hjul och låt en däckverkstad reparera däcket.

Kontrollera regelbundet att däcken är fria från sprickor och blåsor, speciellt i sido-väggarna. Ta av hjulen med regelbundna mellanrum och rensa bort all smuts och lera från inre och yttre ytor. Kontrollera att inte fälgarna visar spår av rost, korrosion eller andra skador. Lättmetallfälgar skadas lätt av kontakt med trottoarkanter vid parkering, stålfälgar kan bucklas. En ny fälg är ofta enda sättet att korrigera allvarligare skador.

Nya däck måste alltid balanseras vid monteringen men det kan vara nödvändigt att balansera om dem i takt med slitage eller om balansvikten på fälgkanten lossnar.

Obalanserade däck slits snabbare och de ökar även slitaget på fjädring och styrning. Obalans i hjulen markeras normalt av vibrationer, speciellt vid vissa hastigheter, i regel kring 80 km/tim. Om dessa vibrationer bara känns i styrningen är det troligt att enbart framhjulen behöver balanseras. Om istället vibrationerna känns i hela bilen kan bakhjulen vara obalanserade. Hjulbalansering ska utföras av däckverkstad eller annan verkstad med lämplig utrustning.

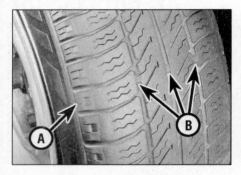

1 Mönsterdjup - visuell kontroll

Originaldäcken har slitagevarningsband (B) som visas när mönsterdjupet slitits ned till ca 1,6 mm. Bandens lägen anges av trianglar på däcksidorna (A).

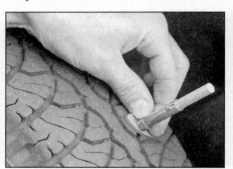

2 Mönsterdjup - manuell kontroll

Mönsterdjupet kan även avläsas med ett billigt verktyg kallat mönsterdjupsmätare.

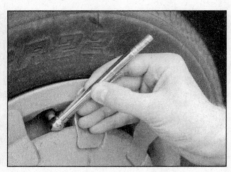

3 Lufttryckskontroll

Kontrollera regelbundet lufttrycket i däcken när dessa är kalla. Justera inte lufttryck omedelbart efter det att bilen körts eftersom detta leder till felaktiga värden.

Däckslitage

Slitage på sidorna

Lågt däcktryck (slitage på båda sidorna)
Lågt däcktryck orsakar överhettning i däcket eftersom det ger efter för mycket, och slit-banan ligger inte rätt mot underlaget. Detta orsakar förlust av väggrepp och ökat slitage, för att inte nämna risken för plötsligt däck-haveri på grund av överhettning.
Kontrollera och justera däcktrycket
Felaktig cambervinkel (slitage på en sida)
Reparera eller byt ut fjädringsdetaljer
Hård kurvtagning
Sänk hastigheten!

Slitage i mitten

För högt däcktryck
För högt däcktryck orsakar snabbt slitage i mitten av däckmönstret, samt minskat väggrepp, stötigare gång och fara för skador i korden
Kontrollera och justera däcktrycket

Om du ibland måste ändra däcktrycket till högre tryck specificerade för max lastvikt eller ihållande hög hastighet, glöm inte att minska trycket efteråt.

Ojämnt slitage

Framdäcken kan slitas ojämnt som följd av felaktig hjulinställning. De flesta bilåterför-säljare och verkstäder kan kontrollera och justera hjulinställningen för en rimlig summa.
Felaktig camber- eller castervinkel
Reparera eller byt ut fjädringsdetaljer
Defekt fjädring
Reparera eller byt ut fjädringsdetaljer
Obalanserade hjul
Balansera hjulen
Felaktig toe-inställning
Justera framhjulsinställningen
Notera: *Den fransiga ytan i mönstret, ett typiskt tecken på toe-förslitning, kontrolleras bäst genom att man känner med handen över däcket.*

Tips
HAYNES

Start med startkablar löser ditt problem för stunden, men det är väsentligt att ta reda på vad som orsakade batteriets urladdning. Det finns tre möjligheter:

1 *Batteriet har laddats ur efter ett flertal startförsök, eller för att lysen har lämnats på.*

2 *Laddningssystemet fungerar inte tillfredsställande (generatorns drivrem slak eller av, generatorns länkage eller generatorn själv defekt).*

3 *Batteriet defekt (utslitet eller låg elektrolytnivå.*

När en bil startas med hjälp av ett laddningsbatteri, observera följande:

✔ Innan det fulladdade batteriet ansluts, stäng av tändningen.

✔ Se till att all elektrisk utrustning (lysen, värme, vindrutetorkare etc) är avslagen.

Starthjälp

✔ Kontrollera att laddningsbatteriet har samma spänning som det urladdade batteriet i bilen.

✔ Om batteriet startas med startkablar från batteriet i en annan bil, får bilarna INTE VIDRÖRA varandra.

✔ Växellådan skall vara i neutralt läge (PARK för automatväxellåda).

1 Koppla den ena änden på den röda startkabeln till den positiva (+) anslutningen på det urladdade batteriet.

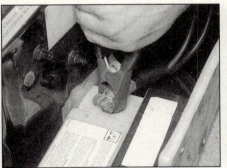

2 Koppla den andra änden på den röda kabeln till den positiva (+) anslutningen på det fulladdade batteriet.

3 Koppla den ena änden på den svarta startkabeln till den negativa (–) anslutningen på det fulladdade batteriet.

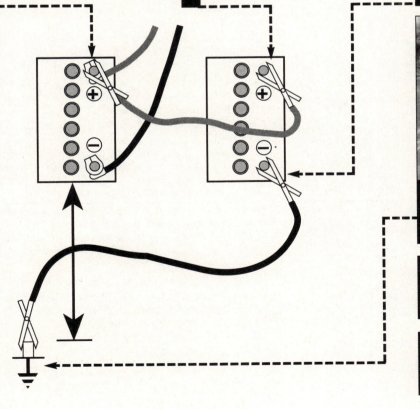

4 Koppla den andra änden på den svarta kabeln till en skruv eller ett fäste på motorblocket, på gott avstånd från batteriet, på bilen som ska startas.

5 Se till att startkablarna inte kommer i kontakt med fläkten, drivremmarna eller andra rörliga delar i motorn.

6 Starta motorn med laddningsbatteriet, sen med motorn på tomgång, koppla bort startkablarna i omvänd ordning mot anslutning.

Rutinunderhåll

Underhåll krävs för att garantera säkerhet och är önskvärt för att få ut det mesta av prestanda och ekonomi från bilen. Med åren har kraven på periodisk rundsmörjning minskats i mycket stor utsträckning, i de fall de inte helt eliminerats. Detta har olyckligtvis lett till att en del ägare börjat tänka att underhåll inte längre krävs, i och med att dessa enheter inte längre finns, eller har oändlig livslängd. Detta är förvisso inte fallet, det är fortfarande nödvändigt att regelbundet utföra så noggranna och omfattande inspektioner som möjligt, för att upptäcka möjliga problem i ett tidigt skede, innan de utvecklas till stora problem som kräver dyra reparationer.

Följande underhållsscheman är en lista över underhållskraven och de intervall med vilka de ska utföras, enligt tillverkarens rekommendationer. I tillämpliga fall finns dessa procedurer genomgående beskrivna i detalj i denna handbok i anslutning till varje kapitels inledning.

Diagram över oljeviskositeter

Var 400 km eller varje vecka

- [ ] Kontrollera motoroljans nivå och fyll på vid behov (kapitel 1, avsnitt 2 eller 30)
- [ ] Kontrollera kylvätskans nivå och fyll på vid behov (kapitel 2, avsnitt 2)
- [ ] Kontrollera servostyrningens hydrauloljenivå och fyll på vid behov (kapitel 10, avsnitt 2)
- [ ] Kontrollera servobromsarnas hydrauloljenivå och fyll på vid behov (kapitel 9, avsnitt 2)
- [ ] Kontrollera funktionen av signalhorn, samtliga lampor, torkare och spolare
- [ ] Kontrollera och fyll vid behov på spolarvätskebehållare, lägg till tvättmedel
- [ ] Kontrollera däckens lufttryck (kapitel 10, avsnitt 30).
- [ ] Inspektera däckens skick vad gäller skador och slitage (kapitel 10, avsnitt 30)

Var 15 000 km eller 12 månader

- [ ] Byt motorolja och filter – inklusive turbofilter om befintligt (kapitel 1, avsnitt 2 eller 30)
- [ ] Inspektera motorn och leta efter tecken på oljeläckor samt kontrollera skick och fastsättning av samtliga hjälpaggregat, komponenter och anslutna delar (kapitel 1, avsnitt 2).
- [ ] Kontrollera att slangar, slangklämmor och synliga packningar inte visar tecken på läckor, korrosion eller nedbrytning (kapitel 2, avsnitt 2)
- [ ] Kontrollera kylsystemet och fyll på vid behov, kontrollera även frostskyddets styrka (kapitel 2, avsnitten 2 och 6).
- [ ] Inspektera bränsleledningarna vad gäller fastsättning, skavningar, läckor och korrosion (kapitel 3, avsnitt 2)
- [ ] Inspektera bränsletanken vad gäller läckage och tecken på skador eller korrosion (kapitel 3, avsnitt 2)
- [ ] Kontrollera funktionen för gasvajer och länkage (kapitel 3, avsnitt 2)
- [ ] Kontrollera och justera vid behov tomgångsvarvtal och CO-halt, om tillämpligt (kapitel 3, avsnitt 11).
- [ ] Byt det extra oljefiltret på turbomodeller

- [ ] Kontrollera avgassystemet vad gäller tecken på korrosion, läckage och fastsättning (kapitel 3, avsnitt 2)
- [ ] Kontrollera och om tillämpligt justera tändläget (kapitel 4, avsnitten 6 och 7 eller 15).
- [ ] Rengör fördelarlocket, tändkablarna och tändspolen (kapitel 4, avsnitten 5 och 9)
- [ ] Kontrollera kopplingens och kopplingspedalens funktion
- [ ] Kontrollera kopplingens justering på vajermanövrerade kopplingar (kapitel 5, avsnitt 2)
- [ ] Inspektera fogytor och packboxar vad gäller tecken på oljeläckor (kapitel 6, avsnitt 2)
- [ ] Kontrollera och fyll vid behov på växellådsolja (kapitel 6, avsnitt 2)
- [ ] Inspektera fogytor och packboxar vad gäller tecken på oljeläckor (kapitel 7, avsnitt 2)
- [ ] Kontrollera och fyll vid behov på automatlådeolja (kapitel 7, avsnitt 2)
- [ ] Kontrollera och fyll vid behov på oljan i slutväxeln (kapitel 7, avsnitt 2)
- [ ] Kontrollera drivaxlarnas universalknutar vad gäller slitage eller skador och skicket på gummidamaskerna (kapitel 8, avsnitt 2).
- [ ] Inspektera samtliga bromsrör, slangar och anslutningar vad gäller tecken på korrosion, skavning, läckor och fastsättning (kapitel 9, avsnitt 2)
- [ ] Kontrollera bromsoljenivån och fyll på vid behov (kapitel 9, avsnitt 2)
- [ ] Kontrollera, om tillämpligt bromsservons vakuumslang vad gäller skick och fastsättning (kapitel 9, avsnitt 22)
- [ ] Kontrollera funktionen av färdbroms och handbroms (kapitel 9, avsnitt 2)
- [ ] Kontrollera slitaget på de främre bromsklossarna och bromsskivornas skick (kapitel 9, avsnitt 2)
- [ ] Kontrollera bakre bromsarnas backar eller klossar vad gäller slitage och trummor eller skivor vad gäller skick (kapitel 9, avsnitt 2)
- [ ] Kontrollera och fyll vid behov på batteriets elektrolyt
- [ ] Kontrollera skicket på alla åtkomliga elektriska ledningar, kontakter och fästclips
- [ ] Kontrollera funktionen av all elektrisk utrustning och alla tillbehör som lampor, blinkers, signalhorn, torkare etc
- [ ] Kontrollera och vid behov justera funktionen av vindrute-, bakrute- och strålkastarspolare och fyll på behållarna om så behövs

☐ Rengör batteripolerna och smörj in dem med vaselin

☐ Kontrollera och justera vid behov strålkastarinställningen

☐ Kontrollera och justera eller vid behov byt alternator-drivremmen (kapitel 12, avsnitt 7)

☐ Kontrollera och justera eller vid behov byt servopumpens drivrem, om befintlig (kapitel 10, avsnitt 27)

☐ Kontrollera främre och bakre fjäderben vad gäller eventuellt oljeläckage (kapitel 10, avsnitt 2)

☐ Kontrollera skick och åtdragning av styrväxel, styr- och fjädringsleder samt gummidamasker (kapitel 10, avsnitt 2)

☐ Kontrollera framhjulens toe-inställning (kapitel 10, avsnitt 29)

☐ Kontrollera och justera däcktrycken (kapitel 10, avsnitt 30)

☐ Kontrollera däcken vad gäller skador, mönsterdjup och ojämnt slitage (kapitel 10, avsnitt 30)

☐ Kontrollera fälgarnas skick (kapitel 10, avsnitt 30)

☐ Kontrollera hjulbultarnas åtdragning

☐ I förekommande fall, kontrollera och fyll vid behov på hydrauloljan i servostyrningen (kapitel 10, avsnitt 2)

☐ Inspektera lackeringen noggrant vad gäller tecken på skador och hela karossen vad gäller tecken på rost (kapitel 11, avsnitt 2)

☐ Kontrollera skicket på underredets rostskydd (kapitel 11, avsnitt 2)

☐ Olja in alla gångjärn, dörrlås och huvlåsets öppnare med några droppar tunn olja

Var 30 000 km eller vartannat år

☐ Där tillämpligt, kontrollera och justera vid behov ventil-spelet samt byt ventilkåpspackning (kapitel 1, avsnitt 17 eller 46)

☐ Kontrollera kamremmens spänning (kapitel 1, avsnitt 18 eller 47)

☐ Dränera och spola ur kylsystemet och fyll upp med färskt frostskydd (kapitel 2, avsnitten 3, 4, 5 och 6)

☐ Byt luftfilterelement (kapitel 3, avsnitt 2)

☐ Byt bränslefilter, modeller fram till och med 1985 (kapitel 3, avsnitt 2)

☐ Byt tändstift (kapitel 4, avsnitt 9)

☐ Dränera automatlådeoljan, rengör oljesumpen och silen samt byt packning. Fyll på med färsk automatlådeolja (kapitel 7, avsnitt 3)

☐ Byt hydraulolja i bromssystemet (kapitel 9, avsnitt 17)

☐ Rengör i förekommande fall styrskenorna till takluckan och spruta på silikonfett.

☐ Rengör i förekommande fall takluckans dräneringsslangar (kapitel 13, avsnitt 10)

Var 60 000 km eller 4 år

☐ Byt kamrem – rekommenderas som förebyggande åtgärd (kapitel 1, avsnitt 18 eller 47)

Motor och placering av komponenter (2,2 liters Audi 100 med bränsleinsprutning)

1 Säkringsdosa
2 Behållare till bromssystemets huvudcylinder
3 Tomgångsstabiliseringsventil
4 Tändspole
5 Batteri
6 Behållare för servostyrningens hydraulolja
7 Fjäderbenets övre fäste
8 Kylsystemets expansionskärl
9 Kylarfläkt
10 Justering för servostyrningens drivrem
11 Uppvärmningsventil
12 Mätsticka för motorolja
13 Fördelare
14 Kallstartsventil
15 Luftfilter
16 Bränslefördelning
17 Spolvätskebehållare för vindrute- och strålkastarspolare
18 Bränslefilter
19 Trottelventilhus
20 Bilens ID-plåt (märkplåt)

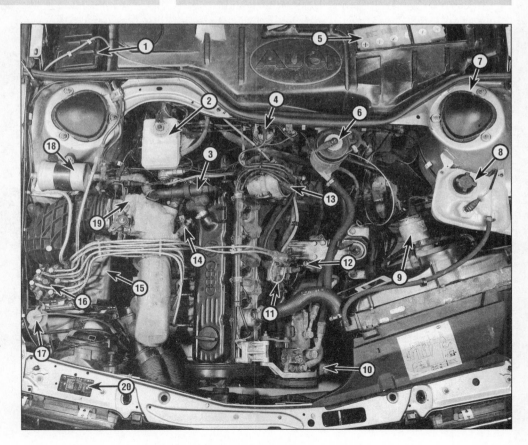

Framvagn sedd underifrån

1 Signalhorn
2 Fäste för krängningshämmare
3 Universalknut till drivaxel
4 Krängningshämmarens infästning på parallellstag

5 Parallellstagets inre fäste
6 Fäste för monteringsram
7 Växellådsfäste
8 Främre avgasrör
9 Mellanljuddämpare

10 Spolvätskebehållare för vindrute- och strålkastarspolare
11 Alternator
12 Oljefilter
13 Dräneringsplugg för motoroljan

Bakvagn sedd underifrån

1 Bärarmsfäste
2 Bromstrycksregulator
3 Slutljuddämpare
4 Bakaxelbalk

5 Panhard-stag
6 Nedre fäste för bakre stötdämpare
7 Bränsletryckackumulator

8 Bränsletank
9 Huvudljuddämpare
10 Handbromsvajer

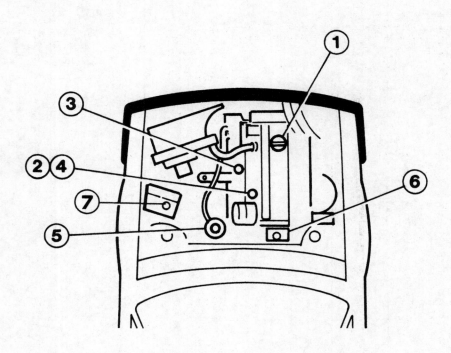

Komponent eller system	Smörjmedelstyp/specifikation
Motor (1)	Multigrade motorolja, viskositet SAE15W/40 till 20W/50 enligt API SF eller högre
Manuell växellåda (2)	VW/Audi växellådsolja G50, viskositet SAE 75W/90
Automatlåda (3)	Dexron II typ ATF
Automatlådans slutväxel (4)	
3-stegs	Växellådsolja, viskositet SAE90 enligt API GL5
4-stegs	VW/Audi växellådsolja G50, viskositet SAE 75W/90
Servostyrning, bromsservo och självutjämnande fjädring (5)	VW/Audi hydraulolja G 002 000
Hydraulsystem för broms och koppling (6)	Hydraulolja enligt FMVSS 116 Dot 4
Kylsystem (7)	VW/Audi frostskydd G11 enligt TL-VW 774

Kapitel 1 Motor

För modifieringar och information om senare modeller, se Supplement i slutet av handboken

Innehåll

Svårighetsgrader

Enkelt, passar för novisen med lite erfarenhet	**Ganska enkelt,** passar nybörjaren med viss erfarenhet	**Ganska svårt,** passar kompetent hemmekaniker	**Svårt,** passar hemmekaniker med erfarenhet	**Mycket svårt,** för professionell mekaniker

Specifikationer

Del A – Fyrcylindriga motorer

Allmänt

Koder:	DR, DS
Slagvolym:	1781 cc
Effekt:	
Kod DR:	55 kW (75 hkr)
Kod DS:	66 kW (90 hkr)
Borrning	81,0 mm
Borrningens maximala ovalitet	0,08 mm
Slaglängd	86,4 mm
Kompressionsförhållande:	
Kod DR	8,75:1
Kod DS	10,0 :1

Cylinderkompression

Kompressionstryck (varm motor, öppen trottel):
Kod DR . . . .   7,0 bar
Kod DS . . . .   7,5 bar
Maximal tryckskillnad mellan cylindrar . . . .   3,0 bar

Tändföljd . . . .   1-3-4-2 (Nr 1 vid kamremmen)

Vevaxel

Nållagrets monteringsdjup . . . .   1,5 mm
Ändspel:
Ny . . . .   0,07 till 0,17 mm
Slitagegräns . . . .   0,25 mm
Maximalt ramlagerspel . . . .   0,17 mm
Ramlagertappens diameter:
Standard . . . .   53,96 till 53,98 mm
1:a underdimension . . . .   53,71 till 53,73 mm
2:a underdimension . . . .   53,46 till 53,48 mm
3:e underdimension . . . .   53,21 till 53,23 mm
Storändens lagertappsdiameter:
Standard . . . .   47,76 till 47,79 mm
1:a underdimension . . . .   47,51 till 47,53 mm
2:a underdimension . . . .   47,26 till 47,29 mm
3:e underdimension . . . .   47,01 till 47,03 mm
Tappens maximala ovalitet . . . .   0,03 mm

Kolvar och ringar

Spel mellan kolv och lopp:
Nya . . . .   0,03 mm
Slitagegräns . . . .   0,07 mm
Spel mellan kolvring och spår:
Nya . . . .   0,02 till 0,05 mm
Slitagegräns . . . .   0,15 mm

Kolvstorlek: **Kolvdiameter** **Loppdiameter**
Standard . . . .   80,98 mm   81,01 mm
1:a överdimension . . . .   81,23 mm   81,26 mm
2:a överdimension . . . .   81,48 mm   81,51 mm

Kolvringsändgap (ring 15 mm från loppets underkant):
Kompressionsringar:
Nya . . . .   0,30 till 0,45 mm
Slitagegräns . . . .   1,0 mm
Oljeskrapringar:
Nya . . . .   0,25 till 0,50 mm
Slitagegräns . . . .   1,0 mm

Vevstakar:

Maximalt spel . . . .   0,37 mm
Storändslagrens spel:
Nya . . . .   0,015 till 0,062 mm
Slitagegräns . . . .   0,12 mm

Kamaxel:

Maximalt ändspel . . . .   0,15 mm
Maximalt kast . . . .   0,01 mm

Topplock:

Minsta höjd (mellan ytor) . . . .   132,6 mm
Maximal packningsdistortion . . . .   0,1 mm
Ventilsätesvinkel . . . .   45°

Smörjsystem:

Oljetyp/specifikationer . . . .   Multigrade motorolja, viskositet SAE 15W/40 till 20W/50, enligt API SF eller bättre
Oljefilter . . . .   Champion C101
Oljetryck (minimum vid 2000 rpm – varm motor) . . . .   2,0 bar
Dödgång i oljepumpsdrev . . . .   0,05 till 0,20 mm
Oljepumpskugghjulens ändspel (maximalt) . . . .   0,15 mm

Mellanaxel:
Ändspel . . . .   0,25 mm

Ventiler:
Ventilspel:
Varm motor:
  Insug . . . .   0,20 till 0,30 mm
  Avgas . . . .   0,40 till 0,50 mm
Kall motor:
  Insug . . . .   0,15 till 0,25 mm
  Avgas . . . .   0,35 till 0,45 mm
Shimstjocklekar . . . .   3,00 till 4,25 mm i steg om 0,05 mm
Ventilskaftsdiameter:
  Insug . . . .   7,97 mm
  Avgas . . . .   7,95 mm
Ventiltallriksdiameter:
  Insug . . . .   38,0 mm
  Avgas . . . .   33,0 mm
Ventillängd:
  Insug . . . .   98,70 mm
  Avgas . . . .   98,50 mm
Ventilsätesvinkel . . . .   45°
Ventilstyrningar:
Maximalt ventilglapp (mätt vid tallrik):
  Insug . . . .   1,0 mm
  Avgas . . . .   1,3 mm
Ventilinställning vid 1,0 mm lyft /0 mm spel:

	Motorkod		
	DR	DS (t o m augusti 85)	DS (från augusti 85)
Insug öppnar FÖD	1°	1°	3°
Insug stänger END	37°	37°	33
Avgas öppnar FND	42°	42°	41°
Avgas stänger EÖD	2°	2°	5°

Momentnyckelns inställningar

Nm

Topplocksbultar:
  Steg 1   40
  Steg 2   60
  Steg 3 . . . .   Dra ytterligare ett halv varv (180°)
Bultförband mellan motor och växellåda   55
Motorblockets motorfäste:
  M8-bultar   25
  M10-bultar   45
Motorns fästen till konsol   35
Kamremskåpa   10
Kamremsspännare   45
Mellanaxeldrevets låsbult   80
Vevaxelns remskiva   20
Vevaxeldrev till vevaxel   200
Kamaxeldrev till kamaxel   80
Kamaxellageröverfallens muttrar   20
Ventilkåpa till topplock   10
Ramlageröverfallens bultar   65
Storändslageröverfallens muttrar:
  Steg 1   30
  Steg 2 . . . .   Dra ytterligare ett kvarts varv (90°)
Mellanaxelns tätningsfläns   25
Främre packboxhuset   20
Bakre packboxhuset   10
Svänghjul eller drivplatta till vevaxel   100
Oljefilterkåpa till motorblock   25
Oljepump till vevhus   20
Oljepumpskåpa till kropp   10
Sump till vevhus   20
Oljedräneringsplugg   30

Del B – Femcylindriga motorer

Allmänt

Kodbokstäver:
1,9	WH
2,0	KP
2,2	KG, WC
2,3	KU

Slagvolym:
1,9	1921 cc
2,0	1994 cc
2,2	2144 cc
2,3	2226 cc

Effekt:
1,9	74 kW (96,2 hkr)
2,0	85 kW (115 hkr)
2,2:	
Kod WC	100 kW (130 hkr)
Kod KG	134 kW (174,2 hkr)
2,3	101 kW (131,3 hkr)

Borrning:
1,9 och 2,2	79,5 mm
2,0 och 2,3	81,0 mm
Borrningens maximala ovalitet	0,08 mm

Slaglängd:
1,9 och 2,0	77,4 mm
2,2 och 2,3	86,4 mm

Kompressionsförhållande:
1,9	10,0 : 1
2,0	10,0 : 1
2,2:	
KG	8,8 : 1
WC	9,3 : 1
2,3	10,0 : 1

Cylinderkompression

Kompressionstryck (varm motor, öppen trottel):
1,9 och 2,0	10 till 14 bar
2,2	10 till 14 bar
2,3	8 till 11 bar

Minimitryck:
1,9 och 2,0	8,0 bar
2,2	8,0 bar
2,3	6,5 bar

Maximal tryckskillnad mellan cylindrar:
1,9, 2,0 och 2,2	3,0 bar
2,3	2,0 bar

Tändföljd .... 1-2-4-5-3 (Nr 1 vid kamremmen)

Vevaxeln

Nållagrets monteringsdjup	5,5 mm
Ändspel:	
Ny	0,07 till 0,18 mm
Slitagegräns	0,25 mm
Maximalt ramlagerspel	0,16 mm
Ramlagertappsdiameter:	
Standard	57,96 till 57,98 mm
1:a underdimension	57,71 till 57,73 mm
2:a underdimension	57,46 till 57,48 mm
3:e underdimension	57,21 till 57,23 mm
Storändens lagertappsdiameter:	
Standard	45,96 till 45,98 mm
1:a underdimension	45,71 till 45,73 mm
2:a underdimension	45,46 till 45,48 mm
3:e underdimension	45,21 till 45,23 mm
Maximal ovalitet för tappar	0,03 mm

Kolvar och ringar

Spel mellan kolv och lopp:
Nya .... 0,03 mm
Slitagegräns .... 0,07 mm
Spel mellan ring och spår:
Nya .... 0,02 till 0,08 mm
Slitagegräns .... 0,1 mm
Kolvstorlek:

1,9 och 2,2:	Kolvdiameter	Cylinderdiameter
Standard	79,48 mm	79,51 mm
1:a överdimension	79,73 mm	79,76 mm
2:a överdimension	79,98 mm	80,01 mm
3:e överdimension	80,48 mm	80,51 mm
2,0 och 2,3:		
Standard	80,98 mm	81,01 mm
1:a överdimension	81,23 mm	81,26 mm
2:a överdimension	81,48 mm	81,51 mm

Kolvringsändgap (ring 15 mm från loppets underkant):
Ny .... 0,25 till 0,50 mm
Slitagegräns .... 1,0 mm

Vevstakar

Maximalt ändspel .... 0,4 mm
Storändslagrens spel:
Nya .... 0,015 till 0,062 mm
Slitagegräns .... 0,12 mm

Kamaxel

Maximalt ändspel .... 0,15 mm

Ventiler

Ventilspel .... Se 1,8 liter fyrcylindrig motor
Ventilskaftsdiameter:
Insug .... 7,97 mm
Avgas .... 7,95 mm
Ventiltallriksdiameter:
Insug .... 38,0 mm
Avgas .... 33,0 mm
Ventillängd:
Insug .... 91,0 mm
Avgas .... 90,8 mm
Ventilsätesvinkel .... 45°
Ventilstyrningar:
Maximalt ventilglapp (mätt vid tallrik):
Insug .... 1,0 mm
Avgas .... 1,3 mm
Ventilinställning vid 1,0 mm lyft/0 mm spel:

	WH	KP	KG	WC	KU
			Motorkod		
Insug öppnar FÖD	10°	1°	4°	0°	0°
Insug stänger END	36°	37°	36°	51°	41°
Avgas öppnar FND	45°	37°	42°	40°	40°
Avgas stänger EÖD	3°	1°	6°	10°	1°

Topplock

Minsta höjd (mellan ytor) .... 132,75 mm
Maximal packningsdistortion .... 0,1 mm
Ventilsätesvinkel .... 45°

Smörjsystem

Oljetyp/specifikation och filter .... Se del A
Oljetryck (minimum vid 2000 rpm – varm motor) .... 2,0 bar

Åtdragningsmoment

	Nm
Topplocksbultar:	
Steg 1	40
Steg 2	60
Steg 3	Dra ytterligare ett halvt varv (180°)
Motor till växellåda:	
M8-bultar	20
M10-bultar	45
M12-bultar	60
Motorfäste till motorblock:	
M8-bultar	25
M10-bultar	45
Motorfästen till konsol	45
Kamremskåpa	10
Vattenpump till motor	20
Vevaxelns remskiva till vevaxeln (med verktyg 2079 – se text)	350
Kamaxeldrev till kamaxel	80
Kamaxellageröverfallens muttrar	20
Ventilkåpa till topplock	10
Ramlageröverfallsbultar	65
Storändslageröverfallens muttrar:	
Muttrar med plana flanker	50
Muttrar med urtag i flankerna:	
Steg 1	30
Steg 2	Dra ytterligare ett kvarts varv (90°)
Bakre packboxkåpa	10
Oljepump till block:	
Korta bultar och pinnbult	10
Långa bultar	20
Oljetillförselrör till vevhus	10
Mellanremskiva till oljepump	10
Oljepumpens stödplatta	10
Oljeövertrycksventil	40
Oljefilterkåpa till block (Turbomodeller)	70
Flänsar till oljematning och oljeretur (Turbomodeller)	25
Oljekylarslangens anslutningsmuttrar (Turbomodeller)	40
Sump till vevhus	25
Oljedräneringsplugg	30

Del A – Fyrcylindriga motorer

1 Allmän beskrivning

Motorn är av typen fyrcylindrig radmotor med överliggande kamaxel monterad konventionellt i bilens främre del. Vevaxeln är femlagrad där det centrala ramlagret har flänsade eller separata tryckbrickor som styr vevaxelns ändspel. Kamaxeln drivs av en tandrem från vevaxelns drev. Remmen driver även mellanaxeln som i sin tur driver fördelardosan, oljepumpen och bränslepumpen. Ventilerna manövreras från kamaxeln via ventillyftarhylsor och ventilspelet justeras med shims placerade överst på ventillyftarna.

Motorn har ett helflödes smörjsystem från en oljepump av kugghjulstyp som är monterad i sumpen. Oljepumpen drivs av en förlängning från fördelardosan som i sin tur drivs med drev från mellanaxeln. Oljefiltret är av patrontyp och finns monterat på vänster sida av motorblocket.

2 Underhåll och inspektion

1 Följande service av motorn ska utföras med de mellanrum som anges i Rutinunderhåll i början av denna handbok.
2 Inspektera motorns delningsplan, packningar och tätningar vad gäller tecken på läckage av vatten eller olja. Var speciellt uppmärksam på områdena kring ventilkåpan, topplocket och sumpen. Täta eventuella läckor enligt arbetsbeskrivningarna i tillämpliga delar av detta kapitel.
3 Placera ett lämpligt uppsamlingskärl under oljedräneringspluggen på sumpens vänstra sida. Skruva ur oljedräneringspluggen med en block- eller hylsnyckel och låt oljan rinna ut. Kontrollera skicket på pluggens tätningsbricka och byt den vid behov. Montera och dra åt pluggen när oljan runnit ut.
4 Flytta uppsamlingskärlet bakåt till under oljefiltret.
5 Använd en spännbandsnyckel eller ett verktyg för oljefilterdemontering till att lossa och skruva ut filtret från motorn. Filtret ska alltid kasseras efter det att det tagits bort från motorn.
6 Torka av kontaktytan på oljefilterhållaren och smörj det nya filtrets tätning med ren motorolja.
7 Skruva filtret i läge och dra åt med enbart handkraft. Verktyg ska inte användas för åtdragning av oljefilter.
8 Fyll på olja av specificerad kvalitet och mängd i motorn via oljepåfyllningen på ventilkåpan (foto), till dess att oljenivån når MAX-märket på oljemätstickan.
9 Starta motorn och kör den i ett par minuter och leta efter läckor runt oljefiltret.
10 Stäng av motorn och ge oljan tid att rinna ned i sumpen och kontrollera sedan oljenivån

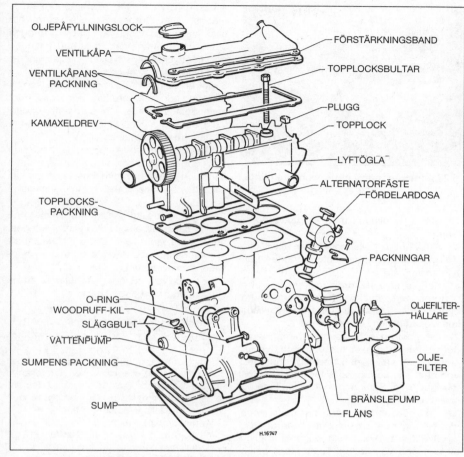

Fig. 1.1 Sprängskiss över huvuddelarna i en fyrcylindrig motor (avsnitt 1)

2.8 Fyll på motorolja genom oljepåfyllningslocket i ventilkåpan

en gång till. Fyll på så mycket som behövs för att nivån ska vara vid MAX-markeringen. Lägg märke till att skillnaden mellan MAX och MIN på mätstickan motsvarar cirka 1,0 liter.

11 Kontrollera och justera vid behov ventilspelen enligt anvisningarna i avsnitt 17 och byt packning till ventilkåpan.

12 Kontrollera kamremmens spänning och justera den vid behov enligt beskrivning i avsnitt 18, paragraf 22.

3 Större arbeten som kan utföras med motorn i bilen

Följande arbeten kan utföras utan att motorn måste lyftas ut ur bilen:
(a) Demontering och underhåll av topplock och kamaxel
(b) Demontering av kamrem och drev
(c) Demontering av svänghjul eller drivplatta (efter det att växellådan demonterats)
(d) Demontering av sump (efter det att monteringsramen sänkts ned)
(e) Demontering av oljepump, kolvar och vevstakar

4 Större arbeten som kräver demontering av motorn

Följande arbeten kan endast utföras om motorn först lyfts ut ur bilen:
(a) Demontering av mellanaxeln
(b) Demontering av vevaxel och ramlager

5 Metoder för demontering av motorn

Motorn kan lyftas ut separat eller tillsammans med den manuella växellådan. För modeller med automatlåda rekommenderas att motorn lyfts ut separat, i och med den extra vikten.

6 Motor – demontering och montering

1 Demontera motorhuven enligt beskrivning i kapitel 11 och placera den på kartong eller trasor på en säker plats.
2 Lossa batteriets jordledning.
3 Demontera kylaren enligt beskrivning i kapitel 2.

4 Lossa ledningarna från alternatorns baksida – i de fall en kylufttrumma finns monterad blir det nödvändigt att först lossa förbikopplingsslangen från topplocket och ta bort lufttrumman.
5 Demontera luftfiltret enligt beskrivning i kapitel 3
6 Märk upp alla bränsle- och vakuumledningar med maskeringstejp och lossa sedan på de som inverkar på motorns demontering. Dessa inkluderar, där de förekommer:
Ledningar till bränslepump och filter, vakuumslangar till insugsröret, förgasaren, fördelardosan och avgasreningsutrustning.
7 Markera platsen för samtliga ledningar med maskeringstejp och lossa de som inverkar på motorns demontering. Dessa inkluderar, där de förekommer:
Ledningar till oljetrycksmätare, temperaturgivare, fördelardosa, tändspole, insugsrörets förvärmning, växellägesindikator, förgasarförbikoppling och luftkanalsvärmare, automatchoke, termotidsventil och överkörningsstyrventilen.
8 På modeller med manuell växellåda ska kopplingsvajern lossas från kopplingsarmen och vajerfästet.
9 Lossa gasvajern (kapitel 3), vajrar till trottel och gaspedal (automatlåda – Kapitlen 3 och 7), samt chokevajern (kapitel 3).
10 Lossa slangen från insugsröret (där den finns) och värmarslangarna från torpedplåten. Lossa även slangen från topplocket.
11 På modeller med luftkonditionering ska kompressorn demonteras enligt beskrivning i kapitel 11, lämna kylmediaslangarna på plats. Häng upp kompressorn på ena sidan, utan att sträcka på slangarna till den.
12 På modeller med servostryning ska pumpen till denna tas bort enligt anvisningarna i kapitel 10, lämna hydraulrören på plats. Häng upp pumpen på ena sidan, utan att sträcka på slangarna till den.
13 Demontera täckplåten över högersidans motorfäste och lossa det främre avgasröret från grenrörsflänsen. Demontera även det främre röret vid växellådsfästet.

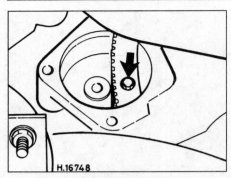

Fig. 1.2 Momentomvandlarens fästbult till drivplattan (pil) sedd genom startmotorhålet (Avsnitt 6)

14 Lossa motorns vänstra och högra fästen. Lossa motorns jordledning.

Demontering av motor utan växellåda

15 Demontera startmotorn enligt beskrivning i kapitel 12.
16 Skruva loss täckplattan från växellådans framkant.
17 På modeller med automatlåda ska bultarna mellan momentomvandlaren och drivplattan demonteras samtidigt som startkransen hålls på plats med en skruvmejsel. Det är nödvändigt att rotera vevaxeln med hjälp av en hylsnyckel på vevaxelremskivans centrumbult, så att bultarna kommer till startmotorhålet.
18 Koppla en lyftanordning som bär upp motorns vikt. Lyften ska placeras centralt ovanför motor.
19 Stötta växellådan med en garagedomkraft.
20 Skruva ur bultarna mellan motorn och växellådan, lägg märke till placeringen av hållare och vajerfästen.
21 Skruva ur bultarna mellan motorfäste och motor och vrid motorfästena framåt, så att de går fria från motorn.
22 Lyft något på motorn och dra loss den framåt från växellådan. På modeller med automatlåda, kontrollera att momentomvandlaren sitter helt kvar på växellådans splines.
23 Flytta motorn efter vad som krävs och lyft ut den ut motorrummet. Sänk ned motorn på golvet och demontera vid behov den bakre motorplattan (foto).

Demontering av motor, komplett med manuell växellåda

24 Lossa ledningen till backlampan och kabelclipset. Demontera jordledningen.
25 Lossa det främre avgasröret från mellanröret och ta bort det främre röret från bilen.
26 Demontera drivaxlarna från växellådan, se kapitel 8.
27 Demontera växlingslänkaget vid stängerna, se kapitel 6.
28 Skruva ur hållaren och lossa hastighetsmätarvajern från diffkåpan.

6.23 Demontering av motorns bakre platta

29 Stötta växellådan med en garagedomkraft.
30 Skruva ut de bultar som fäster växellådan vid sitt stöd och demontera stödet från bärramen.
31 Koppla en lyftanordning som bär upp motorns vikt. Lyften ska placeras nära motorns framsida så att motor och växellåda kommer att hänga i en brant vinkel.
32 Lyft motorn och dra den framåt, sänk domkraften under växellådan och lyft ur motorn och växellådan från motorrummet. Vrid efter vad som behövs för att de ska gå fria från bilen. Sänk ned motor och låda på golvet när de går fria.
33 Om nödvändigt, sära på motor och växellåda genom att demontera startmotor, växellådans täckplåt och bultarna mellan motor och växellådan. Demontera bakre motorplåten efter separationen.

Montering

34 Montering sker i omvänd arbetsordning mot demontering. Smörj dock den manuella växellådans ingående axel med molybdendisulfidfett före monteringen. Se till att samtliga fästen till motor och växellåda monteras utan förspänningar och att samtliga bultar och muttrar dras åt till specificerade moment. Montera, och där tillämpligt, justera alla motorrelaterade delar och system enligt anvisningarna i de berörda kapitlen. Se till att motorn fylls med olja och att kylsystemet fylls på innan motorn startas.

7 Isärtagning av motor – allmänt

1 Om möjligt ska motorn placeras på en stabil arbetsbänk inför isärtagningen. Två eller tre träklossar krävs för att stötta motorn i upprätt läge.
2 Renlighet är av högsta betydelse, om motorn är smutsig ska den rengöras med fotogen innan arbetet inleds.
3 Undvik att arbeta med motorn stående direkt på ett betonggolv i och med att grus och sand är allvarliga problemkällor.

4 I takt med att delar demonteras ska de tvättas med fotogen. Delar som har oljekanaler ska dock inte doppas i fotogen eftersom detta är svårt att ta bort annat än med högtrycksslang. Oljekanaler ska rengöras med piprensare av nylon.
5 Det är klokt att ha lämpliga behållare för förvaring av små föremål, sorterade efter användningsområde, eftersom detta underlättar ihopsättningen av motorn och förhindrar att dessa delar försvinner.
6 Skaffa alltid en komplett uppsättning packningar när motorn ska tas isär, men behåll de gamla packningarna så att de kan användas som mallar ifall nya inte finns att få tag på.
7 Där så är möjligt ska muttrar, bultar och brickor sättas tillbaka på sina platser efter det att delarna tagits isär. Detta hjälper till att skydda gängorna och underlättar även ihopsättningen av motorn.
8 Spara på icke fungerande delar så att de kan jämföras med de nya delarna.

8 Hjälpaggregat – demontering och montering

1 Om motorn demonterats från bilen för en större renovering eller reparation kan följande externt monterade hjälpaggregat nu demonteras. Arbetsordningen för demonteringen behöver inte följa den som här anges:

Vattenpump (kapitel 2)
Insugsrör och avgasgrenrör (kapitel 3)
Bränslepump (kapitel 3)
Tändkablar och tändstift (kapitel 4)
Oljefilterpatronen (avsnitt 2 i detta kapitel)
Fördelardosan (kapitel 4)
Oljestickan
Alternatorn (kapitel 12)
Motorfästen (avsnitt 28 av detta kapitel)

2 Montering är i princip den omvända arbetsordningen för demonteringen, se de avsnitt och kapitel som tar upp respektive komponenter.

9 Topplock och kamaxel – demontering

Notera: *Om motorn fortfarande sitter kvar i bilen ska följande göras först:*
(a) Lossa batteriets jordledning
(b) Tappa ur kylsystemet
(c) Demontera alternatorn
(d) Demontera insugsrör och avgasgrenrör
(e) Demontera tändkablar och tändstift
(f) Lossa alla ledningar, vajrar och slangar
(g) Lossa det främre avgasröret från grenröret

1 Skruva loss muttrarna och lyft bort övre kamremskåpan, använd en insexnyckel där så krävs (foto).
2 Skruva loss muttrarna och lyft bort ventilkåpan tillsammans med förstärkningsband och packningar (foton).
3 Skruva loss de yttre krökarna och ta vid behov bort packningarna (foton).

9.2A Demontering av förstärknings-banden . . .

9.2B . . . och ventilkåpan

9.2C Demontering av ventilkåpans främre packning . . .

9.2D . . . och bakre plugg

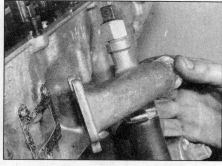

9.3A Demontering av topplockets sidoutlopp . . .

9.3B . . . och bakre utlopp

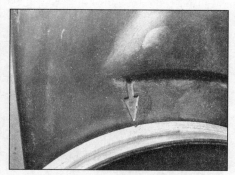

9.4 Urtaget i vevaxeln i linje med pilen för ÖD på nedre kamremskåpan

4 Vrid på motorn med hjälp av en hylsnyckel, så att kolven i cylinder 1 kommer till ÖD (övre dödpunkten) i kompressionstakten. Hacket på vevaxelns remskiva måste vara i linje med pilen på den nedre kamremskåpan (foto) och bägge ventilerna i cylinder 1 måste vara stängda (dvs att kamloberna pekar bort från ventillyftarna). Hacket på kamdrevets baksida ska då också vara i linje med toppen på bakre kamremskåpan.

5 Lossa muttern på kamremsspännaren och använd en öppen blocknyckel till att vrida excenternavet motsols så att remspänningen släpper.

6 Demontera kamremmen från kamaxel-drevet och spännaren och för den åt sidan medan den fortfarande är i fast kontakt med dreven på mellanaxeln och vevaxeln.

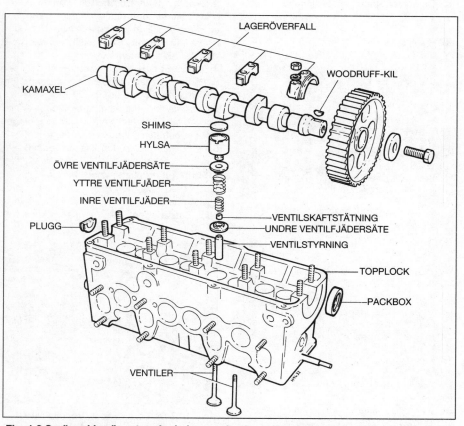

LAGERÖVERFALL

WOODRUFF-KIL

KAMAXEL

SHIMS

HYLSA

ÖVRE VENTILFJÄDERSÄTE

YTTRE VENTILFJÄDER

INRE VENTILFJÄDER

PLUGG

VENTILSKAFTSTÄTNING
UNDRE VENTILFJÄDERSÄTE

VENTILSTYRNING

TOPPLOCK

PACKBOX

VENTILER

Fig. 1.3 Sprängskiss över topplock, kamaxel och ventilmekanism (avsnitten 9, 10 och 11)

10.3A Demontering av kamdrevet

10.3B Woodruff-kilens placering i kamaxeln

10.4A Demontering av kamaxelns lageröverfall nr 3 . . .

Mellanaxelns drev får inte flyttas eftersom detta skulle innebära att tändinställningen rubbas vilket får till följd att den nedre kamremskåpan måste demonteras.

7 Lossa muttern och demontera kamremsspännaren.

8 Skruva ut den bult som fäster bakre kamremskåpan vid topplocket.

9 Lossa topplocksbultarna ett varv i taget i motsatt ordning till den som visas i figur 1.7, med hjälp av en splineshylsa.

10 När samtliga bultar demonterats ska topplocket lyftas från blocket. Om det sitter fast, knacka loss det med en träklubba. *Stick inte in något brytverktyg i fogen.*

11 Demontera topplockspackningen.

10 Kamaxel och ventiltryckare – demontering

Notera: *Om motorn fortfarande sitter kvar i bilen ska följande göras först:*
(a) Lossa batteriets jordledning
(b) Lossa de ledningar, vajrar och slangar som går över ventilkåpan – demontera luftfiltret.
(c) Demontera drivremmen till alternatorn/vattenpumpen

1 Följ paragraferna 1 till 6 i avsnitt 9, med undantag för paragraf 3.

2 Skruva ut centrumbulten från kamaxeldrevet medan detta hålls på plats genom att en stång sticks genom ett av hålen.

3 Dra av drevet från axeln och dra ut Woodruff-kilen (foton).

4 Skruva ut lageröverfallsmuttrarna 1, 3 och 5. Placeringsmärk överfallen och demontera överfallen 1, 3 och 5 (foton).

5 Lossa jämbördigt på muttrarna på överfall 2 och 4 till dess att ventilfjäderspänningen släpper och demontera sedan överfallen.

6 Lyft ut kamaxeln och kassera packboxen (foto).

7 Förbered en planka med 8 krokar eller en låda med skilda fack, markerad med cylindernummer och insug respektive avgas, eller placeringen i topplocket räknat från

motorns framkant. I takt med att tryckarna demonteras (foto), ska delarna placeras i rätt påse eller fack, eller märk upp tryckarna så att deras placering framgår tydligt. *Lägg märke till att varje tryckare har ett shims monterat i ett urtag i toppen. Detta shims måste hållas ihop med sin egen tryckare*

11 Ventiler – demontering och renovering

1 När topplocket demonterats enligt föregående beskrivning kan ventilerna tas isär enligt följande. I och med att ventilerna är djupt nedsänkta i topplocket krävs en ventilbåge med långa klor, eller en uppfinningsrik modifiering av någon annan typ av fjäderhoptryckare.

2 Förberedd med en planka med hål där varje ventil kan stickas in efter demonteringen, eller en uppsättning etiketterade behållare, så att varje ventil och tillhörande delar kan hållas åtskilda. Insugsventilerna är nummer 2-4-5-7 och avgasventilerna är nummer 1-3-6-8, räknat från kamremssidan av motorn.

3 Tryck ihop varje ventilfjäder till dess att knastren kan demonteras (foto). Ta ut knastren, lossa ventilbågen och ta bort den.

4 Demontera ventilfjäderhållaren, yttre och inre fjädrar och ventilen (foton).

10.4B . . . och lageröverfall nr 1

10.6 Demontering av kamaxeln

10.7 Demontering av ventillyftare tillsammans med shims

11.3 Tryck ned ventilfjädrarna och ta bort knastren

11.4A Demontering av ventilfjäder-hållare . . .

11.4B . . . yttre ventilfjäder

11.4C . . . inre ventilfjäder . . .

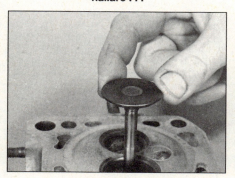

11.4D . . . och ventil

11.5A Demontering av ventilskafts-tätningen . . .

11.5B . . . och ventilfjädersätet

5 Peta loss ventilskaftstätningarna eller dra av dem med en tång och kassera dem. Lyft av ventilfjädersätet och placera det tillsammans med sin ventil (foton).
6 Inspektera ventiltallrikarna vad gäller tecken på gropar och brännmärken, var speciellt uppmärksam på avgasventilernas tallrikar. Undersök samtidigt ventilsätena. Om det bara är små grunda gropar i tallrikar och säten kan dessa tas bort genom att ventiltallrikarna slipas in mot sätena med först en grovkornig och sedan en finkornig slippasta. I de fall groparna är för stora krävs en omfräsning av ventilsätet och endera en ny ventil eller en omfräst. Avgasventiler får inte maskin-bearbetas, endast slipas in för hand.
7 Skrapa bort all sot från ventilernas tallrikar och skaft. Ta noggrant bort alla spår av ventilslippasta och var extra noga med att inte lämna någon sådan i portar eller ventil-styrningar. Torka av ventiler och säten med en fotogenindränkt trasa och torka av dem med en ren torr trasa.

12 Topplock – inspektion och renovering

1 Kontrollera att topplocket inte är skevt genom att placera en stålvinkelhake tvärs över det på ett flertal platser, såväl längs med som tvärs över och diagonalt. Mät upp eventuella gap med ett bladmått. Om gapet överstiger det gränsvärde som anges i specifikationerna måste topplocket planfräsas

av en verkstad med resurser för det arbetet. Planfräsning får inte minska topplockshöjden under det minimivärde som anges i speci-fikationerna.
2 Kontrollera om sprickor förekommer i topplocket. Om det finns små sprickor, inte större än 0,5 mm breda mellan ventilsätena eller i underkant av tändstiftshålen kan topplocket fortfarande användas, men det kan inte repareras eller förses med nya ventil-säten.
3 Kontrollera ventilstyrningarnas slitage. Rengör först styrningen och stick sedan in skaftet på den nya ventilen i styrningen. I och med att diametrarna skiljer sig åt ska du kontrollera att en insugsventil används i insugsventilstyrningar och en avgasventil i avgasventilstyrningar. Placera änden på

Fig. 1.4 Kontroll av topplockets skevhet med stålvinkelhake och bladmått (avsnitt 12)

ventilskaftet jäms med överkanten på ventil-styrningen och mät upp hur mycket ventil-tallriken kan flyttas i sidled. Om detta värde överskrider det maxvärde som anges i specifikationerna ska nya ventilstyrningar monteras. Detta är ett arbete som ska lämnas till en Audiverkstad eller en specialist.

13 Kamaxel och lager – inspektion och renovering

1 Undersök om kamaxeln uppvisar skador eller större slitage. Om kamlober eller tappar har slitageskåror måste en ny kamaxel monteras.
2 Mät upp ändspelet på kamaxeln medan den finns i sina lager men med demonterade

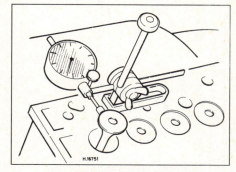

Fig. 1.5 Kontroll av slitage i ventilmekanismen genom att mäta ventilrörelser med mätklocka (avsnitt 12)

15.4 Åtdragning av kamaxelns lageröverfallsmuttrar

15.5 Montering av kamaxelns packbox

15.8 Åtdragning av kamaxeldrevets centrumbult

ventiltryckare så att kamaxeln inte är belastad. Ändspelet får inte överstiga det som anges i specifikationerna.

3 Kamaxellagringen utgör en del av topplocket och kan inte renoveras. Lagerspelet är mycket litet och toleranserna kan bara mätas med mätklocka. *Om kamaxellagren är för glappa ska du inte försöka att minska glappet genom att fila eller slipa ned undersidorna av lageröverfallen.*

14 Ventiler – montering

1 Placera ventilfjädersätena över styrningarna och tryck fast en ny tätning högst upp på varje ventilstyrning. En plasthylsa ska följa med satsen med ventilskaftstätningar. Använd den till att trycka fast tätningarna så att dessa inte skadas vid monteringen.
2 Olja in ventilskaft och tätning, placera plasthylsan över toppen på skaftet och stick försiktigt in ventilen i hylsan. Ta bort hylsan efter det att ventilen stuckits in. Om plasthylsan saknas, linda en tunn tejp runt överdelen av ventilskaftet så att den täcker över knasterspåret och förhindrar att spårets

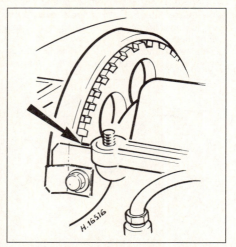

Fig. 1.6 Kamaxelns märke för ÖD i linje med överkanten på inre kamremskåpan (avsnitt 15)

vassa kanter skadar tätningen. Ta bort tejpen när ventilen sitter på plats.
3 Montera de inre och yttre ventilfjädrarna och ventilfjäderhöljet. Om nya fjädrar monteras ska de monteras som nya par på en ventil.
4 Montera ventilfjäderbågen och tryck ihop fjädern såpass att knastren kan monteras. Om fjädern trycks in helt finns det risk att tätningen skadas.
5 Montera knastren och släpp upp fjädern något och kontrollera att knastren sitter ordentligt på plats innan ventilfjäderbågen tas bort.
6 Knacka på toppen av ventilskaftet med en mjuk hammare så att knastren garanterat sätter sig på plats.
7 Gör likadant med samtliga ventiler.

15 Kamaxel och ventiltryckare – montering

1 Montera ventiltryckarna på sina ursprungliga platser, shimsen i tryckarna måste monteras med tjockleksmärkningen vänd nedåt. Olja in lyftarna och kamaxelns lagertappar.
2 Lägg ned kamaxeln i de undre lagerhalvorna så att den lägsta delen av kammen för cylinder 1 pekar mot ventiltryckarna och montera lageröverfallen i sina ursprungliga lägen. Kontrollera att de är rättvända innan de monteras.
3 Montera muttrarna på lageröverfall 2 och 4 och dra åt dem diagonalt till dess att kamaxeln helt går in i lagren.
4 Montera muttrarna på lageröverfall 1, 3 och 5 och dra sedan åt samtliga muttrar till angivet moment i diagonal ordning (foto).
5 Olja in läppen och ytterkanten på kam-

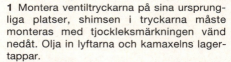

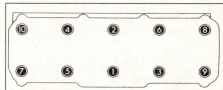

Fig. 1.7 Ordningsföljd för åtdragning av topplocksbultar (avsnitt 16)

axelns packbox och montera den med den öppna änden först i kamaxelns lageröverfall nr 1 (foto).
6 Driv in packboxen i topplocket med hjälp av ett metallrör till dess att den är jäms med framkanten av topplocket – *om packboxen drivs in djupare, blockerar den returoljehålet.*
7 Montera Woodruff-kilen i sin skåra och montera drevet på kamaxeländen.
8 Montera centrumbult och distans och dra åt bulten till angivet moment medan drevet hålls på plats med en stång genom ett av hålen (foto).
9 Vrid på kamaxeln så att det bakre urtaget kommer i linje med toppen av kamremskåpan.
10 Trä på kamremmen på kamaxeln och remspännaren utan att rubba på mellanaxelns inställning och håll kamremmen i stadig kontakt med dreven på mellanaxeln och vevaxeln. Vevaxeln måste vara i läget cylinder 1 vid ÖD. Om tveksamhet råder om mellanaxelinställningen ska den kontrolleras enligt beskrivning i avsnitt 18.
11 Vrid kamremsspännaren medsols och spänn kamremmen så mycket att den precis kan vridas i 90° med tummen och pekfingret, mitt mellan dreven för kamaxel och mellanaxel. Dra åt muttern så att spännaren fixeras.
12 Kontrollera och justera vid behov ventilspelen i enlighet med beskrivning i avsnitt 17.
13 Montera ventilkåpan och förstärkningsbanden tillsammans med nya packningar och dra åt muttrarna.
14 Montera övre kamremskåpan och dra åt muttrarna.
15 Om motorn är kvar i bilen, utför de inledande momenten i avsnitt 10 i omvänd ordning.

16 Topplock och kamaxel – montering

1 Kontrollera att blockets översida är perfekt rengjord och montera en ny packning på det med orden OBEN – TOP vända uppåt (foton).
2 Kontrollera att topplockets undersida är perfekt rengjord. Placera två långa stavar eller bitar av styrstift i två topplocksbulthål på var sida om blocket, som styrning för packningen

16.1A Placera den nya topplocks-packningen på blocket . . .

16.1 B . . . med orden OBEN – TOP vända uppåt

16.2 Sänk ned topplocket på sin plats

och topplocket. Sänk ned topplocket på blocket (foto), ta bort styrningarna och montera bultar och brickor. Använd inte tätningsmassa i fogen mellan motorblock och topplock.

3 Dra åt bultarna i den följd som visas i figur 1.7, i de tre steg som anges i specifikationerna, till angivet moment (foto).

4 Montera och dra åt de bultar som fäster kamremmens bakre kåpa vid topplocket.

5 Montera kamremsspännaren och fingerdra muttern.

6 Följ paragraferna 9 till 14 i avsnitt 15.

7 Montera utloppskröken, komplett med ny packning och dra åt bultarna.

8 Om motorn sitter i bilen ska de preliminära arbetena i avsnitt 9 utföras i omvänd ordning.

17 Ventilspel – kontroll och justering

1 Ventilspel justeras genom att shims med passande storlek sticks in i överdelen av ventiltryckaren. Shims finns att få i tjocklekar mellan 3,00 och 4,25 mm i steg om 0,05 mm.

2 Gör en inledande ventiljustering efter montering av ny kamaxel eller inslipning av ventiler med kall motor. Ventilspelen ska sedan kontrolleras efter 1 000 km med varm motor och med en kylvätsketemperatur överstigande 35°C.

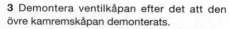
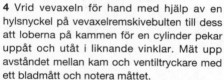

16.3 Åtdragning av topplocksbultar

3 Demontera ventilkåpan efter det att den övre kamremskåpan demonterats.

4 Vrid vevaxeln för hand med hjälp av en hylsnyckel på vevaxelremskivebulten till dess att loberna på kammen för en cylinder pekar uppåt och utåt i liknande vinklar. Mät upp avståndet mellan kam och ventiltryckare med ett bladmått och notera måttet.

5 Upprepa förfarandet för samtliga cylindrar så att listan över spel blir komplett. Ventilerna numreras från kamremssidan. Insugsventilerna är numrerade 2-4-5-7, avgasventilerna är numrerade 1-3-6-8.

6 I de fall spelet överskrider vad som anges i specifikationerna ska befintliga shims demonteras. Gör detta genom att placera en krökt

17.6A Tryck ned ventiltryckarna med en krökt stång

stång med passande form på änden mellan två tryckare med stången vilande på tryckarnas kanter (foto). Kolven i aktuell cylinder ska vara vid ÖD i kompressionstakten. Bryt mot kamaxeln så att tryckarna trycks ned tillräckligt för att shims ska kunna demonteras från tryckarna. Tryck inte ned tryckarna så mycket att ventilerna berör kolven. Lägg märke till att det finns uttag på tryckarnas överkanter så att en liten skruvmejsel eller liknande kan användas till att peta ut shimset (foton).

7 Anteckna shimsets tjocklek (ingraverad på undersidan) och beräkna den shimstjocklek som behövs för korrekt ventilspel (foto). Om spelet är för stort krävs ett tjockare shims och

17.6B Demontering av shims från ventiltryckare (demonterad tryckare)

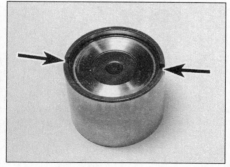

17.6C Urtag i tryckare (pilar) för demontering av shims

17.7 Shimsets tjocklek (i mm) ingraverad på undersidan av shimset

17.9 Montering av ny ventilkåpspackning och bakre plugg

18.2 Demontering av vattenpumpens remskiva

18.5 Demontering av vevaxelns remskiva

18.6 Demontering av den nedre kamremskåpan

18.7 Vrid spännaren motsols så att remspänningen släpper

om spelet är för litet krävs ett tunnare shims.

8 Under förutsättning att shims inte är slitna eller skadade kan de användas i andra positioner om de har rätt tjocklek för detta.

9 Montera ventilkåpa och övre kamremskåpa med nya packningar efter det att ventilspelet kontrollerats och justerats (foto).

18 Kamrem och drev – demontering och montering

Notera: *Om motorn fortfarande finns i bilen ska följande göras först:*

(a) *Lossa batteriets jordledning*

(b) *Demontera drivremmen till servostyrningen, om befintlig, enligt beskrivning i kapitel 10*

(c) *Demontera alternatorn enligt beskrivning i kapitel 12*

1 Lossa muttrarna och lyft av den övre kamremskåpan, använd insexnyckel vid behov.

2 Demontera remskivan från vattenpumpen (foto).

3 Vrid vevaxeln så att kolven i cylinder 1 är vid ÖD i kompressionstakten. Urtaget på vevaxelremskivan måste vara i linje med pilen på den nedre kamremskåpan och bägge ventilerna i cylinder 1 måste vara stängda (dvs att kamloberna inte finns på tryckarna).

4 Om det krävs att vevaxeldrevet demonteras ska centrumbulten nu lossas. Håll vevaxeln på plats med en bredbladig skruvmejsel inkilad i startkransen (startmotorn demonterad) eller lägg in lägsta växeln och dra åt handbromsen om motorn fortfarande finns i bilen.

5 Lossa vevaxelns remskiva från drevet när märkningarna för ÖD är i linje (foto).

6 Demontera den nedre kamremskåpan (foto).

7 Lossa muttern på kamremsspännaren och vrid det excentriska navet på den motsols med en öppen nyckel så att remspänningen släpper (foto).

8 Demontera kamremmen från vevaxeln,

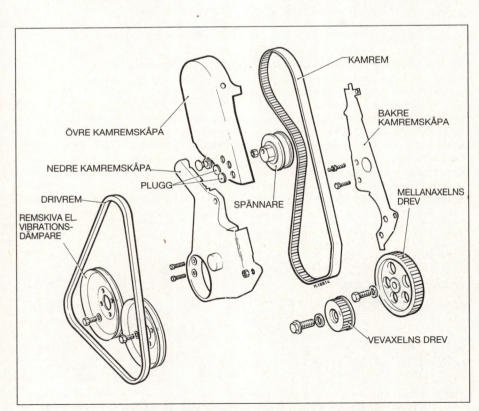

Fig. 1.8 Sprängskiss över kamrem och drev (avsnitt 18)

KAMREM
ÖVRE KAMREMSKÅPA
NEDRE KAMREMSKÅPA
PLUGG
DRIVREM
REMSKIVA EL. VIBRATIONS-DÄMPARE
SPÄNNARE
BAKRE KAMREMSKÅPA
MELLANAXELNS DREV
VEVAXELNS DREV

18.9 Demontering av kamremsspännaren

18.10 Demontering av drevet från mellanaxeln

18.11A Skruva ut centrumbulten

kamaxeln, mellanaxelns drev och spännaren.
9 Lossa muttern och demontera kamrems-spännaren (foto).
10 Skruva ut centrumbulten och dra ut mellanaxelns drev (foto). Demontera Woodruff-kilen. När centrumbulten lossas ska drevet hållas på plats med hylsa och stång mot den bakre kamremskåpans bult.
11 Demontera centrumbulten och dra ut vevaxelns drev (foton). Demontera Woodruff-kilen.
12 Demontera centrumbulten från kamaxeln hållande drevet på plats med en stång genom ett av hålen. Dra ut drevet och demontera Woodruff-kilen.
13 Demontera den bakre kamremskåpan.
14 Inled monteringen med att placera den bakre kamremskåpan på motorn och dra åt bultarna.
15 Montera Woodruff-kilen och kamaxel-drevet, stick in den brickförsedda centrum-bulten och dra åt den.
16 Montera Woodruff-kilen och vevaxel-drevet på vevaxeln, täck centrumbultens gäng med gänglåsvätska och stick in den brick-försedda bulten och dra åt den medan vevaxeln hålls i läge (foto).
17 Montera Woodruff-kilen och mellanaxel-drevet på mellanaxeln, stick in den brick-försedda centrumbulten och dra åt den (foto).
18 Montera kamremsspännaren och finger-dra muttern.

18.11B . . . och dra ut vevaxelns drev

19 Kontrollera att urtaget på baksidan av kamaxeldrevet är i linje med överkanten på bakre kamremskåpan.
20 Montera tillfälligt vevaxelns remskiva på drevet och, med kolven i cylinder 1 vid ÖD, vrid på mellanaxeln så att urtaget kommer i linje med urtaget på remskivan (foto). Om fördelardosan inte rubbats ska rotorarmen peka mot kontakt 1.
21 Montera kamremmen på dreven och spän-naren, vrid spännaren medsols så att remmen förspänns. Kontrollera att samtliga märken för ÖD fortfarande är korrekt upplinjerade.
22 Vrid kamremsspännaren medsols och spänn kamremmen så mycket att den precis kan vridas i 90° med tummen och pekfingret,

18.16 Åtdragning av vevaxeldrevets centrumbult

mitt mellan dreven för kamaxel och mellan-axel. Dra åt muttern så att spännaren fixeras.
23 Demontera vevaxelns remskiva, montera nedre kamremskåpan och dra åt bultarna.
24 Montera vevaxelns remskiva och dra åt bultarna.
25 Montera vattenpumpens remskiva och dra åt bultarna.
26 Montera övre kamremskåpan och dra åt bultarna.
27 Om motorn sitter i bilen ska de preliminära arbetena, i början av detta avsnitt, utföras i omvänd ordning.

18.17 Åtdragning av centrumbult till mellanaxeldrev

18.20 Vevaxelremskivans märke för ÖD i linje med märkningen på mellanaxelns drev (vid pilarna)

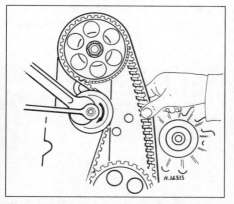

Fig. 1.9 Kontroll av kamremmens spänning (avsnitt 18)

Vrid spännaren medsols till dess att remmen kan vridas 90°

19.1A Demontering av svänghjulsbultar

19.1 B Fixera svänghjulet med stång och vinkeljärn

19.2 Demontering av svänghjulet

19 Svänghjul/drivplatta – demontering och montering

Notera: *Om motorn fortfarande finns i bilen ska följande göras först:*
(a) *På modeller med manuell växellåda ska denna demonteras (kapitel 6), liksom kopplingen (kapitel 5)*
(b) *På modeller med automatlåda ska denna demonteras (kapitel 7)*

1 Bultarna på svänghjulet/drivplattan är förskjutna för att underlätta korrekt montering. Skruva ut bultarna medan svänghjulet/ drivplattan hålls fixerad (foton).
2 Lyft av svänghjulet/drivplattan från vevaxeln

(foto). Vid demontering av drivplatta, lägg märke till placeringen av shims och distans.
3 Monteringen sker med demonteringens omvända ordningsföljd, men täck bultarnas gängor med gänglåsvätska innan de monteras och dras åt till angivna moment (foto). Om en ny drivplatta monteras ska läget för denna kontrolleras och vid behov justeras. Avståndet mellan motorblockets bakre yta och moment-omvandlarens *monteringsyta* på drivplattan (figur 1.11) måste vara mellan 30,5 och 32,1 mm. Vid behov ska drivplattan demonteras så att en distans kan monteras bakom den så att rätt avstånd uppnås.

20 Mellanaxel – demontering och montering

1 Demontera fördelardosan (kapitel 4) och bränslepumpen (kapitel 3).
2 Demontera kamrem och mellandrev enligt beskrivning i avsnitt 18.
3 Skruva ut de två bultarna från tätnings-flänsen, lyft därefter bort flänsen och O-ringen (foton).
4 Dra ut mellanaxeln från blocket (foto).
5 När flänsen demonterats kan packboxen tas bort (foto). Montera en ny packbox med den öppna sidan mot motorn och driv in

Fig. 1.10 Automatlådans drivplatta, visande placering av distans (1) och shims (2) (avsnitt 19)

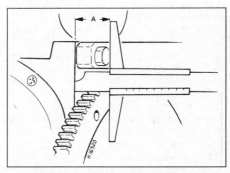

Fig. 1.11 Uppmätning av avståndet "A" mellan drivplatta och block (avsnitt 19)

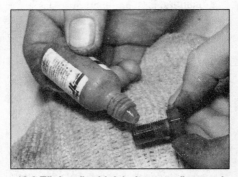

19.3 Täck svänghjulsbultarnas gäng med gänglåsvätska

20.3A Demontering av mellanaxelns tätningsfläns . . .

20.3B . . . och O-ring

20.4 Mellanaxeln

20.5 Bänd ut mellanaxelns packbox från flänsen

21.3 Placera en ny sumppackning på blocket

22.2 Demontering av vevaxelns främre packboxhus

packboxen jäms med ytan med hjälp av en träklubba. Olja in läppen innan tätningsflänsen monteras.

6 Montering sker i omvänd arbetsordning. Montera en ny O-ring och kontrollera att inte axeländsspelet överstiger vad som anges i specifikationerna. Se avsnitt 18 för montering av kamrem och mellanaxel och kapitlen 3 och 4 för montering av bränslepump och fördelardosa.

21 Sump – demontering och montering

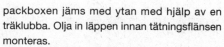

Notera: *Om motorn fortfarande finns i bilen ska följande göras först:*
(a) *Ställ upp framvagnen på pallbockar*
(b) *Bär upp motorns vikt med en lyft*
(c) *Demontera främre växellådskåpan*
(d) *Tappa ur motoroljan*
(e) *Demontera de främre bultarna till bärramen och sänk ned denna.*

1 Demontera sumpen, använd insexnyckel vid behov. Ta ut mätstickan.
2 Demontera packningen.
3 Montering sker med omvänd arbetsordning, men använd en ny packning utan vidhäftningsmedel (foto) och dra åt bultarna jämnt till angivet moment.

22 Vevaxelns packboxar – byte

Främre packbox

1 Demontera kamrem och vevaxeldrev enligt beskrivningarna i avsnitt 18.
2 Om utdragare finns tillgänglig kan packboxen bytas utan att huset demonteras. I annat fall ska huset skruvas loss (inklusive relevanta sumpbultar) och packningen demonteras (foto). Om sumppackningen skadas vid detta arbete måste sumpen demonteras så att packningen kan bytas. Lägg då märke till att sumpen ska monteras *efter* packboxhuset.
3 Driv ut den gamla packboxen ur huset och doppa den nya i olja innan den drivs in med en träklubba eller hylsa till dess att den är jäms med huskanten (foto). Se till att den slutna sidan av packboxen pekar utåt.
4 Montera huset med ny packning och dra åt bultarna jämnt i diagonal följd.
5 Montera vevaxeldrev och kamrem enligt beskrivning i avsnitt 18.

Bakre packbox

6 Demontera svänghjul/drivplatta enligt beskrivning i avsnitt 19.
7 Följ paragraferna 2 till 4 (foto).
8 Montera svänghjul/drivplatta enligt beskrivning i avsnitt 19.

22.3 Montering av ny packbox med hjälp av en hylsa

23 Oljepump – demontering, inspektion och montering

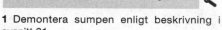

1 Demontera sumpen enligt beskrivning i avsnitt 21.
2 Skruva ut bultarna med hjälp av en insexnyckel och dra ut oljepump och sil från motorblocket (foto).
3 Skruva ut de två sexkantsbultarna från pumpkåpan och lyft av denna (foto).
4 Bänd upp metallkanten på filterplattan så att den kan demonteras och ta ut filterelementet (foto). Rengör silen noggrant med fotogen och borste.
5 Rengör pumpens hus, kåpa och kugghjul.

22.7 Demontering av vevaxelns bakre packboxhus

23.2 Demontering av oljepump och sil

23.3 Demontering av oljepumpens lock

23.4 Oljepumpens filtersil

23.6A Kontroll av oljepumpdrevens dödgång . . .

23.6B . . . och ändspel

6 Kontrollera kugghjulens dödgång med ett bladmått (foto) och kugghjulens ändspel med en stålvinkelhake tvärs över pumpkanten (foto). Undersök slitagespåren i pumpkåpan, dessa ökar kugghjulens ändspel. Om slitaget överskrider det som anges i specifikationerna ska en ny pump monteras.

7 Fyll pumphuset med motorolja och sätt ihop det enligt demonteringens omvända arbetsordning. Se avsnitt 21 vid montering av sumpen.

24 Kolvar och vevstakar – demontering och isärtagning

1 Demontera topplocket (avsnitt 9), kamremmen (avsnitt 18) och oljepumpen (avsnitt 23).

24.3 Demontering av storändens lageröverfall

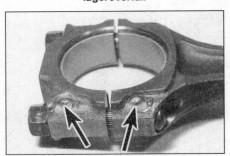

24.6 Gjutmärken (vid pilar) som ska vara vända mot motorns framsida

2 Märk varje vevstake och överfall för cylinder och position.

3 Vrid vevaxeln så att kolv nr 1 finns längst ned i loppet (ND), demontera muttrarna och storändens lageröverfall (foto).

4 Tryck ut kolv och vevstake genom loppets topp med ett hammarskaft. Placera lageröverfall med sammanhörande vevstake och kontrollera att de är uppmärkta med cylindernummer. Om någon av lagerhalvorna lossnar vid demontering av vevstake och överfall ska de placeras tillsammans med respektive överfall eller stake.

5 Upprepa arbetena i paragraferna 3 och 4 med samtliga kolvar och vevstakar.

6 Innan kolvarna demonteras från vevstakarna ska vid behov vevstakarna märkas så att det är tydligt vilken sida som är vänd mot motorns framkant. Gjutmärken på stake och överfall ska vara vända mot motorns framsida (foto).

7 Demontera kolvknastren från spåren i kolvbulten och tryck ut den så mycket att vevstaken kan demonteras (foto). Ta inte ut kolvbultarna helt och hållet annat än om de ska bytas. Detta för att se till att inte kolvbulten vänds när kolven monteras. Om kolvbultar är svåra att trycka ut ska kolven värmas genom att sänkas ned i varmt vatten.

8 Vevstakarna kan förses med nya bussningar, men eftersom de måste brotchas till rätt storlek ska detta arbete helst lämnas till en Audiverkstad.

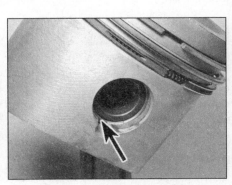

24.7 Kolvbultsknastrets (pil) placering i kolven

9 Använd gamla bladmått eller stycken av styv plast instuckna under kolvringarna till att försiktigt dra av dem från kolven. Lägg ringarna med rätt sida upp och så att den översta kan identifieras. Skrapa försiktigt bort eventuellt sot och rensa ur kolvringsspåren med en träbit eller ett stycke avbruten kolvring.

25 Kolvar och cylinderlopp – inspektion

1 Undersök om kolv och lopp uppvisar tydliga tecken på skador. Om de ser ut att vara i tillfredsställande skick ska följande kontroller utföras.

2 Mät kolvdiametern 15 mm från kolvmantelns underkant och vid 90° till kolvens axel (figur 1.12) och jämför dessa värden med specifikationerna.

3 Tryck in en kolvring i cylinderloppet och tryck den genom loppet med hjälp av en kolv så att den ligger rätt i loppet cirka 15 mm från cylinderns underkant. Mät ändgapet med bladmått (foto). Om gapet är för stort, leta efter tydliga tecken på slitage av loppet eller, om tillgänglig, mät gapet med en ny kolvring i loppet.

4 För att kunna göra en direkt mätning av cylinderloppet krävs en mätklocka med tillsats

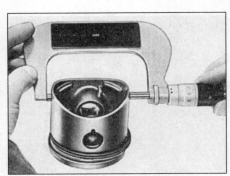

Fig. 1.12 Kontroll av kolvdiameter (avsnitt 25)

25.3 Mätning av kolvringsgapet

25.6 Mätning av spel mellan kolvring och spår

26.1 Pilen på kolvkronan (pil) måste vara vänd mot motorns framsida

för interna mått. Om en sådan finns tillgänglig ska varje lopp mätas på sex platser och mätresultaten jämföras med angiven slitagegräns. Loppets diameter ska mätas 10 mm från loppets överkant, 10 mm från loppets nederkant samt i mitten. På samtliga tre ställen ska mätningen göras i vevaxelns längsled och i rät vinkel mot denna. Om loppen är slitna över slitagegränsen måste de borras om och förses med nya kolvar.

5 Om ett lopp är för stort måste samtliga borras om och förses med nya kolvar. I annat fall blir motorn obalanserad. Vevstakar ska endast monteras som kompletta satser, inte bytas en i taget.

6 Montera ringarna på kolvarna, mät spelet mellan kolvring och kolvringsspår med bladmått (foto). Om spelet överstiger slitagegränsen är det mer troligt att kolvringsspåret är slitet än att kolvringen är sliten. I så fall krävs en ny kolv eller en kolvring i speciell överdimension. Om nya kolvringar monteras måste vändkanten i loppets överkant tas bort såvida inte en stegad övre kolvring används.

26 Kolvar och vevstakar – hopsättning och montering

1 Värm upp varje kolv i hett vatten och sätt ihop den med vevstaken och tryck igenom kolvbulten till dess att den är centrerad.

Kontrollera att gjutmärkena på vevstaken och pilen på kolvkronan (foto) är vända åt samma håll och montera kolvknastren.

2 Innan återmontering av kolvringar, eller om nya monteras, kontrollera gapet för varje ring i sin rätta cylinder genom att trycka ringen genom loppet med en kolv på det sätt som beskrivs i föregående avsnitt. Mät gapen mellan kolvringsändarna med bladmått. Gapet måste vara inom angivna gränsvärden.

3 Om kolvringsändgapet är för litet ska ringen försiktigt filas till dess att gapet är tillräckligt. Kolvringar är sköra så de ska hanteras med varsamhet.

4 När kolvringar monteras, leta efter ordet TOP som ska finnas inetsat på ena sidan av ringen. Montera kolvringen med denna sida vänd mot kolvkronan. Den yttre tillbakadragna kanten på mittringen ska vara vänd mot kolvbulten.

5 Såvida det inte är med säkerhet känt att storändslagerskålarna är nästan nya är det mödan värt att montera nya när motorn sätts ihop igen. Rengör vevstakar och lageröverfall ordentligt och montera lagerskålarna så att utsticken på lagerskålen passar in i urtagen i vevstake och överfall och att ändarna är jämte fogytan (foto).

6 Montera kolvarna genom att först fördela kolvringsgapen så att de finns med ett mellanrum om 120°. Olja in ringar och spår rikligt och montera en kolvringshoptryckare över kolven.

7 Olja in cylinderloppen och stick in kolvarna (foto) med pilarna på kolvkronorna pekande mot motorns framsida. Se till att relevant vevsläng är längst bort från cylindern.

8 När kolven tryckts in så att den är jäms med loppets överkant ska de två lagerhalvorna och vevtappen oljas in och vevstakens lagerhalva föras mot vevtappen.

9 Montera storändens lageröverfall, komplett med lagerskål och dra åt muttrarna till angivet moment (foto).

10 Vrid på vevaxeln och kontrollera att allt löper fritt innan nästa vevstake och kolv monteras.

11 Använd bladmått mellan de bearbetade ytorna på varje storändslager och de bearbetade ytorna på vevaxeln och mät upp ändspelet som inte får överstiga det maxvärde som anges i specifikationerna.

12 Montera oljepumpen (avsnitt 23), kamremmen (avsnitt 18) och topplocket (avsnitt 16).

27 Vevaxel – demontering, inspektion och montering

1 När motorn lyfts ut ur bilen, demontera kolvar och vevstakar enligt beskrivning i avsnitt 24.

2 Sätt ihop storändslagren med sina sammanhörande vevstakar så att ihopsättningen blir korrekt.

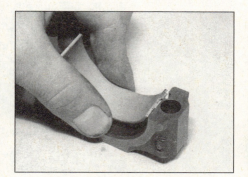

26.5 Montera lagerskålen så att utsticket greppar in i uttaget i vevstaken och överfallet

26.7 Montering av kolv och vevstake

26.9 Åtdragning av muttrar till storändens lageröverfall

27.5A Demontering av ett ramlageröverfall

27.5B Demontering av vevaxeln

27.6 Mätning av vevtappsspel med Plastigage

3 Demontera vevaxelns packboxar, komplett med hus enligt beskrivning i avsnitt 22.

4 Kontrollera att alla ramlager är numrerade för läget.

5 Skruva ur bultarna från alla lageröverfall i turordning och lyft undan överfallen och lyft ut vevaxeln (foton).

6 Om lagren inte ska bytas, se då till att varje lagerhalva identifieras så att den kan sättas tillbaka på sin ursprungliga plats. Detta gäller även för tryckbrickorna, om monterade – se paragraf 7. Om motorn har avverkat en lång körsträcka och det finns skäl att misstänka att vevaxeln behöver ses över är det bäst att låta en Audiverkstad eller en vevaxelspecialist

avgöra om det föreligger behov av omslipning. Såvida det inte är känt att lagerskålar (och tryckbrickor, om monterade) är nästan nya, är det värt att byta dessa när vevaxeln monteras. Om tillgängligt kan Plastigage användas till att kontrollera spelet i de befintliga lagren (foto).

7 Rengör noga urtag i vevhuset och lageröverfallen och montera lagerhalvorna så att utsticket passar in i urtagen i vevaxeln och överfallet. Kontrollera att de lagerhalvor som monteras på vevaxeln har oljehål och att dessa oljehål är i linje med hålen i lagerhuset. Lagerhalvorna på överfallen saknar, med undantag för lager 4, oljehål. Lägg märke till att lagerskålarna på mittenlagret (nr 3) kan

vara antingen flänsade för att fungera som tryckbrickor eller ha separata tryckbrickor, Dessa ska monteras med oljerännorna utåt enligt bilden. Montera lagerskålarna så att lagerändarna är jäms med kontaktytorna (foton).

8 Olja in lager och tappar och montera vevaxeln i vevhuset.

9 Montera ramlageröverfallen (med de mittre tryckbrickorna, om befintliga) på sina rätta platser.

10 Montera bultarna till ramlageröverfallen och dra åt bultarna till centrallagret till angivet moment (foto) och kontrollera att vevaxeln roterar fritt.

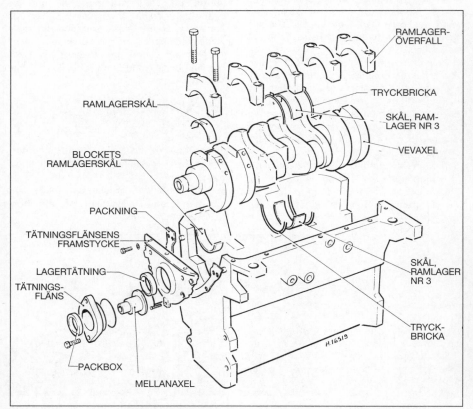

Fig. 1.13 Sprängskiss över vevaxel och vevhus (avsnitt 27)

RAMLAGER-ÖVERFALL
TRYCKBRICKA
SKÅL, RAM-LAGER NR 3
VEVAXEL
RAMLAGERSKÅL
BLOCKETS RAMLAGERSKÅL
PACKNING
TÄTNINGSFLÄNSENS FRAMSTYCKE
LAGERTÄTNING
TÄTNINGS-FLÄNS
SKÅL, RAMLAGER NR 3
TRYCK-BRICKA
PACKBOX
MELLANAXEL

27.7A Montering av ramlager av flänstyp i överfall

27.7B Montering av flänsat centralramlager på vevaxeln . . .

27.7C . . . se till att lagerändarna är jäms med monteringsytan

27.7D Montering av alternativ typ av centralramlager på vevaxeln . . .

27.7E . . . tillsammans med tryckbrickor

27.10 Åtdragning av bult till ramlageröverfall

27.12 Mätning av vevaxelns ändspel

27.13A Placering av nållagret i vevaxelns ände

11 Arbeta utåt från mitten och dra åt de resterande ramlageröverfallen i tur och ordning. Kontrollera att vevaxeln roterar fritt efter det att varje lageröverfall dragits åt.
12 Kontrollera att vevaxelns ändspel ligger inom specifikationerna genom att sticka in bladmått mellan vevaxeln och centrallagrets tryckyta/tryckbricka medan vevaxeln pressas först åt ena, sen åt andra hållet i längsled (foto).
13 Den bakre änden av vevaxeln har ett nållager (foto) som stöttar den främre delen av den ingående axeln på växellådan. Inspektera detta lager och leta efter tecken på slitage eller skador. Om växellådan demonteras och tagits isär ska den ingående axeln till den stickas in i nållagret för att kontrollera att det inte är för stort spel. Om lagret kräver byte, stick då in en krok bakom lagret och dra av

det från vevaxelns ände. Montera det nya lagret med den bokstavs-märkta änden utåt. tryck in lagret till dess att det är 1,5 mm under svänghjulsflänsens yta (foto).
14 Montera nya packboxar på vevaxeln (avsnitt 22) och sedan kolvar och vevstakar enligt beskrivning i avsnitt 26.

28 Motorfästen – demontering och montering

1 Ställ upp framvagnen på pallbockar.
2 Stötta motorn med en garagedomkraft under sumpen.
3 Demontera fästbultarna till fästet från karossen och den genomgående mutter-försedda bult som håller fästet till motorns stödkonsoler. Vid arbete på höger fäste måste täckplåten tas bort innan fästet blir åtkomligt.

27.13B Mätning av nållagrets monteringsläge

4 Höj upp motorn något och ta bort fästena från sina platser.
5 Montering sker i omvänd arbetsordning.

Del B – Femcylindriga motorer

29 Allmän beskrivning

Motorn är av typen femcylindrig radmotor med överliggande kamaxel monterad konventionellt i bilens framände. Vevaxeln är sexlagrad och lager 4, räknat framifrån, har flänsade

tryckbrickor för att styra vevaxelns ändspel. Kamaxeln drivs av en kuggrem från vevaxeldrevet. Remmen driver även vattenpumpen som är monterad på motorblockets vänstra sida. Ett drev på kamaxelns bakände driver fördelardosan och på modeller med förgasare driver kamaxeln även bränslepumpen.

Ventilerna manövreras av kamaxeln via ventil-

tryckare av hylstyp som justeras med shims i ventilstyrningens topp eller självjusterande hydrauliska tryckare.

Motorn har ett fullflödes smörjsystem. En oljepump av kuggtyp finns monterad på vevaxelns framände. Oljefiltret är av patrontyp och finns monterat på motorblockets högra sida.

30.1A Placering av oljedräneringsplugg . . .

30.1B . . . och oljefilter

32 Större arbeten som kräver demontering av motorn

Följande arbeten kräver att motorn lyfts ut ur bilen:
Demontering av vevaxel och ramlager

33 Metoder för demontering av motorn

Motorn måste demonteras från växellådan och sedan lyftas ut ur bilen.

30 Underhåll och inspektion

1 Se avsnitt 2 i detta kapitel, med följande undantag:

(a) *Oljedräneringspluggen finns placerad på sumpens högra sida och oljefiltret finns på motorblockets högra sida (foton)*
(b) *Justering av ventilspelet behövs inte på motorer med hydrauliska tryckare*
(c) *Kamremmens justering finns beskriven i avsnitt 47*
(d) *Turbomodeller har ett extra oljefilter för turboaggregatet*

31 Större arbeten som kan utföras med motorn i bilen

Följande arbeten kan utföras med motorn kvar i bilen:

(a) *Demontering och underhåll av topplock och kamaxel*
(b) *Demontering av kamkedja och drev*
(c) *Demontering av svänghjul/drivplatta (efter det att växellådan demonterats)*
(d) *Demontering av sumpen (efter det att bärramen sänkts)*
(e) *Demontering av oljepumpen*
(f) *Demontering av kolvar och vevstakar*

34 Motor – demontering och montering

Samtliga modeller utom Turbo

1 Ta bort huven enligt beskrivning i kapitel 11 och ställ den på kartong eller trasor på en säker plats.
2 Lossa batteriets jordledning.
3 Demontera kylaren enligt beskrivning i kapitel 2.
4 Demontera kylargrill och främre stötfångarens övre dekorremsa enligt beskrivning i kapitel 11.
5 Demontera fördelarlocket och tändkablarna.
6 Se kapitel 3 och demontera luftfilter samt (där de finns) luftintagsslangar på motorns framsida.
7 Se kapitel 10 och demontera servostyrpumpen men lämna hydraulrören kopplade. Häng upp pumpen på ena sidan utan att sträcka på slangarna.
8 På modeller med luftkonditionering, demontera kompressorn enligt beskrivning i kapitel 11, lämna dock kylmediaslangarna anslutna. Häng upp kompressorn på ena sidan utan att sträcka på slangarna.
9 Markera platsen för samtliga ledningar med maskeringstejp och lossa de som inverkar på motordemonteringen, dessa inkluderar, där de förekommer
Ledningar till oljetryckskontakterna (foto), temperaturgivare (foto), fördelardosa (foto), tändspole, växellägesindikator, uppvärmningsventil, termobrytare, tomgångsstabilisator

34.9A Dra ut kontakten till oljetrycksgivaren (pilar) . . .

34.9B . . . temperaturgivaren . . .

34.9C . . . fördelardosan . . .

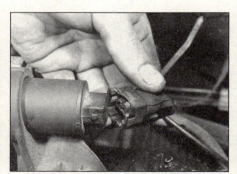

34.9D . . . tomgångsstabilisatorn . . .

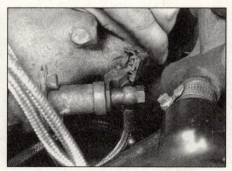

34.9E . . . kallstartsventilen . . .

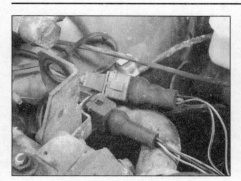

34.9F . . . samt trottelbrytaren

34.10A Lossa slangklämman och vajerklammern (pilar) . . .

34.10B . . . och ta bort tomgångsstabilisatorn

(foto), termotidbrytare, kallstartsventil (foto), trottelbrytare (foto), insugstemperaturgivare, tändlägesgivare, varvräknargivare, automatchoke, insugsrörets förvärme och extra avgasreningskomponenter (se kapitel 3)

10 På modeller med bränsleinsprutning ska slangklämmorna lossas och tomgångs-stabilisatorn med slangar lyftas bort (foton).

11 Arbeta medsols runt motorn och demontera alla slangar och rör för värme och kylning som påverkar demonteringen av motorn (foto).

12 Se kapitel 3 och lossa gasvajern.

13 På modeller med automatlåda, se kapitlen 3 och 7 och koppla ur vajrar och länkage till trottel och gaspedal.

14 På modeller med bränsleinsprutning, lossa clipset och demontera luftslangen från trottelventilhuset (foto).

15 Märk upp alla bränsle- och vakuum-ledningar med maskeringstejp och lossa sedan på de som inverkar på motorns demontering. Dessa inkluderar, där de förekommer:

Förgasarmodeller: *Bränsleledningar vid bränslepumpen, returledning vid returventilen, vakuumrör vid vakuumbehållare, ekonometer och fördelardosa*

Bränsleinsprutade modeller: *Bränsle-slangar vid fördelningen (foto), kallstartsventil (foto) och uppvärmningsventil (foto), vakuum-slangar vid uppvärmningsventilen, ekono-meter, trottelventilhuset (foto) och fördelar-dosan (foto) samt övriga avgasreningskompo-nenter (se kapitel 3)*

34.11 Dra ur slangar och rör för värme och kylning

34.14 Dra av luftslangen från trottelventilhuset

34.15A Lossa bränsleslangarna från fördelningen . . .

34.15B . . . kallstartsventilen . . .

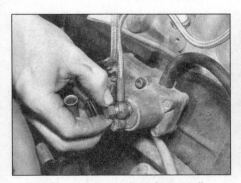

34.15C . . . och uppvärmningsventilen

34.15D Lossa vakuumslangarna från trottelventilhuset . . .

34.15E . . . och fördelardosan

34.18 Lossa det främre avgasröret från grenröret

34.19 Demontera främre motorfästet

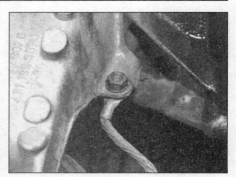

34.22 Lossa motorns jordledning

16 Lossa jordledningen bak på ventilkåpan.
17 Se kapitel 12 och demontera alternator och startmotor.
18 Lossa det främre avgasröret vid grenröret och växellådsfästet (foto).
19 Demontera det främre motorfästet och karossmonteringsfästet (foto).
20 På modeller med automatlåda ska bultförbandet mellan momentomvandlaren och drivplattan demonteras medan startkransen fixeras med en skruvmejsel. Vevaxeln måste vridas med en hylsnyckel på vevaxelremskivans centrumbult, så att bultarna kommer i läge i startmotorhålet.
21 Demontera kamremmens övre kåpa. Spara distanserna.
22 Lossa kopplingsvajern från frikopplingsarmen och vänster motorfäste (där tillämpligt)

och lossa jordledningen från fästet (foto).
23 Demontera täckplåten över höger motorfäste (foto).
24 Koppla en lyftanordning som bär upp motorns vikt. Lyften ska vara placerad centralt över motorn.
25 Stötta växellådan med en garagedomkraft.
26 Demontera bultförbandet mellan motor och växellåda, anteckna placeringen för fästen och vajerstöd.
27 Demontera bultarna genom motorfästet (foto) och lyft upp motorn en bit och demontera vänster motorfäste (foto).
28 Lyft upp motorn och dra av den från växellådan. På modeller med automatlåda, se till att momentomvandlaren stannar kvar i fullt ingrepp med lådans splines.
29 Hantera motorn efter behov och lyft ut den från motorrummet och sänk ned den på golvet (foto).

Turbomodeller

30 Utför arbetet enligt beskrivning i paragraferna 1 till 5.
31 Se kapitel 11 och demontera främre stötfångaren.
32 Se kapitel 10 och demontera servostyrpumpen. Lämna hydraulrören monterade. Fäst pumpen på ena sidan utan att sträcka på slangarna.
33 Dra ut kontakten från termobrytaren.
34 Dra ut kontakterna från termotidbrytaren,

oljetryckskontakterna och uppvärmningsventilen.
35 Demontera uppvärmningsventilens vakuumslang och skruva ut de två bultarna så att ventilen kan flyttas åt sidan.
36 På modeller med automatlåda ska tryckstången demonteras från svänghjulskåpans hävarm.
37 Dra ur kontakterna till varvtalsgivaren, referensmarkeringsgivaren och knacksensorn på torpedfästet.
38 Dra ur kontakterna till fördelardosan och tändspolen.
39 Demontera injektorkylfläktens lufttrumma över ventilkåpan.
40 Dra ur kontakten till injektorkylfläktens ledning och lyft bort fläkten.
41 Demontera hållaren till varvtals- och referensmarkeringsgivarna.
42 Lossa motorns jordledning vid vänster motorfäste.
43 Demontera slangarna för värme och kylvätska vid kylarröret och lyft undan röret från motorn.
44 Demontera vakuumslangen vid farthållaren.
45 Dra ut kontakterna från kallstartsventilen och tomgångsstabilisatorbrytaren.
46 Demontera jordledning och fäste från trottellänkagets relä.
47 Demontera vakuumslangen vid den elektroniska styrenheten till tändningen och vid växellägesindikatorn.

34.23 Demontera motorfästets täckplåt

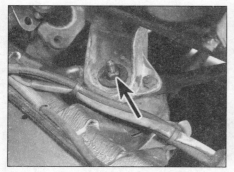

34.27A Skruva ut motorfästets genomgående bult (pil) . . .

34.27B . . . demontera sedan vänster motorfäste

34.29 Lyft ur motorn

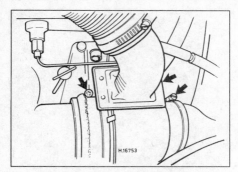

Fig. 1.14 Injektorkylfläktens fästen –
turbomodeller (avsnitt 34)

48 Demontera kallstartsventilen från insugs-
röret men lämna bränsleledningen ansluten.
49 Demontera farthållarens tryckstång och
gasvajern vid trottelventilhuset. Lossa vajern
från sina fästen.
50 Dra ut trottelventilkontaktens ledning och
frigör ledningen från vajerclipsen.
51 Demontera lufttemperaturgivaren från
trottelventilhuset. Plugga insugsrörets
öppning och täck över givaren med en
skyddshuv.
52 Dra ut kontakten för ledningen vid
injektorkylfläktens termobrytare i värme-
skölden, till turboreglerventilen. Frigör led-
ningen från vajerclipsen.
53 Dra ut alla injektorer från topplocket med
vidhängande bränsleledningar och flytta
undan alla injektorer och bränsleledningar från
motorn.
54 Lossa clipsen och demontera lufttrumman
från luftflödesgivaren och intagsröret.
55 Demontera luftfilterlocket och ta bort det
komplett med intagsröret.
56 Demontera anslutningsslangen mellan
laddluftkylaren och trottelhuset.
57 Demontera tomgångsstabiliseringens
slang från laddluftkylaren, demontera
slangen mellan laddluftkylaren och turbon
och demontera laddluftkylaren.
58 Demontera det främre avgasröret vid
turboaggregatets fläns.
59 Demontera täckplåten över höger motor-
fäste.
60 Demontera det korrugerade avgas-
förgreningsröret från det främre avgasrörets
fläns.
61 Demontera det främre avgasröret från
mellanrörets fläns och växellådsfästet och lyft
undan det främre avgasröret från bilen.
62 Demontera alternatorns lufttrumma,
arbeta från bilens undersida.
63 Demontera alternatorns fäst- och
justerbultar, lyft bort enheten och stötta den fri
från motorn med vidhängande ledningar.
64 Demontera startmotorn och stötta den fri
från motorn med vidhängande ledningar.
65 Demontera oljekylarslangarna från olje-
filterhuset.
66 På modeller med luftkonditionering ska

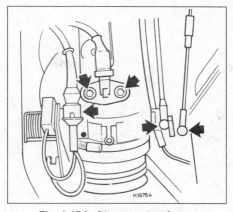

Fig. 1.15 Lufttemperaturgivare,
trottelventilkontakt och
farthållaranslutningar till trottelventilhuset
– turbomodeller (avsnitt 34)

kompressorn demonteras enligt beskrivning i
kapitel 11. Lämna kylmediaslangarna anslutna
på plats. Fäst upp kompressorn på ena sidan
utan att sträcka slangarna och demontera
kompressorfästet.
67 På modeller med automatlåda ska
momentomvandlaren demonteras från driv-
plattan, håll startkransen på plats med en
skruvmejsel. Motorn måste vridas runt med en
hylsnyckel på vevaxelremskivans centrum-
bult, så att bultarna blir åtkomliga genom
startmotorhålet.
68 Koppla en lyft som bär upp motorns vikt.
Lyften ska vara centralt placerad över motorn.
69 Stötta växellådan med en garage-
domkraft.
70 Skruva ur bultarna mellan motor och
växellåda och notera placeringen av fästen
och kabelstöd.
71 Skruva ur bultarna genom motorfästet
och demontera vänster motorfäste.
72 Lyft upp motorn och dra av den från
växellådan. På modeller med automatlåda, se
till att momentomvandlaren stannar kvar i fullt
ingrepp med lådans splines.
73 Hantera motorn efter behov och lyft ut
den från motorrummet och sänk ned den på
golvet.

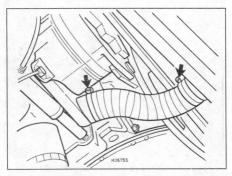

Fig. 1.16 Lufttrumma till alternator, placering
och fästen – turbomodeller (avsnitt 34)

Montering – alla modeller

74 Montering sker i omvänd arbetsordning
mot demonteringen. Smörj den manuella
växellådans ingående axel och urtramp-
ningslagerytorna med molybdendisulfidfett
före monteringen. Se till att samtliga fästen till
motor och växellåda monteras utan för-
spänningar och att samtliga bultar och muttrar
dras åt till specificerade moment. Montera
och, där tillämpligt, justera alla motor-
relaterade delar och system enligt anvis-
ningarna i de berörda kapitlen. Se till att
motorn fylls med olja och att kylsystemet fylls
på innan motorn startas.

35 Isärtagning av motor – allmänt

Se avsnitt 7 i detta kapitel.

36 Hjälpaggregat – demontering och montering

Se avsnitt 8 i detta kapitel, med följande
undantag:
Oljefilterpatron (avsnitt 30 i detta kapitel)

37 Kamaxel och ventillyftare – demontering

Notera: *Om motorn fortfarande finns i bilen
ska följande göras först:*
(a) Lossa batteriets jordledning
*(b) På förgasarmodeller ska luftfilter och
bränslepump demonteras (kapitel 3)*
(c) Demontera fördelardosan (kapitel 4)
(d) Demontera övre kylarkåpan
*(e) Demontera drivremmar till alternator,
luftkonditionering och servostyrning efter
vad som finns monterat (kapitel 12, 11
och 10 respektive)*
*(f) Demontera alla relevanta ledningar, vajrar
och slangar*
*(g) På turbomodeller ska injektorkylfläkten,
lufttrumman över ventilkåpan,
farthållarlänkaget och laddluftkylaren
demonteras (kapitel 3)*

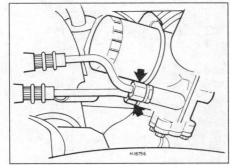

Fig. 1.17 Oljekylarslangarnas anslutningar
till oljefilterhuset (avsnitt 34)

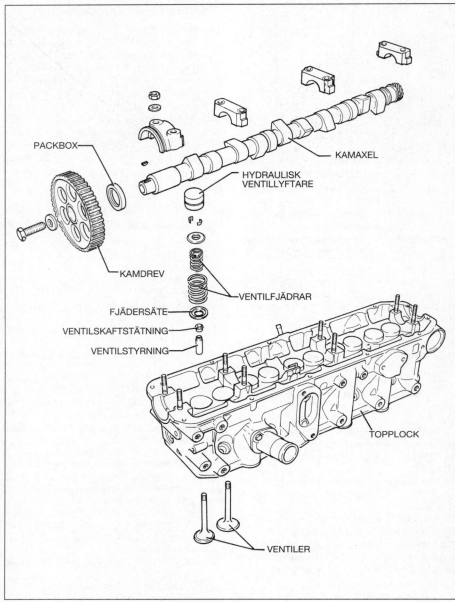

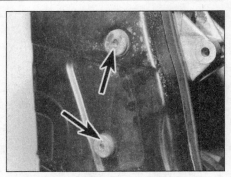

37.2A Lossa kamremskåpans muttrar (pilar) och demontera kåpan . . .

37.2B . . . och distanserna (pilar)

PACKBOX

KAMAXEL

HYDRAULISK VENTILLYFTARE

KAMDREV

VENTILFJÄDRAR

FJÄDERSÄTE

VENTILSKAFTSTÄTNING

VENTILSTYRNING

TOPPLOCK

VENTILER

Fig. 1.18 Sprängskiss över topplock och ventilmekanism (avsnitt 37)

37.3 Urtag på vevaxelns remskiva i linje med pigg på undre kamremskåpan (pil)

Fig. 1.19 Hack på vevaxelremskivan i linje med pekare på oljepumpshuset – se pilar (avsnitt 37)

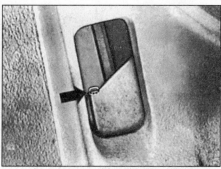

Fig. 1.20 O-märke på svänghjulet i linje med pekare på svänghjulskåpan (avsnitt 37)

Fig. 1.21 Urtag i kamaxeln (pil) i linje med den övre ytan på ventilkåpspackningen (avsnitt 37)

37.5 Demontering av kamrem från kamaxeldrev. Remmen markerad med löpriktning

Fig. 1.22 Fixera kamdrevet med en bredbladig skruvmejsel (avsnitt 37)

37.7 Woodruff-kil till kamdrev (pil)

1 Demontera ventilkåpan komplett med förstärkningsband och packning. Notera placeringen av tändkabelhållaren.

2 Demontera kamremmens övre kåpa. Spara distanserna (foton).

3 Vrid vevaxeln med en hylsnyckel i remskivans centrumbult, så att kolven i cylinder 1 finns vid ÖD i kompressionstakten. Urtaget i vevaxelns remskiva måste vara i linje med märket på nedre kamremskåpan (foto) eller pekaren på oljepumpshuset – alternativt måste O-märket på svänghjulet/drivplattan vara i linje med pekaren i svänghjulskåpans öppning. Bägge ventilerna i cylinder 1 måste vara stängda (loberna pekande från tryckarna) och urtaget på baksidan av kamaxeldrevet i linje med den övre ytan av ventilkåpspackningen (montera tillfälligt ventilkåpa och packning om så behövs).

4 Lossa vattenpumpsfästet och juster-skruvarna och vrid vattenpumpen motsols så att kamremmens spänning släpper.

5 Demontera kamremmen från kamaxel-drevet och för den åt sidan (foto).

6 Skruva ut kamdrevets centrumbult medan drevet fixeras med en stång genom ett av hålen eller genom en bred skruvmejsel, se figur 1.22.

7 Dra av drevet från kamaxeln och ta bort Woodruff-kilen (foto).

8 Kontrollera att lageröverfallen har in-stansade nummer. Om inte, märk upp dem så att varje överfall kan monteras på sin egen plats. Notera att överfallen är förskjutna och bara kan monteras på ett sätt.

9 *Det är viktigt att kamaxeln demonteras precis efter anvisningarna så att den inte riskerar att förvridas.* Lossa en av muttrarna på överfall 2 ungefär två varv och lossa sedan diagonalt motsatt mutter på överfall 4 lika mycket. Upprepa med den andra muttern på överfall 2 och 4. Upprepa sekvensen till dess att muttrarna löper fritt och ta sedan bort dem. Lossa och ta bort muttrarna på överfall 1 och 3 med liknande diagonal sekvens.

10 Lyft upp lageröverfallen och lyft undan kamaxeln från motorn (foto). Kassera pack-boxen.

11 Demontera ventiltryckarna i turordning (foto) och markera deras lägen (1 - 10 räknat från motorns kamdrivningssida) med tejp eller placera dem i en låda med separata fack. Var noga med att hålla ihop shimsen med respektive tryckare, där sådana finns. På motorer med hydrauliska tryckare ska dessa förvaras upp och ned när de demonterats från motorn.

38 Topplock – demontering med motorn i bilen

Alla modeller utom turbo

1 Lossa batteriets jordledning.

2 Tappa ur kylsystemet enligt beskrivning i kapitel 2.

3 Demontera kylargrillen (kapitel 11) och den övre kylarkåpan .

4 Demontera luftfiltret enligt beskrivning i kapitel 3 och de främre intagsrören på modeller med bränsleinsprutning.

5 Se kapitel 12 och demontera alternatorns drivrem.

6 På modeller med luftkonditionering ska kompressorn demonteras enligt beskrivning i kapitel 11, lämna kylslangarna på plats. Häng upp kompressorn på ena sidan utan att sträcka slangarna.

7 Se kapitel 10 och demontera styrservo-pumpen, lämna hydrauliken ansluten. Häng upp pumpen på ena sidan utan att sträcka slangarna.

8 Demontera den övre kylarslangen och varje annan kyl/värmeslang som kan tänkas försvåra topplockets demontering.

9 Märk upp alla bränsle- och vakuum-ledningar med maskeringstejp och lossa

37.10 Demontering av kamaxel

37.11 Demontering av ventillyftare

38.9A Lossa bränsleslangarna vid fördelningen . . .

38.9B . . . kallstartsventilen . . .

38.9C . . . och uppvärmningsventilen

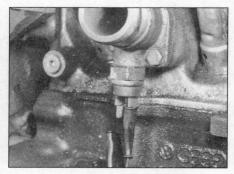

38.10A Dra ur kontakten till temperaturgivaren och . . .

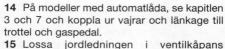

sedan på de som inverkar på topplockets demontering. Dessa inkluderar, där de förekommer:

Förgasarmodeller: *Bränsleledningar vid bränslepumpen, returledning vid returventilen, vakuumrör vid vakuumbehållare, ekonometer och fördelardosa*

Bränsleinsprutade modeller: *Bränsleslangar vid fördelningen (foto), kallstartsventil (foto) och uppvärmningsventil (foto), vakuumslangar vid uppvärmningsventilen, ekonometer, trottelventilhuset och fördelardosan samt övriga avgasreningskomponenter (se kapitel 3)*

10 Märk upp alla elledningar med maskeringstejp och lossa sedan på de som inverkar på topplockets demontering. Dessa

inkluderar, där de förekommer:

Ledningar till temperaturgivare (foto), fördelardosa, tändspole, växellägesindikator, termobrytare, tomgångsstabilisator, termotidbrytare, kallstartsventil, trottelbrytare (foto), insugstemperaturgivare, automatchoke, insugsrörets förvärme och extra avgaskontroll komponenter (se kapitel 3)

11 Dra ut tändkablarna, demontera tändkabelhållaren från ventilkåpan och kablar samt fördelarlocket (foto).

12 På bränsleinsprutade modeller ska slanghållare lossas så att tomgångsstabiliseringsventilen kan demonteras komplett med slangar (foto).

13 Se kapitel 3 och koppla ur gasvajer och i förekommande fall farthållarlänkaget.

14 På modeller med automatlåda, se kapitlen 3 och 7 och koppla ur vajrar och länkage till trottel och gaspedal.

15 Lossa jordledningen i ventilkåpans bakkant.

16 På modeller med bränsleinsprutning ska clipset lossas så att luftslangen från trottelventilhuset kan demonteras.

17 Lossa det främre avgasröret vid grenröret och växellådsfästet.

18 Demontera den övre kamremskåpan och distanserna (foto).

19 Demontera ventilkåpan, komplett med förstärkningsband och packningar (foto).

20 Vrid vevaxeln med en hylsnyckel i remskivans centrumbult, så att kolven i cylinder 1 finns vid ÖD i kompressionstakten. Urtaget i vevaxelns remskiva måste vara i linje med märket på nedre kamremskåpan (foto) eller pekaren på oljepumpshuset - alternativt O-märket på svänghjulet/drivplattan måste vara i linje med pekaren i svänghjulskåpans öppning. Bägge ventilerna i cylinder 1 måste vara stängda (loberna pekande från tryckarna) och urtaget på baksidan av kamaxeldrevet i linje med den övre ytan av ventilkåpspackningen (montera tillfälligt ventilkåpa och packning om så behövs). Fördelarens rotorarm ska peka mot cylinder 1 i fördelarlocket (montera locket tillfälligt för kontrollen).

21 Lossa vattenpumpens fäst- och justerskruvar och vrid den medsols för att släppa på kamremmens spänning.

38.10B . . . trottelbrytaren

38.11 Demontera fördelarlock och tändkablar

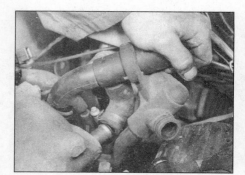

38.12 Demontera tomgångsstabiliseringen

38.18 Demontera övre kamremskåpan

38.19 Lyft undan ventilkåpan och förstärkningsbanden

22 Demontera kamremmen från kamaxeldrevet och för den åt sidan.

23 Skruva ut kamdrevets centrumbult medan drevet fixeras med en stång genom ett av hålen eller med hjälp av en bred skruvmejsel, se figur 1.22.

24 Dra av drevet från kamaxeln och ta bort Woodruff-kilen.

25 Använd två sammanlåsta muttrar till att demontera den övre kamremskåpans pinnbult från topplocket (foto). Skruva även ut den bult som fäster den inre kåpan vid topplockets högra sida.

26 Skruva ur topplocksbultarna ett varv i taget, i motsatt turordning till den som visas i figur 1.25.

27 När samtliga bultar demonterats ska kamremskåpan dras försiktigt framåt så att den går fri från kamaxeln. Lyft sedan av topplocket från blocket (foto). Om det sitter fast, knacka loss det med en läder- eller plastklubba. Ta bort packningen.

28 Om så krävs ska topplockets hjälpaggregat demonteras enligt beskrivningar i respektive kapitel.

Turbomodeller

29 Utför de arbeten som beskrivs i paragraferna 1 till 8 med undantag för paragraf 4.

30 Märk upp alla vakuumslangar och bränsleledningar med maskeringstejp och lossa sedan på de som inverkar på topplockets demontering. Dessa inkluderar, där de förekommer:

Bränsleslangar vid fördelningen, kallstartsventil och uppvärmningsventil, vakuumslangar vid uppvärmningsventilen, ekonometer, trottelventilhuset och fördelardosan samt övriga avgasreningskomponenter (se kapitel 3)

31 Märk upp alla elledningar med maskeringstejp och lossa sedan på de som inverkar på topplockets demontering. Dessa inkluderar, där de förekommer:

Ledningar till temperaturgivare, fördelardosa, tändspole, växellägesindikator, termobrytare, tomgångsstabilisator, termotidbrytare, kallstartsventil, trottelventilbrytare, injektorkylfläktens termobrytare samt extra avgasreningskomponenter (se kapitel 3)

32 Se kapitel 3 och koppla ur gasvajer och farthållarlänkaget.

33 På modeller med automatlåda, se kapitlen 3 och 7 och koppla ur vajrar och länkage till trottel och gaspedal.

34 Dra ut tändkablarna, demontera tändkabelhållaren från ventilkåpan och kablar samt fördelarlocket.

35 Demontera injektorkylfläktens lufttrumma över ventilkåpan.

36 Demontera lufttemperaturgivaren från trottelventilhuset. Plugga insugsrörets öppning och täck över givaren med en skyddshuv.

38.25 Skruva ut kamremskåpans pinnbult

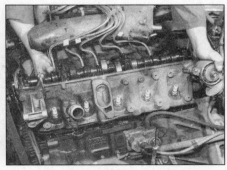

38.27 Demontering av topplock

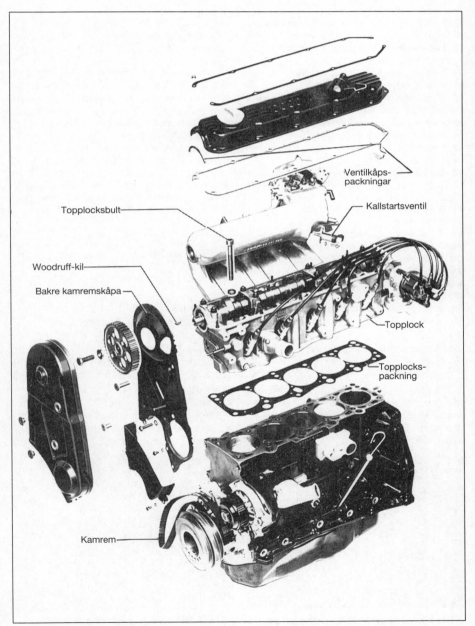

Ventilkåpspackningar

Topplocksbult

Kallstartsventil

Woodruff-kil

Bakre kamremskåpa

Topplock

Topplockspackning

Kamrem

Fig. 1.23 Sprängskiss över topplocket och sammanhörande delar (avsnitt 38)

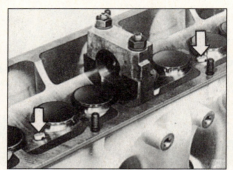

Fig. 1.24 Korrekt placering för oljesprutmunstyckena (pilar) i topplocket (avsnitt 42)

44.1A Placera den nya packningen på blocket . . .

44.1 B . . . med delnumret vänt uppåt . . .

37 Lossa clipsen och demontera lufttrumman från luftflödesgivaren och intagsröret.
38 Demontera luftfilterlocket och ta bort det komplett med intagsröret.
39 Demontera anslutningsslangen mellan laddluftskylaren och trottelhuset.
40 Demontera tomgångsstabiliseringens slang från laddluftskylaren, demontera slangen mellan laddluftskylaren och turbon och demontera laddluftskylaren.
41 Demontera det främre avgasröret vid turboaggregatets fläns.
42 Demontera det korrugerade avgasförgreningsröret från det främre avgasrörets fläns.
43 Demontera det främre avgasröret från växellådsfästet.
44 Koppla ur alla andra olje- och vattenledningar till turbon och sammanhörande komponenter som kan försvåra demonteringen. Turbon och insugs- och avgasgrenrör lämnas monterade på topplocket.
45 Utför resterande arbeten enligt beskrivningarna i paragraferna 18 till 28.

39 Topplock – demontering med motorn på arbetsbänk

Demontering av topplocket med motorn uppsatt på arbetsbänk är likartad, med undantag för urkopplandet av ledningar och matningar. Se avsnitt 38 och följ tillämpliga beskrivningar.

40 Ventiler – demontering och renovering

1 Demontera kamaxel och ventiltryckare, se avsnitt 37 och topplock, se avsnitt 38 eller 39.
2 Följ beskrivningen i avsnitt 11 – insugsventilerna är 2-4-5-7-9 och avgasventilerna är 1-3-6-8-10, räknat från motorn kamremssida.
3 *Lägg märke till att vissa motorer är försedda med natriumfyllda avgasventiler för bättre värmeavledning. Om dessa ventiler byts ska de gamla ventilerna göras ofarliga genom att natriumet avlägsnas innan ventilerna skickas till skroten. Detta är ett riskabelt arbete som endast får utföras av en Audiverkstad.*

41 Topplock – inspektion och renovering

Se avsnitt 12 i detta kapitel.

42 Kamaxel och lager – inspektion och renovering

1 Se avsnitt 13 i detta kapitel.
2 Kontrollera att oljesprutmunstyckena i topplockets översida riktar olja i 90 graders vinkel mot kamaxeln.
3 I de fall motorn har hydrauliska ventiltryckare ska tryckarna bytas om de gett ifrån sig missljud vid körning. Kontrollera hydrauliska ventiltryckare med motorn på plats i bilen genom att köra motorn till dess att kylfläkten startar minst en gång. Öka motorvarvet till 2500 rpm under två minuter och återgå till tomgång. Ventiltryckare som nu har missljud ska bytas.

43 Ventiler – montering

Se avsnitt 14 i detta kapitel.

44 Topplock – montering

1 Kontrollera att motorblockets översida är perfekt rengjord och montera en ny topplockspackning på det med delnumret eller markeringen TOP vänd uppåt (foton).
2 Kontrollera att topplockets kontaktyta är perfekt rengjord. Placera två långa stavar eller bitar av styrstift i två topplocksbulthål på var sida om blocket, som styrning för packningen och topplocket. Sänk ned topplocket på blocket, ta bort styrningarna och montera bultar och brickor. Använd inte tätningsmassa i fogen mellan motorblock och topplock (foto).
3 Dra åt bultarna i den följd som visas i figur 1.25 i de tre steg som anges i specifikationerna till angivet moment.
4 Fäst den inre kamremskåpan vid topplocket (där tillämpligt) med bulten till höger och den övre kåpans pinnbult (foto).

44.2 . . . och sänk ned topplocket på motorblocket

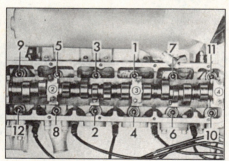

Fig. 1.25 Ordningsföljd för åtdragning av topplocksbultar (avsnitt 44)

44.4 Pinnbult och fästbult (pilar) till inre kamremskåpan

44.5 Montera kamdrevet

44.10 Kontrollera kamremmens spänning

5 Montera Woodruff-kilen i skåran och montera drevet på kamaxelns ände (foto).
6 Montera centrumbult och distans och dra åt bulten till angivet moment medan drevet hålls på plats med en stång genom ett av hålen, eller använd en bredbladig skruvmejsel på det sätt som visas i figur 1.22.
7 Vrid kamaxeldrevet så att det bakre urtaget är i linje med den övre ytan av ventilkåpspackningen (placera packningen tillfälligt på plats).
8 Kontrollera att kolv nr 1 finns vid ÖD med O-märket på svänghjulet i linje med pekaren i svänghjulskåpans öppning. Hacket i vevaxel-remskivan ska även vara i linje med pekaren på oljepumpshuset eller kamremmens nedre kåpa.
9 Placera kamremmen på dreven på vevaxeln, kamaxeln och vattenpumpen, vrid vattenpumpen motsols så att remmen spänns och kontrollera att märkena för ÖD fortfarande är i linje.
10 Demontera övre kylarkåpan (om motorn är i bilen) och använd en skruvmejsel till att vrida vattenpumpen motsols så att kamremmen spänns så mycket att den kan vridas 90° med tummen och pekfingret mitt mellan vatten-pumpens och kamaxelns drev. Dra åt vatten-pumpens monterings- och justeringsskruvar när remmen är korrekt spänd (foto).
11 Montera topplockets övriga delar enligt beskrivningarna i respektive kapitel.
12 Om motorn sitter i bilen, utför arbetena i omvänd turordning enligt beskrivningarna i avsnitt 38, paragraferna 1 till 19 för samtliga

modeller utom turbo och paragraferna 29 till 45 för turbomodeller.
13 Justera ventilspel enligt avsnitt 46 efter fullbordat arbete, utom på modeller med hydrauliska ventiltryckare.

45 Kamaxel och ventiltryckare – montering

1 Montera hylsorna på sina ursprungliga platser – shimsen i tryckarnas toppar måste monteras så att de instansade bokstäverna är vända nedåt (foton). Olja in tryckarna och kamaxelns lagertappar.
2 Lägg ned kamaxeln på de undre lagerhalvorna så att de lägsta punkterna på kammen vid cylinder 1 ligger mot ventil-tryckarna och montera sedan lageröverfallen på sina ursprungliga platser. Kontrollera att de är vända åt rätt håll innan de monteras på pinnbultarna (foto).
3 Montera muttrarna på lageröverfall 2 och 4 och dra dem diagonalt till dess att kamaxeln helt går in i lagringen.
4 Montera muttrarna på lageröverfall 1 och 3, dra sedan samtliga muttrar till angivet moment i diagonal ordningsföljd.
5 Smörj läppen och utsidan av kamaxel-packboxen med lite olja och montera pack-boxen med den öppna änden först i topplocket och lageröverfall 1.
6 Driv in packboxen i topplocket med ett metallrör till dess att den är jäms med

topplockets framsida – *driv den inte djupare än så eftersom den i så fall blockerar olje-returhålet.*
7 Följ beskrivningarna i paragraferna 5 till 10 i avsnitt 44.
8 Montera kamremmens övre kåpa.
9 Kontrollera ventilspelet och justera vid behov, se avsnitt 46.
10 Montera ventilkåpan med förstärknings-band, tändkabelhållare, nya packningar och tätningar och dra åt muttrarna.
11 Om motorn sitter i bilen, vänd på arbets-ordningen i avsnitt 37.

46 Ventilspel – kontroll och justering

Se avsnitt 17 i detta kapitel. Arbets-ordningen är identisk med den för fyr-cylindriga motorer, med undantag för följande:
(a) Det är inte nödvändigt att demontera kamremskåpan
(b) Insugsventilerna är numrerade 2-4-5-7-9, avgasventilerna är numrerade 1-3-6-8-10 räknat från motorns kamremssida.
(c) På motorer med hydrauliska ventiltryckare behöver ventilspelen inte justeras

47 Kamrem och drev – demontering och montering

Notera: *Om motorn fortfarande finns i bilen ska följande göras först:*
(a) Lossa batteriets jordledning
(b) Demontera kylargrillen, ventilationsgallret och övre kylarkåpan
(c) Demontera alternatorn, drivremmarna till luftkonditioneringen och servostyrningen där de förekommer (kapitlen 12, 11 och 10 respektive)
(d) På turbomodeller ska laddluftskylaren demonteras (kapitel 3)
1 Fixera vibrationsdämparen på vevaxelns framände med Audis verktyg 2084 och lossa sedan centrumbulten med Audis verktyg 2079. Denna bult är åtdragen till ett mycket högt moment och det rekommenderas att dessa verktyg används om det finns den minsta möjlighet att göra så.

45.1A Montera ventillyftarna på sina ursprungliga platser . . .

45.1B . . . och montera shimsen med storleksmärkningen mot lyftaren

45.2 Montering av kamaxellager

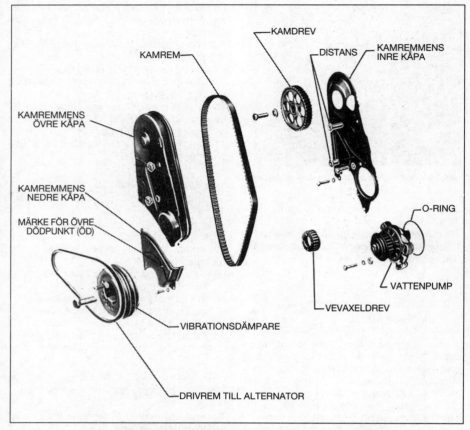

Fig. 1.26 Sprängskiss över kamrem och drev (avsnitt 47)

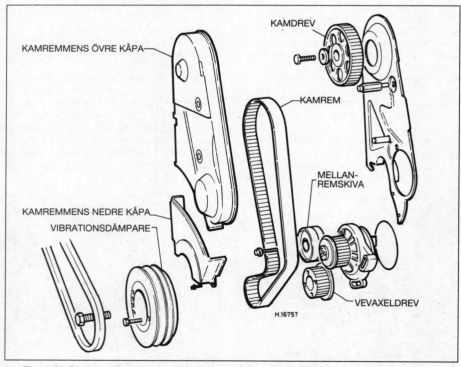

Fig. 1.27 Sprängskiss över kamrem, drev och mellanaxelns remskiva, monterad på senare versioner av 1,9-liters motorn (avsnitt 47)

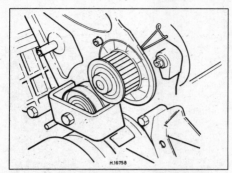

Fig. 1.28 Demontering av mellanremskivan med avdragare, senare versioner av 1,9 liters motorn (avsnitt 47)

47.5 Montering av vevaxeldrev och vibrationsdämpare

2 Följ instruktionerna i paragraferna 2 till 7 i avsnitt 37, men demontera kamremmens övre och nedre kåpor.

3 Skruva ut centrumbulten och dra ut vibrationsdämparen tillsammans med vevaxelns drev och kamremmen.

4 På senare 1,9 liters motorer ska mellanaxelns remskiva demonteras genom att bulten skruvas ut så att en avdragare kan dra ut remskivan (figurerna. 1.27 och 1.28).

5 Placera kamremmen på vevaxelns drev och montera drev och vibrationsdämpare samt, där den finns, mellanaxelns remskiva (foto).

6 Täck centrumbultens gäng med gänglåsvätska innan den monteras och dras åt medan vevaxeln är låst i läge. *Notera att det åtdragningsmoment som anges för denna bult*

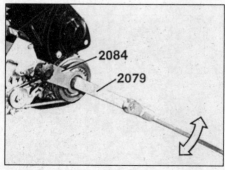

Fig. 1.29 Skruva ur vibrationsdämparens centrumbult med hjälp av verktygen 2084 och 2079 (avsnitt 47)

endast gäller om Audis verktyg 2079 används. I annat fall ska bulten dras till minst det angivna momentet, sedan ska en Audiverkstad kontrollera åtdragningsmomentet. (Special-verktyget ökar häveffekten för en vanlig momentnyckel.)

7 Följ instruktionerna i paragraferna 5 till 10 i avsnitt 44.

8 Om motorn fortfarande finns i bilen, vänd på arbetsordningen för förberedelserna i början av detta avsnitt.

48 Svänghjul/drivplatta – demontering och montering

1 Följ beskrivningen i avsnitt 19 i detta kapitel. Notera dock att bultarna kanske inte är förskjutna, så märk upp de inbördes lägena för svänghjulet/drivplattan och vevaxeln innan de säras.

2 Vid montering av drivplatta ska den upp-höjda piggen vara vänd mot momentom-vandlaren. Om en ny drivplatta monteras ska läget kontrolleras och vid behov justeras. Avståndet mellan motorblockets bakre yta och momentomvandlarens monteringsyta på drivplattan (figur 1.30) måste vara mellan 17,2 och 18,8 mm. Vid behov ska drivplattan demonteras så att en distans kan monteras för att rätt avstånd ska uppkomma.

49 Sump – demontering och montering

Se avsnitt 21 i detta kapitel.

50 Vevaxelns packboxar – byte

Främre packbox

1 Demontera kamrem och vevaxeldrev enligt beskrivning i avsnitt 47.

2 Om en utdragare finns tillgänglig kan packboxen bytas utan att oljepumpen demonteras. I annat fall, se avsnitt 51. Det är rekommendabelt att Audis verktyg 2080 och en styrhylsa används vid montering av den nya packboxen. Doppa den i olja innan monteringen, och om den gamla packboxen har repat vevaxeln ska den nya packboxen monteras på den oslitna ytan.

3 Montera kamrem och vevaxeldrev enligt beskrivning i avsnitt 47.

Bakre packbox

4 Demontera svänghjul/drivplatta enligt beskrivning i avsnitt 48.

5 Om en utdragare finns tillgänglig kan packboxen bytas utan att huset demonteras, i annat fall ska huset, inklusive de två sumpbultarna, demonteras. Ta även bort packningen (foto). Om sumppackningen skadas vid detta arbete måste sumpen demonteras så att packningen kan bytas. Lägg då märke till att sumpen ska monteras *efter* monteringen av huset.

Fig. 1.30 Avstånd mellan moment-omvandlare och motorblock – mät på två platser för att få ett genomsnitt (avsnitt 48)

50.5 Demontering av det bakre packboxhuset

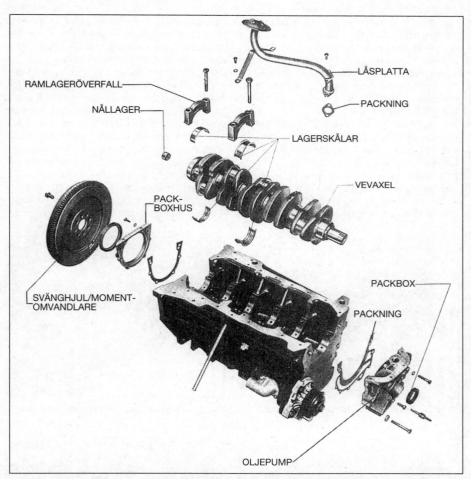

Fig. 1.31 Sprängskiss över vevaxel, ramlager och oljepump (avsnitten 50, 51 och 55)

6 Driv ut den gamla packboxen ur huset och doppa den nya i olja innan den drivs in med en träklubba eller hylsa till dess att den är jäms med huskanten (foto). Se till att den slutna sidan av packboxen pekar utåt.

7 Montera huset med ny packning och dra åt bultarna jämnt i diagonal följd.

8 Montera svänghjul/drivplatta enligt beskriv-ning i avsnitt 48.

51 Oljepump – demontering, inspektion och montering

1 Demontera kamrem och vevaxeldrev enligt beskrivning i avsnitt 47.

2 Demontera sumpen enligt beskrivning i avsnitt 49.

3 Demontera den inre kamremskåpan.

51.4 Oljetillförselrör och stag (pilar)

51.5A Skruva ur oljepumpens fästbultar . . .

51.5B . . . och dra ut pumpen

4 Skruva ur de två bultar som fäster olje-tillförselrörets stag vid vevhuset (foto). Vik tillbaka flikarna på låsblecket på rörets fläns och demontera bultar och rör.

5 Skruva ur oljepumpens fästbultar (foto) och demontera oljepump och packning (foto).

6 Skruva ur de försänkta skruvar som fäster pumpens bakplatta och lyft plattan så att kugghjulen blir synliga (foto).

7 Kontrollera om kugghjulens synliga ytor är märkta. Om inte, märk upp så att det framgår vilka sidor av kugghjulen som är vända mot motorn innan de demonteras.

8 Demontera övertrycksventilen, pluggen tätningsringen, fjädern och kolven (foto).

9 Rengör noggrant alla delar och inspektera pumphus och bakplatta vad gäller tecken på slitage. Inspektera även övertycksventilens kolv och säte och kontrollera att fjädern inte är skadad eller förvriden. Rengör och inspektera kugghjulen. Nya kugghjul kan monteras, men de måste då monteras som nya par (foto).

10 Bänd ut packboxen från pumpens fram-sida (foto). Olja in läppen på den nya packboxen och montera den med den slutna ytan utåt, knacka in packboxen med en träklubba så att den är jäms med kanten. Om det finns repor på vevaxeln i det område som täcks av packboxläppen kan packboxen tryckas in i botten av urtagen så att läppen tätar mot en oskadad del av vevaxeln.

11 Sätt ihop pumpen genom att montera kugghjulen och bakplattan. Det inre kugg-hjulet har skåran mot vevaxeln och även om det yttre kugghjulet kan monteras valfri väg ska det monteras i samma läge som innan isärtagningen. Vissa kugghjul har en instansad triangel och denna ska i så fall vara vänd mot pumpens bakplatta (foto).

12 Montera oljepumpen med ny packning och kontrollera att skåran i det inre kugghjulet greppar klacken på vevaxeln.

13 Montera bultarna och dra dem i diagonal följd till angivet moment.

14 Montera oljetillförselröret med ny pack-ning, dra åt bultarna och vik upp flikarna på låsblecket på flänsbultarna (foto).

15 Montera kamremmens innerkåpa, sumpen (avsnitt 49), kamremmen samt vevaxeldrevet (avsnitt 47).

51.6 Demontera pumpens bakplatta

51.8 Demontera övertrycksventilen

51.9 Undersök om pumpens delar är slitna eller skadade

51.10 Demontera den främre packboxen från pumpen

51.11 Triangelmärket (pil) på pumpkugg-hjulet måste vara vänt mot bakplattan

51.14 Böj upp låsflikarna så att tillförselrörets bultar säkras

52 Kolvar och vevstakar – demontering och isärtagning

Se avsnitt 24 i detta kapitel. Demontering av topplocket beskrivs i avsnitt 38 och kamremmen i avsnitt 47. I stället för att demontera oljepumpen, demontera sumpen enligt beskrivning i avsnitt 49 och olje-tillförselröret enligt beskrivning i avsnitt 51.

53 Kolvar och cylinderlopp – inspektion

Se avsnitt 25 i detta kapitel.

54 Kolvar och vevstakar – ihopsättning och montering

Se avsnitt 26 i detta kapitel. Montera oljetillförselröret med ny packning, dra åt bultarna och vik upp flikarna på låsblecket på flänsbultarna med kolvarna på plats. Montering av sumpen beskrivs i avsnitt 49, kamremmen i avsnitt 47 och topplocket i avsnitt 44.

55 Vevaxel – demontering, inspektion och montering

1 Med motorn urlyft ur bilen, demontera kolvar och vevstakar enligt beskrivning i avsnitt 52. Håll ihop storändslagren med sina motsvarande vevstakar så att de säkert blir korrekt monterade.

2 Demontera oljepumpen (avsnitt 51) och bakre packboxen komplett med hus (avsnitt 50).

3 Följ beskrivningen i avsnitt 27 i detta kapitel, paragraferna 4 till 13 (foton) men lägg märke till följande undantag:

(a) De flänsade ramlagerskålarna eller tryckbrickorna finns på ramlager 4, räknat från motorns kamremssida

(b) Nållagret i vevaxelns bakände måste pressas in till ett djup av 5,5 mm under flänsens plan.

4 Montera oljepump och bakre packbox med nya tätningar enligt beskrivningarna i avsnitten 51 respektive 50.

5 Montera kolvar och vevstakar enligt beskrivning i avsnitt 54.

56 Motorfästen – demontering och montering

1 Se avsnitt 28 i detta kapitel, men lägg märke till att ett extra främre motorfäste används för femcylindriga motorer. Innan motorfästena demonteras ska alternatorn demonteras (kapitel 12). Fästet är fastsatt med bultar genom den främre plåten. Muttrarna till fästets bultar blir åtkomliga först när den främre stötfångaren demonterats. (kapitel 11)

55.3A Ramlageröverfall med flänsade tryckbrickor

55.3B Mätning av vevaxelns ändspel vid ramlager nr 4.

Felsökning inleds på nästa sida

Felsökning – alla motorer

Motorn startar inte

- [ ] Urladdat batteri
- [ ] Lös batterianslutning
- [ ] Lösa eller defekta tändkablar
- [ ] Fukt i tändstift, fördelarlock eller tändkablar
- [ ] Fel elektrodavstånd på tändstift
- [ ] Spricka i fördelarlock eller rotorarm
- [ ] Smuts eller vatten i förgasare (om sådan finns)
- [ ] Tom tank
- [ ] Defekt bränslepump
- [ ] Defekt startmotor
- [ ] Låg cylinderkompression
- [ ] Annat fel i bränsle eller tändsystem (se kapitlen 3 och 4)

Motorn misständer

- [ ] Fel elektrodavstånd på tändstift
- [ ] Defekt tändspole, kondensator eller transistortändning (det som är tillämpligt)
- [ ] Smuts eller vatten i förgasare (om sådan finns)
- [ ] Bränd ventil
- [ ] Läckande topplockspackning
- [ ] Spricka i fördelarlock
- [ ] Fel ventilspel
- [ ] Ojämn kompression i cylindrar
- [ ] Fel tomgångsinställning
- [ ] Annat fel i bränsle eller tändsystem (se kapitlen 3 och 4)

Motorn stannar

- [ ] Fel tomgångsinställning
- [ ] Läckage i insugsrör
- [ ] Fel tändinställning

Ojämn tomgång

- [ ] Läckage i insugsrör
- [ ] Läckage i topplockspackning
- [ ] Slitna kamlober
- [ ] Defekt bränslepump
- [ ] Fel ventilspel
- [ ] Lösa slangar i vevhusventilationen
- [ ] Fel tomgångsinställning
- [ ] Ojämn kompression i cylindrar
- [ ] Annat fel i bränsle eller tändsystem (se kapitlen 3 och 4)

Förhöjd oljeförbrukning

- [ ] Slitna kolvar och cylinderlopp
- [ ] Slitna styrningar och skaft i ventilerna
- [ ] Oljeläcka från vevaxelns packboxar, ventilkåpan, etc

Motorn baktänder

- [ ] Fel tomgångsinställning
- [ ] Fel tändlägesinställning
- [ ] Fel ventilspel
- [ ] Läckage i insugsrör
- [ ] Ventil fastnat
- [ ] Annat fel i bränsle eller tändsystem (se kapitlen 3 och 4)

Kraftlös motor

- [ ] Fel tändlägesinställning
- [ ] Fel elektrodavstånd på tändstift
- [ ] Låg cylinderkompression
- [ ] Överdriven sotuppbyggnad i motorn
- [ ] Igensatt luftfilter
- [ ] Annat fel i bränsle eller tändsystem (se kapitlen 3 och 4)

Kapitel 2 Kylsystem

För modifieringar och information om senare modeller, se Supplement i slutet av handboken

Innehåll

Svårighetsgrader

Enkelt, passar för novisen med lite erfarenhet	Ganska enkelt, passar nybörjaren med viss erfarenhet	Ganska svårt, passar kompetent hemmekaniker	Svårt, passar hemmekaniker med erfarenhet	Mycket svårt, för professionell mekaniker

Specifikationer

Systemtyp	Trycksatt kylare och expansionskärl, remdriven vattenpump, termostatstyrd elektrisk kylfläkt

Påfyllningslockets öppningstryck .... 1,2 till 1,35 bar

Termostat
Öppningstemperatur:
Fyrcylindriga motorer	85°C
Femcylindriga motorer	87°C

Temperatur då termostaten är helt öppen:
Fyrcylindriga motorer	106°C
Femcylindriga motorer	102°C
Slag (minimum)	7,0 mm

Arbetstemperaturer för den elektriska kylfläktens termostatbrytare
Slår på	93° till 98°C
Slår av	88° till 93C

Frostskydd
Typ/specifikation................................	VW/Audi frostskyddsmedel G11, till TL-VW 774 A
Koncentration för skydd ned till:	**Volymprocent frostskyddsmedel**
–25°C	40
–30°C	45
–35°C	50

Åtdragningsmoment
	Nm
Kylarfästen (utom övre stöd på femcylindriga motorer)	20
Kylarfästen (övre stöd på femcylindriga motorer)	10
Elektrisk kylfläkt och kåpa	10
Luftavvisarkåpor	10
Termobrytare (på topplock)	25
Vattenpumpens fäste i motorn	20
Vattenpump i kåpan (fyrcylindrig motor)	10
Vattenpumpens remskiva (fyrcylindrig motor)	20
Termostatkåpa	10
Topplockets bakre utflöde (fyrcylindrig motor)	10

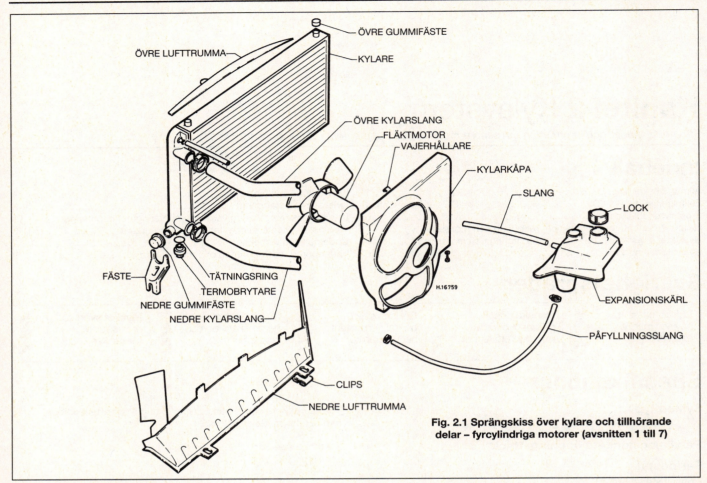

Fig. 2.1 Sprängskiss över kylare och tillhörande delar – fyrcylindriga motorer (avsnitten 1 till 7)

Labels in Fig. 2.1:
- ÖVRE GUMMIFÄSTE
- KYLARE
- ÖVRE LUFTTRUMMA
- ÖVRE KYLARSLANG
- FLÄKTMOTOR
- VAJERHÅLLARE
- KYLARKÅPA
- SLANG
- LOCK
- EXPANSIONSKÄRL
- PÅFYLLNINGSSLANG
- FÄSTE
- TÄTNINGSRING
- TERMOBRYTARE
- NEDRE GUMMIFÄSTE
- NEDRE KYLARSLANG
- CLIPS
- NEDRE LUFTTRUMMA
- H.16759

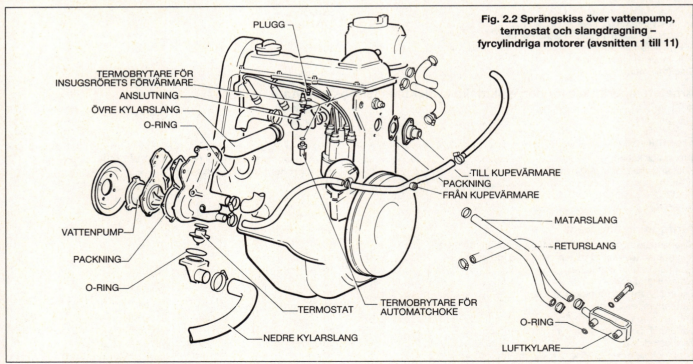

Fig. 2.2 Sprängskiss över vattenpump, termostat och slangdragning – fyrcylindriga motorer (avsnitten 1 till 11)

Labels in Fig. 2.2:
- PLUGG
- TERMOBRYTARE FÖR INSUGSRÖRETS FÖRVÄRMARE
- ANSLUTNING
- ÖVRE KYLARSLANG
- O-RING
- TILL KUPEVÄRMARE
- PACKNING
- FRÅN KUPEVÄRMARE
- MATARSLANG
- RETURSLANG
- VATTENPUMP
- PACKNING
- O-RING
- TERMOSTAT
- TERMOBRYTARE FÖR AUTOMATCHOKE
- NEDRE KYLARSLANG
- O-RING
- LUFTKYLARE

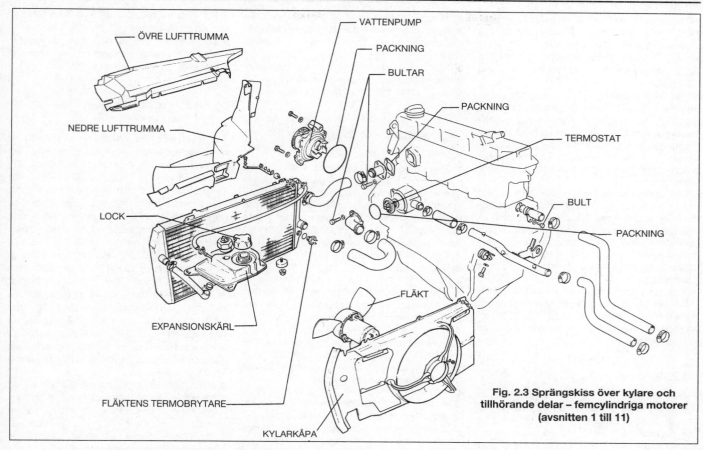

ÖVRE LUFTTRUMMA

NEDRE LUFTTRUMMA

LOCK

EXPANSIONSKÄRL

FLÄKTENS TERMOBRYTARE

KYLARKÅPA

VATTENPUMP

PACKNING

BULTAR

PACKNING

TERMOSTAT

BULT

PACKNING

FLÄKT

Fig. 2.3 Sprängskiss över kylare och tillhörande delar – femcylindriga motorer (avsnitten 1 till 11)

1 Allmän beskrivning

Kylsystemet är av typen trycksatt, pump-assisterad termosifon och består av en frontmonterad (fyrcylindriga motorer) eller sidomonterad (femcylindriga motorer) kylare, en vattenpump driven av en extern drivrem på fyrcylindriga motorer eller av kamremmen på femcylindriga motorer, en elektrisk kylfläkt samt ett fjärrmonterat expansionskärl.

Kylsystemets termostat är placerad i vattenpumpshuset på fyrcylindriga motorer och inloppet till vänster om motorblocket på femcylindriga motorer.

Systemet fungerar enligt följande. När motorn är kall är termostaten stängd och vattenpumpen tvingar då kylvätskan genom interna kanaler och förbikopplingsslangen (och kupevärmaren, om påslagen) över termostaten tillbaka till vattenpumpens intag. Detta kretslopp kyler cylinderlopp, förbränningytor och ventilsäten. Men när kylvätskan uppnår en i förväg bestämd temperatur börjar termostaten öppna. Kylvätskan cirkulerar då genom den övre kylarslangen till kylarens överdel. I och med att kylvätskan passerar genom kylarens kanaler kyls den av luftströmmen från bilens

rörelse framåt, hjälpt av den elektriska kylfläkten vid behov. Slutligen returneras kylvätskan till vattenpumpen via den undre kylarslangen och genom den öppna termostaten.

Den elektriska kylfläkten styrs av en termokontakt placerad i kylarens nedre del. Vattentemperaturen övervakas av en givare i topplocket.

Notera: *Den elektriska kylfläkten arbetar när temperaturen i kylvätskan överskrider en i förväg bestämd nivå, även om motorn inte går. Av det skälet ska alltid stor försiktighet iakttagas vid arbete i närheten av fläktbladen.*

2 Underhåll och inspektion

1 Kontrollera nivån i kylsystemet varje vecka och fyll på vid behov med en blandning av vatten och frostskyddsmedel upp till minimimarkeringen i expansionskärlet (foton). Kontrollera nivån med avslagen motor och fyll bara på när motorn är kall (om motorn är varm kan nivån vara något högre). Med ett slutet kylsystem bör påfyllning bara vara nödvändig med mycket långa mellanrum. Om så inte är fallet och täta påfyllningar krävs är det troligt

2.1A Fyll på expansionskärlet . . .

2.1B . . . till dess att nivån når upp till minimimarkeringen (pil)

att systemet läcker. Kontrollera då alla slangar och kopplingar och leta efter tecken på sträckningar och fukt och rätta till fel efter behov. Om inga läckor påträffas är det klokt att tryckprova systemet eftersom en läcka kan vara intern.

2 Vid de serviceintervaller som anges under Rutinunderhåll i början av denna handbok ska samtliga slangar och kopplingar, slangklämmor och fogar inspekteras med största noggrannhet vad gäller tecken på sprickor, korrosion, slitage eller läckor. Byt misstänkta slangar och kopplingar och byt packningar efter behov.

3 Vid samma servicetillfälle ska även skicket på drivremmen till alternatorn och vattenpumpen kontrolleras (fyrcylindriga modeller). Byt drivrem om det finns tecken på sprickor eller fransning och kontrollera även remspänningen och justera den vid behov. Beskrivningarna av dessa arbetsmoment finns i kapitel 12.

4 Med längre mellanrum (ungefär vartannat år – se avsnitt 6) ska kylsystemet tappas ur, spolas och fyllas på med färsk frostskyddsblandning enligt beskrivning i avsnitten 3, 4 respektive 5.

3 Kylsystem – urtappning

1 Det är bättre att tappa ur kylsystemet när motorn är kall. Om detta inte är möjligt ska en trasa placeras över locket på expansionskärlet. Vrid sedan locket långsamt motsols så att trycket släpps ut. När allt övertryck släppts ut kan locket tas bort.

2 Ställ in värmereglaget på instrumentbrädan till "Varmt".

3 Med fyrcylindriga motorer ska ett lämpligt uppsamlingskärl placeras under vattenpumpen. Lossa sedan den undre kylarslangen och slangen från värmaren/insugsröret från vattenpumpen. Låt kylvätskan rinna ned i kärlet.

4 Med fyrcylindriga motorer ska ett lämpligt uppsamlingskärl placeras under slanganslutningarna på motorns vänstra sida. Skruva ut bulten till kupevärmarens retur-

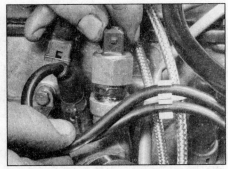

5.3 Tappa ur luften ur kylsystemet genom att lossa på termotidbrytaren (fyrcylindriga motorer)

ledning till motorblocket och lossa röret från slangen. Lossa även den undre kylarslangen vid termostathuset. Låt kylvätskan rinna ned i kärlet.

5 På fyrcylindriga motorer ska termotidbrytaren på topplockets utloppshus lossas efter det att kontakten till denna dragits ut.

4 Kylsystem – spolning

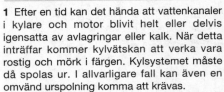

1 Efter en tid kan det hända att vattenkanaler i kylare och motor blivit helt eller delvis igensatta av avlagringar eller kalk. När detta inträffar kommer kylvätskan att verka vara rostig och mörk i färgen. Kylsystemet måste då spolas ur. I allvarligare fall kan även en omvänd urspolning komma att krävas.

2 Tappa ur kylsystemet enligt beskrivning i avsnitt 3.

3 Lossa den övre kylarslangen från kylaren och stick in en vattenslang och låt vattnet spola genom kylaren till dess att bara rent vatten kommer ut i underkanten.

4 Om vattnet efter en rimlig spoltid fortfarande är smutsigt kan kylaren spolas ur med ett lämpligt kylarrengöringsmedel.

5 Stick in vattenslangen i expansionskärlet och spola genom matarslangen.

6 I svåra fall av förorening ska kylaren demonteras, vändas upp och ned och spolas igenom med vatten till dess att den är ren.

7 Spola ur motorn och kupevärmaren genom att sticka in en vattenslang i övre slangen och låt vattnet cirkulera genom systemet till dess att rent vatten rinner ut ur returslangen.

5 Kylsystem – påfyllning

1 Montera alla slangar och kontrollera att värmereglagen är ställda på full värme.

2 Fyll på med en blandning av vatten och frostskyddsmedel (se avsnitt 6) i expansionskärlet och fortsätt sedan enligt följande, beroende på modell.

Fyrcylindriga motorer

3 Fortsätt påfyllningen till dess att bubbelfri vätska kommer ut ur termotidbrytaren (foto) och skruva in den.

4 Fyll på expansionskärlet till dess att nivån når minimimarkeringen.

5 Sätt tillbaka locket och kör motorn till dess att kylfläkten startar och slå av tändningen.

6 Låt motorn svalna och fyll på expansionskärlet efter behov. När motorn är kall ska nivån vara vid minimistrecket men nivån kommer att stiga ca 20 mm när motorn är varm.

Femcylindriga motorer

7 Starta motorn och fyll på kylvätska efter behov till dess att nivån är konstant och skruva på locket till expansionskärlet.

8 Kör motorn till dess att kylfläkten startar och slå av tändningen.

9 Låt motorn svalna och fyll på expansionskärlet till minimistrecket. Nivån kommer att stiga ca 20 mm när motorn är varm.

6 Frostskyddsblandning

1 Kylsystemet fylls vid tillverkningen med en frostskyddsblandning som innehåller ett korrosionsskydd. Frostskyddsvätskan förhindrar frysning, höjer kokpunkten för kylvätskan vilket fördröjer kokning medan korrosionsskyddet minskar korrosion och uppbyggnaden av avlagringar. Av dessa skäl ska kylsystemet hållas fyllt med frostskyddsmedel året runt.

2 Alla högkvalitativa frostskyddsmedel är lämpliga förutsatt att de är av typen etylenglykol och innehåller korrosionsskydd. Använd inte frostskyddsmedel baserade på metanol i och med att dessa blandningar har nackdelarna av att vara eldfarliga och har en hög avdunstningstakt.

3 Koncentrationen av frostskydd ska vara justerad efter krav på skydd enligt tabellen i specifikationerna.

4 När kylsystemet fylls på ska detta ske med samma frostskyddsblandning som redan finns i systemet. Påfyllning med enbart vatten kommer att gradvis reducera koncentrationen av frostskyddsmedel och sänka skyddsnivån både för frysning och kokning.

5 I början av varje vinter ska kylvätskan kontrolleras så att koncentrationen av frostskyddsmedel är tillräcklig. Fyll på med rent frostskyddsmedel vid behov.

6 Frostskyddsblandning ska inte lämnas längre i systemet än vad tillverkaren rekommenderar. Detta är vanligen inte längre än två år. Efter denna period ska systemet tappas ur och fyllas på med färsk frostskyddsblandning.

Notera: *Använd inte frostskyddsmedel i vindrutespolarsystemet eftersom detta skadar lackeringen. Frostskyddad spolvätska finns i de flesta tillbehörsbutiker.*

7 Kylare – demontering, inspektion, rengöring och montering

1 Lossa batteriets jordledning.

2 Tappa ur kylsystemet enligt beskrivning i avsnitt 3.

Fyrcylindriga motorer

3 Lossa slangklämmorna och demontera övre och undre kylarslangarna samt expansionskärlets slang vid kylaren.

4 Dra ut kontakterna till den elektriska kylfläkten och termobrytaren.

5 Demontera det undre fästet.

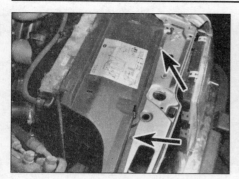

7.8 Skruva ut skruvarna (pilar) och demontera övre kylarkåpan (femcylindriga motorer)

7.10 Dra ut kontakten (pil) till den elektriska kylfläkten (femcylindriga motorer)

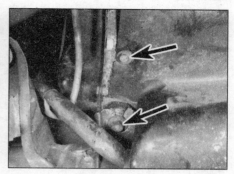

7.11 Fästmuttrar (pilar) till nedre kylarfästet och luftavvisaren (femcylindriga motorer)

6 Lossa kylarens övre fäste och lyft upp den ur motorrummet, komplett med fläkt och kåpa.

7 Om så behövs ska fläkten och kåpan demonteras från kylaren, lossa sedan muttrarna och sära på fläkt och kåpa.

Femcylindriga motorer

8 Lossa skruvarna och demontera den övre kylarkåpan (foto) .

9 Lossa slangklämmorna och demontera de övre och undre kylarslangarna och slangarna till expansionskärlet.

10 Dra ut kontakterna till den elektriska kylfläkten och termobrytaren (foto).

11 Arbeta på bilens undersida och lossa bultarna mellan luftavvisarkåpan och kylaren

och den mutter som fäster det undre fästet vid hållaren (foto).

12 Demontera det övre fästet och lyft ut kylaren från motorrummet, med fläkt och kåpa (foton).

13 Om så behövs ska fläkten och kåpan demonteras från kylaren, lossa sedan muttrarna och sära på fläkt och kåpa.

Samtliga modeller

14 Reparationer av kylare bör helst lämnas till en specialist även om mindre läckor i nödfall kan tätas med kylartätningsmedel. Den yttre matrisen kan rengöras från insekter och annat skräp med spolning eller en mjuk borste.

15 Gör en omvänd spolning av kylaren enligt beskrivning i avsnitt 4 och byt slangar och

klämmor om dessa är skadade eller slitna.

16 Montering sker med omvänd arbetsordning, fyll systemet enligt beskrivning i avsnitt 5. Om termobrytaren demonterats ska den monteras med en ny tätningsbricka.

8 Termostat – demontering, test och montering

1 På fyrcylindriga motorer finns termostaten i botten av vattenpumpshuset och på femcylindriga motorer finns den bakom vattenpumpen på vänster sida av motorblocket.

2 Töm kylsystemet enligt beskrivning i avsnitt 3 innan termostaten demonteras.

3 Demontera termostathuset och O-ringen (foton).

7.12A Övre kylarfästet . . .

7.12B . . . och övre staget (femcylindriga motorer)

7.12C Demontering av kylare (femcylindriga motorer)

8.3A Demontering av termostathuset (fyrcylindriga motorer)

8.3B Termostatkåpa och O-ring (fyrcylindriga motorer)

8.3C Demontering av termostatkåpa (femcylindriga motorer)

8.4 Demontering av termostat (fyrcylindriga motorer)

8.6 Montering av ny O-ring på termostat (femcylindriga motorer)

9.4 Slanganslutningar på vattenpumphusets baksida (fyrcylindriga motorer)

4 Bänd ut termostaten från huset (foto).
5 Kontrollera att termostaten fungerar genom att sänka ner den i vatten, uppbunden i ett snöre. Värm vattnet och kontrollera vid vilken temperatur termostaten börjar öppna och när den är helt öppen. Lyft upp termostaten och kontrollera att den är helt stängd när den är kall. Byt termostat om den inte fungerar i enlighet med specifikationerna.
6 Rengör termostathuset och monteringsytorna och montera en ny O-ring på huset (fyrcylindriga motorer). På femcylindriga motorer ska en ny O-ring monteras på termostaten innan den sätts in i huset (foto).

Fig. 2.4 Fixera kamdrevet med en bredbladig skruvmejsel (avsnitt 9)

7 Montera termostathuset och dra åt bultarna jämnt
8 Fyll kylsystemet enligt beskrivning i avsnitt 5.

9 Vattenpump – demontering och montering

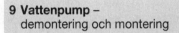

1 Tappa ur kylsystemet enligt beskrivning i avsnitt 3.

Fyrcylindriga motorer

2 Demontera alternator och drivrem enligt beskrivning i kapitel 12.
3 Skruva lös remskivan från vattenpumpens drivfläns.
4 Lossa slangklämmorna och demontera slangarna från vattenpumpshuset (foto).
5 Skruva ut muttern och ta bort den specialbult som fäster nedre kamremskåpan vid vattenpumpen.
6 Demontera vattenpumpen från motorblocket och ta bort O-ringen (foton).
7 Demontera vattenpumpen från huset, använd en träklubba till att bräcka tätningen. Kassera packningen.

Femcylindriga motorer

8 Demontera alternatorns drivrem enligt beskrivning i kapitel 12 och om befintlig, luftkonditioneringskompressorns drivrem enligt beskrivning i kapitel 11.

9 Demontera servostyrpumpen, lämna slangarna på plats och häng upp den på ena sidan, vid behov se kapitel 10.
10 Demontera kamremmens yttre kåpa.
11 Lossa, men ta inte ut, den bult som fäster kamaxeldrevet vid kamaxeln. Fixera drevet med en skruvmejsel i ingrepp i en kugg och stöttad mot kåpans pinnbult.
12 Vrid vevaxeln så att kolven i cylinder 1 är vid ÖD i kompressionstakten (se kapitel 1 vid behov).
13 Lossa vattenpumpens monterings- och justerskruvar och vrid vattenpumpen så att remspänningen släpper. Dra av remmen av dreven till vattenpumpen och kamaxeln. Vrid inte kam- eller vevaxeln medan kamremmen är demonterad.
14 Skruva ut kamdrevets bult och dra av drevet från kamaxeln.
15 Skruva ut de bultar som fäster vattenpumpen och den inre kamremskåpan vid motorn.
16 Lyft den inre kamremskåpan och dra ut vattenpumpen. Kassera O-ringen (foto).

Samtliga modeller

17 Om vattenpumpen är defekt ska den bytas i och med att separata delar inte finns att få. Rengör kontaktytorna mellan vattenpump, motorblock och pumphus (fyrcylindriga motorer).
18 Montering sker med omvänd arbets-

9.6A Demontering av vattenpump (fyrcylindriga motorer)

9.6B Vattenpumphusets O-ring (fyrcylindriga motorer)

9.16 Demontering av vattenpump och O-ring (femcylindriga motorer)

ordning, använd nya O-ringar och packningar. På femcylindriga motorer, kontrollera att vev- och kamaxel inte rubbats från ÖD för cylinder 1 i kompressionstakten och ge kamremmen korrekt spänning enligt beskrivning i kapitel 1.

19 Montera servostyrpumpen, luftkonditioneringens kompressor och alternatorns drivrem, om tillämpligt. Se kapitlen 10, 11 respektive 12.

20 Efter fullbordat arbete, fyll kylsystemet enligt beskrivning i avsnitt 5.

10 Kylfläktens termobrytare – test, demontering och montering

1 Om termokontakten i botten av kylaren går sönder är det mest troligt att den inte kan öppna strömkretsen. Detta innebär att fläkten inte startar även när kylvätskan uppnår arbetstemperatur.

2 Testa om termobrytaren inte öppnar kretsen genom att koppla ur ledningarna till den och kortslut mellan stiften i kontakten. Om fläkten startar (även med avslagen tändning) är termobrytaren defekt och måste bytas.

3 Tappa ur kylsystemet enligt beskrivning i avsnitt 3 innan termobrytaren demonteras.

4 Lossa batteriets jordledning.

5 Dra ut kontakten, skruva ut termokontakten från kylaren och ta bort tätningsbrickan.

6 Kontrollera brytarens arbetstemperaturer genom att placera den i en vattenfylld kastrull, så att den gängade delen är nedsänkt medan de elektriska kontakterna är torra. Koppla en ohmmätare mellan kontakterna eller ett batteri och en glödlampa i serie med brytaren. Placera en termometer i kastrullen, värm upp vattnet och notera när brytaren stänger så att ohmmätaren anger noll eller lampan tänds. Kassera brytaren och montera en ny om den

inte fungerar inom specificerade temperaturer.

7 Montering sker med omvänd arbetsordning. Montera alltid en ny tätningsbricka. Fyll kylsystemet enligt beskrivning i avsnitt 5.

11 Kylvätskans temperaturgivare – demontering och montering

1 Temperaturgivaren finns placerad på topplockets baksida. Innan den demonteras ska kylsystemet först tappas ur till hälften, se avsnitt 3.

2 Dra ur kontakten och demontera givaren från anslutningen eller topplocket beroende på var den är placerad. Kassera tätningsbricka(or).

3 Montering sker med omvänd arbetsordning. Montera alltid ny(a) tätningsbricka(or). Fyll på kylsystemet enligt beskrivning i avsnitt 5.

Felsökning – kylsystem

Överhettning

- [ ] Låg kylvätskenivå
- [ ] Defekt trycklock
- [ ] Termostaten fastnat i stängt läge
- [ ] Drivremmen av (fyrcylindrig motor)
- [ ] Öppen krets i termobrytaren
- [ ] Defekt kylfläktsmotor
- [ ] Igensatt kylarmatris
- [ ] Lågt tändläge

Långsam uppvärmning

- [ ] Termostaten fastnat i öppet läge
- [ ] Kortslutning i termobrytaren

Förlust av kylvätska

- [ ] Trasig kylarslang
- [ ] Läcka i vattenpump eller kylsystemanslutning
- [ ] Defekt topplockspackning
- [ ] Läckande kylare
- [ ] Läckande frostpluggar

Anteckningar

Kapitel 3
Bränsle-, avgas- och avgasreningssystem

För modifieringar och information om senare modeller, se Supplement i slutet av handboken

Innehåll

Svårighetsgrad

Enkelt, passar för novisen med lite erfarenhet	**Ganska enkelt,** passar nybörjaren med viss erfarenhet	**Ganska svårt,** passar kompetent hemmekaniker	**Svårt,** passar hemmekaniker med erfarenhet	**Mycket svårt,** för professionell mekaniker

Specifikationer

Del A – 1,8 och 1,9 liters förgasarmodeller

Luftfilter

Typ . . . . Automatisk lufttemperaturstyrning med utbytbart papperselement (Champion W102)

Bränslepump

Typ . . . . Mekanisk, membrantyp, driven av excenter på mellanaxeln eller kamaxeln

Arbetstryck:
   1,8 liters motor . . . . 0,2 till 0,25 bar
   1,9 liters motor . . . . 0,35 till 0,40 bar

Förgasare 1,8 liter – 1B3

Motorkod DR
Enkelrörs fallförgasare, automatisk choke

	Manuell växellåda	Automatlåda
Tillämpning		
Förgasartyp		
Munstycken och inställningar:		
Stryprörsdiameter	24	24
Huvudmunstycke	X112,5	X110
Luftkorrigeringsmunstycke med blandningsrör	90	90
Tomgångens bränsle/luftmunstycke	47,5/130	47,5/130
Extra bränsle/luftmunstycke	37,5/130 37,5/130	
Flottörnålens ventildiameter	1,75 mm	1,75 mm
Berikningsventil för delgas	0,50	0,50
Pumpinjektorrörets diameter	0,40 mm	0,40 mm
Injektionskapacitet	0,75 till 1,05 cc/slag	0,75 till 1,05 cc/slag
Chokeöppning:		
Steg 1	2,15 till 2,45 mm	1,95 till 2,25 mm
Steg 2	2,85 till 3,15 mm	2,85 till 3,15 mm
Snabb tomgång	3400 till 3800 rpm	3400 till 3800 rpm
Automatchokens identitet	251	250
Tomgångsvarv	700 till 800 rpm	700 till 800 rpm
Koloxidhalt (CO-halt)	0,5 till 1,5%	0,5 till 1,5%

Förgasare 1,8 liter – 2E2

Motorkod DS
Dubbelrörs fallförgasare, automatchoke

	Steg 1	Steg 2
Tillämpning		
Förgasartyp		
Munstycken och inställningar:		
Stryprörsdiameter	22 mm	26 mm
Huvudmunstycke	X105	X120
Luftkorrigeringsmunstycke med blandningsrör	1,0 mm	1,0 mm
Tomgångens bränsle-/luftmunstycke	40	–
Berikningsventildiameter för fullgas	–	1,25 mm
Pumpinjektorrörets diameter	0,35 mm	–
Injektionskapacitet	0,95 till 1,25 cc/slag	–
Chokeöppning	2,15 till 2,45 mm	4,55 till 4,85 mm
Snabb tomgång	2800 till 3200 rpm	
Automatchokehusets identitet	258	
Tomgångsvarvtal	700 till 800 rpm	
Koloxidhalt (CO-halt)	0,5 till 1,5%	

Förgasare 1,9 liter – Keihin

Motorkod WH
Dubbelrörs fallförgasare, automatchoke

	Manuell växellåda		Automatlåda	
	Steg 1	Steg 2	Steg 1	Steg 2
Tillämpning				
Förgasartyp				
Munstycken och inställningar:				
Stryprörsdiameter	22 mm	28 mm	22 mm	28 mm
Huvudmunstycke	120	165	120	150
Tomgångsmunstycke	50	90	50	90
Luftkorrigeringsmunstycke	80	110	80	110
Tomgångsluftmunstycke	120	1,5	120	1,5
Flottörnålens ventildiameter	2,8 mm	–	2,8 mm	–
Pumpinjektorrörets diameter	0,35 mm	–	0,35 mm	–
Berikningsventilens diameter	50 mm	–	60 mm	–
Snabb tomgång	3500 rpm		3500 rpm	
Injektionskapacitet	0,7 till 0,94 cc/slag		0,7 till 0,94 cc/slag	
Chokeöppning	5,45 till 5,75 mm		5,45 till 5,75 mm	
Trottelöppning:				
Start	1,2 till 1,4 mm		1,4 till 1,6 mm	
Tomgång	0,53 till 0,67 mm		0,63 till 0,77 mm	
Tomgångsvarv	700 till 800 rpm		700 till 800 rpm	
Koloxidhalt (CO-halt)	0,5 till 1,5%		0,5 till 1,5%	

Oktantal
98 RON

Åtdragningsmoment

	Nm
Bränsletankens fästen	25
Bränslepump	20
Insugsrör	25
Förgasare	10
Insugsrörets förvärmare	10
Avgasgrenrör	
Avgasrörens flänsar och klamrar	25

25

Del B – 2,0, 2,2 och 2,3 liter bränsleinsprutade modeller

Allmänt

System	Bosch K eller KE-Jetronic kontinuerlig bränsleinsprutning (CIS), turbo på vissa 2,2-liters modeller
Systemtryck	4,7 till 5,4 bar

Luftfilter . . . .   Champion U505

Justeringsdata

Tomgångsvarv	750 till 850 rpm
Koloxidhalt (CO-halt)	0,5 till 1,5%
Oktantal	98 RON

Åtdragningsmoment

	Nm
Bränsletankens fästen	25
Termotidsbrytaren	15
Bränslefördelningens skruvar	3,5
Övertrycksventilen	25
Luftflödesmätaren	3,5
Kallstartsventilen	3,5
Turboaggregat till grenrör	60
Turboövertrycksventil till grenrör	25
Turboaggregatets olje- och returoljeledningar	25
Avgasgrenrör	30
Främre avgasröret till turboaggregatet	35
Avgasrörens flänsar och klamrar	25
Insugsrör	25

Del A – 1,8 och 1,9 liters förgasarmodeller

1 Allmän beskrivning

Varning: Många av de arbeten som beskrivs i detta kapitel innebär demontering av bränsleledningar och anslutningar som kan resultera i ett visst bränslespill. Innan något arbete utförs på bränslesystemet bör du studera och noggrant följa de föreskrifter som ges i Säkerheten främst! i början av boken. Bensin är en synnerligen farlig och lättantändlig vätska. Vikten av de säkerhetsåtgärder som krävs för hantering av bensin kan inte nog betonas.

Bränslesystemet består av en centralt placerad bränsletank, en mekanisk bränsle-

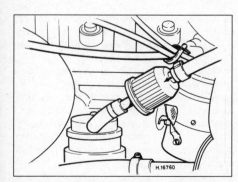

Fig. 3.1 Bränslefiltrets placering visande monteringsriktningen (avsnitt 2)

pump samt fallförgasare med enkelt eller dubbla rör med automatchoke.

Luftfiltret är av typen automatisk temperaturstyrning och det innehåller ett engångs papperselement.

Avgassystemet är fyrdelat och består av dubbla främre rör, huvudljuddämpare och mellanljuddämpare. Systemet är framtill fastbultat vid ett grenrör av gjutjärn och upphängt i flexibla gummifästen utmed hela längden.

2 Underhåll och inspektion

1 Vid de serviceintervaller som anges under Rutinunderhåll i början av denna handbok ska följande underhållsarbete utföras på bränslesystemets beståndsdelar.
2 Ställ bilen på pallbockar (eller lyft upp den med en fordonslyft) och undersök samtliga bränsleledningar, slangar och anslutningar. Leta efter tecken på nötning, läckor och korrosion. Byt rör som uppvisar tecken på skador eller djupare korrosion. Byt de slangar som visar spår av sprickor eller andra skador.
3 Undersök om bränsletanken läcker, var extra uppmärksam på området kring bränslemätarens givare och eventuella tecken på korrosion och andra skador.
4 Kontrollera avgassystemets skick enligt beskrivning i avsnitt 13.
5 Inne i motorrummet ska samtliga bränsleledningar och deras anslutningar undersökas. Leta efter skarpa krökar, nötning och studera allmänt skick på bränsleledningar och vakuumslangar.

6 Byt luftfiltrets element och kontrollera den automatiska temperaturstyrningens funktion enligt beskrivning i avsnitt 4.
7 Kontrollera gaspedalens funktion och smörj länksystem, vajer och pedaltapp med ett par droppar motorolja.
8 Byt bränslefilter genom att lossa slangklämmorna och dra ur bränsleslangarna vid filtret. Montera det nya filtret, se till att pilarna på filterhuset pekar i bränsleflödets riktning. Dra åt slangklämmorna ordentligt (modeller fram till 1985).
9 Kontrollera förgasarens tomgångsvarvtal och koloxidhalt enligt beskrivning i avsnitt 11.

3 Luftfilter – demontering och montering

Byte av filterelement

1 Skruva ur de två skruvarna (om monterade) och tryck upp luftfilterlockets clips.
2 Lyft upp locket, notera monteringsriktningen, och ta ut elementet. Byt filterelement om det är smutsigt eller uttjänt.
3 Täck över förgasarintaget och torka ur insidan av luftfilterlådan.
4 Montera filterelementet och fäst luftfilterlocket på sin plats.

Luftfiltret

5 Demontera elementet enligt beskrivningen ovan.
6 Lossa clipsen och dra av intags- och ventilationsslangar.

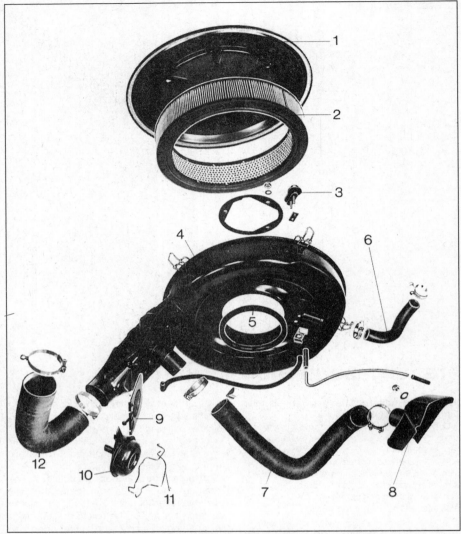

Fig. 3.2 Luftfiltret och lufttemperaturkomponenter – typfall (avsnitt 3 och 4)

1 Luftfilterlock	5 O-ring	9 Styrklaff
2 Filterelement	6 Slang från vevhusventilationen	10 Vakuumenhet
3 Termostatstyrventil	7 Förvärmningsslang	11 Fjäderclips
4 Luftfilterhus	8 Varmluftstrumma	12 Kalluftstrumma

7 Skruva ur muttern eller bulten och lyft upp luftfilterlådan, notera monteringsläget.

8 Dra ut vakuumslangarna, notera deras lägen och ta bort luftfiltret från bilen.

9 Montering sker med omvänd arbetsordning.

4 Automatisk lufttemperaturstyrning – kontroll

1 Luftfiltret är utrustat med en förvärmare som är känslig för temperatur och belastning. Den består av en temperaturregulator,

vakuumenhet och klaffventil. Beroende på lufttemperatur och motorns belastning öppnar systemet så att klaffventilen släpper in varm eller kall luft. Systemets funktion kan, efter modell, kontrolleras enligt följande.

1,8 liters motorer

2 Demontera luftfiltret enligt beskrivning i avsnitt 3, men lämna vakuumslangarna på plats för tillfället.

3 Dra av slangen från mässingsanslutningen på temperaturregulatorn och kontrollera att det hörs att klaffventilen öppnar och stänger vid undertryck i slangen. Om detta inte är

fallet, kontrollera vakuumslangarnas skick och att inte klaffventilen fastnat. Om klaffventilen fortfarande inte arbetar vid undertryck ska temperaturregulatorn kontrolleras enligt följande.

4 För denna kontroll får den omgivande luftens temperatur inte överstiga 20°C.

5 Placera luftfiltret på en lämplig plats i motorrummet. Förbind mässingsanslutningen på temperaturregulatorn till förgasaren med ett långt stycke vakuumslang.

6 Starta motorn och låt den gå på tomgång, klaffventilen ska vara öppen.

7 Koppla ur vakuumslangen mellan förgasaren och regulatorn vid förgasaränden. Klaffventilen ska inta viloläge inom maximalt 20 sekunder.

8 Sätt ihop de ursprungliga anslutningarna och montera luftfiltret efter det att kontrollerna avslutats.

1,9 liters motorer

9 Motorn ska vara kall. Demontera kalluftsintaget på luftfiltret och studera klaffventilens läge genom intaget. Använd spegel vid behov. Klaffventilen ska vara öppen för att släppa in kalluft i luftfiltret.

10 Dra av vakuumslangen från temperaturregulatorn till vakuumenheten vid temperaturregulatorn. Dra av vakuumslangen från temperaturregulatorn till förgasaren vid förgasaren och koppla slangen från vakuumenheten till denna anslutning.

11 Starta motorn och låt den gå på tomgång. Studera klaffventilen som ska vara i läge för att släppa in varmluft i luftfiltret. Dra av slangen från vakuumenheten och kontrollera att klaffventilen stänger av varmluftstillförseln. Om klaffventilen inte fungerar på beskrivet sätt, kontrollera vakuumslangen. Om den är felfri är vakuumenheten defekt.

12 Sätt ihop de ursprungliga anslutningarna efter avslutad kontroll.

13 För en kontroll av temperaturregulatorn, se till att vakuumenheten fungerar korrekt enligt föregående beskrivning och att motorn är kall. Demontera kalluftsintaget från luftfiltret.

14 Starta motorn och låt den gå på tomgång.

15 Dra av slangen vid vakuumenheten och kontrollera att undertryck kan kännas vid slangen. Klaffventilen ska vara öppen för insläpp av kalluft till luftfiltret.

16 Montera slangen på vakuumenheten och kontrollera att klaffventilen stänger av kalluftsinsläppet. Dra nu av slangen från vakuumenheten och kontrollera att klaffventilen omedelbart stänger varmluftsintaget. Notera att om motorn börjar bli varmkörd under dessa kontroller kanske klaffventilen inte går till helt öppet eller stängt läge.

17 Sätt ihop de ursprungliga anslutningarna och montera luftfiltret efter det att kontrollerna avslutats.

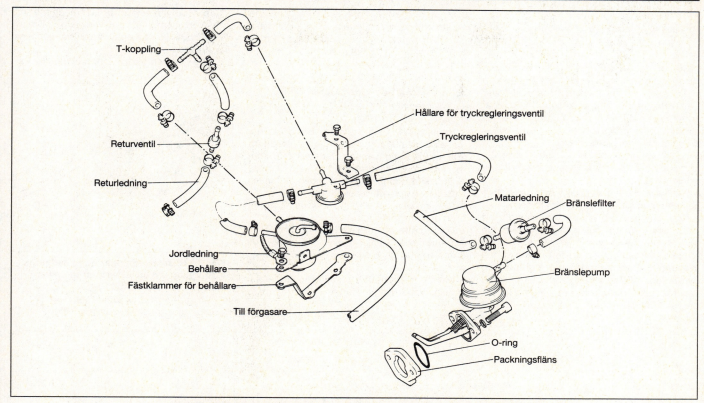

Fig. 3.3 Bränslepump och tillhörande delar – 1,9 liters motorer (avsnitt 5)

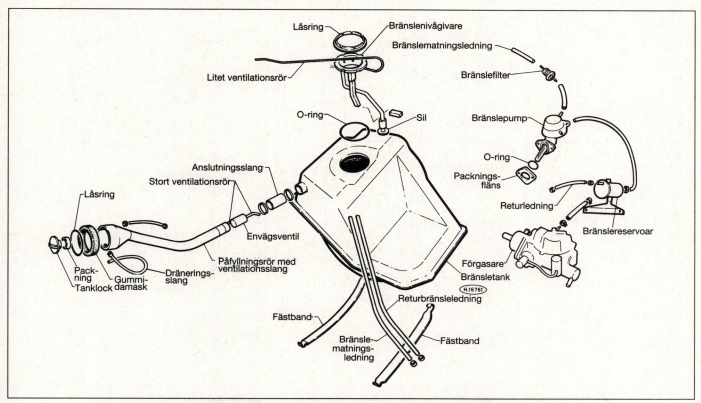

Fig. 3.4 Bränsletank, bränslemätarens givare och tillhörande delar – 1.8 liters motorer (avsnitt 6 och 7)

5 Bränslepump – demontering och montering

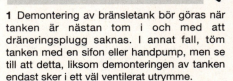

1 Bränslepumpen är placerad på motorns vänstra sida och drivs av en excenter på mellanaxeln (fyrcylindriga motorer) eller kamaxeln (femcylindriga motorer). Pumpen är en förseglad enhet och kan inte tas isär för underhåll eller reparation.
2 Lossa batteriets jordledning.
3 Lossa slangklämmorna och dra av bränsleledningarna vid pumpen. Plugga igen bränsleledningarna.
4 Skruva ur det två skruvarna och demontera pumpen, gummipackningen och flänsen.
5 Kontrollera pumpens funktion genom att sätta tillbaka matningsledningen på pumpen och trycka på pumparmen. Om pumpen fungerar korrekt ska en stråle bränsle spruta ut genom pumputloppet när pumparmen trycks ned. Använd ett lämpligt uppsamlingskärl för det utpumpade bränslet och utför denna kontroll endast i ett väl ventilerat utrymme.

6 Montering av pumpen sker med omvänd arbetsordning. Byt gummipackning och fläns om de är defekta och montera flänsen med packningsytan vänd mot motorn.

6 Bränsletank – demontering och montering

1 Demontering av bränsletank bör göras när tanken är nästan tom i och med att dräneringsplugg saknas. I annat fall, töm tanken med en sifon eller handpump, men se till att detta, liksom demonteringen av tanken endast sker i ett väl ventilerat utrymme.
2 Lyft upp bakvagnen på pallbockar. Ställ inte bilen över en smörjgrop.
3 Lossa batteriets jordledning.
4 Demontera höljet över givaren till bränslemätaren under bagageutrymmets inredning.
5 Märk upp lägena för matnings-, retur- och ventilationsledningar vid givaren och koppla ur dem.
6 Dra ut bränslemätarkontakten från givaren.

7 Lossa påfyllningsrörets slangklämma vid tanken och demontera påfyllningsröret. Dra av slangarna till ventilation och spill från tankens anslutningar.
8 Skruva ut den skruv, innanför tanklocks-

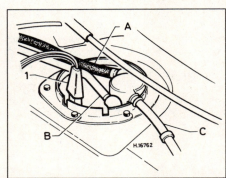

Fig. 3.5 Bränsleledningar och elledningsdragning vid bränslemätarens givare (avsnitt 7)

A Matningsledning C Ventilation
B Returledning   1 Ledningar till givaren

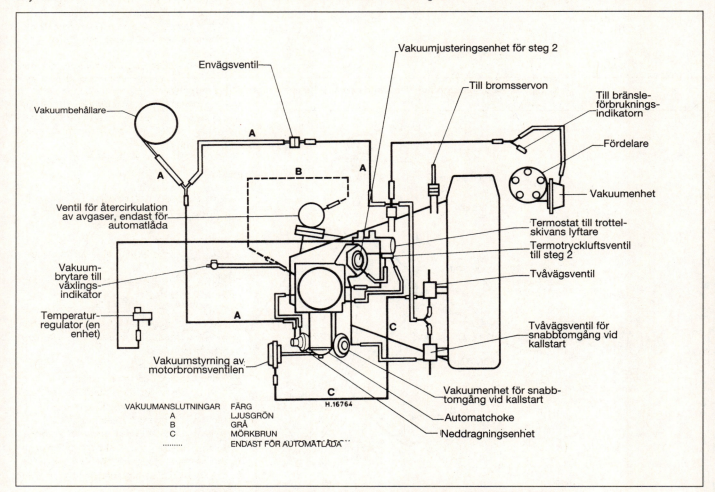

Fig. 3.6 Vakuumanslutningar på 1,9 liters motorer med Keihin-förgasare (avsnitt 9)

luckan, som fäster påfyllningsröret vid karossen och dra ut påfyllningsröret.

9 Stötta upp tanken med en garagedomkraft, använd en träkloss som mellanlägg.

10 Demontera tankens fästband, sänk ned tanken och ta bort den från bilens undersida.

11 Om tanken är förorenad med sediment eller vatten ska givaren demonteras enligt beskrivning i avsnitt 7. Skölj ur tanken med ren bensin. Om tanken är skadad eller läcker ska den antingen repareras av en specialist eller bytas. **Notera:** *Av säkerhetsskäl ska du under inga som helst omständigheter löda eller svetsa en bensintank.*

12 Montering sker med omvänd arbetsordning. Se dock till att ventilationsröret vid givaren läggs på tankens översida och fästs med tejp och att bränsleledningarna hålls på plats med sina respektive clips.

7 Bränslemätarens givare – demontering och montering

1 Lossa batteriets jordledning.

2 Demontera höljet över givaren till bränslemätaren under bagageutrymmets inredning.

3 Märk upp lägena för matnings-, retur- och ventilationsledningar vid givaren och koppla ur dem. Koppla ur ledningen vid plinten.

4 Använd två kryssmejslar till att vrida låsringen motsols och dra ut givaren och flottören. Kassera O-ringen.

5 Montering sker med omvänd arbetsordning. Använd ny O-ring och se till att givaren monteras med kopplingsplinten framåt. Fäst ventilationsröret med tejp och håll bränsleledningarna på plats med sina respektive clips.

8 Gasvajer – demontering, montering och justering

1 För modeller med automatlåda, se kapitel 7 vid behov.

2 Se avsnitt 3 och demontera luftfiltret.

3 Demontera vajern från motorn.

4 Lossa vajern från gaspedalen eller automatlådan beroende på modell och dra ut vajern.

5 Montering sker med omvänd arbetsordning. Se till att vajern inte utsätts för skarpa böjningar.

6 Justering av vajern med automatlåda finns beskriven i kapitel 7. Med manuell låda, lossa först vajern från förgasarens trottelarm.

7 Ställ in gaspedalen i tomgångsläget så att avståndet mellan stoppet på golvet och pedalen är 60 mm.

8 Låt trottelarmen vara i tomgångsläge och koppla vajern och hämta in slacket i vajern. Fäst clipset i den närmaste skåran i fästet.

9 Kontrollera justeringen genom att trycka ned gaspedalen i botten och kontrollera att avståndet mellan trottelarmen och stoppet inte överskrider 1,0 mm.

10 Montera luftfiltret enligt beskrivning i avsnitt 3.

9 Förgasare – demontering och montering

1 Lossa batteriets jordledning.

2 Demontera luftfiltret enligt beskrivning i avsnitt 3.

3 Tappa ur hälften av kylvätskan enligt beskrivning i kapitel 2.

4 Dra ur kylslangarna från automatchoken.

5 Demontera ledningarna från automatchoke och bränsleavstängningssolenoiden efter vad som finns monterat.

6 Demontera gasvajern.

7 Dra ur bränsle- och vakuumslangarna.

8 Skruva ur genomgående bultar eller muttrar och lyft av förgasaren från insugsröret. Kassera packningen på isoleringsflänsen.

9 Montering sker med omvänd arbetsordning. Rengör kontaktytorna mellan förgasare och insugsrör. Använd alltid ny packning. Dra åt fästbultarna jämnt till angivet moment.

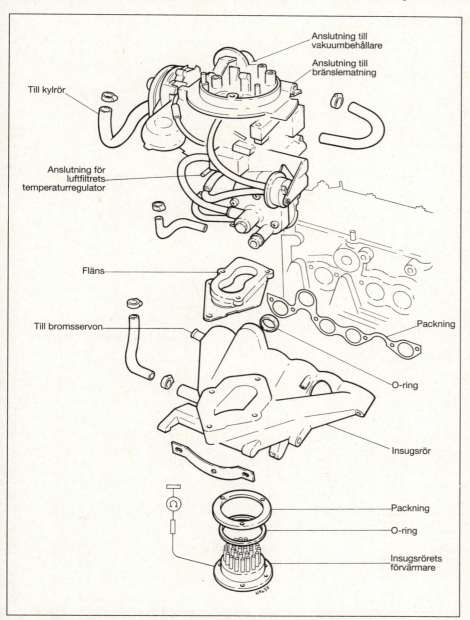

Anslutning till vakuumbehållare
Anslutning till bränslematning
Till kylrör
Anslutning för luftfiltrets temperaturregulator
Fläns
Till bromsservon
Packning
O-ring
Insugsrör
Packning
O-ring
Insugsrörets förvärmare

Fig. 3.7 Insugsrörets och förgasarens delar – 1,8 liters motorer (avsnitt 9)

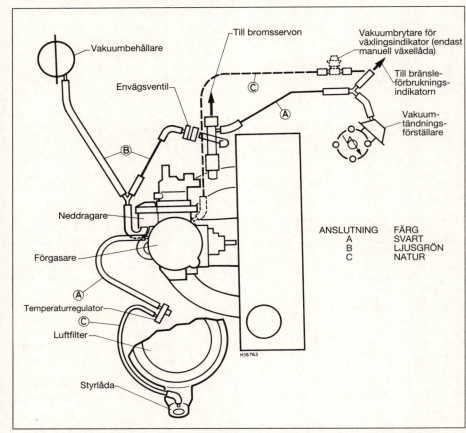

Fig. 3.8 Vakuumanslutningar på 1,8 liters motorer med förgasare 1B3 (avsnitt 9)

10 Förgasare –
isärtagning och ihopsättning

1 När förgasaren demonterats från insugs-röret enligt beskrivning i föregående avsnitt ska den tvättas på utsidan med lämpligt lösningsmedel och torkas.

2 Ta isär och sätt ihop förgasaren med hänvisning till figurerna 3.10 till 3.19. Skaffa dock först en packningssats för reparationer. Innan automatchoken tas isär, notera husets läge i förhållande till förgasar-huset.

3 Notera placeringen för munstycken. Lägg märke till att luftkorrigeringsmunstycket på förgasare av typerna 1B3 och 2E2 inte kan demonteras.

4 Efter isärtagningen ska delarna tvättas i bensin och blåsas torra med tryckluft. Peta inte i munstycken och öppningar med tråd eller liknande eftersom detta skadar de maskinbearbetade ytorna.

5 Undersök om delarna är slitna eller skadade och byt delar efter behov.

6 Följande kontroller och justeringar ska utföras vid hopsättningen av förgasare. Dra inte åt munstycken och förband för hårt.

Förgasare 1B3

7 Kontrollera bränsleavstängningsventilen genom att lägga 12 volt på kontakten och jorda huset. Med ventilens stift nedtryckt cirka 3 till 4 mm måste kärnan dras in.

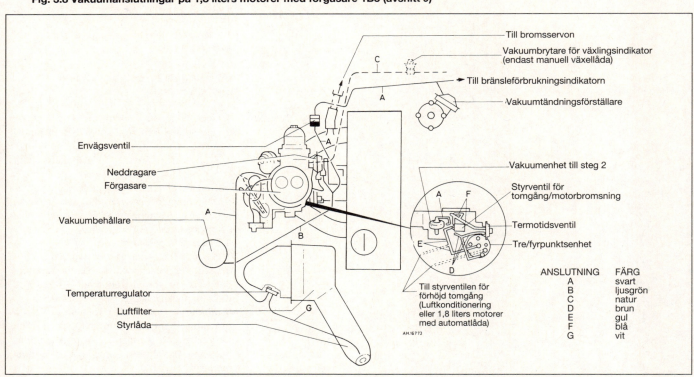

Fig. 3.9 Vakuumanslutningar på 1,8 liters motorer med förgasare 2E2 (avsnitt 9)

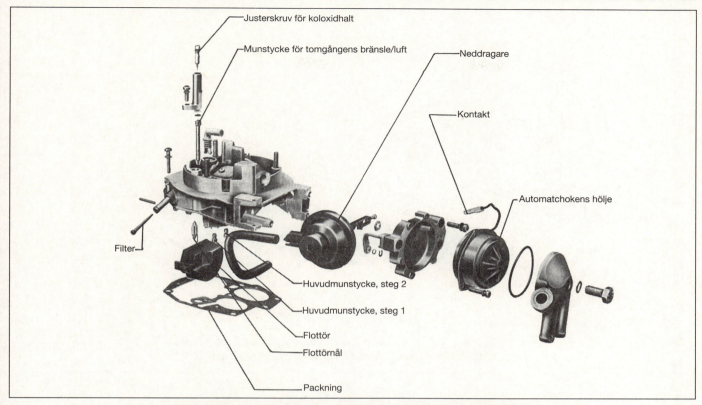

Justerskruv för koloxidhalt

Munstycke för tomgångens bränsle/luft

Neddragare

Kontakt

Automatchokens hölje

Filter

Huvudmunstycke, steg 2

Huvudmunstycke, steg 1

Flottör

Flottörnål

Packning

Fig. 3.10 Sprängskiss över den övre delen av förgasare 2E2 (avsnitt 10)

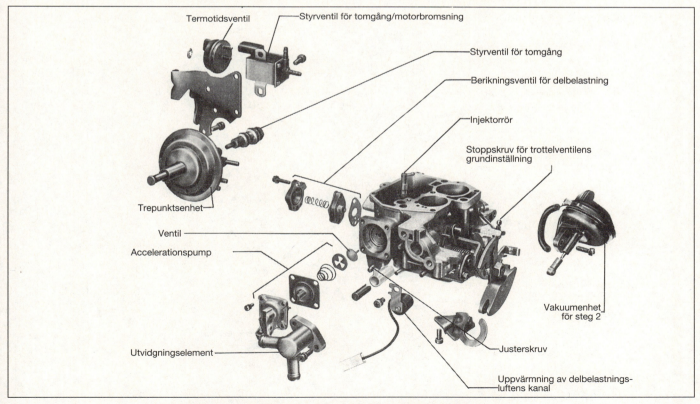

Termotidsventil

Styrventil för tomgång/motorbromsning

Styrventil för tomgång

Berikningsventil för delbelastning

Injektorrör

Stoppskruv för trottelventilens grundinställning

Trepunktsenhet

Ventil

Accelerationspump

Vakuumenhet för steg 2

Utvidgningselement

Justerskruv

Uppvärmning av delbelastningsluftens kanal

Fig. 3.11 Sprängskiss över nedre delen av förgasare 2E2 (avsnitt 10)

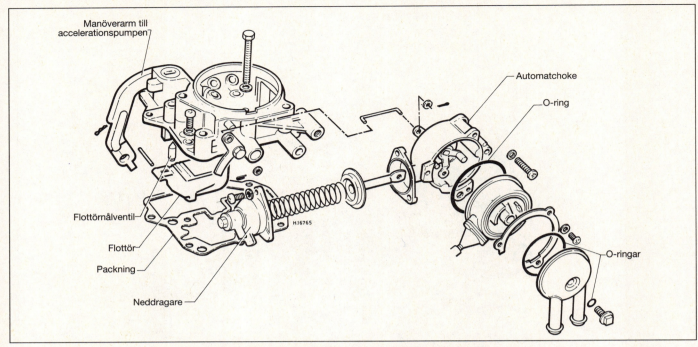

Manöverarm till accelerationspumpen

Automatchoke

O-ring

Flottörnålventil

Flottör

Packning

Neddragare

O-ringar

H.16765

Fig. 3.12 Sprängskiss över Keihin-förgasarens övre del (avsnitt 10)

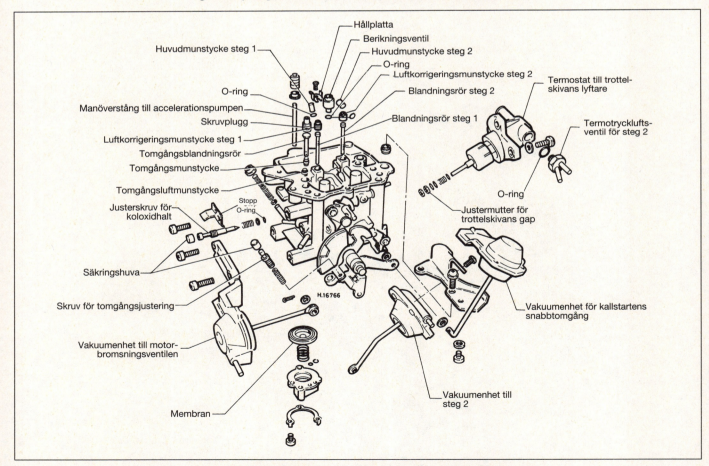

Hållplatta

Berikningsventil

Huvudmunstycke steg 1

Huvudmunstycke steg 2

O-ring

Luftkorrigeringsmunstycke steg 2

O-ring

Blandningsrör steg 2

Manöverstång till accelerationspumpen

Skruvplugg

Blandningsrör steg 1

Luftkorrigeringsmunstycke steg 1

Termostat till trottel-skivans lyftare

Termotryckslufts-ventil för steg 2

Tomgångsblandningsrör

Tomgångsmunstycke

Tomgångsluftmunstycke

Justerskruv för koloxidhalt

Stopp O-ring

O-ring

Säkringshuva

Justermutter för trottelskivans gap

Vakuumenhet för kallstartens snabbtomgång

Skruv för tomgångsjustering

H.16766

Vakuumenhet till motor-bromsningsventilen

Membran

Vakuumenhet till steg 2

Fig. 3.13 Sprängskiss över Keihin-förgasarens nedre del (avsnitt 10)

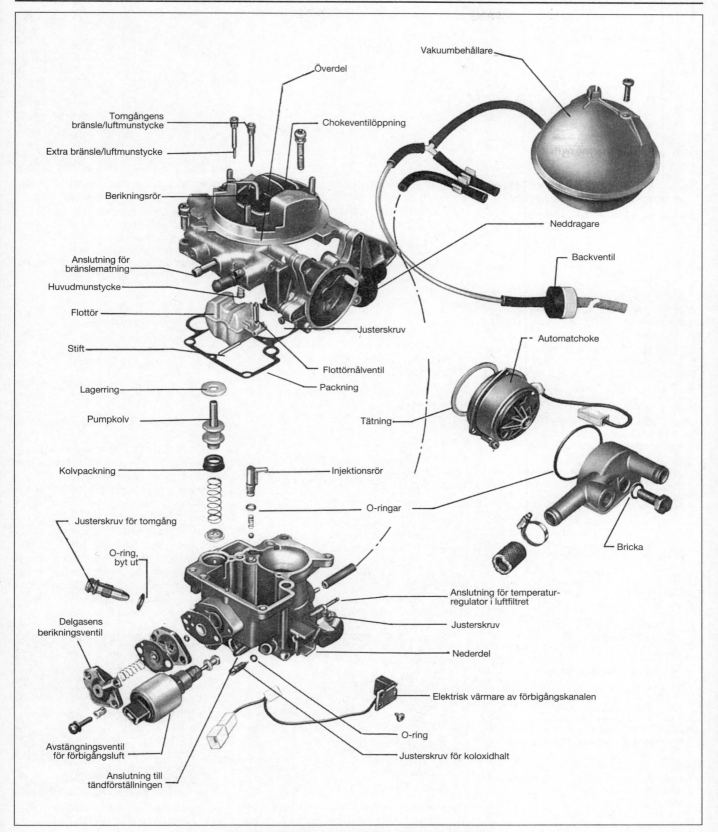

Vakuumbehållare

Överdel

Tomgångens bränsle/luftmunstycke

Chokeventilöppning

Extra bränsle/luftmunstycke

Berikningsrör

Neddragare

Backventil

Anslutning för bränslematning

Huvudmunstycke

Flottör

Justerskruv

Automatchoke

Stift

Flottörnålventil

Packning

Lagerring

Tätning

Pumpkolv

Kolvpackning

Injektionsrör

O-ringar

Justerskruv för tomgång

Bricka

O-ring, byt ut

Anslutning för temperatur-regulator i luftfiltret

Justerskruv

Delgasens berikningsventil

Nederdel

Elektrisk värmare av förbigångskanalen

O-ring

Avstängningsventil för förbigångsluft

Justerskruv för koloxidhalt

Anslutning till tändförställningen

Fig. 3.14 Sprängskiss över förgasare 1B3 (avsnitt 10)

Fig. 3.15 Förgasare 1B3, övre del visande munstyckenas placering (avsnitt 10)

1 *Tomgångens bränsle/luftmunstycke*
2 *Luftkorrigeringsmunstycke och blandningsrör*
3 *Extra bränsle/luftmunstycke*

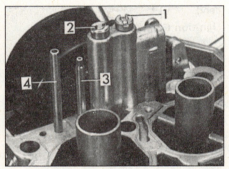

Fig. 3.18 Förgasare 2E2, övre del (upp och ned) visande munstycksplaceringar (avsnitt 10)

1 *Huvudmunstycke (steg 1)*
2 *Huvudmunstycke (steg 2)*
3 *Matningsrör för fullgasberikning*
4 *Framstegsmatningsrör (steg 2)*

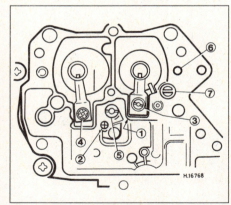

Fig. 3.19 Undre delen av Keihin-förgasare visande munstycksplaceringar (avsnitt 10)

1 *Huvudmunstycke (steg 1)*
2 *Huvudmunstycke (steg 2)*
3 *Luftkorrigeringsmunstycke (steg 1)*
4 *Luftkorrigeringsmunstycke (steg 2)*
5 *Berikningsventil*
6 *Tomgångens luftmunstycke*
7 *Tomgångsmunstycke (under tomgångsblandningsröret)*

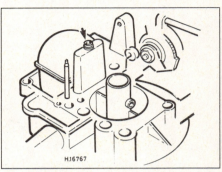

Fig. 3.16 Förgasare 1B3, övre del (upp och ned) visande huvudmunstyckets placering – se pil (avsnitt 10)

8 När accelerationspumpens kolvpackning monteras ska den tryckas in mot motsatta sidan av ventilationshålet. Kolvens låsring måste tryckas in jäms med förgasarhusets kropp.
9 Vid montering av berikningsröret, kontrollera att spelet, a i fig. 3.20, som mäts mellan övre chokeöppningens yta och nederänden av röret, är enligt specifikationerna.
10 Termokontakterna kan kontrolleras med en ohmmätare. Motståndet ska vara 0 ohm när temperaturen understiger 33°C.

Keihin-förgasare

11 Vid montering av blandningsrören, lägg märke till att röret för steg 1 har hålet i toppen och att röret för steg 2 har hålet i botten.

Förgasare 2E2

12 Vid montering av injektionsröret ska detta placeras korrekt så att bränslet sprutas in i linje med urtaget enligt vad som visas i fig. 3.21.

Samtliga modeller

13 När förgasaren satts ihop och monterats, se avsnitt 11 för nödvändiga justeringar.

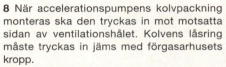

Fig. 3.20 Inställning av spelet för beriknings-röret, förgasare 1B3 (avsnitt 10)

a = 0,7 till 1,3 mm

Fig. 3.17 Förgasare 2E2, övre del visande munstyckenas placering (avsnitt 10)

1 *Tomgångens bränsle/luftmunstycke (under röret för koloxidjusteringens skruv)*
2 *Luftkorrigeringsmunstycke och blandnings-rör (demontera inte dessa) - steg 7*
3 *Luftkorrigeringsmunstycke och blandnings-rör (demontera inte dessa) - steg 2*

11 Förgasare – justeringar

Tomgång (förgasare 1B3)

1 Varmkör motorn till normal arbetstemperatur och stäng av alla elektriska komponenter.
2 Dra ut vevhusventilationens slang från luftfiltret och plugga slangen.
3 Se till att automatchoken är helt öppen, i annat fall kan trottellänkaget fortfarande vara på kammen för snabb tomgång.
4 På modeller med automatlåda är det viktigt att gasvajerns justering är korrekt enligt beskrivning i avsnitt 8 och i kapitel 7.
5 Koppla en varvräknare till motorn, starta motorn och låt den gå på tomgång. Kontrollera att tomgångsvarvtalet är enligt specifikationerna – notera att kylarfläkten inte får gå. Vid behov ska tomgångsskruven justeras in eller ut till dess att tomgångsvarvtalet är korrekt (fig. 3.22).

Fig. 3.21 Riktningen på injektionsröret, förgasare 2E2 (avsnitt 10)

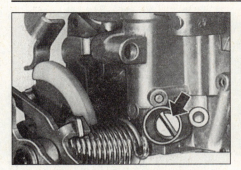

Fig. 3.22 Tomgångsjusteringens skruv,
förgasare 1B3 – se pil (avsnitt 11)

Fig. 3.23 Koloxidjusteringens skruv,
förgasare 1B3 – se pil (avsnitt 11)

Fig. 3.24 Kam för snabbtomgång (A) och
justerskruv (B) (avsnitt 11)

6 Justerskruven för koloxidhalten täcks av en plomberad huva. Denna måste demonteras för justering av blandningen. Kontrollera dock först om aktuell lagstiftning tillåter denna demontering (fig. 3.23).

7 Om utrustning för avgasanalys finns tillgänglig ska den kopplas till avgasröret. Kör sedan motorn på tomgång och justera skruven så att specificerad koloxidhalt erhålles. Alternativt kan, som en tillfällig åtgärd, skruven justeras för högsta motor-hastighet och sedan justera tomgången vid behov.

8 Efter justeringen ska en ny plomberad huva och slangen till vevhusventilationen monteras.

Snabb tomgång (Förgasare 1B3)

9 Motorn ska vara varmkörd till normal arbetstemperatur och avstängd. Montera en varvräknare och demontera luftfiltret.

10 Öppna trottelventilen helt, vrid kammen för snabb tomgång och släpp trottelventilen så att justerskruven finns på kammens högsta del (fig. 3.24).

11 Starta motorn utan att röra gaspedalen. Kontrollera att den snabba tomgången är enligt specifikationerna. Om inte, vrid på justerskruven i länkaget efter vad som behövs. Om en plomberingshuv fanns monterad, förnya den efter justeringen.

Chokeneddragning (Förgasare 1B3)

12 Demontera luftfilterlocket enligt beskrivning i avsnitt 3.

13 Öppna trottelventilen till hälften och stäng chokeventilen helt.

14 Starta motorn utan att röra gaspedalen.

15 Stäng chokeventilen för hand och kontrollera att det finns ett motstånd under rörelsens sista 4 mm. Om motstånd saknas kan det finnas en läcka i vakuumanslutningen, eller så kan neddragningsmembranet vara trasigt.

16 Ytterligare kontroll av systemet kräver vakuumpump och mätklocka vilket innebär att arbetet bör överlämnas till en Audiverkstad.

Chokeöppning (Förgasare 1B3)

17 Måttet för chokeöppningen och justeringspunkterna visas i fig. 3.25 endast som information. Justeringen kräver vakuumpump och mätklocka vilket innebär att arbetet bör överlämnas till en Audiverkstad.

Trottelventilens grundinställning (Förgasare 1B3)

18 Denna inställning görs vid fabriken och kräver normalt ingen justering. Men om justeringen av någon orsak rubbats, gör enligt följande.

19 Varmkör motorn till normal arbetstemperatur.

20 Demontera luftfiltret enligt beskrivning i avsnitt 3.

21 Dra ut vakuumslangen till tändlägesförställningen från förgasaren och koppla in en vakuummätklocka.

22 Låt motorn gå på tomgång och vrid

tomgångsstoppskruven på armen till dess att mätklockan anger vakuum. Skruva ut till dess att vakuumet är noll och skruva ut ytterligare ett kvarts varv (fig. 3.26).

23 Efter denna justering ska tomgången justeras enligt beskrivning i paragraferna 1 till 8.

Elektrisk uppvärmning av förbigångsluften (Förgasare 1B3)

24 Dra ur kontakterna till solenoiden för bränsleavstängning och termobrytaren och anslut en testlampa till värmeelementets ledning och batteriets pluspol.

25 Om lampan tänds fungerar värmarelementet.

Accelerationspump (Förgasare 1B3)

26 Håll förgasaren över en tratt och ett mätglas.

27 Vrid snabbtomgångskammen så att justerskruven inte ligger på kammen. Fixera kammen i detta läge och gör följande.

28 Öppna trotteln helt 10 gånger med minst tre sekunder per slag. Dividera total kvantitet med 10 och kontrollera att injektionskapaciteten är enligt specifikationerna. Om inte, se fig. 3.27 och lossa kryssskruven, vrid på kamplattan efter behov och dra åt skruven.

29 Om svårigheter uppstår vid justeringen, kontrollera pumppackningen och se till att returventilen och injektorröret är rena.

Fig. 3.25 Kontroll av chokeventilgapet med en spiralborr (1) och justering med en sexkantsbult (2), förgasare 1B3 (avsnitt 11)

Fig. 3.26 Stoppskruv (C) för tomgången, förgasare 1B3 (avsnitt 11)

Fig. 3.27 Justering av accelerationspumpen, förgasare 1B3 (avsnitt 11)

a Låsskruv   b Kamplatta

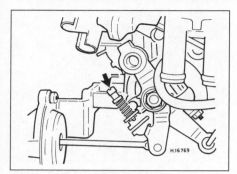

Fig. 3.28 Tomgångsjusteringens skruv – se pil, Keihin-förgasare (avsnitt 11)

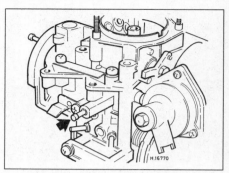

Fig. 3.29 Koloxidjusteringens skruv – se pil, Keihin-förgasare (avsnitt 11)

Fig. 3.30 Vakuumslanganslutning (pil) demonterad för justering av snabbtomgång, Keihin-förgasare (avsnitt 11)

Automatchoke (Förgasare 1B3)

30 Linjen på huset måste vara i linje med punkten på automatchokens hus.

Insugsrörets förvärmare (Förgasare 1B3)

31 Koppla en ohmmätare mellan den urkopplade ledningen och jord och kontrollera att förvärmarens motstånd är mellan 0,25 och 0,50 ohm. Om inte, byt värmare.

Tomgångsvarvtal (Keihin-förgasare)

32 Tillvägagångssättet är identiskt med det för förgasare 1B3, beskriven i paragraferna 1

till 8. Justerskruvarna visas i fig. **3.28** och **3.29**.

Snabb tomgång (Keihin-förgasare)

33 Motoroljan måste vara minst 50°C. Demontera luftfiltret och dra av vakuumslangen från snabbtomgångsenheten. Starta motorn och notera tomgångsvarvet. Jämför med specifikationerna och justera vid behov genom att trycka ihop justerarmen för att minska motorvarvet eller dra isär den för att öka varvtalet (se figurerna **3.30**, **3.31** och **3.32**).

34 Koppla in vakuumslangen och montera luftfiltret efter avslutad justering.

Justering av trottelventilöppningen (Keihin-förgasare)

35 Kontrollera spelet mellan trottelarmsventilen och trottelhuset (inledande gap) med en spiralborr och jämför med specifikationerna. Om spelet inte är inom toleranserna ska justeringsarmen öppnas för att öka spelet eller stängas för att minska spelet. Öppna med en skruvmejsel och minska med en lämplig tång (figurerna 3.33 och 3.34).

36 Kontrollera tomgångsspelet genom att trycka vakuumenhetens tryckstång i botten och placera en stav med diametern 9,5 mm mellan termostatarmen och förgasarhuset (en spiralborr duger gott). Justera armen till stavens tjocklek och mät upp spelet mellan trottelventilen och förgasaren med en mätstång eller spiralborr. Om justering krävs ska justerarmen tvingas ut för att minska spelet eller klämmas ihop med en tång för att öka spelet (fig. 3.35).

Justering av chokeöppning (Keihin-förgasare)

37 Chokeöppningen är förinställd och ska normalt sett inte behöva justering annat än när ett nytt övre förgasarhus monteras.

38 Demontera automatchokens hus och placera ett gummiband som visat (fig. 3.36) så att armen hålls spänd mot stoppet. Tryck sedan armen på neddragaren mot sitt stopp

Fig. 3.31 Justering av snabbtomgången, tryck ihop justerarmen för att minska hastigheten, Keihin-förgasare (avsnitt 11)

Fig. 3.32 Justering av snabbtomgången, bänd isär justerarmen för att öka hastigheten, Keihin-förgasare (avsnitt 11)

Fig. 3.33 Trottelventilens startgap uppmätt med spiralborr, Keihin-förgasare (avsnitt 11)

Fig. 3.34 Justering av trottelventilens startgap – öka genom att bända isär justerarmen, Keihin-förgasare (avsnitt 11)

Fig. 3.35 Justering av öppning för kontinuerlig körning (tomgångsgap) – bänd isär justerarmen för att minska spelet, Keihin-förgasare (avsnitt 11)

Fig. 3.36 Justering av chokeventilens öppning, Keihin-förgasare (avsnitt 11)

Neddragningsarmen (pil) hålls spänd med gummiband

Fig. 3.37 Chokeventilöppningens stopparm (pilar), Keihin-förgasare (avsnitt 11)

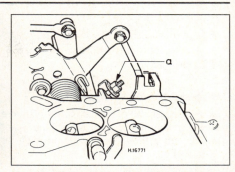

Fig. 3.38 Trottelns grundinställning, steg 2, Keihin-förgasare (avsnitt 11)

a Stoppskruv

och mät upp chokeöppningen. Jämför med specifikationerna och böj vid behov isär stopparmen för att öka gapet eller kläm ihop den för att minska gapet (fig. 3.37).

39 Ta bort gummibandet och montera chokehuset efter genomförd kontroll/justering.

Trottelns grundinställning – Steg 2 (Keihin-förgasare)

40 Stoppskruven (a i fig. 3.38) ställs in vid tillverkningen och ska inte rubbas. Om skruven av misstag vrids kan korrekt inställning utföras med följande metod.

41 Demontera förgasaren, skruva ut stoppskruven till dess att ett gap öppnas mellan skruvänden och stoppet.

42 Skruva in begränsningsskruven så att den precis berör stoppet och sedan ytterligare ett halvt varv. Kontrollera tomgångsjusteringen enligt beskrivningen i paragraf 32 efter det att förgasaren monterats.

Justering av accelerationspump (Keihin-förgasare)

43 Demontera förgasaren och håll den (med flottörhuset fyllt) över en tratt och ett mätglas.

44 Tryck termostatarmen i öppnings-riktningen och tryck stången i vakuumenheten för steg 2 mot stoppet.

45 Placera en M12 bult mellan förgasarhuset och termostatarmen.

46 Öppna trottelventilen helt och släpp den långsamt, låt det ta minst tre sekunder att genomföra och upprepa cykeln 10 (tio) gånger. Avläs bränslemängden i mätglaset och dividera med 10. Detta ger bränsle-mängden per slag. Jämför värdet med speci-fikationerna.

47 Om justering krävs ska stoppet böjas uppåt om kapaciteten är för liten och nedåt om den är för stor. Se till att det inte finns spel mellan armen och stången. Tidrymden för insprutningen kan inte justeras. Om krävd mängd inte kan uppnås med dessa justeringar är troligen membranet i accelerationspumpen trasigt och ska då bytas.

Chokeneddragning (Keihin-förgasare)

48 Precis kontroll av systemet kräver vakuumpump och mätklocka vilket innebär att arbetet bör överlämnas till en Audiverkstad.

Insugsrörets förvärmare (Keihin-förgasare)

49 Tillvägagångssättet är identiskt med det för förgasare 1B3, beskrivet i paragraf 31.

Snabb tomgång vid start och motorbromsningsventil (Keihin-förgasare)

50 Kontrollera ventilens funktion genom att ansluta en testlampa mellan ventilens två kontaktstift som finns placerade på framsidan av motorns ventilkåpa.

51 Starta motorn och låt den gå på tomgång. Testlampan ska tändas vid tomgångskörning. Om inte, stäng av motorn och anslut testlampan mellan ventilens positiva kontakt och jord. Lampan ska tändas när tändningen slås på. Om lampan inte tänds finns det ett ledningsfel i spänningsmatningen till ventilen. Om lampan tänds, slå av tändningen och dra ur ledningarna till ventilen och kontrollera motståndet mellan kontakterna med en ohmmätare. Motståndet ska vara mellan 30 och 40 ohm. Om inte, byt tvåvägsventil. Om

motståndet ligger inom toleranserna finns det troligen ett ledningsfel mellan ventilens kontakt och kontakten till relä 3 på reläplattan eller så är själva reläet defekt.

Termotryckluftsventil (Keihin-förgasare)

52 En termotryckluftsventil finns inskruvad i trottellyfttermostaten för att styra vakuum-tillförseln efter temperaturen.

53 För kontroll av ventilen på plats i bilen. Lossa de två slangarna från ventilen och trä på en slang på endera av ventilens anslutningar. Blås i den slangen med kall motor. Ventilen ska inte släppa igenom någon luft, eller ytterst lite.

54 Varmkör motorn till normal arbets-temperatur och blås än en gång i slangen. Med varm motor ska ventilen vara öppen och tillåta fri luftpassage.

55 Ta bort slangen och montera vakuum-slangarna på ventilen.

Tomgångsvarvtal (Förgasare 2E2)

56 Proceduren är identisk med den för förgasare 1B3, beskriven i paragraferna 1 till 8. Kontrollera dock att snabbtomgångens justerskruv precis är i kontakt med membranets tryckstång (fig. 3.39). Juster-skruvarna visas i fig. 3.40.

Fig. 3.39 Membranets tryckstång (A) och snabbtomgångens justerskruv (B), förgasare 2E2 (avsnitt 11)

Fig. 3.40 Tomgångens justerskruv (A) och koloxidhaltens justerskruv (B), förgasare 2E2 (avsnitt 11)

Chokeneddragning (Förgasare 2E2)

57 Proceduren är identisk med den för förgasare 1B3, beskriven i paragraferna 12 till 16.

Chokeöppning (Förgasare 2E2)

58 Precis kontroll och justering av systemet kräver vakuumpump och mätklocka vilket innebär att arbetet bör överlämnas till en Audiverkstad.

Trottelventilens grundinställning steg 2 (Förgasare 2E2)

59 Denna inställning görs vid fabriken och kräver normalt ingen justering. Men om justeringen av någon orsak rubbats, gör enligt följande. Demontera förgasaren (avsnitt 9).

60 Se figur 3.41, öppna trottelventilen och fixera den i läge med en träpinne eller liknande mellan ventilen och strypningen.

61 Använd ett gummiband på visat sätt och spänn upp trottelventilens steg 2 låsarm och skruva ut stoppskruven såpass att det blir ett gap mellan stoppet och stoppskruven.

62 Skruva sedan in stoppskruven så att den precis är i kontakt med stoppet. Denna punkt kan avgöras genom att sticka in ett mycket tunt papper (cigarettpapper) mellan skruven och stoppet. När papperet rör sig är skruven i rätt läge. Därifrån ska skruven skruvas in ett kvarts varv ytterligare. Säkra med gänglås. Stäng bägge trottelventilerna och mät upp låsarmarnas spel, A och B i fig. 3.42. Om spelen inte är enligt specifikationerna ska armen böjas efter behov.

Accelerationspump (Förgasare 2E2)

63 Precis kontroll och justering av accelerationspumpen kräver vakuumpump och mätklocka vilket innebär att arbetet bör överlämnas till en Audiverkstad.

Trepunktsenhet (Förgasare 2E2)

64 Precis kontroll av denna kräver speciell testutrustning vilket innebär att arbetet bör överlämnas till en Audiverkstad.

Fig. 3.41 Trottelventilens grundinställning, visande stång som håller ventilen öppen (pil), låsarmen (1), stoppskruven (2) och stoppet (3), förgasare 2E2 (avsnitt 11)

Styrventil för tomgång/motorbromsning (Förgasare 2E2)

65 Precis kontroll av denna kräver speciell testutrustning vilket innebär att arbetet bör överlämnas till en Audiverkstad.

Temperatur/tidsventil (Förgasare 2E2)

66 Precis kontroll av denna kräver speciell testutrustning vilket innebär att arbetet bör överlämnas till en Audiverkstad.

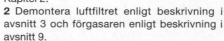

12 Insugsrör och avgasgrenrör – demontering och montering

1 Töm kylsystemet delvis enligt beskrivning i Kapitel 2.
2 Demontera luftfiltret enligt beskrivning i avsnitt 3 och förgasaren enligt beskrivning i avsnitt 9.
3 Dra ut vakuumslangen från bromsservon.
4 Dra ut kylslangarna från insugsröret.
5 Dra ut kontakten till insugsrörets förvärmare.
6 Demontera avgasstabiliseringens och grenrörets fästkonsoler, om de finns monterade.

Fig. 3.42 Låsarmens spel med stängda trottelventiler, förgasare 2E2 (avsnitt 11)

A = 0,3 till 0,5 mm
B = 0,9 till 1,1 mm

7 Demontera insugsröret.
8 Skruva ut bultarna mellan främre avgasröret och grenröret och dela det främre röret vid flänsen. Kassera packningen.
9 Demontera grenröret. Kassera packningen.
10 Montering sker med omvänd arbetsordning. Använd nya packningar och dra åt bultar och muttrar till angivna moment.

13 Avgassystem – kontroll, demontering och montering

1 Undersök avgassystemet och leta efter läckor, skador och brister i säkerhet med regelbundna mellanrum (se Rutinunderhåll). Gör så genom att dra åt handbromsen och låta motorn gå på tomgång i ett väl ventilerat utrymme. Ligg ner på vardera sidan av bilen i tur och ordning och kontrollera utmed hela avgassystemets längd. Låt en medhjälpare tillfälligt placera en tygbit över avgasrörets mynning. Om en läcka uppvisas ska motorn stoppas. Åtgärda läckaget med en reparationssats. Om det är en större läcka eller en uppenbar skada ska den defekta delen av avgassystemet bytas. Kontrollera att gummi-

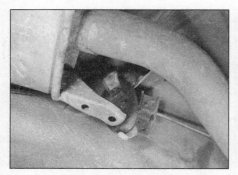

13.1A Främre gummifästet till avgassystemets mellanljuddämpare . . .

13.1B . . . bakre gummifästet . . .

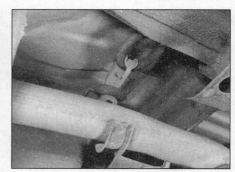

13.1C . . . och mynningsrörets fäste

fästena är hela och byt dem efter behov (foton).

2 Innan isärtagning av avgassystemet påbörjas ska detta svalna. Dränk sedan in bultförband och fogar med rostupplösnings-vätska.

3 Vid montering av systemet ska nya muttrar och bultar användas. Det kan ofta vara enklare att såga av de gamla bultarna med en bågfil än att försöka skruva ut dem.

4 Vid byte av någon del av avgassystemet är det vanligen enklare att lossa fogen mellan grenröret och det främre röret och demontera det kompletta systemet och sedan ta isär det eller skära ut den defekta delen med en bågfil.

5 Montera systemet en del i taget och börja med det främre röret. Använd en ny packning och lägg märke till att den har en flänsad sida som ska vara vänd mot avgasröret.

6 Täck alla fogar med avgastätningsmassa innan de sätts ihop. Detta gör det enklare att dra bitarna i linje med varandra och ser till att fogarna blir gastäta.

7 Dra åt samtliga bultförband till angivet moment och vrid samtidigt alla rörliga fogar efter behov så att systemet inte berör underredet samt belastar alla fästen likvärdigt.

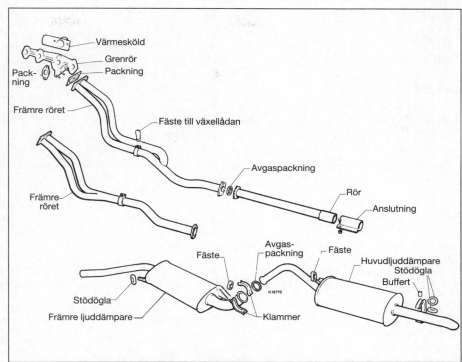

Fig. 3.43 Skiss över avgassystem och ljuddämpare – 1,8 liters modell visad (avsnitten 12 och 13)

Del B – 2,0, 2,2 och 2,3 liters bränsleinsprutningsmodeller

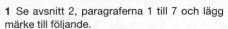

14 Allmän beskrivning

Varning: Många av de arbeten som beskrivs i detta kapitel innebär demontering av bränsle-ledningar och anslutningar som kan resultera i ett visst bränslespill. Innan något arbete utförs på bränslesystemet bör du studera och noggrant följa de föreskrifter som ges i Säkerheten främst! i början av boken. Bensin är en synnerligen farlig och lättantändlig vätska. Vikten av de säkerhetsåtgärder som krävs för hantering av bensin kan inte nog betonas.

Bränslesystemet består av en centralt placerad bränsletank, en elektrisk bränsle-pump samt bränsleinsprutning av typen Bosch K eller KE Jetronic. En turboladdad version av 2,2 liters motorn finns på vissa modeller.

Luftfiltret innehåller ett engångs papper-selement och är på vissa modeller försett med förvärmning av insugsluften.

Avgassystemet är fyrdelat och består av dubbla främre rör, huvudljuddämpare och mellanljuddämpare varierande med modell. Systemet är framtill fastbultat vid ett grenrör av gjutjärn och upphängt i flexibla gummi-fästen utmed hela längden.

15 Underhåll och inspektion

1 Se avsnitt 2, paragraferna 1 till 7 och lägg märke till följande.

2 Byt bränslefilter enligt följande.

3 Se till att fordonet finns på en väl ventilerad plats och på betryggande avstånd från öppen eld och andra möjliga antändningsrisker.

4 Lossa batteriets jordledning.

5 Håll en trasa över anslutningen så att inte bränsle sprutar ut och lossa styrtrycks-ledningen vid uppvärmningsventilen så att trycket i bränslesystemet släpps ut. Styr-trycksledningen är den som är dragen till den övre anslutningen av uppvärmningsventilen (foto). Dra åt anslutningen igen när trycket släppts ut.

6 Placera trasor under filtret och skruva ur ledningarna i vardera änden. Ta rätt på brickorna i utloppsanslutningen (foto).

7 Skruva ut filterhållarmuttern och dra ut filtret.

8 Montera det nya filtret med pilen på filterhuset pekande i flödesriktningen. Dra åt ledningsanslutningarna, kör motorn och leta efter läckor.

15.5 Styrtrycksrörets koppling (pil) till uppvärmningsventilen

15.6 Bränslefiltrets anslutningar (A) och fästmutter (B)

16.1 Dra ut intaget från luftfilterlocket

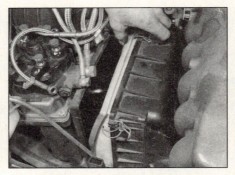

16.2A Lyft upp luftfilterlocket och filterelementet . . .

16.2B . . . och dra ut elementet ur locket

9 Tomgång och koloxidhalt ska justeras med angivna intervaller (se avsnitt 23).
10 På turbomodeller ska oljefiltret i turbons smörjsystem bytas.
11 Underhåll av avgasreningsutrustning beskrivs i detalj i avsnitt 38.

16 Luftfilter –
demontering och montering

Byte av luftfilterelement

1 Lossa kalluftsintaget och dra av det från luftfilterlocket (foto).

2 Släpp upp fjäderclipsen och lyft av luftfilterlocket och filterelementet (foto). Sära på filterelement och lock (foto).
3 Torka av lockets insida och montera ett nytt filterelement. Placera lock och element i läge och fäst med fjäderclipsen samt montera luftintaget.

Luftfiltret

4 Demontera elementet enligt tidigare beskrivning.
5 Se avsnitt 25 och demontera luftflödesmätaren.
6 Dra ut motorbromsningsventilen ur luftfilterhuset.

7 Lossa bulten och haka av luftfilterhusets plugg från styrningen och lyft ut enheten från motorrummet.
8 Montering sker med omvänd arbetsordning.

17 Automatisk lufttemperatur-
styrning – kontroll

1 Vissa modeller är utrustade med en termostatstyrd lufttemperaturregleringsenhet, monterad i en låda i luftfiltrets intag. Denna enhet består av en klaffventil som kan öppna eller stänga varm- och kalluftsintag så att insugsluften hålls inom förbestämda värden.
2 Kontrollera enhetens funktion genom att demontera luftintagstrummorna och styrlådan från luftfiltret.
3 Sänk ned termostatkapseln i ljummet vatten (ca. 20°C) i två minuter. Kontrollera att klaffventilen flyttat sig till ett läge där den just stänger kalluftsintaget. Vid behov kan termostatläget justeras genom att justerskruven skruvas in eller ut efter behov. Lås sedan justeringen med låsfärg.
4 När styrlådan monteras ska ribban vara i linje med skåran i luftfilterlocket.

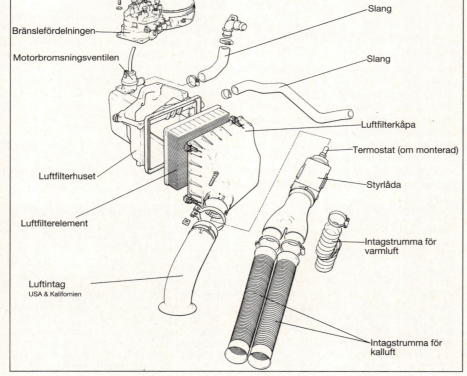

Bränslefördelningen

Motorbromsningsventilen

Luftfilterhuset

Luftfilterelement

Luftintag
USA & Kalifornien

Slang

Slang

Luftfilterkåpa

Termostat (om monterad)

Styrlåda

Intagstrumma för varmluft

Intagstrumma för kalluft

Fig. 3.44 Luftfilter och sammanhörande delar (avsnitt 16)

18 Bränsletank –
demontering och montering

Se avsnitt 6 i detta kapitel. Lägg dock märke till att bränslepumpen är monterad i tanken tillsammans med bränslemätarens givare. Vid behov ska pumpen demonteras enligt beskrivning i avsnitt 31.

19 Bränslemätarens givare –
demontering och montering

Se avsnitt 7 i detta kapitel.

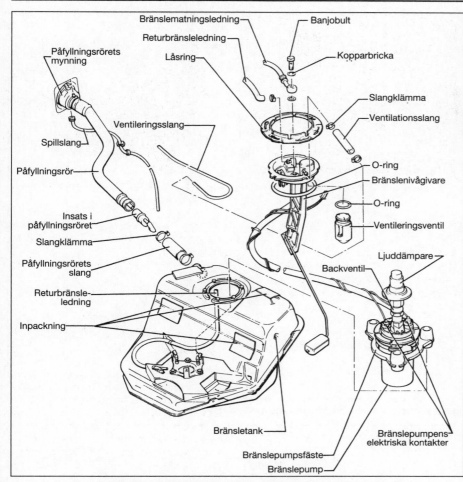

Bränslematningsledning — Banjobult
Returbränsleledning
Påfyllningsrörets mynning
Låsring — Kopparbricka
Ventileringsslang — Slangklämma
Spillslang — Ventilationsslang
Påfyllningsrör
Insats i påfyllningsröret — O-ring
Slangklämma — Bränslenivågivare
Påfyllningsrörets slang — O-ring
Returbränsleledning — Ventileringsventil
Inpackning
Ljuddämpare
Backventil
Bränsletank
Bränslepumpens elektriska kontakter
Bränslepumpsfäste
Bränslepump

Fig. 3.45 Sprängskiss över bränsletank, bränslepump och delarna till bränslemätarens givare

20.1 Gasvajerns montering på trottelventilhuset

20 Gasvajer – demontering, montering och justering

Se avsnitt 8 i detta kapitel. Lägg dock märke till att det inte är nödvändigt att demontera luftfiltret. Vajern är fäst på trottelventilhuset med en klammerbult (foto) eller ändsko.

21 Bränsleinsprutning – allmän beskrivning

Ett Bosch K eller KE-Jetronic bränsleinsprutningssystem är monterat i samtliga bränsleinsprutade modeller som tas upp i denna bok. En sprängskiss över huvuddelarna i systemet visas i figur 3.46 och åtföljande bilder visar de olika underställda delarna i huvudsystemet.

De följande paragraferna beskriver systemet och de olika beståndsdelarna. Senare avsnitt beskriver de tester som kan utföras för att kontrollera om en speciell enhet fungerar korrekt med beskrivningar av demontering och reparationer ges i allmänhet

inte, eftersom delarna inte är möjliga att reparera.

Systemet mäter den inkommande luftmängden och bestämmer den mängd bränsle som måste blandas med luften för att ge korrekt förbränningsblandning för motorns aktuella arbetsförhållanden. Bränslet sprutas in av ett injektormunstycke till insugskanalen för varje cylinder. Bränslet och luften dras in i cylindern när insugsventilen öppnar.

Luftflödesmätaren

1 Denna mäter volymen på den luft som kommer in i motorn. Den fungerar efter följande princip. Om en cirkulär skiva finns placerad i en tratt genom vilken en luftström passerar, kommer skivan att stiga till dess att skivans vikt är lika med den kraft, skapad av luftströmmen, som påverkar skivans undersida. Om luftströmmens volym ökar och skivan skulle befinna sig i samma position kommer luftflödet genom gapet mellan konan och skivan att öka och därmed öka kraften som påverkar skivan.
2 Om skivan kan röra sig fritt kommer den att stiga i och med att kraften på undersidan ökar. När skivan stiger i konan ökar ytan

mellan skivans kan och konans kant till dess att luftflödet och därmed kraften på skivan blir densamma som vid tidigare flöde och mindre yta. I och med detta är skivans höjd ett mått på den luftvolym som kommer in i motorn.
3 Luftflödesmätaren består av en lufttratt med en sensorskiva monterad på en hävarm som stöds vid sin balanspunkt. Sensorskivans vikt och hävarm balanseras av en motvikt och den uppåtriktade kraften på sensorskivan motverkas av en kolv. Kolven, som rör sig upp eller ner i takt med variationerna i luftflödet, är omgiven av en hylsa med vertikala urtag. Den vertikala rörelsen av kolven maskerar en större eller mindre längd av urtagen som styr bränslemängden till injektorventilerna.
4 Lufttrattens sidor är inte en ren kon i och med att optimal motordrift kräver olika blandningar under olika driftsförhållanden som tomgång, delbelastning och full belastning. Genom att göra delar av tratten brantare än grundformen ges motorn en fetare bränsleblandning vid tomgång och fullgas. Genom att göra tratten flackare än grundformen kan motorn ges en magrare bränsleblandning.

Bränsletillförsel

5 Bränsle pumpas kontinuerligt av en valscellpump medan motorn går. Pumpen går med konstant fart och överskottsbränsle leds tillbaka till tanken. Bränslepumpen går när startnyckeln är i läget START men när startmotorn släpper, förhindrar en kontakt vid luftskivan att bränsle pumpas annat än om motorn går.
6 Bränsleledningen till bränslematningsventilen har ett filter och en bränsleackumulator. Ackumulatorns funktion är att upprätthålla trycket i bränslesystemet när motorn är avstängd så att den snabbt kan starta om när den är varm.
7 I samverkan med bränsleackumulatorn finns en tryckregulator som är en integrerad del av bränslefördelningen. När motorn stängs av släpper tryckregulatorn snabbt ned trycket till injektorerna så att bränsletillförseln genom dessa stängs av. Detta förhindrar motorn från att glödtända. Ventilen stänger strax under injektorventilernas öppningstryck och detta tryck upprätthålls sedan av bränsletrycksackumulatorn.

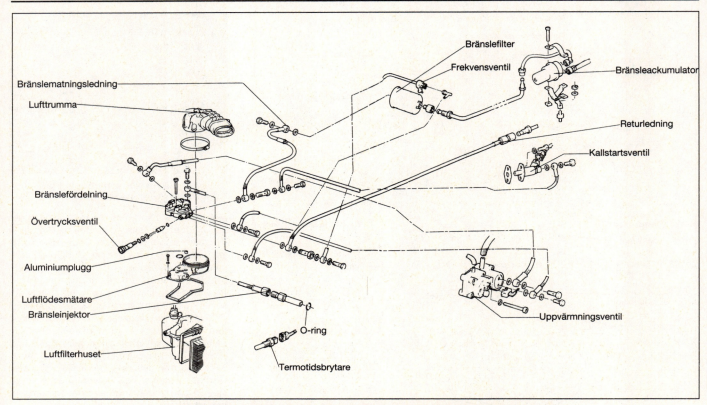

Fig. 3.46 Sprängskiss över bränsleinsprutningens huvuddelar (avsnitt 21)

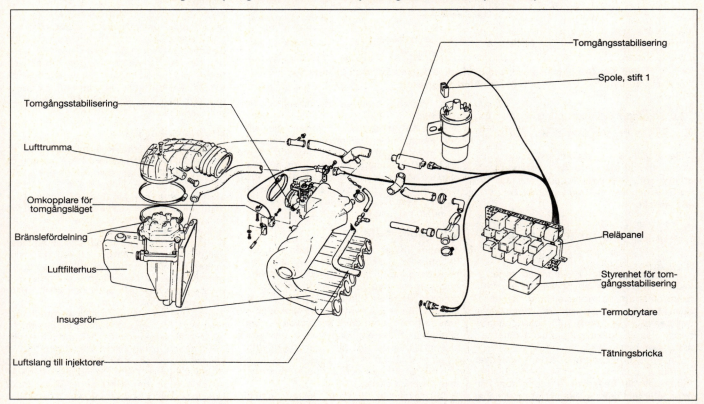

Fig. 3.47 Skiss över tomgångsstabiliseringen (avsnitt 21)

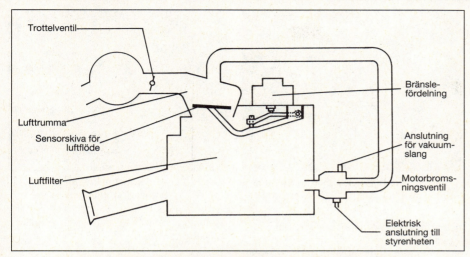

Fig. 3.48 Principskiss över motorbromsningsventilen (avsnitt 21)

Labels in figure:
- Trottelventil
- Lufttrumma
- Sensorskiva för luftflöde
- Luftfilter
- Bränslefördelning
- Anslutning för vakuumslang
- Motorbromsningsventil
- Elektrisk anslutning till styrenheten

Bränslefördelning

8 Bränslefördelningen är monterad på luftmätaren och styrs av den vertikala rörelsen av luftflödesmätarens skiva. Den består av en styrventil som rör sig vertikalt i en hylsa försedd med så många hål runt omkretsen som motorn har cylindrar.

9 Styrventilen är utsatt för hydraultryck på den övre änden och detta balanserar trycket på luftskivan som läggs på via en kolv i ventilens nedre ände. I takt med att styrventilen stiger och faller avmaskeras en större eller mindre längd av fördelningsurtaget vilket styr bränslemängden till varje injektor.

10 Varje fördelningsurtag har en egen tryckventil som ser till att tryckskillnaden mellan urtagens två sidor är konstant. I och med att tryckfallet för fördelningsurtaget inte påverkas av längden avmaskerat urtag beror bränslemängden helt och hållet på hur stor del av urtaget som exponeras.

Kompenseringsenheter

11 Vid kallstart och under uppvärmning krävs extra enheter för att justera bränsleflödet efter de olika krav motorn ställer under dessa förhållanden.

Kallstartsventilen

12 Kallstartsventilen finns placerad på insugsröret och den sprutar in extra bränsle i insugsröret vid kallstarter. Ventilen är solenoidmanövrerad och styrs av en termotidbrytare i motorns kylsystem. Denna brytare aktiveras under en period som beror på kylvätskans temperatur. Perioden kortas av med stigande kylvätsketemperatur. Om kylvätskans temperatur är så hög att motorn inte behöver extra bränsle för start aktiveras inte denna brytare.

Uppvärmningsregulator

13 Vid uppvärmning kräver motorn en fetare blandning för att kompensera för bränsle som kondenseras på de kalla väggarna i insugsröret och cylindrarna. Det krävs även mer bränsle för att kompensera för kraftförluster orsakade av förhöjd friktion och högre oljemotstånd i den kalla motorn. Bränslet berikas under uppvärmningen av uppvärmningsregulatorn. Den är en tryckregulator som sänker trycket på bränsleregulatorns kolv under uppvärmningen. Detta reducerade tryck gör att luftmätarens skiva stiger högre än normalt vilket exponerar större längd i fördelningsurtagen vilket gör blandningen fetare.

14 Ventilen manövreras av en bimetallisk fjäder som värms av en elektrisk värmare. När motorn är kall trycks denna fjäder mot matningsventilens fjäder för att minska trycket på membranet och förstora utmatningsarealen. Denna ökning leder till ett sänkt tryck på styrkolven.

15 När motorn startas slås den elektriska värmaren av bimetallfjädern på. I takt med att fjädern värms stiger den gradvis till dess att den går fri från styrfjäderskivan och ventilfjädern blir helt befriad så att den kan ge normalt styrtryck.

Tomgångsstabilisering

16 Olika givare på motorn övervakar motorns hastighet, temperatur och trottelvinkel och skickar den informationen till en elektronikenhet. Om motorns tomgångsvarv avviker från den som är inprogrammerad i elektronikenheten manövrerar den en ventil som ökar eller minskar ett extra luftflöde runt trottelventilen, vilket håller tomgångsvarvtalet stabilt.

Motorbromsningsventilen

17 I syfte att förbättra bränsleekonomin finns ytterligare en enhet som begränsar bränsletillförseln vid motorbromsning.

18 Motorbromsningsventilen finns placerad på luftfilterhuset och styrs av en brytare som inhämtar information från en temperaturvakt och en trottelventilkontakt. Om kylvätskans temperatur överstiger 30°C, motorhastigheten överstiger 1400 rpm och trottelventilen är i tomgångsposition aktiveras motorbromsningsventilen som sedan öppnas av vakuum. En extra luftkanal öppnas och insugsluften går förbi luftflödesmätaren vars skiva då sjunker. I och med detta minskas bränsleflödet till dess att den extra luftkanalen stängs.

22 Bränsleinsprutning – föreskrifter och allmän information om reparationer

1 I och med att bränsleinsprutningssystemet är så komplext och att det kräver specialverktyg och specialiserad testutrustning bör allt arbete med detta begränsas till vad som beskrivs i detta kapitel. Andra justeringar och systemkontroller ligger bortom vad även mycket erfarna hemmamekaniker klarar av och bör därför överlämnas till en Audiverkstad.

2 Innan någon del av bränslesystemet demonteras ska den och det omgivande området rengöras med stor noggrannhet.

3 Placera alla demonterade komponenter på en ren yta och täck över dem med plast eller papper. Använd luddfria trasor vid rengöring.

4 Nya delar ska lämnas i sina förpackningar till dess att de ska monteras.

5 Systemet arbetar alltid under tryck. Var därför försiktig när bränsleledningar lossas. Släpp ut systemtrycket enligt beskrivning i avsnitt 15, paragraferna 3 till 5 innan trycksatta bränsleledningar demonteras. Se varningsnotisen i avsnitt 14 och koppla alltid ur batteriets jordledning innan arbetet påbörjas.

6 I händelse av felfunktion i systemet, se avsnittet om felsökning i slutet av detta kapitel. Gör dock först en grundläggande kontroll av systemets slangar, anslutningar, säkringar och relän och leta efter uppenbara och omedelbart synliga defekter.

23 Blandning och varvtal för tomgång – justering

1 Motorns tomgångsvarvtal hålls vid ett förbestämt värde av stabiliseringsventilen och kräver normalt ingen justering. I händelse av att tomgången inte är tillfredsställande bör en Audiverkstad rådfrågas. Motorns tomgång kan inte justeras utan att stabiliseringen förbikopplas och detta kräver bruk av Audispecifik testutrustning.

23.3A Tomgångsjusteringens skruv (pil) på motorer med bränsleinsprutning utan turbo . . .

23.3B . . . och motorer med turbo med plomberad huv (pil) på plats över skruven

24.2 Lossa bränsleledningarna vid bränslefördelningen

2 Tomgångsblandningens justering utförs samtidigt med justeringen av tomgångsvarvtalet och även den kräver Audispecifik testutrustning.
3 Justerskruvarna för tomgång visas på dessa foton enbart som referens.

24 Bränslefördelning – demontering och montering

1 Släpp ut systemets bränsletryck enligt beskrivning i avsnitt 15, paragraferna 3 till 5.
2 Märk upp alla bränsleledningar med utgångsnumret på fördelningen och demontera dem (foto). Ta reda på kopparbrickorna vid varje anslutning.
3 Demontera anslutningen av tryckstyrningsledningen från bränslefördelningen.
4 Skruva ur de tre skruvar som fäster bränslefördelningen.
5 Lyft bort bränslefördelningen, var försiktig så att inte fördelningskolven faller ut. Om den av misstag faller ut ska den tvättas i bensin och monteras med den avfasade änden ned.
6 Innan montering av fördelningen, kontrollera att kolven rör sig fritt upp och ned. Om kolven fastnar måste fördelningen bytas ut eftersom kolven inte kan repareras eller bytas separat.
7 Montera fördelningen, använd ny packning och måla skruvarna med låsfärg när de dragits åt.
8 Återanslut ledningarna på sina ursprungliga platser.

25 Luftflödesmätare – demontering och montering

1 Släpp ut trycket ur bränslesystemet enligt beskrivning i avsnitt 15, paragraferna 3 till 5.
2 Märk upp alla bränsleledningar med utgångsnumret på fördelningen och demontera dem (foto). Ta reda på kopparbrickorna vid varje anslutning.
3 Demontera anslutningen av tryckstyrningsledningen från bränslefördelningen.

4 Lossa klammrarna och demontera luftintagstrumman.
5 Demontera luftflödesmätaren, komplett med bränslefördelningen.
6 Bränslemätningskolven måste förhindras från att falla ut när bränslefördelningen demonteras från luftflödesmätaren (se föregående avsnitt).
7 Montering sker med omvänd arbetsordning. Använd alltid en ny packning mellan luftflödesmätaren och luftfiltret.

26 Övertrycksventil – demontering, underhåll och montering

1 Släpp ut trycket ur bränslesystemet enligt beskrivning i paragraferna 3 till 5 i avsnitt 15.
2 Skruva ur envägsventilens plugg och ta bort den och tätningsbrickan.
3 Ta ut O-ringen, kolven och O-ringen i den ordningen.
4 Vid montering ska nya O-ringar användas, kontrollera att samtliga shims som tagits bort verkligen sätts tillbaka.

27 Termotidsbrytare – kontroll

1 Termotidsbrytaren aktiverar kallstartsventilen under en kort period vid starten. Motortemperaturen styr hur länge kallstartsventilen är aktiv.
2 Dra ut kontakten vid kallstartsventilen och koppla en testlampa över kontaktens stift.
3 Dra ut tändkabeln från fördelarens mitt och jorda den.
4 Kör startmotorn i tio sekunder och notera den intervall med vilken testlampan tänds och förblir tänd. Se diagrammet i figur 3.49 som visar att vid en kylvätsketemperatur om 30°C ska lampan tändas omedelbart och förbli tänd i två sekunder.
5 Denna test ska inte utföras om kylvätsketemperaturen överstiger 30°C.

6 Montera tändkabeln och anslut kontakten till kallstartsventilen.

28 Kallstartsventil – kontroll

1 Se till att kylvätskans temperatur understiger 30°C och att batteriet är fulladdat.
2 Dra ut tändkabeln från fördelarens mitt och jorda den.
3 Dra ut kontakterna från uppvärmnings- och kallstartsventilerna.
4 Skruva ur de två bultar som fäster kallstartsventilen vid insugsröret och demontera ventilen. Var försiktig så att inte packningen skadas.
5 Låt bränsleledningar och elkablar sitta kvar på ventilen och håll den över ett glaskärl och kör startmotorn i tio sekunder. Kallstartsventilen ska då producera en jämn kona spray under den tid som termotidsbrytaren är tillslagen.
6 Montera ventilen efter avslutad kontroll och återanslut lossade elledningar.

29 Uppvärmningsregulator – kontroll

1 Dra ur kontakten till uppvärmningsventilen när motorn är kall.

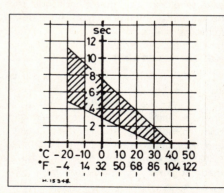

Fig. 3.49 Termotidsbrytarens driftsdiagram (avsnitt 27)

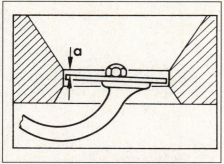

Fig. 3.50 Läget för luftflödesmätarens sensorskiva i relation till luftkonens nedre kant (avsnitt 30)

a = specificerat avstånd mellan skivans övre kant och konens nedre kant

2 Anslut en spänningsprovare mellan stiften i kontakten till uppvärmningsventilen och kör startmotorn. Spänningen mellan stiften ska vara minst 8,0 volt.

3 Slå av och koppla en ohmmätare mellan polerna på uppvärmningsventilen. Om mätaren inte anger ett motstånd om minst 20 ohm är uppvärmningsslingan defekt vilket betyder att en ny ventil måste monteras.

30 Luftflödesgivarens arm och styrkolv – kontroll

1 För att en korrekt blandning ska kunna levereras till motorn är det nödvändigt att sensorskivan finns centrerad i strypröret och att den har rätt höjd.

2 Lossa clipsen och demontera luftintags-trumman. Om skivan ser ut att inte vara centrerad, lossa centrumskruven på den och för försiktigt ett bladmått med tjockleken 0,10 mm runt kanten av skivan så att den centreras och dra åt centrumskruven igen.

3 Lyft skivan och för den snabbt till viloläget. Inget motstånd får kännas under den nedåtgående rörelsen. Om det finns motstånd är luftflödesmätaren defekt vilket innebär att en ny måste monteras.

4 Om sensorskivan kan tryckas ned utan motstånd men gör motstånd mot uppåt-gående rörelser kärvar styrkolven. Ta då bort bränslefördelningen (avsnitt 24) och tvätta styrkolven med bensin. Om detta inte löser problemet måste en ny bränslefördelare monteras.

5 Kontrollera luftflödessensorns position i relation till luftkonen. På samtliga motorer utom kod KZ ska den övre kanten av skivan vara jäms med konens underkant eller maximalt 0,5 mm under den. På motorer kod KZ ska den övre kanten av skivan vara 1,75 till 2,05 mm under konens underkant (fig. 3.50).

6 Justera skivans höjd genom att lyfta den och böja de vajerclips som fäster skivan vid balansarmen, var dock försiktig så att inte ytan på luftkonen repas eller skadas.

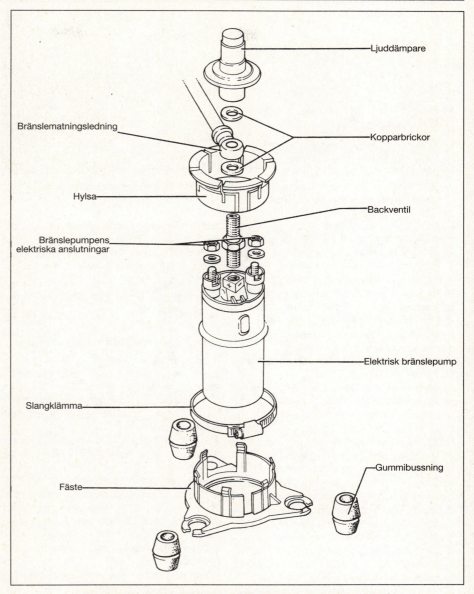

Ljuddämpare
Bränslematningsledning
Kopparbrickor
Hylsa
Backventil
Bränslepumpens elektriska anslutningar
Elektrisk bränslepump
Slangklämma
Gummibussning
Fäste

Fig. 3.51 Sprängskiss över bränslepumpens delar (avsnitt 31)

31 Elektrisk bränslepump – demontering och montering

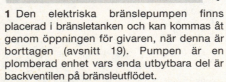

1 Den elektriska bränslepumpen finns placerad i bränsletanken och kan kommas åt genom öppningen för givaren, när denna är borttagen (avsnitt 19). Pumpen är en plomberad enhet vars enda utbytbara del är backventilen på bränsleutflödet.

2 Se till att bilen finns på en väl ventilerad plats utan risk för gnistor eller öppen eld innan bränslepumpen demonteras. Lossa batteriets jordledning.

3 När givaren demonterats, lossa pumpen från fästöronen och ta ut den ur tanken.

4 Sära på pumpen och givaren genom att skruva loss muttrarna och koppla ur led-ningarna. Demontera ljuddämparen från back-ventilen och lyft undan bränsleledning och brickor.

5 Vid behov kan backventilen skruvas loss men pumphuset får inte placeras i ett skruv-stycke. Montera antingen sexkantsbulten i ett skruvstycke och vrid på pumpen för hand eller använd en nyckel på ventilen och en bandnyckel på pumphuset.

6 Pumpen är konstruerad för att arbeta med alla rörliga delar indränkta i bensin och skadas bortom reparationsmöjligheter om den körs utan att vara ansluten till bränslesystemet.

7 Pumpens kapacitet är mycket större än motorns bränslekrav och det är inte troligt att pumpens utmatning någonsin sjunker till en nivå som är otillräcklig.

8 Montering sker med omvänd arbets-ordning.

32.3 Bränsletrycksackumulatorns ledningar, anslutningar och fäste

33.2 Utdragning av bränsleinjektor

33.5 Tryck fast bränsleinjektorn med en blocknyckel

32 Bränsletrycksackumulator – demontering och montering

1 Ställ upp bakvagnen på pallbockar.
2 Släpp ut trycket ur bränslesystemet enligt beskrivning i avsnitt 15, paragraferna 3 till 5.
3 Lossa bränsleledningarna från bränsletrycksackumulatorn och ta reda på den lilla bränslemängd som släpps ut (foto).
4 Demontera bränsletrycksackumulatorn från sin hållare.
5 Montering sker med omvänd arbetsordning. Starta motorn efter fullbordat arbete och leta efter eventuella bränsleläckor.

33 Bränsleinjektorer – demontering och montering

1 Släpp ut trycket ur bränslesystemet enligt beskrivning i avsnitt 15, paragraferna 3 till 5.
2 Grip tag i bränsleledningens anslutningsmutter och dra ut injektorn uppåt till dess att O-ringen lossnar från injektorn (foto).
3 Demontera injektorn genom att använda två nycklar och håll i injektorn och skruva lös bränsleledningens anslutning.
4 Precis kontroll av injektorns spraymönster och läckor kräver speciell testutrustning och ska därför överlämnas till en Audiverkstad.
5 Montering sker med omvänd arbets-

ordning. Smörj O-ringen genom att fukta den med bensin innan monteringen. Tryck injektorn i läge med hjälp av en nyckel över bränsleledningsanslutningens mutter (foto).

34 Insugsrör – demontering och montering

Samtliga modeller utom Turbo

1 Lossa batteriets jordledning.
2 Skruva ur de två bultarna och demontera kallstartsventilen.
3 Demontera slangar och clips och dra ut hela tomgångsstabiliseringsventilen från insugsröret.
4 Demontera gasvajer och länkage samt där befintligt, farthållarlänkaget från trottelventilhuset.
5 Demontera luftintagstrumman.
6 Koppla ur vakuum- och elektriska anslutningar vid insugsröret, varierande efter modell.
7 Lossa bränsleledningarna från insugsrörets hållare.
8 Demontera luftfilter, filterelement och luftintagsslangar.
9 Skruva ur bultarna som fäster insugsröret vid topplocket och muttrarna till grenrörets fäste (foto).
10 Dra ut insugsröret från topplocket och ta undan det under bränsleledningarna.

11 Montering sker med omvänd arbetsordning. Justera gasvajer och länkar enligt beskrivning i avsnitt 20, och kapitel 7 om bilen har automatlåda.

Turbomodeller

12 Lossa batteriets jordledning.
13 Lossa clipset och demontera luftintagstrumman från trottelventilhuset.
14 Demontera luftintagsröret från luftfiltret och intagstrumman vid luftflödesmätaren.
15 Demontera luftfilterhuset och filterelementet.
16 Demontera tomgångsstabiliseringsventilen, fästet och trumman (foto).
17 Lossa bränsleledningarna från insugsrörets hållare.
18 Demontera gasvajer och länkage samt där befintligt, farthållarlänkaget från trottelventilhuset och insugsröret.
19 Anteckna placeringen för samtliga el- och vakuumledningar som kan tänkas försvåra demontering av insugsröret och koppla sedan loss dessa.
20 Skruva ur bultarna som fäster insugsröret vid topplocket och muttrarna till grenrörets fäste.
21 Dra ut insugsröret från topplocket och ta undan det under bränsleledningarna.
22 Montering sker med omvänd arbetsordning. Justera gasvajer och länkar enligt beskrivning i avsnitt 20, och kapitel 7 om bilen har automatlåda.

35 Turboaggregat – beskrivning

Turboladdade 2,2 liters modeller är försedda med ett avgasdrivet turboaggregat. Detta är en anordning för att höja motorns effekt utan att öka avgasutsläpp eller negativt påverka bränsleförbrukningen. Den fungerar genom att dra nytta av värmeenergin i avgaserna när de lämnar motorn.

I princip består ett turboaggregat av två turbinfläktar monterade på en gemensam axel. Den ena drivs av de heta avgaserna som

34.9 Insugsrörets bultar och grenrörets stödkonsoler

34.16 Tomgångsstabilisering på turbomodeller

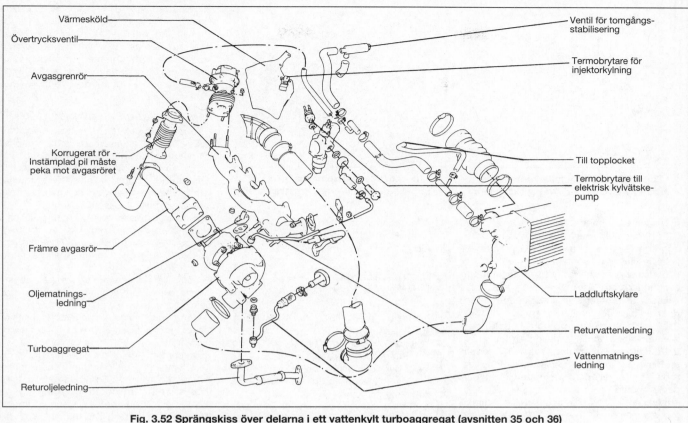

Fig. 3.52 Sprängskiss över delarna i ett vattenkylt turboaggregat (avsnitten 35 och 36)

strömmar ut genom grenröret och expanderar. Den andra turbinfläkten suger in frisk luft och komprimerar den innan den kommer in i insugsröret. I och med att luften komprimeras kan en större mängd släppas in i varje cylinder vilket ger ett större effektuttag.

Temperaturen på intagsluften sänks, vilket ökar densiteten, genom att den leds genom en laddluftkylare framför motorn innan den leds in i insugsröret.

Laddtrycket från turbon regleras av en övertrycksventil som öppnar när ett förinställt laddtryck uppnås.

Turboaggregatet smörjs med olja från motorns oljekanalsystem men har ett extra oljefilter och en extra oljekylare monterad.

På senare modeller är turboaggregatet anslutet till motorns kylsystem för kylning och en elektrisk kylvätskepump, aktiverad av en termokontakt startar när kylvätskans temperatur överskrider ett förinställt värde.

Turboaggregatet är en dyr komponent med snäva toleranser vilket gör att underhåll och reparationer lämpligen överlämnas till en Audiverkstad eller en specialist med erfarenhet av turboarbete. Förutom vad som anges i

följande avsnitt ligger allt annat arbete med turbon och tillhörande delar bortom gränserna för vad den genomsnittlige läsaren klarar av.

36 Turboaggregat – demontering och montering

1 Lossa batteriets jordledning.
2 Demontera luftintagstrumman mellan laddluftkylaren och trottelventilhuset.
3 Demontera vakuumslang och luftintagstrumma mellan luftflödesmätaren och intagsröret.

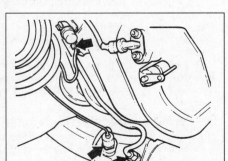

Fig. 3.53 Anslutningar för lambdasond och koloxidmätrör vid turboaggregatet (pilar) – modeller med vattenkyld turbo (avsnitt 36)

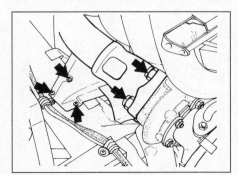

Fig. 3.54 Motorfästets täckplåtsskruvar och främre avgasrörets fäste på turboaggregatet – se pilar (avsnitt 36)

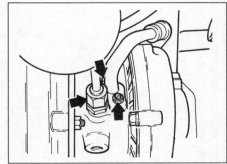

Fig. 3.55 Oljematningsledningen och kylvätskeanslutningen (pilar) på turboaggregatet (avsnitt 36)

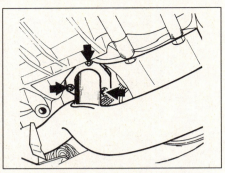

Fig. 3.56 Muttrarna (pilar) som fäster främre avgasröret vid övertrycksventilen (avsnitt 36)

4 Demontera luftfilterenheten.
5 På modeller med vattenkylda turboaggregat ska lambdasonden och röret för koloxidmätning demonteras.
6 Lossa skruvarna och lyft bort täckplattan över höger motorfäste.
7 Lossa de muttrar som fäster främre avgasröret vid turboaggregatet.
8 Lossa flänsmuttrarna och koppla bort oljematningsröret från turboaggregatet.
9 Demontera det främre avgasröret genom att lossa det från övertrycksventilen, mellanröret och växellådan. Ta undan röret och packningarna.
10 Lossa clipsen och demontera lufttrumman från alternatorn.
11 Lossa slangklämman och lossa laddluftskylarens slang från turboaggregatet.
12 Lossa flänsmuttrarna och lossa returoljeröret från turboaggregatet.
13 På vattenkylda versioner ska det nedre kylvätskeröret lossas vid kopplingen bredvid returoljeröret.
14 Se kapitel 12 och demontera alternatorn och alternatorns fästbygel.
15 På vattenkylda versioner ska det övre kylvätskeröret lossas vid kopplingen bredvid oljematningsröret.
16 Skruva ur de muttrar som fäster turboaggregatet vid grenröret och demontera turboaggregatet.

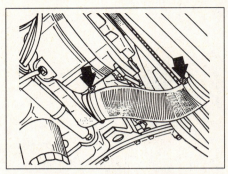

Fig. 3.57 Slangklämmorna (pilar) på lufttrumman till alternatorn (avsnitt 36)

17 Montering sker med omvänd arbetsordning. Kontrollera och fyll vid behov på kylvätska på vätskekylda versioner.

37 Laddluftskylare – demontering och montering

1 Demontera kylargrillen enligt beskrivning i kapitel 11.
2 Lossa och demontera luftintagsslangar och trummor från laddluftkylaren.
3 Lossa övre och nedre fästen och demontera laddluftskylaren från bilens monteringsgenomföringar.
4 Montering sker med omvänd arbetsordning.

38 Avgasrening – allmänt

Även om största uppmärksamhet fästs vid att korrekta inställningar av tändning och bränsleblandningar ska minimera skadliga utsläpp, har den allt striktare lagstiftningen i vissa länder gjort monterandet av extra system nödvändigt.

Vevhusventilation

Vissa förbränningsprodukter blåser förbi genom kolvringarna och kommer in i vevhuset. Därifrån skulle de sedan komma ut i atmosfären om inte vissa speciella åtgärder vidtas.

I syfte att förhindra att dessa gaser släpps ut i atmosfären är vevhusets luftutsläpp kopplat till luftfiltret med en slang så att vevhusgaser blandas med luft-/bränsleblandningen i insugsröret och därmed förbränns av motorn.

Återcirkulation av avgaser (EGR)

Arbetsprincipen för detta system är att en del av de heta avgaserna leds från grenröret till insugsröret där de blandas ut med bränsle/luftblandningen och går tillbaka in i cylindrarna. Detta sänker förbränningstemperaturen i cylindrarna och minskar halten av kväveoxider i avgaserna.

Systemet styrs av en termostatventil och en vakuumventil som regleras av trycket i insugsröret. Systemets funktion ska kontrolleras varje år som en post på underhållslistan.

Kontrollera det fysiska skicket på slangarna i systemet genom att leta efter sprickor och delningar.

Kör motorn och kontrollera att det inte finns läckor i förbindelsen mellan EGR-ventilen och grenröret.

Demontera den gula slangen från den raka anslutningen på temperaturregleringsventilen och montera den på T-stycket på slangen till insugsröret. Om motorns tomgångsvarv sjunker eller om motorn stannar fungerar EGR-ventilen korrekt. Om tomgångsvarvtalet förblir konstant, kontrollera då att inte någon slang är igensatt. Om slangarna är rena är EGR-ventilen defekt och måste bytas.

Katalysator

Denna finns monterad på bilar avsedda för vissa marknader och består av en extra del i avgasröret och ljuddämpningen.

Katalysatorn består av ett katalytiskt ämne som startar en kemisk reaktion som omvandlar koloxid och kolväten till koldioxid och vatten.

Katalysatorn kräver inget underhåll med bör inspekteras med jämna mellanrum vad gäller tecken på fysiska skador.

Det katalytiska ämnet kan göras ineffektivt av bly och andra bränsletillsatser vilket gör det ytterst viktigt att endast blyfri bensin används och att bränslet inte innehåller skadliga tillsatser.

Den katalytiska avgasrenaren innehåller en keramisk insats som är bräcklig och benägen att spricka om katalysatorn utsätts för slag eller tappas.

Reglering av bränsleavdunstning

I syfte att förhindra att bränsle avdunstar ut i atmosfären har bränsletanken en ventilation till en kolkanister. Bränsletanken har en expansionskammare och ventileringsrör som är arrangerade så att varken bränsle eller ångor kan undkomma även om bilen är mycket varm eller körs/parkeras på mycket branta sluttningar.

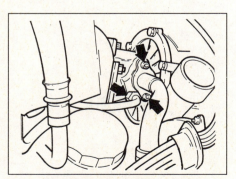

Fig. 3.58 Returoljeledningen och kylvätskeanslutningen (pilar) på turboaggregatet (avsnitt 36)

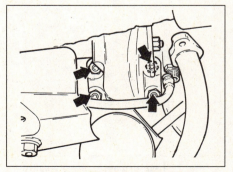

Fig. 3.59 Muttrarna (pilar) till turboaggregatet (avsnitt 36)

40.5 Grenrörets muttrar

40.6A Dra av grenröret . . .

40.6B . . . och ta reda på packningarna

Ventilationsrören är anslutna till en kanister som innehåller träkol som absorberar kolväteångorna. När motorn står stilla samlas bränsleångorna i kolkanistern. När motorn går sugs frisk luft genom kanistern vilket drar ut ångorna till luftfiltret och in i motorn där de förbränns.

Lambdasond

Detta system består av en sond i grenröret, en elektronisk styrenhet i främre högra fotbrunnen, ett termobrytarrelä samt en frekvensventil. En vägmätare tänder en varningslampa på instrumentpanelen för att ange att en underhållskontroll krävs av systemet.

Systemet reglerar bränsle/luftblandningen efter motorns temperatur och avgasernas innehåll men är bara effektivt om grundblandningens justering är korrekt.

39 Avgasrening – föreskrifter

1 Effektivitet och pålitlighet i avgasreningen är beroende på ett antal faktorer och följande föreskrifter måste efterlevas.
2 Systemen för bränsle och tändning måste underhållas regelbundet. Endast passande bränsle fritt från skadliga tillsatser får användas.
3 Ingen del av avgasreningen får tas bort eller modifieras. Inga styrningar eller regulatorer som monterats på bilen av miljöskäl får heller tas bort.
4 Fortsätt inte att köra bilen om den misständer eller visar andra tecken på defekt motorgång.
5 Lämna inte bilen utan uppsikt med motorn igång. Detta därför att tecken på felaktigheter i motorgången då inte upptäcks. Dessutom kan en längre stunds tomgångskörning orsaka att motorn överhettas och skadas.
6 Om bilen har en katalysator ska den absolut inte parkeras på torrt gräs eller torra löv eftersom katalysatorns utsida mycket väl kan vara så het att den kan antända underlaget.
7 Lägg inte på extra underredsmassa eller

rostskydd på avgassystemet eller mycket nära detta eftersom detta kan leda till att brand uppstår.
8 Om bilen har en katalysator ska bilen aldrig knuffas eller bogseras igång och motorn får aldrig slås av om bilen är i rörelse. Detta skulle leda till att oförbränt bränsle leds in i katalysatorn och skadar den.
9 Samtliga tätningar och packningar före katalysatorn ska alltid bytas mot nya om de rubbats.

40 Avgasgrenrör – demontering och montering

1 Lossa batteriets jordledning.
2 På turbomodeller ska turboaggregatet demonteras enligt beskrivning i avsnitt 36.
3 Skruva ut muttrarna som fäster det främre avgasrörets fläns vid grenröret och lossa det främre röret vid flänsen. Ta reda på packningen.
4 På turbomodeller, lossa muttrarna så att övertrycksventilen kan säras från grenröret.

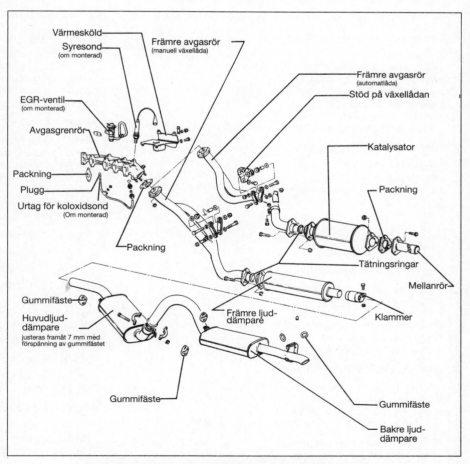

Fig. 3.60 Layout av avgassystemet (typexempel) (avsnitt 41)

Values from figure 3.60:
Värmesköld
Syresond (om monterad)
Främre avgasrör (manuell växellåda)
Främre avgasrör (automatlåda)
Stöd på växellådan
EGR-ventil (om monterad)
Avgasgrenrör
Katalysator
Packning
Plugg
Packning
Urtag för koloxidsond (Om monterad)
Packning
Tätningsringar
Mellanrör
Gummifäste
Huvudljud-dämpare justeras framåt 7 mm med förspänning av gummifästet
Främre ljud-dämpare
Klammer
Gummifäste
Gummifäste
Bakre ljud-dämpare

5 Skruva ut de muttrar som fäster grenröret vid topplocket och de bultar som fäster fästbyglarna vid insugsröret (foto).
6 Demontera grenröret och ta reda på packningarna (foton).
7 Montering sker med omvänd arbetsordning.

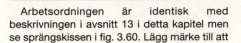

41 Avgassystem – kontroll, demontering och montering

Arbetsordningen är identisk med beskrivningen i avsnitt 13 i detta kapitel men se sprängskissen i fig. 3.60. Lägg märke till att

på turbomodeller är det främre avgasröret anslutet till turboaggregatet och att ett extra rör är draget från övertrycksventilen till det främre röret. Om detta rör byts måste pilen peka mot det främre röret vid montering.

Felsökning – bränslesystem (förgasarmodeller)

Notera: *Hög bränsleförbrukning och dåliga prestanda beror inte nödvändigtvis på förgasarfel. Kontrollera att tändningen är korrekt inställd, att bromsarna inte hänger sig och att motorn i övrigt är i gott mekaniskt skick innan du ger dig på förgasaren*

Förhöjd bränsleförbrukning
☐ Igensatt luftfilter, ger fetare blandning
☐ Läcka från tank, pump eller bränsleledningar
☐ Flottörkammaren översvämmas beroende på fel nivå eller sliten nålventil
☐ Felinställd förgasare
☐ För hög tomgång
☐ Defekt choke (fastnar)
☐ Sliten förgasare

Kraftlös, tjuvstannar eller svårstartad
☐ Defekt bränslepump
☐ Läckage på sugsidan av pumpen eller i bränsleledning

☐ Packning i insugsrör eller förgasarfläns defekt
☐ Feljusterad förgasare
☐ Defekt choke
☐ Defekt avgasreningssystem

Dålig eller ojämn tomgång
☐ Mager blandning
☐ Läckage i insugsrör
☐ Läckage i slang till vevhusventilation
☐ Läckage i bromsservoslang

Felsökning – bränslesystem (bränsleinsprutade modeller)

Innan ett fel i bränslesystemet förutsätts, kontrollera de poster som nämndes i den speciella notisen i början av föregående avsnitt

Motorn startar inte (kall)
☐ Defekt bränslepump
☐ Defekt kallstartsventil
☐ Sensorskivans viloläge felaktigt
☐ Sensorskiva och/eller styrkolv kärvar
☐ Läcka i vakuumsystemet
☐ Läcka i bränslesystemet
☐ Termotidsbrytaren förblir öppen

Motorn startar inte (varmkörd)
☐ Defekt bränslepump
☐ Varmregleringens tryck lågt
☐ Sensorskivans viloläge felaktigt
☐ Sensorskiva och/eller styrkolv kärvar
☐ Läcka i vakuumsystemet
☐ Läcka i bränslesystemet
☐ Läckande injektorventil(er) eller lågt öppningstryck
☐ Fel blandningsinställning

Motorn svårstartad (kall)
☐ Kallregleringstrycket felaktigt
☐ Defekt kallstartsventil
☐ Sensorskivans viloläge felaktigt
☐ Sensorskiva och/eller styrkolv kärvar
☐ Läcka i bränslesystemet
☐ Termotidsbrytaren stänger inte

Motorn svårstartad (varmkörd)
☐ Varmregleringens tryck för högt eller för lågt
☐ Defekt sensorskiva/styrkolv
☐ Läcka i bränsle- eller vakuumsystem
☐ Läckande injektorventil(er) eller lågt öppningstryck
☐ Felaktigt inställd blandning

Motorn misständer (vid körning)
☐ Läckage i bränslesystemet

Ojämn tomgång (under varmkörning)
☐ Felaktigt kallregleringstryck
☐ Defekt tomgångsstabilisering
☐ Defekt kallstartsventil
☐ Läcka i bränsle- eller vakuumsystem
☐ Läckande injektorventil(er) eller lågt öppningstryck

Ojämn tomgång (varm motor)
☐ Felaktigt varmregleringstryck
☐ Defekt tomgångsstabilisering
☐ Defekt kallstartsventil
☐ Sensorskiva och/eller styrkolv kärvar
☐ Läcka i bränsle- eller vakuumsystem
☐ Läckande injektorventil(er) eller lågt öppningstryck
☐ Felaktigt inställd blandning

Motorn baktänder i insugsröret
☐ Högt värmeregleringstryck
☐ Läckage i vakuumsystemet

Motorn baktänder i grenröret
☐ Högt värmeregleringstryck
☐ Läckage i startventilen
☐ Läckage i bränslesystemet
☐ Felaktigt inställd blandning

Motorn glödtänder
☐ Sensorskiva och/eller styrkolv kärvar
☐ Defekt motorbromsningsventil

För hög bränsleförbrukning
☐ Läckage i bränslesystemet
☐ Felaktigt inställd blandning
☐ Lågt varmreglertryck

Kapitel 4 Tändningssystem

För modifieringar och information om senare modeller, se Supplement i slutet av handboken

Innehåll

Svårighetsgrader

Enkelt, passar för novisen med lite erfarenhet	**Ganska enkelt,** passar nybörjaren med viss erfarenhet	**Ganska svårt,** passar kompetent hemmekaniker	**Svårt,** passar hemmekaniker med erfarenhet	**Mycket svårt,** för professionell mekaniker

Specifikationer

Del A – Transistoriserad tändspole

Allmänt

Systemtyp .... Transistoriserad tändspole med Halleffekt
Motorer .... Samtliga utan turbo

Fördelare

Rotorns rotationsriktning .... Medsols
Tändföljd:
  Fyrcylindriga motorer .... 1-3-4-2 (Nr 1 på kamremssidan)
  Femcylindriga motorer .... 1-2-4-5-3 (Nr 1 på kamremssidan)

Spole

Primärmotstånd .... 0,52 till 0,76 ohm
Sekundärmotstånd .... 2,4 till 3,5 kohm

Tändlägesinställning

Vakuumslangar förblir anslutna på alla modeller
  1,8 liters motorer .... 17° till 19° FÖD vid 700 till 800 rpm
  1,9, 2,0, 2,2 och 2,3 liters motorer .... 17° till 19° FÖD vid 750 till 850 rpm

Tändstift

Typ:
  1,8 liters motorer 1983 till juli 1985 .... Champion N7YCC eller N7YC
  1,8 liters motorer augusti 1985 och senare .... Champion N7YCC eller N7BYC
  1,9 liters motorer .... Champion N7YCC eller N7YC
  2,0 liters motorer september 1984 till juli 1985 .... Champion N7YCC eller N7YC
  2,0 liters motorer augusti 1985 och senare .... Champion N7YCC eller N7BYC
  2,2 liters motorer utan turbo .... Champion N7YCC eller N7YC
  2,2 liters motorer med turbo .... Champion N6YCC eller N6YC
  2,3 liters motorer .... Champion N7YCC eller N7BYC
Elektrodavstånd:
  Samtliga typer av tändstift och alla motorer .... 0,8 mm

Åtdragningsmoment   **Nm**
Tändstift 20
Fördelardosans klammer, bult/mutter 15

Del B – Helelektronisk tändning

Allmänt

Systemtyp	Helelektronisk tändning med Halleffekt och styrning med mikroprocessor
Motorer	2,2 liter turboladdade motorer

Fördelare

Rotorns rotationsriktning	Medsols
Tändföljd	1-2-4-5-3 (Nr 1 på kamremssidan)

Spole

Primärmotstånd	0,5 till 1,5 ohm
Sekundärmotstånd:	
Typ 1	6,8 kohm
Typ 2	7,7 kohm

Tändimpulsgivare

Spel mellan givarhuvud och svänghjulsstift	0,45 till 1,25 mm

Varvtalsgivare

Spel mellan givarhuvud och svänghjulets kuggkrans	0,51 till 1,24 mm

Tändstift

Typ	Champion N6YCC eller N6YC
Elektrodavstånd	0,8 mm

Åtdragningsmoment

	Nm
Tändstift	20
Fördelardosans klammermutter	15

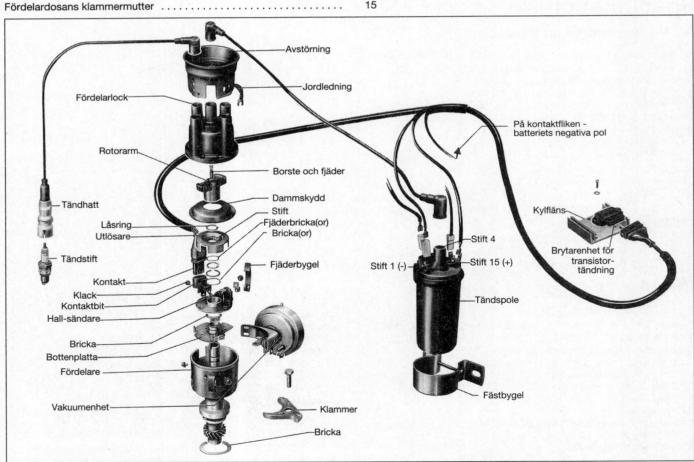

Fig. 4.1 Delarna i den transistoriserade tändningen (avsnitt 1)

Del A – Transistoriserad tändspole

1 Allmän beskrivning

Ett transistoriserat tändspolesystem (TCI) arbetande enligt Hall-effektprincipen används på alla modeller med undantag för turboversioner och består av batteriet, tändspolen, fördelardosan, tändningsstyrningen, tändstift samt tillhörande tändkablar och ledningar.

Systemet är uppdelat i två kretsar, lågspänning och högspänning. Högspänningskretsen liknar ett konventionellt tändningssystem och består av högspänningslindningarna, fördelaren, rotorarmen, tändstiften samt tändkablarna. Lågspänningskretsen består av batteriet, tändningslåset, lågspänningslindningarna samt en rotor-pickupenhet som arbetar tillsammans med styrenheten. Rotorn och pickupen finns placerade inne i fördelardosan och utför samma uppgifter som brytarspetsarna i ett konventionellt system.

Rotorn är ett fyr- eller femtandat hjul (en tand per cylinder) som sitter på fördelaraxeln.

Pickupen är monterad på fördelarens bottenplatta och består i princip av en spole och en permanent magnet.

Styrenheten finns placerad i motorrummet och är en förstärkarmodul som används till att höja volttalet som induceras av pickupspolen.

När tändningen slås på läggs spänning över tändningens primärkrets. När fördelarrotorns tand närmar sig pickupspolen induceras en spänning som signalerar till förstärkaren att stänga primärkretsen. Detta kollapsar magnetfältet i tändspolen vilket inducerar en högspänning i sekundärlindningarna. Denna leds till fördelarlocket där rotorarmen styr spänningen till aktuellt tändstift. En styrkrets i förstärkarmodulen slår på spolströmmen igen efter det att spolens magnetfält kollapsat och arbetscykeln fortsätter för varje arbetstakt i motorn.

Fördelaren är utrustad med både centrifugal- och vakuumstyrda förställningsmekanismer som styr tändläget beroende på motorns hastighet respektive belastning.

2 Underhåll och inspektion

1 Vid de intervall som anges i "Rutinunderhåll" i början av denna handbok ska fördelarlocket demonteras och rengöras med största noggrannhet både på in- och utsidorna med en torr luddfri trasa. Kontrollera tändkabeldelarna inne i fördelarlocket. Om dessa ser ut att vara mycket brända eller gropiga ska fördelarlocket bytas. Kontrollera att kolborsten i lockets centrum rör sig fritt och att den sticker ut ca 3 mm från borsthållaren.

2 När fördelarlocket är demonterat ska även rotorarmen och plastskyddet lyftas ut. Smörj försiktigt upp kamspindelns centrum med två droppar motorolja. Smörj även centrifugalförställaren med två droppar motorolja genom ett av hålen i bottenplattan. Torka upp eventuellt oljeöverskott och montera ihop plastskyddet, rotorarmen och fördelarlocket.

3 Byt tändstift enligt beskrivning i avsnitt 9. Om tändstiften bytts under innevarande serviceintervall ska de rengöras och elektrodavståndet kontrolleras/justeras enligt beskrivning i avsnitt 9.

4 Kontrollera skick och anslutningar på samtliga kablar och ledningar som hör till tändsystemet. Se till att ingen skavning förekommer på någon av ledningarna och att alla anslutningar är fasta, rena och korrosionsfria. Var speciellt uppmärksam på tändkablarna som måste undersökas noga vad gäller tecken på korrosion i ändarna. Om sådan förekommer ska den försiktigt torkas bort. Torka av tändkablarna utmed hela längden innan montering.

3 Tändningssystem – föreskrifter

1 Undvik person- och materialskador genom att följa föreskrifterna nedan för arbete med tändningssystem.

2 Försök inte att koppla ur en tändkabel eller beröra en högspänningskabel medan motorn går eller vrids runt av startmotorn.

3 Se till att tändningen är *AVSLAGEN* innan någon form av elledning i tändkretsen kopplas eller kopplas ur.

4 Se till att tändningen är *AVSLAGEN* innan testutrustning som exempelvis stroboskop för tändlägesbestämmning kopplas in eller ur.

5 Anslut inte en störningsskyddskondensator eller testlampa till spolens negativa kontakt (1).

6 Anslut inte någon testutrustning eller stroboskop som kräver 12 volt till spolens pluskontakt (15).

7 Om högspänningskabeln är loss från fördelaren (kontakt 4) måste den anslutas till jord och förbli jordad om motorn ska dras runt av startmotorn om exempelvis ett kompressionsprov ska utföras.

8 Om ett extra högspänningsaggregat används får aggregatets utgående spänning inte överstiga 16,5 volt och tiden får inte överskrida en minut.

9 Tändspolen i ett transistoriserat system får aldrig bytas ut mot en tändspole från ett brytarspetssystem.

10 Om el- eller MIG-svetsning ska utföras på någon del av fordonet måste batteriet kopplas ur medan svetsningen utförs.

11 Om en stillastående motor värmts upp till över 80°C vilket kan inträffa vid torkning av lack eller vid ångtvätt får motorn inte startas innan den svalnat betydligt.

12 Se till att tändningen är AVSLAGEN när bilen tvättas.

13 Om det finns en känd eller misstänkt defekt i tändsystemet måste kontakten till styrenheten kopplas ur om fordonet ska bogseras.

14 Byt aldrig ut den standardmonterade rotorarmen om 1 kohm (märkt R1) mot en annan typ.

15 Med tanke på avstörning av radion får endast tändkablar på 1 kohm med tändhattar på 1 kohm till 5 kohm användas.

4 Fördelare – demontering och montering

1 Dra ut högspänningsanslutningen från tändspolen och ta av tändhattarna (foto).

2 Lossa de två fjäderclipsen som håller fördelarlocket och demontera fördelarlocket med monterade tändkablar. På modeller med metallavskärmning runt fördelarens överdel måste jordledningen lossas innan fördelarlocket kan lyftas av (foto).

3 Vrid runt motorn med en hylsnyckel på vevaxelns remskivans centrumbult till dess att

4.1 Tändkabel lossas (femcylindrig motor)

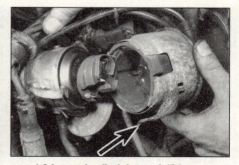

4.2 Lossa jordledningen (pil) innan fördelarlocket demonteras (femcylindrig motor)

Fig. 4.2 ÖD-märket (pil) på svänghjulet i linje med pekaren i inställningsurtaget (avsnitt 4)

Fig. 4.3 Märket på kamdrevet (pil) i linje med överkanten av bakre kamremskåpan – fyrcylindriga motorer (avsnitt 4)

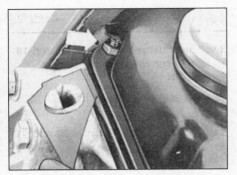

Fig. 4.4 Märket på kamdrevet (pil) i linje med övre ytan av ventilkåpspackningen – femcylindriga motorer (avsnitt 4)

ÖD-märket (0) på svänghjulet är i linje med pekaren i inställningsöppningen. Alternativt, kontrollera att urtaget på vevaxelns remskiva är i linje med ÖD-pilen eller taggen på den undre kamremskåpan.

4 Kontrollera att märket på baksidan av kamdrevet är i linje med toppen av kamremmens bakre kåpa – fyrcylindriga motorer (fig. 4.3) eller med den övre ytan av ventilkåpspackningen – femcylindriga motorer (fig. 4.4). I detta läge ska fördelarens rotorarmkontakt vara i linje med märket på kransen på fördelarhuset.

5 Dra ur ledningens kontakt vid fördelarens pickup.

6 Notera rotorarmens exakta läge så att fördelaren kan monteras med rotorarmen i samma läge. Märk upp fördelarens fläns och bas. Med dessa märken och genom att se till att vevaxeln inte rör sig kan fördelaren monteras ihop utan att tändinställningen rubbas.

7 Dra av vakuumröret(n) från vakuumstyrningsenheten. Märk upp rörens lägen om de är fler än ett.

8 Demontera mutter/bult och bricka från fördelarplattan och ta ut denna. Ta bort fördelare och packning (foton).

9 Vid montering av fördelaren ska packningen alltid bytas (foto). Under förutsättning att vevaxeln inte flyttats ska rotorarmen vridas till ett läge, så att när fördelaren är fullständigt installerad och dess drev är i ingrepp, rotorn vrids och intar det läge den hade före demonteringen (foto). På fyrcylindriga motorer där fördelaren inte sätter sig i läge kan den dras ut igen. Vrid då oljepumpens drivaxel något och försök igen.

10 Montera platta och bricka och sedan mutter/bult och dra åt.

11 Montera fördelarlocket och fäst det på plats, koppla in låg- och högspänningskablarna samt jordledningen (om monterad).

12 Om motorn getts en större översyn, vevaxeln vridits eller en ny fördelare monterats, varierar installationen av fördelaren med motormodell, se avsnitt 6.

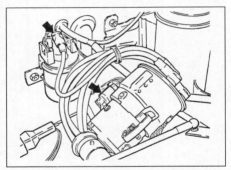

Fig. 4.5 Tändkabelanslutning vid spole och kontaktens placering på fördelaren – se pilar (avsnitt 4)

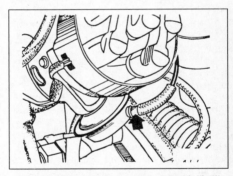

Fig. 4.6 Vakuumrörets anslutning (pil) till fördelaren (avsnitt 4)

4.8A Demontera klammerplatta och bult . . .

4.8B . . . och demontera fördelaren (femcylindriga motorer)

4.9A Sätt packningen på plats innan fördelaren monteras (femcylindriga motorer)

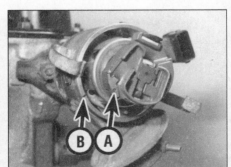

4.9B Fördelaren monterad i läge med rotorarmskontakten (A) i linje med märket på fördelarkransen (B) (femcylindriga motorer)

5 Fördelare – isärtagning, inspektion och hopsättning

Notera: *Kontrollera att reservdelar finns tillgängliga innan arbetet påbörjas med fördelaren.*

1 Demontera fördelaren enligt beskrivning i avsnitt 4.

2 Dra av rotorarmen från fördelaraxeln och lyft upp plastlocket. Låt inte lockhållarclipsen beröra den tandade rotorn.

3 Märk den tandade rotorns förhållande till fördelaraxeln och peta ut hållaren. Bänd försiktigt ut rotorn med hjälp av två skruvmejslar och ta reda på styrstiftet.

4 Demontera hållare och brickor, notera deras lägen.

5 Skruva ut skruvarna och demontera vakuumenheten och packningen efter det att armen kopplats ur.

6 Demontera hållare och brickor från bottenplattan liksom den skruv som fäster kontakten vid fördelarens sida. Lyft undan pickup och kontakt tillsammans.

7 Skruva ut skruvarna och lyft ut basplattan och brickan.

8 Rengör samtliga delar och inspektera deras skick.

9 Kontrollera att insidan av fördelarlocket inte visar tecken på brännskador eller märkning. Försäkra dig om att den lilla kolborsten i fördelarlockets centrum är i gott skick och rör sig fritt på fjädern.

10 Kontrollera att rotorarmen är felfri. Mät upp motståndet mellan mässingskontakten i rotorarmens centrum och mässingskontakten på armens kant med en ohmmätare. Det uppmätta motståndet ska vara mellan 0,6 och 1,4 kohm.

11 Sug på röranslutningen till vakuummembranet och kontrollera att stången rör sig. Håll membranet under vakuum och kontrollera att membranet inte är perforerat.

12 Ihopsättning av fördelaren sker med omvänd arbetsordning. Lägg på ett par droppar motorolja på tändningsförställningens centrifugalvikter och lägg på en liten fettklick på basplattans lageryta.

6 Tändlägesinställning – grundinställning

1 Om fördelaren demonterats och tändlägesinställningen rubbats måste tändningsläget ställas in med följande statiska metod innan den ställs dynamiskt enligt beskrivning i avsnitt 7.

Fyrcylindriga motorer

2 Vrid runt motorn med en hylsnyckel på vevaxelremskivans centrumbult till dess att märket för ÖD (O) på svänghjulet eller drivplattan är i linje med pekaren i inställ-ningsöppningen (fig. 4.2), som finns placerad bredvid fördelaren.

3 Kontrollera att märket på kamaxelns baksida är i linje med överkanten på bakre kamremskåpan, se figur 4.3. Om märket är på motsatta sidan av topplocket, vrid vevaxeln ett helt varv framåt och linjera upp ÖD-märket än en gång.

4 Vrid oljepumpsaxeln så att klacken på denna är parallell med vevaxeln.

5 Tag bort fördelarlocket och vrid på rotorarmen så att centrum av metallkontakten är i linje med märket på kransen på fördelarhuset.

6 Håll fördelaren över urtaget i motorblocket med vakuumenheten något medsols om det läge som visas i fig. 4.7.

7 Stick in fördelaren hela vägen. När drevet greppar in i mellanaxeln ska rotorn vridas något motsols så att huset kan riktas upp med rotorarmen så att korrekt läge intags, se figur 4.7. Det kan komma att krävas ett antal försök med detta moment. Om fördelaren inte kan stickas in hela vägen, försök att justera klackens läge på oljepumpens drivaxel. Vrid fördelarhuset till dess att de ursprungliga märkena på huset och topplocket är i linje. Dra åt fördelarens fästbult.

Femcylindriga motorer

8 Vrid runt motorn med en hylsnyckel på vevaxelremskivans centrumbult till dess att märket för ÖD (O) är i linje med klacken för inställningshålet i svänghjuls-/drivplattekåpan.

9 Kontrollera att märket på kamdrevets baksida är i linje med överkanten på ventil-kåpans packning. Om märket är på motsatta sidan av topplocket, vrid vevaxeln ett helt varv framåt och linjera upp ÖD-märket än en gång.

10 Tag bort fördelarlocket och vrid på rotorarmen så att centrum av metallkontakten är i linje med märket på kransen på fördelarhuset (foto 4.9B).

11 Håll fördelaren över öppningen i topp-lockets baksida med vakuumenheten pekande framåt.

12 Stick in fördelaren hela vägen. När drevet greppar in i kamaxeln ska rotorn vridas något motsols så att huset kan riktas upp med rotorarmen så att vakuumenheten pekar något åt höger.

13 Montera klammern och dra åt muttern.

7 Tändlägesinställning – dynamisk inställning

1 Tändlägesinställningen justeras dynamiskt med motorn hållande normal arbetstemperatur, gående på tomgång med specificerat varvtal (se kapitel 3), samt med alla elektriska tillbehör avslagna och kylarfläkten stillastående. Vakuumslangkopplingarna ska vara anslutna på fördelaren.

2 Tändlägesinställningen kan kontrolleras med ett digitalt testinstrument kopplat till ÖD-

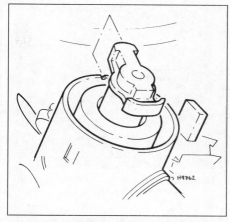

Fig. 4.7 Fördelaren monterad med rotorarmen i linje med urtaget i fördelarhusets krans – fyrcylindriga motorer (avsnitt 6)

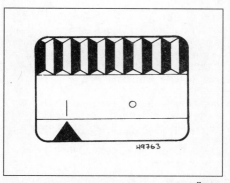

Fig. 4.8 Svänghjulets märke för 18° FÖD i linje med pekaren i inställningsurtaget (avsnitt 7)

givaren i svänghjulet/drivplattans kåpa. Denna utrustning finns dock vanligtvis inte i verktygslådan hos en hobbymekaniker. Följande metod beskriver hur ett stroboskop används.

3 Anslut stroboskopet till motorn enligt tillverkarens instruktioner.

4 Kör motorn på tomgång och rikta stroboskopet genom inställningshålet i kåpan till svänghjulet/drivplattan. Märket på svänghjulet/drivplattan ska synas vara i linje med pekaren eller referenskanten på kåpan (fig. 4.8). Om justering krävs, lossa på klammern och vrid fördelarhuset till dess att rätt läge uppnås och dra fast klammern igen.

5 Öka motorvarvet gradvis och kontrollera att tändläget avancerar – centrifugalavanceringen kan kontrolleras genom att man nyper i vakuumslangarna. En indikering på vakuumavanceringen erhålles genom att man lossar slangarna och noterar att ett annat avancemang uppkommer.

6 Efter justeringen, kontrollera och ställ vid behov om motorns tomgångsvarv. Stäng sedan av motorn och demontera stroboskopet.

8.1 Tändspolens placering på torpedplåten (femcylindriga motorer)

Fig. 4.9 Kontroll av tändspolens primärmotstånd (avsnitt 8)

Fig. 4.10 Kontroll av tändspolens sekundärmotstånd (avsnitt 8)

8 Tändningssystem – test

Tändspole

1 Det är sällsynt att en tändspole (foto) upphör att fungera men om det finns skäl att misstänka den ska en ohmmätare användas till att mäta upp motståndet mellan primär- och sekundärkretsarna.

2 Dra ur alla ledningar och mät primärmotståndet mellan stiften 1 och 15 och sekundärmotståndet mellan det centrala högspänningsstiftet och stift 1. De korrekta värdena för respektive motstånd anges i specifikationerna.

3 Om specificerade värden inte föreligger ska tändspolen bytas.

Styrenhet

4 Kontrollera först att tändspolen fungerar som den ska.

5 Dra ut multikontakten från styrenheten och mät upp spänningen mellan stiften 2 och 4 med tändningen påslagen (fig. 4.11). Notera att styrenheten kan finnas placerad bredvid värmeelementet under plastkåpan i motorrummet (foto) eller under mattan i den främre fotbrunnen beroende på modell. Om uppmätt spänning inte är ungefärligen lika med batterispänningen ska ledningsdragningen undersökas eftersom det kan finnas brott på denna.

6 Slå av tändningen och stick in multikontakten igen.

7 Dra ut multikontakten från fördelaren och koppla en spänningsprovare mellan spolens primärstift. Med avslagen tändning ska det finnas minst 2 volt som sjunker till 0 efter ca 1 - 2 sekunder. Om detta inte inträffar ska tändspole och styrenhet bytas.

8 Anslut tillfälligt en ledning mellan centrumstiftet på fördelarens multikontakt och jord. Spänningen bör stiga till minst 2 volt på fyrcylindriga motorer och mellan 5 och 6 volt på femcylindriga motorer. I annat fall måste styrenheten bytas ut.

9 Slå av tändningen och koppla en spänningsprovare mellan de yttre stiften på fördelarens multikontakt. Slå på spänningen och kontrollera att 5 volt finns. Om inte, kontrollera om det finns något ledningsbrott.

Pickup

10 Kontrollera först tändspolen och styrenheten. Följande test ska utföras inom temperaturgränserna 0 till 40 °C.

11 Dra ut den centrala tändkabeln från fördelarlocket och jorda den med en kabel.

12 Dra tillbaka gummigenomföringen på styrenheten och koppla en spänningsprovare mellan stiften 6 och 3 (fig. 4.12).

13 Slå på tändningen och vrid motorn långsamt i normal rotationsriktning med en hylsnyckel på vevaxelremskivans centrum-bult. Spänningen ska alternera mellan 0 till 0,7 volt och 1,8 volt till batterispänning. Om så krävs kan fördelarlocket tas bort – med ett helt luftgap bör 0 till 0,7 volt registreras men när rotortanden överbryggar gapet ska mellan 1,8 volt och batterispänning registreras.

14 Om resultaten skiljer sig från dem som anges i paragraf 13 är pickupen defekt.

9 Tändstift – demontering

Se även kapitel 13, avsnitt 6

1 Att tändstiften fungerar korrekt är vitalt för korrekt motordrift och effektivitet. Det är av största vikt att monterade tändstift är lämpliga för motor, passande stift specificeras i början av detta kapitel. Om denna typ av tändstift används och motorn är i gott skick ska tändstiften inte behöva tillsyn mellan normala servicetillfällen. Rengöring av tändstift behövs sällan och ska endast utföras med specialverktyg eftersom det är lätt att elektroderna skadas.

2 Ta ut tändstiften genom att först öppna motorhuven och markera tändkablarna med 1 till 4 eller 5 så att de motsvarar det tändstift de leder till (cylinder 1 är närmast kamremmen). Dra av tändkablarna från stiften genom att hålla i tändhattarna, inte själva kablarna eftersom detta kan leda till att tändhattarna spricker.

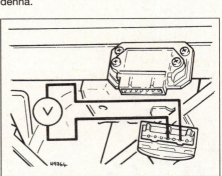

Fig. 4.11 Kontroll av spänning vid styrenhetens kontaktstift 4 och 2 (avsnitt 8)

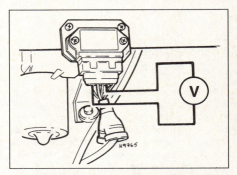

Fig. 4.12 Spänningsprovare kopplad över styrenhetens kontaktstift 6 och 3 (avsnitt 8)

8.5 Placering för tändsystemets styrenhet bredvid värmeelementet i motorrummet (femcylindriga motorer)

3 Det är rekommendabelt att ta bort smuts från tändstiftshålen med en ren borste, dammsugare eller tryckluft innan stiften tas bort, så att smuts inte kan ramla ned i cylindrarna.

4 Skruva ur tändstiften med en tändstiftsnyckel, lämplig blocknyckel eller djup hylsa med förlängare. Varje stift som tas ut ska inspekteras enligt följande.

5 Inspektion av tändstiften ger en god indikation på motorns skick. Om isoleringens spets är ren och vit utan avlagringar indikerar detta en mager blandning eller ett för varmt tändstift (ett varmt stift avleder hettan långsamt från elektroden, ett kallt stift avleder hettan snabbt).

6 Om spets och isolering är täckta med hårda svarta avlagringar indikerar detta att blandningen är för fet. Om stiftet är svart och oljigt är motorn troligen ganska sliten, förutom att blandningen är för fet.

7 Om isoleringens spets är täckt med en lätt brun eller gråbrun avlagring är blandningen korrekt och motorn är troligtvis i bra skick.

8 Elektrodavståndet är mycket viktigt. Om detta är för stort eller för litet försämras storleken på gnistan vilket sänker effektiviteten. Bästa resultatet erhålls när elektrodavståndet är inställt i enlighet med specifikationerna.

9 Inställning av elektrodavstånd utförs genom att det först mäts upp med bladmått. Böj

sedan den yttre elektroden till dess att rätt avstånd erhålles. Centrumelektroden ska aldrig böjas eftersom detta kan spräcka isoleringen, vilket i bästa fall leder till enbart ett havererat tändstift.

10 De flesta biltillbehörsbutiker säljer specialverktyg för justering av elektrodavstånd.

11 Kontrollera innan tändstift monteras att de gängade anslutningshylsorna är hårt åtdragna och att stiftets ytor och gängor är rena.

12 Skruva in tändstiften för hand där så är möjligt och dra sedan åt dem till angivet moment. Var extra försiktig så att inte tändstiften tar snedgäng, i och med att topplocket är av aluminium.

13 Montera tändkablarna i rätt ordningsföljd.

Del B – Helelektronisk tändning

10 Allmän beskrivning

Turbomodeller är försedda med ett helelektroniskt tändningssystem som använder datorteknologi och elektromagnetiska kretsar till att simulera huvudfunktionerna i ett konventionellt system. Det kan även leta upp och identifiera samt varna för fel som uppstår i systemet.

Det helelektroniska tändningssystemet består av batteri, tändspole, fördelare, styrenhet, tändstift och tillhörande givare, kablar och ledningar (fig. 4.13).

Fördelaren arbetar enligt Hall-effektprincipen och fungerar på samma sätt som den enhet i den transistoriserade enheten som beskrivs i del A i detta kapitel. Den elektroniska styrenheten tar emot information om motorns hastighet och belastning från de olika givarna och beräknar sedan den mest effektiva tändlägesinställningen för aktuella driftsförhållanden. Styrenheten övervakar kontinuerligt systemets funktion och avger även ett felmeddelande i form av en varningslampa om ett allvarligt systemfel inträffar.

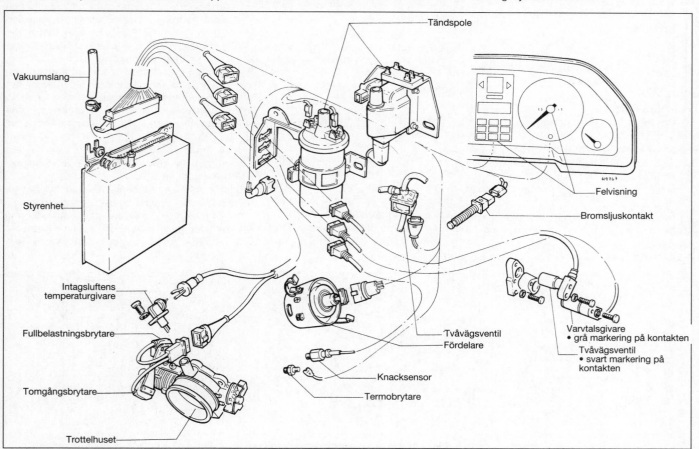

Fig. 4.13 Delarna i ett helelektroniskt tändningssystem (avsnitt 10)

13.4 Märke på den tandade rotorn (A) i linje med urtaget på fördelarhuskransen (B) (femcylindriga turbomotorer)

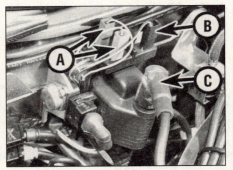

16.1 Ledningsdragningen för tändspole typ 2 (femcylindriga turbomotorer)

A Stift 1
B Stift 15
C Stift 4
D Kraftstegets kontakt

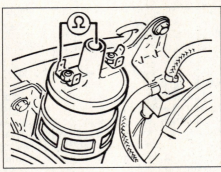

Fig. 4.14 Kontroll av sekundärresistans på tändspole typ 1 (avsnitt 16)

11 Underhåll och inspektion

Se avsnitt 2 i detta kapitel.

12 Tändningssystem – föreskrifter

Se avsnitt 3 i detta kapitel och lägg märke till följande extra poster:

(a) Byt inte ut tändspolen mot någon annan typ av tändspole
(b) Koppla inte ur batteriet medan motorn är igång
(c) Lägg inte spänning på styrenheten för att simulera utdatasignaler

13 Fördelare – demontering och montering

1 Se avsnitt 4 och utför de arbeten som beskrivs i paragraferna 1 till 5.
2 Demontera bult och bricka från fördelarens klammerplatta och lyft upp plattan. Demontera fördelarhus och packning.
3 Kontrollera innan fördelaren monteras att vevaxeln finns i läge enligt beskrivning i avsnitt 4.
4 Vrid fördelaraxeln efter behov så att märket

på den övre ytan av den tandade rotorn är i linje med urtaget på kransen av fördelarhuset (foto).
5 Lägg en ny packning på plats och håll fördelaren så att elkontakten finns ungefär i läget "klockan 3" och stick in den på plats.
6 Vrid fördelarhuset så att märket på rotorn och urtaget på fördelarhusets krans åter kommer i linje. Montera och dra åt klammerplattan.
7 Montera kontakt, fördelarlock och tändkablar.

14 Fördelare – isärtagning, inspektion och ihopsättning

Se avsnitt 5 i detta kapitel.

15 Tändlägesinställning – justering

På samtliga helelektroniska system alstras tändlägesinställningen av den elektroniska styrenheten så att den passar för aktuella arbetsförhållanden. Tändlägesjustering vid service är därför onödig, förutom kontroll av att fördelaren monteras korrekt från början efter demontering och montering (se avsnitt 13).

16 Tändningssystem – test

Tändspolen

1 Den tändspole som finns monterad kan vara antingen av typ 1 eller typ 2, se figur 4.13. Identifiera typ innan arbetet fortsätter (foto).
2 Kontrollera sekundärmotståndet genom att lossa primär- och sekundärledningarna från spolen och koppla en ohmmätare mellan stiften 1 och 4 (figurerna 4.14 och 4.15). Uppmätt motstånd ska vara 6,8 kohm för typ 1 och 7,7 kohm för typ 2.
3 Låt ledningarna vara utdragna och kontrollera primärmotståndet genom att koppla ohmmätaren mellan stiften 1 och 15 (figurerna 4.16 och 4.17). Uppmätt motstånd ska vara mellan 0,5 och 1,5 ohm för både typ 1 och typ 2.
4 Om inte specificerade värden mäts upp ska tändspolen bytas ut. Koppla in alla ledningar efter avslutad test.
5 Kontrollera tändspolens kraftsteg genom att först kontrollera att det inte finns tecken på korrosion eller skadad isolering på den blå ledningen till stift 1 på spolen. Korrigera påträffade defekter och sätt tillbaka ledningen.

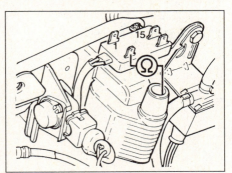

Fig. 4.15 Kontroll av sekundärresistans på tändspole typ 2 (avsnitt 16)

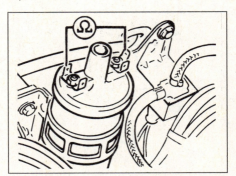

Fig. 4.16 Kontroll av primärresistans på tändspole typ 1 (avsnitt 16)

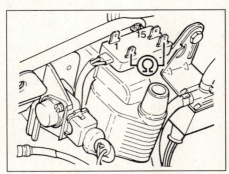

Fig. 4.17 Kontroll av primärresistans på tändspole typ 2 (avsnitt 16)

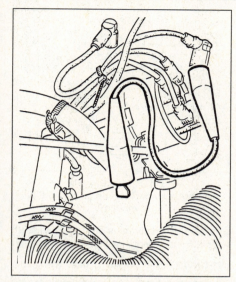

Fig. 4.18 Fördelarens centrala tändkabel kopplad till jord via en ledning (avsnitt 16)

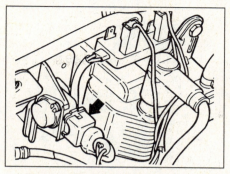

Fig. 4.19 Kontakten till tändspolens kraftsteg – se pil (avsnitt 16)

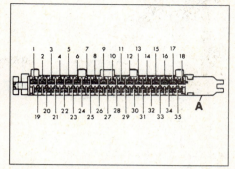

Fig. 4.20 Stiften på tändningsstyrningens kontakt (avsnitt 16)

6 Lossa den centrala tändkabeln från fördelarlocket (från spolens stift 4) och jorda den med en ledning.

7 Lossa kontakten från kraftsteget på tändspolens sida (fig. 4.19). Leta upp det stift i kontakten som är anslutet till en grön/vit ledning. Koppla en spänningsprovare mellan denna och jord och en ledning mellan det andra stiftet och jord.

8 Vrid runt motorn på startmotorn och läs av spänningsprovaren. Spänningen ska vara minst 0,2 volt.

9 Om specificerad spänning inte uppstår, demontera locket över tändningens styrenhet, placerad i höger fotbrunn och dra ut kontakten.

10 Kontrollera att ledningarna mellan kraftstegets kontakt (grön/vit) och stift 22 i styrenheten (fig. 4.20) är intakta. Erhållet mätresultat ska vara ungefär 0 ohm. Samma värde bör erhållas vid mätning mellan stift 2 i

styrenheten och det andra stiftet i kraftstegets kontakt. Om dessa värden inte erhålls, leta efter ledningsbrott eller dåliga anslutningar i kontakterna. Om dessa är tillfredsställande ska styrenheten bytas. Koppla ihop alla ledningar efter avslutade tester.

Tändinställningens givare

11 Dra ut den svarta kontakten på kopplingsplinten på stödkonsolen på torpedplåten (fig. 4.21).

12 Använd en ohmmätare och kontrollera motståndet mellan stiften 1 och 2 i kontakten. Detta bör vara cirka 1 kohm (fig. 4.22). Om detta värde inte erhålls ska givaren bytas ut.

13 Om angivet mätvärde erhålles ska ohmmätaren kopplas mellan stiften 1 och 3 i kontakten och sedan mellan 2 och 3. Ohmmätaren ska inte ge utslag i någondera fallet. Om så skulle vara fallet ska givaren bytas ut.

14 Om testresultaten hittills är godkända, kontrollera att ledningarna är intakta mellan givaren och tändningsstyrningen enligt följande.

15 Demontera locket över tändningens styrenhet, placerad i höger fotbrunn, och dra ut kontakten.

16 Kontrollera att ledningarna är intakta mellan stift 1 i givaren (fig. 4.23) och stift 13 i styrenhetens kontakt (fig. 4.20) Kontrollera

härnäst kretsintegriteten mellan stift 2 i givarens kontakt och stift 12 i styrenhetens kontakt och till sist stift 3 i givarkontakten och stift 28 i styrenheten. I samtliga fall ska ohmmätaren ange 0 ohm. Om angivet värde inte erhålles finns det ett ledningsbrott mellan de två kontakterna. Om mätvärdena är godkända ska monteringsläget för givaren kontrolleras enligt beskrivning i avsnitt 17. Om denna är korrekt ska styrenheten bytas och alla ledningar kopplas upp efter genomförda tester.

Varvtalsgivare

17 Dra ur den grå kontakten på kopplingsplinten på stödkonsolen på torpedplåten (fig. 4.21).

18 Använd en ohmmätare och kontrollera motståndet mellan stiften 1 och 2 i kontakten. Detta bör vara cirka 1 kohm (fig. 4.22). Om detta värde inte erhålls ska varvtalsgivaren bytas ut.

19 Om testresultaten är godkända, kontrollera kontakten och sedan kretsintegriteten mellan givarens kontakt och styrenhetens kontakt med proceduren som beskrivs i paragraferna 13 till 16. Vid kontroll av kretsintegriteten mellan kontakterna ska kontrollen utföras mellan givarkontaktens stift 1 och styrenhetskontaktens stift 29, sedan mellan 2 och 11 samt mellan 3 och 28.

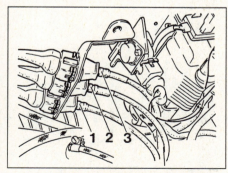

Fig. 4.21 Kontakter på torpedplåtens konsol (avsnitt 16)

1 Svart kontakt - tändningsinställningens givare
2 Grå kontakt - varvtalsgivaren
3 Röd kontakt - knacksensorn

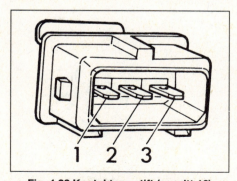

Fig. 4.22 Kontaktens stift (avsnitt 16)

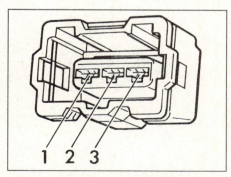

Fig. 4.23 Kontaktens stift, trestiftstyp (avsnitt 16)

Fig. 4.24 Intagsluftens temperaturgivare (pil) på trottelventilhuset (avsnitt 16)

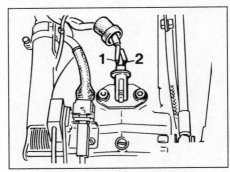

Fig. 4.25 Stiften på intagsluftens temperaturgivare (avsnitt 16)

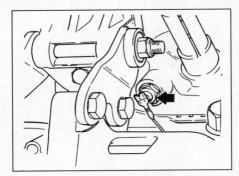

Fig. 4.26 Placering för kylvätsketemperaturens givare – se pil (avsnitt 16)

Intagsluftens temperaturgivare

20 Dra tillbaka höljet över intagsluftens temperaturgivare på trottelventilhuset (fig. 4.24).

21 Kontrollera motståndet mellan givarkontakterna med en ohmmätare, detta bör ligga mellan 450 och 650 ohm.

22 Om specificerat värde inte erhålles, demontera locket över tändningsstyrningsenheten, placerad i höger främre fotbrunn och dra ut kontakten.

23 Kontrollera motståndet mellan stift 23 i styrenhetens kontakt (fig. 4.20) och alternerande mellan kontakt 1 och 2 på intagsluftens temperaturgivare (fig. 4.25). Uppmätta värden bör vara 0 ohm respektive 400 - 700 ohm. Upprepa denna test mellan stift 24 i styrenhetens kontakt och alternerande mellan kontakt 1 och 2 på intagsluftens temperaturgivare. Uppmätta värden bör åter vara 0 ohm respektive 400 - 700 ohm. Om specificerade mätvärden erhålles, kapa de två ledningarna vid intagsluftens temperaturgivare (givaren måste bytas efter detta, se följande beskrivning). Kontrollera åter motståndet vid de två givarkontakterna som bör vara mellan 400 och 700 ohm. Om detta är fallet finns det ett ledningsfel mellan givaren och styrenhetens kontakt. Detta måste åtgärdas innan en ny givare monteras.

24 Byt givare genom att först kapa de två ledningarna vid kontakten (om inte redan gjort). Lossa bultarna och demontera givaren.

25 Montera den nya givaren och säkra den på plats med de två bultarna.

26 Montera gummihöljet och skyddet över ledningarna, montera stiftöronen på de nakna ledningarna och löd fast ledningarna på de två kontakterna. Montera skyddshöljet över de lödda ledningarna.

27 Sätt tillbaka kontakten i styrenheten.

Kylvätskans temperaturgivare

28 Vid följande test måste kylvätskans temperatur överstiga 20°C.

29 Dra ut ledningen från kylvätskans temperaturgivare (fig. 4.26) och mät upp motståndet mellan givarens stift och jord med hjälp av en ohmmätare. Mätvärdet ska vara mellan 60 och 1000 ohm. Om så inte är fallet ska givaren bytas.

30 Om angivet motstånd visas, demontera locket över tändningsstyrningsenheten, placerad i höger främre fotbrunn och dra ut kontakten.

31 Kontrollera kretsarnas integritet genom att koppla en ohmmätare mellan den urkopplade kylvätsketemperaturgivarens ledning och stift 10 på styrenhetens kontakt (fig. 4.20). Värdet ska där vara 0 ohm. Om så inte är fallet finns det ett brott i ledningen mellan givaren och styrenhetens kontakt. Om angivet värde

erhålles ska tändningens styrenhet bytas ut. Koppla samtliga ledningar efter utförda tester.

Brytarna för tomgång och fullgas

32 Kontrollera brytarnas matningsspänning genom att dra ur kontakten till tomgångs/fullgasbrytarna på trottelventilhuset (fig. 4.27) och ansluta en spänningsprovare mellan stift 2 på kontakten och jord (fig. 4.24). Slå på tändningen och kontrollera att det finns cirka 12 volt i kontakten. Om inte, leta efter ett fel i ledningarna till kontakten.

33 Kontrollera tomgångsbrytaren genom att koppla en ohmmätare mellan stift 1 och 2 på tomgångsbrytarens uttag (fig. 4.28). Uppmätt värde ska vara 0 ohm. Tryck på gasen så att brytaren aktiveras och kontrollera att ohmmätaren inte ger utslag. Om andra värden än angivna uppvisas ska tomgångsbrytarens justering kontrolleras av en Audiverkstad innan kontrollen upprepas. Om angivna värden inte erhålles ska tomgångsbrytaren bytas ut. Om mätvärdena är tillfredsställande, kontrollera fullgasbrytaren enligt följande.

34 Medan kontakten fortfarande är utdragen, kontrollera motståndet mellan stift 2 och 3 i uttaget. Detta ska inte ge ett utslag på ohmmätaren. Tryck på gaspedalen så att brytaren aktiveras och kontrollera att ohmmätaren anger 0 ohm. Om dessa värden inte erhålles ska fullgasbrytarens justering

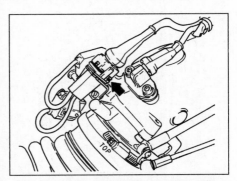

Fig. 4.27 Kontakten (pil) till brytarna för tomgång och fullgas (avsnitt 16)

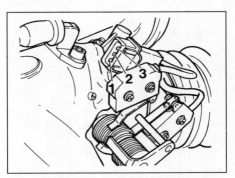

Fig. 4.28 Stiften i kontakten till brytarna för tomgång och fullgas (avsnitt 16)

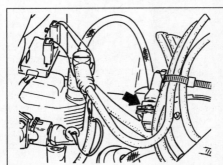

Fig. 4.29 Pickupens kontakt (pil) på fördelaren (avsnitt 16)

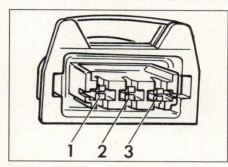

Fig. 4.30 Stiften i pickupens kontakt (avsnitt 16)

Fig. 4.31 Gapen mellan fördelarrotorns tänder pekande bort från pickupen – se pil (avsnitt 16)

Fig. 4.32 Fördelarrotorns tand pekande mot pickupen – se pil (avsnitt 16)

kontrolleras av en Audiverkstad innan kontrollen upprepas. Om angivna värden inte erhålles ska fullgasbrytaren bytas ut.

35 Om angivna värden erhålles, demontera locket över tändningsstyrningsenheten, placerad i höger främre fotbrunn och dra ut kontakten.

36 Kontrollera kretsarnas integritet genom att koppla ohmmätaren mellan stift 1 på kontakten till tomgångs- och fullgasbrytarens kontakt och stift 20 på styrenhetens kontakt (fig. 4.20). Värdet ska vara 0 ohm. Koppla sedan ohmmätaren mellan stiften 3 och 26. Värdet ska även här vara 0 ohm. Om angivna värden inte erhålles, leta efter fel i ledningsdragningen mellan de två kontakterna. Om värdena är tillfredsställande ska tändningens styrenhet bytas ut.

37 Koppla ihop samtliga ledningar efter avslutade tester.

Pickup

38 Dra ut den centrala tändkabeln från fördelarlocket (från spolanslutning 4) och jorda den med en ledning.

39 Dra ut kontakten från pickupen på sidan av fördelarhuset (fig. 4.29) och anslut en spänningsprovare mellan de två yttre stiften 1 och 3 (fig. 4.30). Slå på tändningen och kontrollera att minst 9 volt finns i kontakten och slå av tändningen. Om specificerad spänning inte finns, leta efter ett ledningsfel till pickupen.

40 Om mätvärdena är tillfredsställande, dra tillbaka gummihylsan på kontakten och anslut spänningsprovaren mellan stift 1 och 2. Sätt ihop kontakten med monterad spänningsprovare.

41 Demontera fördelarlocket, rotorarmen och plasthöljet. Vrid sedan runt på motorn med en hylsnyckel på vevaxelremskivans centrumbult till dess att rotorns tandöppningar är vända från pickupen (fig. 4.31). Slå på tändningen och kontrollera att spänningsprovaren visar minst 4 volt. Vrid sedan på vevaxeln så att en av tandöppningarna är i linje med pickupen (fig. 4.32) och kontrollera att spänningsprovaren nu visar mellan 0 och 0,5 volt. Slå av tändningen.

42 Om specificerade värden inte erhålles ska pickupen bytas.

43 Om specificerade värden erhålles, de-

montera locket över tändningsstyrningsenheten, placerad i höger främre fotbrunn och dra ut kontakten.

44 Kontrollera kretsarnas integritet genom att koppla en ohmmätare mellan stift 1 på pickupen och stift 4 på styrenhetens kontakt (fig. 4.20). Specificerat mätvärde är 0 ohm. Koppla sedan ohmmätaren mellan pickupens stift 2 och styrenhetskontaktens stift 27, sedan pickupens stift 3 och styrenhetskontaktens stift 25. I samtliga fall ska mätvärdet vara 0 ohm. Om specificerade värden inte erhålles, leta efter ledningsfel mellan kontakterna. Om mätvärdena är tillfredsställande ska styrenheten bytas.

45 Koppla ihop samtliga ledningar efter avslutade tester.

Tändningens styrenhet

46 Kontrollera matningsspänningen till styrenheten genom att demontera kåpan i höger främre fotbrunn och dra ut kontakten.

47 Koppla en spänningsprovare mellan kontaktens stift 35 och 18 och mellan 35 och 9 (fig. 4.20) och slå på tändningen. Uppmätta värden ska vara cirka 12 volt. Slå av tändningen.

48 Koppla spänningsprovaren mellan kontaktens stift 32 och 9, slå därefte på tändningen och tryck ned bromspedalen. Spänningsprovaren ska visa cirka 12 volt. Om dessa värden inte erhålles finns det ett ledningsfel i matningen till styrenheten, eller

så är bromsljuskontakten defekt. Slå av tändningen.

49 Sätt tillbaka kontakten efter fullbordad test.

50 Kontrollera styrenhetens utsignal till bränslepumpens relä genom att dra ut reläet ur kontakt 10 på reläplattan och koppla en spänningsprovare mellan stiften 46 och 47 på reläplattan (fig. 4.33).

51 Dra motorn runt på startmotorn under ett par ögonblick och kontrollera att cirka 9,5 volt anges på spänningsprovaren och slå sedan av tändningen.

52 Om specificerad spänning saknas, koppla spänningsprovaren mellan stift 46 och jord och slå på tändningen. Avläst värde ska vara cirka 12 volt. Om detta inte är fallet finns det ett fel i ledningen till reläplattan. Om spänningen är enligt specifikationerna, demontera kåpan över tändningens styrenhet i höger främre fotbrunn och dra ut kontakten.

53 Använd en ohmmätare och kontrollera kretsen mellan stift 21 i styrenhetens kontakt (fig. 4.20) och stift 41 i urtag 10 på reläplattan. Mätaren ska visa 0 ohm. Om så inte är fallet finns det ett fel i ledningen mellanreläplattan och styrenhetens kontakt. Om mätvärdet är det specificerade ska styrenheten bytas ut.

54 Montera relä och kontakt efter avslutade tester.

55 På modeller med manuell växellåda ska styrenhetens utsignal till motorbromsningsventilen kontrolleras enligt följande.

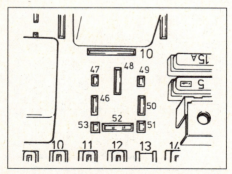

Fig. 4.33 Stiften i kontakt 10 på reläplattan (avsnitt 16)

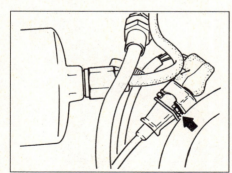

Fig. 4.34 Motorbromsningens ventil, kontakt – se pil (avsnitt 16)

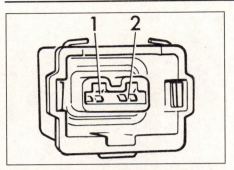

Fig. 4.35 Stiften i kontakt av tvåstiftstyp (avsnitt 16)

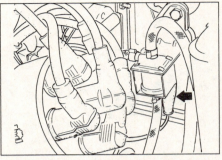

Fig. 4.36 Tvåvägsventilens kontakt – se pil (avsnitt 16)

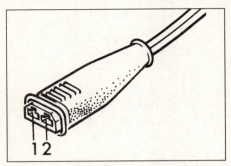

Fig. 4.37 Stiften i tvåvägsventilens kontakt (avsnitt 16)

56 Kontrollera att kylvätskans temperatur är minst 50°C och rusa motorn till minst 2000 rpm och stäng trotteln blixtsnabbt. När trotteln stängs ska intagsluftens krök synbarligen krympa tack vare undertrycket.

57 Om kröken inte krymper, slå av tändningen och koppla ur kontakten till motorbromsningsventilen (fig. 4.34).

58 Anslut en spänningsprovare mellan de två stiften i kontakten, starta motorn och rusa än en gång motorn till minst 2000 rpm. Stäng trotteln blixtsnabbt och kontrollera att mätvärdet är cirka 12 volt. Om specificerat värde erhålles och om vakuumledningen är ansluten till motorbromsningsventilen ska ventilen bytas. Om specificerat värde inte erhålles, kontrollera tomgångsbrytaren enligt beskrivningen tidigare i detta avsnitt och upprepa kontrollen. Stäng av motorn efter kontrollerna.

59 Om specificerade mätvärden fortfarande inte erhålles, dra ut kontakten till tändningens styrenhet och kontrollera kretsen mellan stift 1 i motorbromsningsventilens kontakt (fig. 4.35) och stift 14 i styrenhetens kontakt. (På modeller från och med 1985 görs kontrollen mellan stift 2 i motorbromsningsventilens kontakt och stift 14 i styrenhetens kontakt). Avläsningen på ohmmätaren ska vara 0 ohm. Om detta inte är fallet finns det ett fel i ledningen mellan motorbromsningsventilens kontakt och styrenhetens kontakt. Om avläsningen är tillfredsställande ska styrenheten bytas ut.

60 Kontrollera styrenhetens utsignal till tvåvägsventilen genom att först se till att kylvätsketemperaturen är minst 80°C och kör sedan motorn på tomgång.

61 Manövrera trottelbrytaren för hand och lyssna efter hörbara indikationer på att tvåvägsventilen arbetar. Om så inte är fallet, slå av tändningen och dra ut kontakten till tvåvägsventilen (fig. 4.36).

62 Koppla en spänningsprovare mellan kontaktens två stift och kontrollera att cirka 12 volt visas på skalan. Om så är fallet ska tvåvägsventilen bytas.

63 Om specificerat värde inte erhålles, koppla spänningsprovaren mellan stift 1 (blå/vit ledning) i kontakten och jord. Slå på tändningen och kontrollera att cirka 12 volt visas på skalan och stäng av motorn. Om dessa värden inte erhålles, kontrollera om det finns ett ledningsfel till kontaktstift 1.

64 Om specificerat värde erhålles, dra ut kontakten till tändningens styrenhet och kontrollera kretsintegriteten mellan stift 2 (gul/svart ledning) i tvåvägsventilens kontakt och stift 8 i styrenhetens kontakt. Ohmmätaren ska visa 0 ohm. Om specificerat värde inte erhålles finns det ett ledningsfel mellan styrenhetens kontakt och ventilens kontakt. Om specificerat värde erhålles ska styrenheten bytas.

65 Kontrollera styrenhetens utsignal till varvräknaren genom att demontera kåpan över tändningens styrenhet i höger främre fotbrunn och dra ut kontakten. Dra tillbaka

gummidamasken på kontakten och koppla en spänningsprovare mellan stift 7 och jord (fig. 4.38). Notera att kontakten ska vara ansluten under denna test.

66 Anslut en varvräknare till motorn enligt tillverkarens instruktioner.

67 Starta motorn och håll den på cirka 2000 rpm. Kontrollera att uppmätt spänning är cirka 1,3 volt. Om inte, byt tändningens styrenhet.

68 Om specificerad spänning finns men fordonets varvräknare inte stämmer överens med testvarvräknaren finns det möjligen ett fel i ledningen mellan kontaktens stift 7 och kontakten i instrumentpanelen, eller ett fel på varvräknaren.

69 Stäng av motorn och koppla samtliga ledningar efter avslutade tester.

17 Tändlägesinställningens givare och varvtalsgivare – demontering och montering

1 Tändlägesgivaren och varvtalsgivaren finns placerade på sidan av motorblocket i linje med svänghjulet och de sänder information om motorns varvtal och vevaxelns läge till tändningens styrenhet.

2 För demontering av endera enheten, dra ut kontakten vid konsolen på torpedplåten (svart för tändlägesgivaren, grå för varvtalsgivaren – fig. 4.21).

3 Skruva ut fästbulten med en insexnyckel och demontera enheten.

4 Montering sker med omvänd arbetsordning.

5 En kontroll av monteringsdjupet för givarna, som en del av ett test eller en felsökning, kräver att växellådan demonteras (kapitlen 6 eller 7) så att svänghjulet eller drivplattan blir åtkomligt.

6 Skruva ut de bultar som fäster givarnas monteringsbygel och demontera bygel och givare.

7 Vrid runt motorn för hand med en nyckel på vevaxelremskivans centrumbult till dess att stiftet på svänghjulet/drivplattan är centrerat i givaröppningen (fig. 4.39).

8 Montera givarbygeln med givare och mät

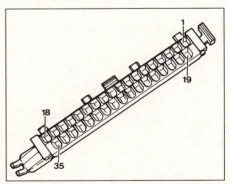

Fig. 4.38 Stiften i tändningsstyrningens kontakt sedda bakifrån (avsnitt 16)

Fig. 4.39 Svänghjulets pinne centrerad i tändningsinställningsöppningen (avsnitt 17)

upp spelet mellan änden på tändlägesgivaren och stiftet på svänghjulet (fig. 4.40) och spelet mellan varvtalsgivaren och svänghjulets kuggkrans (fig. 4.41).Om uppmätta värden ligger utanför de toleranser som anges i specifikationerna, kontrollera om någon av enheterna är skadad eller förvriden i givaränden och byt vid behov. Om speci-ficerade toleranser inte kan erhållas, användshims till att öka spelet eller fila försiktigt på givarbygeln så att spelet minskas.

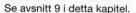

18 Tändstift och tändkablar – allmänt

Se avsnitt 9 i detta kapitel.

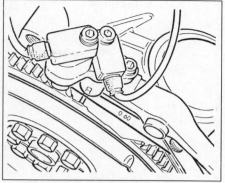

Fig. 4.40 Kontroll av spelet mellan tändningsinställningens givare och svänghjulsstiftet (avsnitt 17)

Fig. 4.41 Kontroll av spelet mellan varvtals-givaren och kuggkransen (avsnitt 17)

Felsökning – tändningssystem

⚠ **Varning: Vid felsökning eller andra kontroller av tändnings-systemet ska aldrig ledningar eller kablar (inklusive tändkablar) dras ut medan motorn är igång eller tändningen är påslagen.**

1 Det finns två klara symptom på tänd-ningsfel. Antingen startar motorn inte eller så är den svårstartad och går inte rent.

2 Om startmotorn drar runt ordentligt, det finns nog med bränsle och motorn inte startar ligger felet troligtvis i primärkretsen (låg-spänningssidan).

3 Om motorn startar men går orent är det mer troligt att felet finns i sekundärkretsen (hög-spänningssidan).

Motorn startar inte

4 Om startmotorn drar runt ordentligt men motorn inte startat, kontrollera i första hand bränsleförsörjningen enligt beskrivning i Kapitel 3.

5 Leta efter tydliga tecken på ledningsbrott och lösa ledningar eller kontakter, speciellt de till tändspolen och fördelaren, och efter fukt i fördelarlock och tändkablar.

6 Om motorn inte startar på grund av fukt i tändkablar eller fördelarlock kan en fuktut-drivare vara ytterst effektiv.

7 För fordon som har transistoriserad tänd-spole ska arbetsbeskrivningarna i avsnitt 8 följas. För fordon som har helelektronisk tändning ska arbetsbeskrivningarna i avsnitt 16 följas med särskild tonvikt på tändspolen, pickupen och tändningens styrenhet.

Motorn startar men misständer

8 Dåliga startegenskaper och periodiska misständningar kan orsakas av ett fel i primärkretsen som exempelvis glappkontakt i endera fördelaren, tändspolen, ledningar eller kontakter.

9 Om dessa är tillfredsställande, leta efter tecken på märken eller brännskador inne i fördelarlocket. Kontrollera sedan rotorarmen, tändkablarna, tändhattarna samt tändstiftens isolatorer.

10 Om motorn misständer regelbundet indi-kerar detta att felet finns i en given cylinder. Detta kan ofta bekräftas av att tändstiften demonteras och inspekteras. Om ett är extra sotigt eller till och med blött indikerar detta att tändstiftet i fråga inte ger gnista. Om så är fallet, byt tändkabel eller prova med en som är känd för att vara felfri. Om felet kvarstår, kontrollera än en gång i fördelarlocket. Om dessa tester inte löser problemet kan det finnas ett mekaniskt fel på denna cylinder som exempelvis låg kompression.

11 Om misständningen är mer oregelbunden, se de testprocedurer som anges i avsnitt 8 för fordon med transistortändning och i avsnitt 16 för fordon med helelektronisk tändning.

Anteckningar

Kapitel 5 Koppling

För modifieringar och information om senare modeller, se Supplement i slutet av handboken

Innehåll

Svårighetsgrader

Enkelt, passar för novisen med lite erfarenhet		Ganska enkelt, passar nybörjaren med viss erfarenhet		Ganska svårt, passar kompetent hemmekaniker		Svårt, passar hemmekaniker med erfarenhet		Mycket svårt, för professionell mekaniker	

Specifikationer

Typ
Typ .... Enlamells torrkoppling, tallriksfjäder, aktiverad hydrauliskt eller med vajer beroende på modell

Lamell
Diameter .... 210 mm, 215 mm, 228 mm eller 240 mm beroende på modell
Maximalt kast .... 0,5 mm

Tryckplatta
Maximal skevhet (innerkant till ytterkant) .... 0,3 mm
Maximalt slitagemärkesdjup från fjäderfingrarna .... 0,3 mm

Kopplingens justering
Spel (vajermanövrerad koppling) .... 15 mm max vid pedal
Pedalhöjd (hydrauliskt manövrerad koppling) .... 10 mm över bromspedalen

Hydraulolja typ/specifikation (hydraulisk koppling) ..
Hydraulolja enligt standard FMVSS 116 DOT 4

Åtdragningsmoment

	Nm
Tryckplattans (kopplingskåpans) fästbultar	25
Frikopplingsarmens klammerbult (vajermanövrerad koppling)	25
Urtrampningsaxelns fästbult (vajermanövrerad koppling)	15
Frikopplingsarmens hållare (hydrauliskt manövrerad koppling)	15
Huvudcylinderns fästbultar	25
Pedalställets fästbultar	25

1 Allmän beskrivning

Samtliga modeller med manuell växellåda har en enlamells torrkoppling med tallriksfjäder. Enheten består av en stålkåpa som är fastbultad på svänghjulet och som innehåller tryckplattan och tallriksfjädern.

Lamellen glider fritt på den splinesförsedda ingående växellådsaxeln och hålls i läge mellan svänghjulet och tryckplattan genom tallriksfjäderns tryck. Friktionsbelägg finns fastnitat på lamellen som har ett fjäderdämpat nav som tar upp ryck i kraftöverföringen vilket underlättar ett mjukt ingrepp av drivkraften.

Beroende på bilens specifikationer kan kopplingen manövreras antingen med vajer eller hydrauliskt av huvud- och slavcylinder. Kopplingens urtrampningsmekanism består av en axel på den vajermanövrerade typen eller en arm på den hydrauliskt manövrerade typen plus ett urtrampningslager som finns monterat i kopplingshuset på växellådans ände.

2 Koppling – justering

1 Kopplingens funktion och justering ska kontrolleras med de intervall som anges i Rutinunderhåll enligt följande, beroende på kopplingstyp.

Vajermanövrerad koppling

2 Kontrollera justeringen genom att mäta spelet vid kopplingspedalen. Detta ska vara det som anges i specifikationerna.
3 Om justering krävs ska motorhuven öppnas så att justeringen blir åtkomlig. Denna finns antingen på en konsol på vänster motorfäste eller mitt på kopplingsvajern.
4 Lossa de två låsmuttrarna och vrid den gängade kabeländskon så att specificerat spel uppstår. När spelet är korrekt ska låsmuttrarna dras åt (foto).

2.4 Kopplingsvajerns ändsko och fäste

Hydrauliskt manövrerad koppling

5 Demontera bagagehyllan (se kapitel 11, avsnitt 23) så att kopplingens huvudcylinder blir åtkomlig.
6 Lossa låsmuttern bakom gaffeln på tryckstången till kopplingens huvudcylinder och vrid på stången så att korrekt pedalhöjd uppnås.
7 Tryck ned kopplingspedalen och släpp upp den och kontrollera att fjädern för tillbaka pedalen på rätt sätt. När pedalen återgått, kontrollera att den inte berör pedalstoppet. Om pedalen berör pedalstoppet när den är i viloläge resulterar detta i att kopplingen slits ut i förtid.
8 När pedalen fungerar tillfredsställande ska tryckstångsgaffelns låsmutter dras åt. Sätt tillbaka bagagehyllan.

3 Kopplingsvajer – demontering och montering

1 Lossa batteriets jordledning.

2 Demontera bagagehyllan (se kapitel 11, avsnitt 23) så att övre delen av kopplingspedalen blir åtkomlig.
3 Lossa de två låsmuttrarna på kopplingsvajerns justering i motorrummet och dra ut vajern ur sitt fäste.
4 Haka av kopplingsvajerns anslutning från haken på den övre delen av kopplingspedalen och från haken på kopplingsarmen.
5 Dra in kopplingsvajern i motorrummet genom torpedplåten och lägg undan den.
6 Vid montering av ny vajer ska den först fästas i pedaländen. När monteringen är avslutad ska spelet kontrolleras och vid behov justeras.

4 Kopplingspedal – demontering och montering

1 Lossa batteriets jordledning.
2 Demontera bagagehyllan (se kapitel 11, avsnitt 23) så att pedalfästena blir åtkomliga.

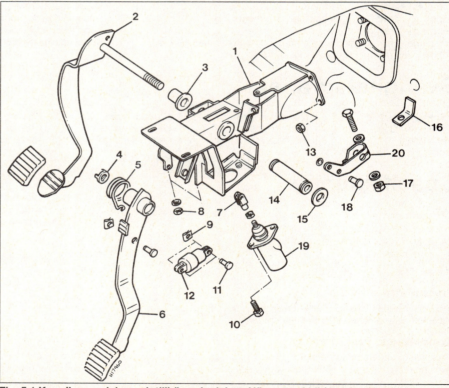

Fig. 5.1 Kopplingspedalen och tillhörande delar - Högerstyrd bil (avsnitt 4)

1 Pedalställsfäste	10 Bult till kopplingens	18 Gaffeltapp
2 Kopplingspedal	huvudcylinder	19 Kopplingens
3 Bussning	11 Gaffeltapp	huvudcylinder
4 Bricka	12 Centrumfjäder	20 Kopplingspedalens
5 Fjäder	13 Mutter	hävarm
6 Bromspedal	14 Hylsa	
7 Gaffel	15 Bricka	Hydraulisk koppling visad,
8 Mutter	16 Fäste (farthållare)	vajermanövrerad koppling är
9 Clips	17 Klammermutter	likartad

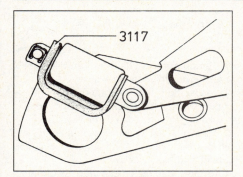

Fig. 5.2 Kopplingspedalens centrumfjäder med verktyg 3117 monterat (avsnitt 4)

3 På modeller med vajermanövrerad koppling ska vajern lossas från pedalen enligt beskrivning i avsnitt 3.

4 På modeller med hydrauliskt manövrerad koppling ska huvudcylinderns gaffel lossas från pedalen innan huvudcylinderns demonteras från sina fästen.

5 Lossa bromsservons tryckstångsgaffel från bromspedalen.

6 Dra ur kontakten till bromsljuset och alla andra ledningar eller anslutningar beroende på modell och monterade tillbehör.

7 Skruva ur bultar och muttrar och demontera pedalstället, komplett med pedaler, från bilen.

8 Ta ut låsringar och gaffelstift och demontera kopplingspedalens centrumfjäder. Utför demontering och montering av centrumfjädern med verktyg 3117 eller lämpligt alternativ tillverkat av stål i U-profil så att den hålls hoptryckt.

9 Demontera klammerns mutter och bult från kopplingspedalens arm. Notera armens läge och dra av den från splinesen. Lossa bromspedalens returfjäder och dra ut kopplingspedal och tapp ur pedalstället. Ta reda på brickor, bussningar och liknande.

10 Vid behov kan pedaltappsbussningarna demonteras genom att de knackas ut med ett dorn. Nya bussningar kläms in med käftarna i ett skruvstycke.

11 Innan hopsättningen ska alla kontaktytor smörjas med fett. Montera alltid med nya låsmuttrar och låsringar. Sätt ihop och montera pedalstället med omvänd arbetsordning. Efter fullbordat arbete ska kopplingens justering kontrolleras enligt beskrivning i avsnitt 2.

5 Kopplingens huvudcylinder –
demontering och montering

På modeller med hydrauliskt manövrerad koppling finns huvudcylindern placerad vid foten av pedalstället. Hydrauloljan till kopplingen kommer från bromsservons behållare.

1 Lossa batteriets jordledning.

2 Demontera bagagehyllan (se kapitel 11,

avsnitt 23) så att huvudcylindern blir åtkomlig.

3 Täck över golvet under pedalstället så att det skyddas från spill av hydraulolja.

4 Dra försiktigt av matarslangen för hydraulvätska från cylinderns utlopp och plugga snabbt igen slangen med en gammal bult eller stav med passande diameter.

5 Skruva ur hydraulrörsanslutningen i cylinderfoten och dra försiktigt ut röret.

6 Ta ut låsringen och dra ut det gaffelstift som fäster huvudcylinderns tryckstång vid kopplingspedalen.

7 Skruva ur de två fästbultarna och demontera cylindern från bilen.

8 Montering sker med omvänd arbetsordning. Avlufta kopplingens hydraulsystem enligt beskrivning i avsnitt 11 och kontrollera kopplingens justering enligt beskrivning i avsnitt 2.

6 Kopplingens huvudcylinder –
renovering

1 Demontera huvudcylindern från bilen enligt beskrivning i föregående avsnitt.

2 Demontera dammskyddet från huvudcylindern och ta ut låsringen och brickan från tryckstången. Ta ut tryckstången.

3 Knacka änden av cylindern mot en träkloss till dess att kolven kommer ut ur cylinderloppet.

4 Dra ut kolven, komplett med returfjäder, från cylindern. Lossa försiktigt fjädern från kolven och ta reda på fjädersätet.

5 Demontera primär- och sekundärpackningarna från kolven. Notera vilken väg de är monterade.

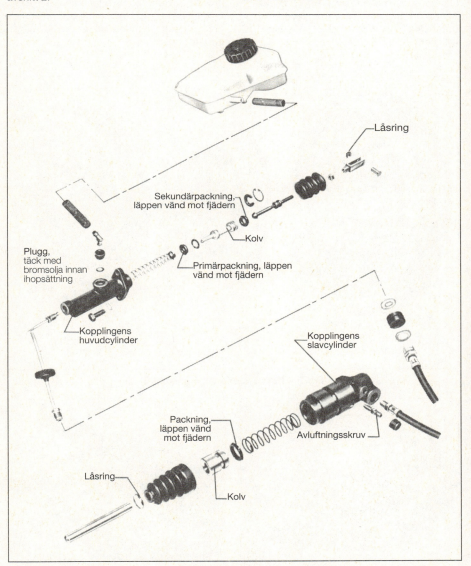

Fig. 5.3 Sprängskiss över kopplingens huvud- och slavcylinder - hydraulisk koppling (avsnitten 6 och 8)

6 Tvätta alla delar i ren hydraulolja och torka av dem med en luddfri trasa.

7 Undersök noga om kolv och lopp har repor eller vändkanter. Om dessa förekommer ska hela huvudcylindern bytas ut. Om delarnas skick är tillfredsställande ska nya packningar användas vid ihopsättningen. Återanvänd aldrig gamla packningar.

8 Inled ihopsättningen genom att smörja alla inre delar ordentligt med ren hydraulolja.

9 Montera primär- och sekundärpackningarna, använd endast fingrarna och kontrollera att läpparna är vända mot fjädern.

10 Placera fjädersätet och fjädern i läge över kolven och tryck sedan försiktigt in hela montaget i cylinderloppet. Var försiktig så att packningsläpparna inte krullar sig vid instickandet.

11 Tryck ned kolven i loppet med tryckstången och montera låsringen och brickan.

12 Smörj insidan av dammskyddet med gummifett och sätt det på plats på cylinderänden.

7 Kopplingens slavcylinder – demontering och montering

1 Arbeta på bilens undersida och dra ut spänningsvajern från slavcylindern och från rullstiftshålet i växellådans överdel.

2 Driv ut rullens tapp med ett passande dorn och dra ut cylindern, komplett med tryckstång, bakåt från fästet.

3 Skruva ut det flexibla hydraulröret genom att hålla fast anslutningen med en blocknyckel och skruva loss slavcylindern från röret. Ta reda på tätningsbrickan och plugga röret så att vätskeförlust och dammintrång förhindras.

4 Demontera slavcylindern från bilens undersida.

5 Montering sker med omvänd arbetsordning, avlufta kopplingens hydraulsystem enligt beskrivning i avsnitt 11 och kontrollera kopplingens justering enligt beskrivning i avsnitt 2.

8 Kopplingens slavcylinder – renovering

1 Demontera slavcylindern från bilen enligt beskrivning i föregående avsnitt.

2 Lossa den lilla klammern som fäster dammskyddet på tryckstången och dra ut tryckstången och sedan dammskyddet.

3 Knacka änden av cylindern mot en träkloss till dess att kolven kommer ut ur cylinderloppet. Lyft ut kolv och returfjäder.

4 Ta bort dammskyddet från avluftningsskruven och skruva ut avluftningsskruven ur cylindern.

5 Demontera packningen från cylindern och tvätta alla delar i ren hydraulolja och torka av dem med en luddfri trasa.

6 Inspektera slavcylinderns delar enligt avsnitt 6, paragraf 7. Om delarnas skick är gott ska en ny packning monteras med läppen vänd mot fjädern. Tvätta noga samtliga delar i ren hydraulolja och sätt ihop cylindern med isärtagningens omvända arbetsordning.

9 Koppling – demontering, inspektion och montering

1 Tillträde till kopplingen bereds genom att motorn (kapitel 1) eller växellådan (kapitel 6) demonteras. Om kopplingen behöver en renovering och motorn inte kräver större arbeten är det lättare att komma åt kopplingen genom att växellådan demonteras. Detta under förutsättning att smörjgrop eller tillräckligt höga ramper/pallbockar finns tillgängliga så att markfrigången blir godtagbar.

2 Märk upp tryckplattans krans och svänghjulet så att kopplingen kan monteras tillbaka i exakt samma läge.

3 Lossa kopplingshusets bultar ett varv i taget, arbeta med diagonala par runt huset. När samtliga bultar är så lösa att fjädertrycket släppt kan de skruvas ur helt. Lyft undan kopplingskåpa och lamell.

4 Rengör delarna med en fuktig trasa och se till att detta damm inte andas in. *I och med att damm från kopplingsslitage kan innehålla asbest, som ju är hälsovådligt, ska dessa delar inte blåsas rena med tryckluft eller borstas av.*

5 Kontrollera om tallriksfjäderns fingrar visar tecken på slitage eller märken. Om djupet på något märke överskrider 0,3 mm måste en ny tryckplatta monteras.

6 Lägg kopplingskåpan på tallriksfjädersidan och kontrollera tryckplattans skevhet med en stålvinkelhake (fig. 5.6). Om ett bladmått om 0,3 mm kan stickas in i något gap mellan vinkelhaken och tryckplattan måste kåpan kasseras. Skevheten ska kontrolleras på flera tvärlinjer över tryckplattan.

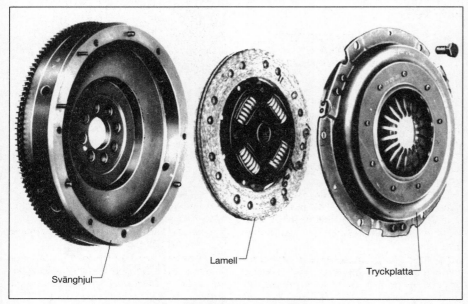

Svänghjul — Lamell — Tryckplatta —

Fig. 5.4 Kopplingens delar (avsnitt 9)

Fig. 5.5 Kontroll av kopplingens tallriksfjäderfingrar – vid pilar (avsnitt 9)

Fig. 5.6 Kontroll av tryckplattans skevhet (avsnitt 9)

Fig. 5.7 Kontroll av lamellens kast (avsnitt 9)

7 Kontrollera att tryckplattan inte uppvisar tecken på djupare repor, sprickor eller brännmärken.

8 Inspektera lamellen och montera en ny om ytan av friktionsmaterialet närmar sig nitarna. Lamellen ska även kasseras om de förorenats med olja eller visar tecken på att brytas sönder.

9 Kontrollera att lamellens splinesnav inte visar tecken på skador eller slitage. Kontrollera även att navet löper lätt på den ingående axeln till växellådan och att radialspelet mellan växellådsaxeln och kopplingsnavet är litet.

10 Om det finns orsak att misstänka att kopplingsnavet inte är korrekt ska detta kontrolleras genom att navet sätts upp mellan centra och mätas med mätklocka. Såvida du inte redan har den utrustning som behövs, be din lokala Audiförsäljare utföra denna kontroll.

11 Återanvänd inte delar som är suspekta. Om du gjort dig besväret med att ta isär kopplingen är det lika bra att se till att den fungerar väl en lång tid efter hopsättandet. Kontrollera att svänghjulet inte är repat eller

visar upp småsprickor orsakade av överhettning. Slipa om eller byt efter behov.

12 Se till att samtliga delar är rena, fria från olja eller fett och i godtagbart skick innan hopsättningen påbörjas.

13 Montera lamellen så att fjäderhållarna är vända mot tryckplattan (foto).

14 Montera kopplingskåpan på svänghjulet, se till att använda gjord uppmärkning (där tillämpligt) och fingerdra samtliga bultar så att kåpan hålls på plats (foto).

15 Centrera lamellen i linje med hålet i vevaxelns ände med ett specialverktyg (foto).

16 Håll lamellen på plats med centreringsverktyget och dra åt samtliga bultar till kopplingskåpan ett varv i taget i diagonal följd till angivet moment.

17 Ta ut centreringsverktyget och fetta in navsplinesen med molybdendisulfidfett.

18 Kontrollera att urtrampningslagret på växellådans framsida löper lätt och inte är slitet. Vid behov, byt ut det enligt beskrivning i avsnitt 10.

19 Montera motor eller växellåda enligt beskrivning i kapitel 1 eller 6.

10 Kopplingens urtrampnings-lager och mekanism – demontering, inspektion och montering

1 Sedan växellådan demonterats från bilen, gör följande beroende på modell.

Vajermanövrerad koppling

2 Demontera urtrampningslagret genom att antingen lyfta frikopplingsarmen så att väljargafflarna lossnar från fjäderclipsen eller genom att dra ur clipsen från var sida om lagret. Notera hur de är monterade (foton). Lagret kan sedan dras ut ur styrhylsan.

3 Märk frikopplingsarmens läge relativt axeln innan klammerbulten skruvas ur och armen dras ut.

4 På fyrcylindriga modeller ska styrbulten demonteras från svänghjulskåpans baksida. Styrningen greppar in i en skåra på urtrampningsaxeln.

9.13 Montera lamellen med fjäderhållarna vända mot tryckplattan . . .

9.14 . . . och montera sedan kåpan

5 På alla modeller ska läget för urtrampningsaxelns returfjäder i relation till den gjutna klacken i svänghjulskåpan noteras. Fjäder-änden passar antingen in i skåran eller bredvid den beroende på växellådstyp. Anteckna monteringsposition innan demontering.

6 Haka av returfjädern från urtrampningsaxelns gaffel (foto).

7 Ta ut låsringen från den splinesförsedda änden av axeln och peta ut gummibussningen (om sådan är monterad) och flänsbussningen (foto).

9.15 Använd ett specialverktyg till att centrera lamellen

10.2A Kopplingens urtrampningslager och urtrampningsaxeln

10.2B Urtrampningslagrets låsclips

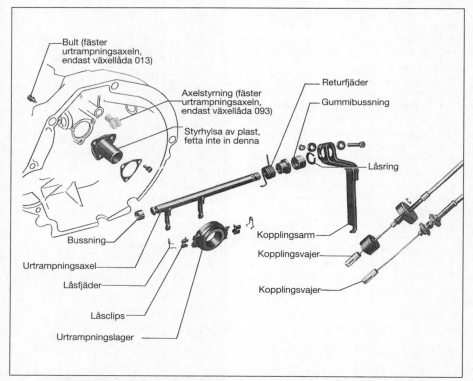

Bult (fäster urtrampningsaxeln, endast växellåda 013)

Axelstyrning (fäster urtrampningsaxeln, endast växellåda 093)

Styrhylsa av plast, fetta inte in denna

Returfjäder

Gummibussning

Låsring

Bussning

Urtrampningsaxel

Låsfjäder

Låsclips

Urtrampningslager

Kopplingsarm

Kopplingsvajer

Kopplingsvajer

Fig. 5.8 Sprängskiss över kopplingens urtrampningslager och mekanism – vajermanövrerad koppling (avsnitt 10)

8 Vrid urtrampningsaxeln så att gafflarna går fria från styrhylsan. Demontera sedan den inre änden från bussningen och dra ut axeln från svänghjulskåpans insida (foto).

9 Rengör urtrampningslagret med en torr trasa. Tvätta inte lagret i lösningsmedel eftersom detta tvättar bort smörjningen. Om lagret har missljud eller större slitage ska det bytas mot ett nytt.

10 Kontrollera om urtrampningsaxeln och bussningarna är slitna. Demontera bara inner-bussningen om en ny ska monteras. Om en ny innerbussning krävs måste den gamla dras ut med en specialutdragare.

11 Innan urtrampningsaxeln monteras ska lagerytorna täckas med molybdendisulfidfett. Kontrollera att returfjädern är korrekt monterad på axeln.

12 Montering sker med omvänd arbets-ordning. Lägg dock märke till att på fyr-cylindriga modeller ska urtrampningsaxeln tryckas in så mycket att gummibussningen trycks ihop med ca 18 mm (foto) innan styr-bulten sticks in och dras åt. Om ett nytt ur-trampningslager monteras ska detta placeras på den splinesförsedda axeln så som visas i fig. 5.11 (foto). Täck samtliga lagerytor, med undantag för styrhylsan av plast, med ett fett med hög smältpunkt.

Hydrauliskt manövrerad koppling

13 Demontera urtrampningslagret enligt beskrivning i paragraf 2.

Fig. 5.9 Urtrampningsaxelns returfjäder placerad bredvid utsticket på svänghjulskåpan (avsnitt 10)

Fig. 5.10 Inskruvande av styrbult (A) på fyrcylindriga motorer – tryck in urtramp-ningsaxeln så att gummibussningen trycks ihop till 18 mm tjocklek (avsnitt 10)

Fig. 5.11 Frikopplingsarmens monteringsmått – vajermanövrerad koppling (avsnitt 10)
a = 185 mm

10.6 Urtrampningsaxelns returfjäder hakas av

10.7 Demontering av urtrampningsaxelns flänsbussning

10.8 Demontering av urtrampningsaxeln

10.12A Kontroll av måttet på urtrampningsaxelns gummibussning

10.12B Kontroll av monteringsmåttet för frikopplingsarmen

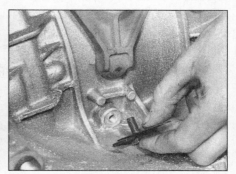

10.14 Demontering av hållare och bladfjäder

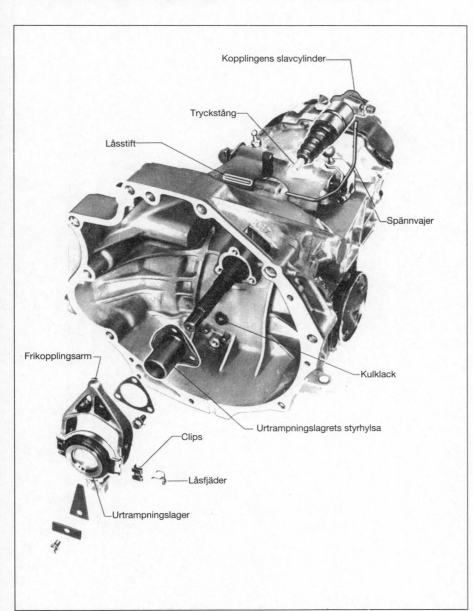

Kopplingens slavcylinder

Tryckstång

Låsstift

Spännvajer

Frikopplingsarm

Kulklack

Urtrampningslagrets styrhylsa

Clips

Låsfjäder

Urtrampningslager

Fig. 5.12 Sprängskiss över urtrampningslager och mekanism – hydrauliskt manövrerad koppling (avsnitt 10)

14 Demontera fästbulten till frikopplings-armens hållare och bladfjäder (foto). Demontera hållare och fjäder och ta ut frikopplingsarmen.

15 Rengör urtrampningslagret enligt beskrivning i paragraf 9. Täck överdelen av kulhållaren i svänghjulshuset och alla lagerytor för frikopplingsarmen med molybdendisulfidfett och montera arm och lager med omvänd arbetsordning.

11 Hydraulisk koppling – avluftning

1 Om någon del av hydrauliken tagits isär eller om luft eljest trängt in i systemet måste systemet avluftas. Förekomsten av luft i hydrauliken indikeras av att kopplingspedalen har en "svampig" känsla (som minskar om pedalen pumpas några gånger) vilket leder till problem med växlingar.

2 Konstruktionen av kopplingshydrauliken medger inte avluftning med den konventionella metoden att pumpa på pedalen. Avluftningen måste utföras med redskap för högtrycksavluftning. Dessa finns att få för ett relativt lågt pris från biltillbehörsbutiker.

3 Högtrycksavluftningen ska anslutas till hydrauliken enligt tillverkarens instruktioner. Normalt sett avluftas systemet genom avluftningsskruven på slavcylindern, placerad ovanpå växellådan.

4 Systemet tappas ur till dess att väskan är fri från luftbubblor. Avluftningsskruven dras då åt innan avluftningsredskapen avlägsnas.

5 Kontrollera att kopplingen fungerar som den ska. Om luft fortfarande finns i systemet, upprepa förfarandet.

6 Kassera urtappad olja även om den ser ren ut. Hydraulolja absorberar vatten vilket gör att återanvändning av den kan orsaka intern korrosion i hydraulcylindrarna vilket leder till överdrivet slitage och att packningarna går sönder.

Felsökning – koppling

Skakningar när drivkraften kopplas in

- ☐ Olja eller fett förorenar lamellens friktionsbelägg
- ☐ Slitna friktionsbelägg
- ☐ För stort kast på lamellen
- ☐ Lamellen kärvar på ingående axelns splines
- ☐ Defekt tryckplatta eller tallriksfjäder
- ☐ Slitna eller defekta fästen för motor/växellåda
- ☐ Kopplingsvajern kärvar (om befintlig)

Kopplingen slirar

- ☐ Feljusterad
- ☐ Slitna eller förorenade friktionsbelägg
- ☐ Försvagad eller defekt tallriksfjäder

Kopplingen hugger (frikopplar inte)

- ☐ Feljusterad
- ☐ Lamellen kärvar på ingående axelns splines
- ☐ Lamellen fastnar på svänghjulet
- ☐ Ingående axels tapplager skuret
- ☐ Brott på kopplingsvajern (om befintlig)
- ☐ Luft i kopplingens hydraulsystem (om befintligt)
- ☐ Kopplingens huvudcylinder defekt (om befintlig)

Missljud när kopplingspedalen trycks ned

- ☐ Torrt eller slitet urtrampningslager
- ☐ Torra bussningar i urtrampningsaxeln eller kopplingspedalen
- ☐ Defekt kopplingsvajer (om befintlig)

Kapitel 6 Manuell växellåda

För modifieringar och information om senare modeller, se Supplement i slutet av handboken

Innehåll

Svårighetsgrader

Enkelt, passar för novisen med lite erfarenhet	Ganska enkelt, passar nybörjaren med viss erfarenhet	Ganska svårt, passar kompetent hemmekaniker	Svårt, passar hemmekaniker med erfarenhet	Mycket svårt, för professionell mekaniker

Specifikationer

Typ .... Fyra eller fem växlar framåt, backväxel, samtliga växlar framåt synkroniserade, integrerad slutväxel

Identifiering

Växellåda, kodnummer:
014 .... Fyrväxlad låda monterad i 1,8 liters fyrcylindriga modeller
013 .... Femväxlad låda monterad i 1,8 liters fyrcylindriga modeller
093 .... Femväxlad låda monterad i 1,9 liters femcylindriga modeller
016 .... Femväxlad låda monterad i 2,0, 2,2 samt 2,3 liters femcylindriga modeller

Utväxlingsförhållanden

Växellåda 014:

	QN	4X
Slutväxel	4,11:1	4,11:1
1:a	3,46:1	3,46:1
2:a	1,79:1	1,79:1
3:e	1,07:1	1,07:1
4:e	0,70:1	0,70:1
Back	3,17:1	3,17:1

Växellåda 013:

	3T	HE	HF
Slutväxel	4,11:1	4,11:1	4,11:1
1:a	3,46:1	3,46:1	3,46:1
2:a	1,79:1	1,79:1	1,79:1
3:e	1,07:1	1,13:1	1,13:1
4:e	0,78:1	0,83:1	0,83:1
5:e	0,60:1	0,68:1	0,68:1
Back	3,17:1	3,17:1	3,17:1

Växellåda 093:

	3Q
Slutväxel	5,22:1
1:a	2,84:1
2:a	1,52:1
3:e	0,90:1
4:e	0,64:1
5:e	0,48:1
Back	3,16:1

Växellåda 016:

	AAZ	3V	3K	5N	3U
Slutväxel	3,89:1	3,89:1	3,89:1	4,11:1	3,89:1
1:a	3,60:1	3,60:1	3,60:1	3,60:1	3,60:1
2:a	2,13:1	2,13:1	2,13:1	2,13:1	1,88:1
3:e	1,46:1	1,46:1	1,36:1	1,36:1	1,19:1
4:e	1,07:1	1,07:1	0,97:1	0,97:1	0,84:1
5:e	0,86:1	0,83:1	0,78:1	0,73:1	0,64:1
Back	3,50:1	3,50:1	3,50:1	3,50:1	3,50:1

Synkringarnas slitagegräns

Samtliga växellådor .... 0,5 mm

Smörjning

Oljetyp/specifikation .... VW/Audi växellådsolja G50, viskositet SAE 75W/90

Åtdragningsmoment

	Nm
Växellåda till motor	55
Växellådans fäste till bärramen:	
013 och 014	45
093 och 016	40
Fästen till växellåda (093 och 016)	40
Bult till växellänkagets sidoplatta (014, 013 och 093)	30
Låsbult till växlingslänkadapter (014, 013 och 093)	20
Stödstång till växlingslänk (014, 013 och 093)	25
Klammerbult till växlingsstång (014, 013, 093 och 016)	15
Växlingsstång till växelspak (014, 013, 093 och 016)	10
Växelspakshuset till golvet (014, 013, 093 och 016)	10
Växelspaksstoppet, täckplatta och lager (014, 013, 093 och 016)	10
Tryckstångens klammerplatta (016 senare version)	20
Påfyllnings- och dräneringspluggar (014, 013, 093 och 016)	25
Slutväxelhuset (014, 013, 093 och 016)	25
Drivflänsens bultar:	
014	20
013, 093 och 016	25
Mutter på utgående axel (014, 013 och 093)	100
Femte växelns drevbultar (013, 093 och 016)	70
Växlingshus och lagerhållare (014, 013, 093 och 016)	25
Väljaraxelns kåpa (016)	10
Bult till backens överföringsarm (014, 013 och 093)	35

1 Allmän beskrivning

Den manuella växellådan kan, beroende på modell, antingen vara fyrväxlad eller en av tre varianter på femväxlad låda.

Växellådan är fastbultad vid motorn på konventionellt sätt. I och med framhjulsdrivningen överförs drivkraften via en differential på växellådans framsida och drivaxlar till framhjulen. All växlar framåt är synkroniserade och backen läggs in genom att ett rakskuret mellandrev griper in i synkroniseringen för 1:a/2:a växeln på utgående axeln och ett rakskuret drev på den ingående axeln.

Växling utförs med en golvmonterad växelspak och en enkel stång och länk som är fäst vid väljarstången som sticker ut från baksidan av växellådan. Väljarstången har ett finger som greppar in i de andra väljarstängerna i lagerhållaren.

2 Underhåll och inspektion

1 Kontrollera att växellådans fogar och oljetätningar inte är skadade eller läcker olja, med de intervall som anges i Rutinunderhåll i början av denna handbok.
2 Kontrollera även och fyll vid behov på växellådsolja. Påfyllningspluggen finns på vänster sida av slutväxelhuset och oljenivån ska hållas vid kanten av påfyllningspluggens öppning (foton). Oljedräneringspluggen finns under påfyllningspluggen. Lägg märke till att dränering och påfyllning av växellådsolja inte ingår i rutinunderhållet.

3 Växellåda – demontering och montering

1 Ställ framvagnen över en smörjgrop eller på pallbockar och dra sedan åt handbromsen ordentligt.
2 Lossa batteriets jordledning.
3 Demontera de övre bultarna som fäster växellådan vid motorn och notera placeringen på eventuella fästen.

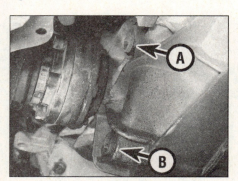

2.2A Växellådans påfyllningsplugg (A) och dräneringsplugg (B) (växellåda 016 visas)

2.2B Påfyllning av växellådsolja

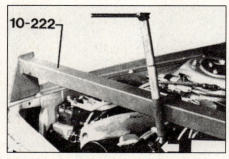

Fig. 6.1 Motorstötta som krävs vid demontering av växellådan från femcylindriga motorer (avsnitt 3)

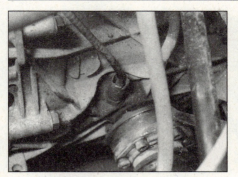

3.4 Hastighetsmätarvajerns anslutning

3.9 Ekonometerkontaktens ledning (växellåda 016 visas)

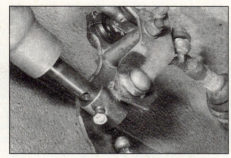

3.14 Demontering av väljarlänkaget från växellådans baksida (växellåda 013 visas)

4 Lossa hastighetsmätarvajern från differentialkåpan (foto).

5 På modeller med kopplingsvajer ska denna lossas från växellådan, se kapitel 5.

6 På modeller med hydraulisk koppling ska slavcylindern lossas från växellådan men lämna hydraulledningarna på plats, se kapitel 5.

7 Om växellådan är av typ 016 se kapitel 3 och demontera luftfiltret.

8 Demontera det främre avgasröret från grenröret och avgassystemet, se kapitel 3.

9 Dra ut kontakten till ekonometern och demontera sladdclipset (foto). Koppla ur eventuella andra monterade ledningar och anslutningar till växellådan.

10 På femcylindriga modeller ska främre delen av motorn stöttas med en lyft eller ett stöd liknande det som visas i fig. 6.1.

11 Demontera främre växellådskåpan.

12 Demontera startmotorn enligt beskrivning i kapitel 12.

13 Lossa drivaxlarna från drivflänsarna, se kapitel 8, häng upp dem på ena sidan.

14 Skruva ut låsbulten som fäster väljaradaptern vid väljarstången på baksidan av växellådan (foto). Tryck ut stödstaget från kulleden och dra ut adaptern från väljararmen. Demontera växelstången och (om monterad)

tryckstången (växellåda 016).

15 Om växellådan är av typen 016 ska skyddsplattorna demonteras från bärramen.

16 Stötta växellådan med en garagedomkraft eller pallbock.

17 Demontera växellådans undre fästbultar till motorn.

18 Om växellådan är av typen 016 ska bärramens bakre fästbultar demonteras (foto).

19 Lossa de bultar som fäster växellådsfästena vid bärramen och demontera vid behov fästbyglarna från växellådan så att den går fri från bärramen (foto).

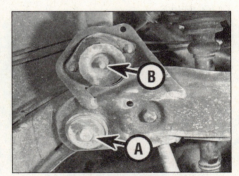

3.18 Bärramens bakre fästbult (A) och bulten mellan växellådsfästet och bärramen (B) (växellåda 016 visas)

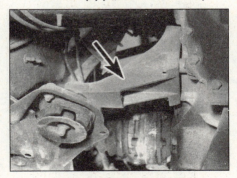

3.19 Växellådans fäste (pil) (växellåda 016 visas)

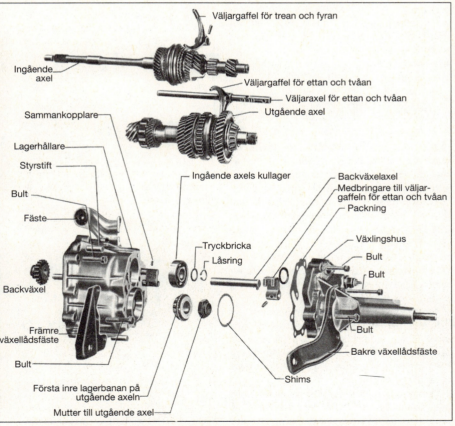

Fig. 6.2 Sprängskiss över växellådans huvuddelar – växellåda 014 (avsnitt 4)

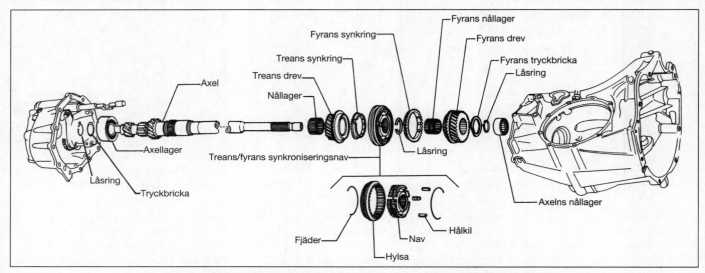

Fig. 6.3 Sprängskiss över ingående axelns delar – växellåda 014 (avsnitt 4)

20 Anlita en medhjälpare och dra av växellådan från motorn. Se till att den ingående växellådsaxeln inte hänger på kopplingen. Sänk ned växellådan på marken och flytta bort den från bilen.

21 Montering sker med omvänd arbetsordning. Smörj splines på växellådans ingående axel och urtrampningslagrets främre sida med molybdendisulfidfett och kontrollera att fästena mellan motorn och växellådan monteras utan snedbelastningar. Justera växelspak och länkage vid behov, se tillämpliga avsnitt i detta kapitel. Kontrollera växellådans oljenivå och fyll på vid behov.

4 Växellåda – renovering

Renovering av en manuell växellåda är ett svårt och invecklat jobb för en hemmamekaniker. Förutom isärtagning och ihopsättning av många små delar måste spel och toleranser mätas upp med stor precision och vid behov justeras med shims och distanser. Interna växellådsdelar är även svåra att få tag på och i många fall extremt dyra. I och med detta är det bästa sättet, ifall växellådan utvecklar missljud eller havererar, att låta en specialist renovera växellådan eller att köpa en renoverad utbyteslåda.

Trots detta är det inte omöjligt för en erfaren hemmamekaniker att renovera växellådan, under förutsättning att specialverktyg finns tillgängliga och att en metodisk steg-för-steg plan över arbetet följs, så att inget blir bortglömt.

De verktyg som krävs för renovering kan inkludera tänger för inre och yttre låsringar, lageravdragare, en draghammare, en sats drivdorn, en mätklocka och i vissa fall en

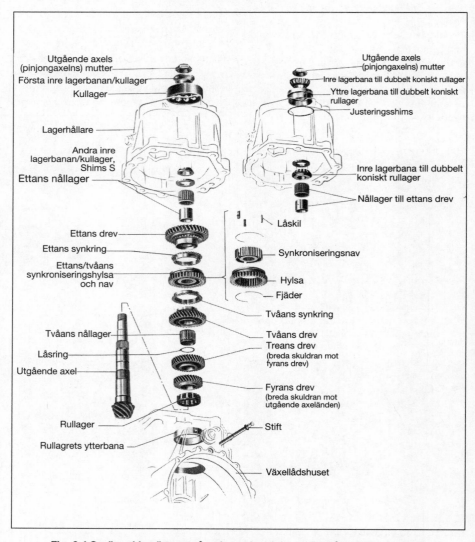

Fig. 6.4 Sprängskiss över utgående axelns delar – växellåda 014 (avsnitt 4)

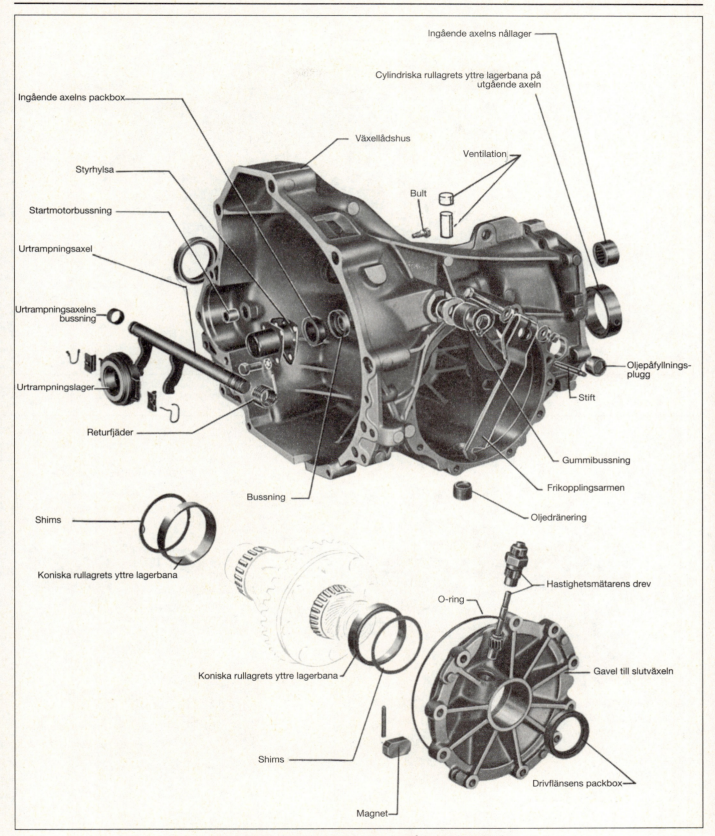

Ingående axelns nållager

Cylindriska rullagrets yttre lagerbana på utgående axeln

Ingående axelns packbox

Växellådshus

Ventilation

Styrhylsa

Bult

Startmotorbussning

Urtrampningsaxel

Urtrampningsaxelns bussning

Oljepåfyllnings- plugg

Urtrampningslager

Stift

Returfjäder

Gummibussning

Bussning

Frikopplingsarmen

Oljedränering

Shims

Koniska rullagrets yttre lagerbana

Hastighetsmätarens drev

O-ring

Gavel till slutväxeln

Koniska rullagrets yttre lagerbana

Shims

Drivflänsens packbox

Magnet

Fig. 6.5 Delarna i slutväxelhuset – växellåda 014 (avsnitt 4)

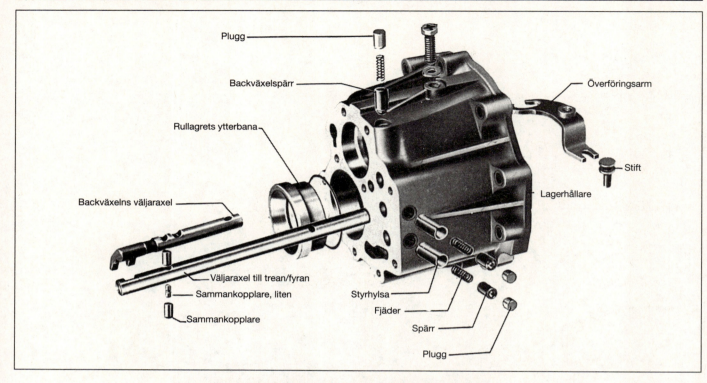

Fig. 6.6 Drevhållarens delar – växellåda 014 (avsnitt 4)

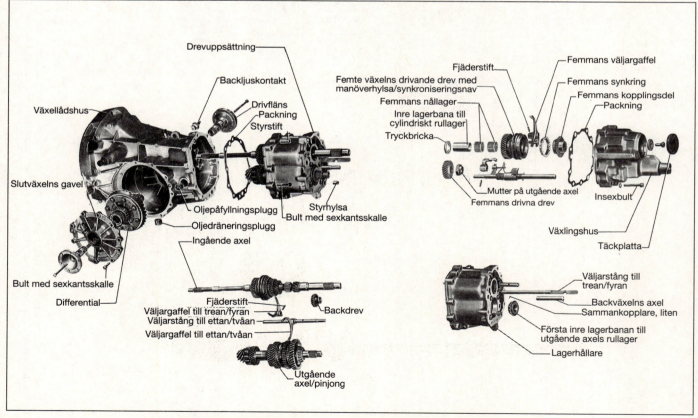

Fig. 6.7 Sprängskiss över växellådans huvuddelar – växellåda 013 (avsnitt 4)

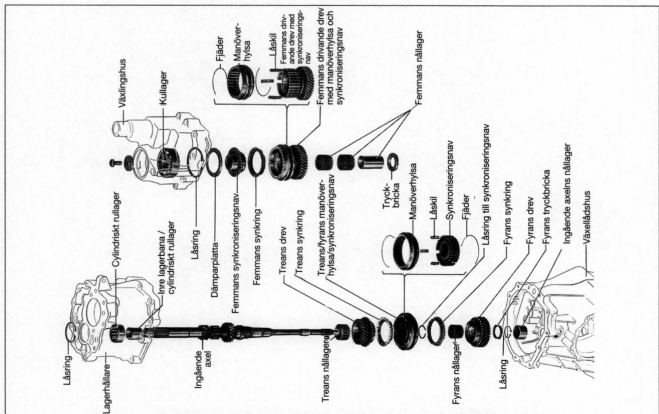

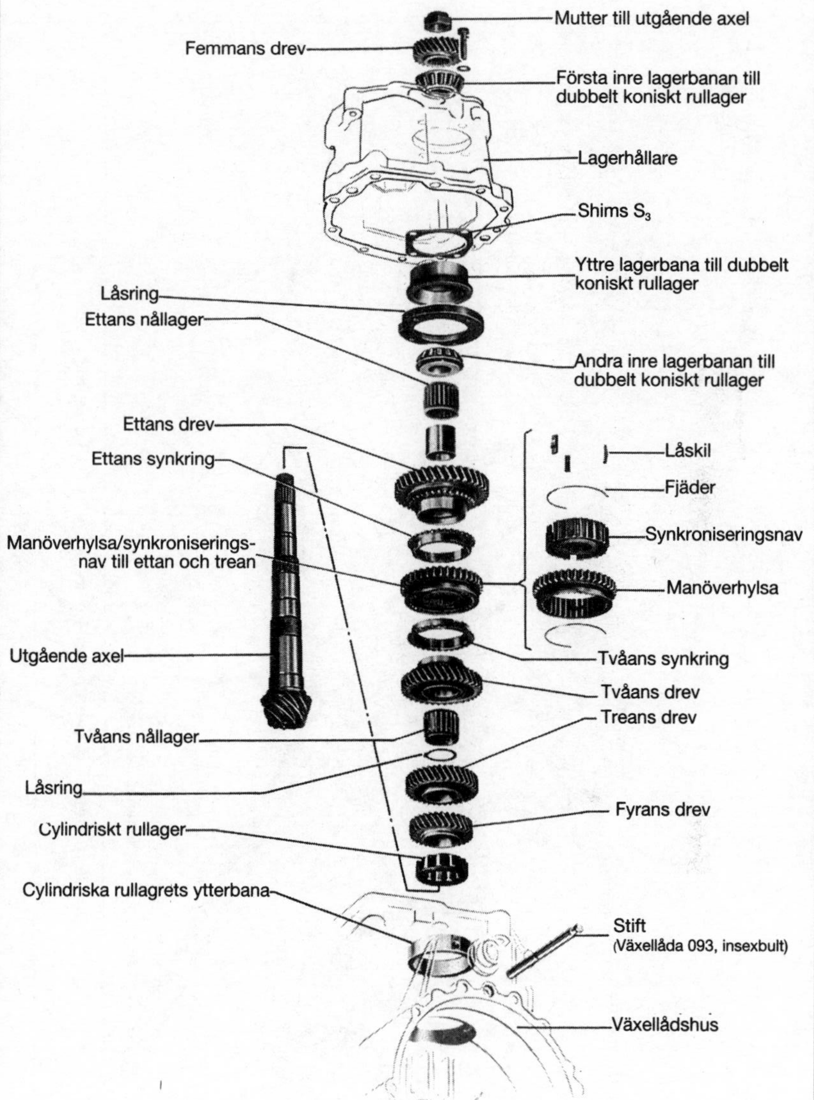

Fig. 6.9 Sprängskiss över delarna i den utgående axeln – växellådorna 013 och 093 (avsnitt 4)

Mutter till utgående axel
Första inre lagerbanan till dubbelt koniskt rullager
Lagerhållare
Shims S₃
Yttre lagerbana till dubbelt koniskt rullager
Andra inre lagerbanan till dubbelt koniskt rullager
Låskil
Fjäder
Synkroniseringsnav
Manöverhylsa
Tvåans synkring
Tvåans drev
Treans drev
Fyrans drev
Stift (Växellåda 093, insexbult)
Växellådshus
Femmans drev
Låsring
Ettans nållager
Ettans drev
Ettans synkring
Manöverhylsa/synkroniserings-nav till ettan och trean
Utgående axel
Tvåans nållager
Låsring
Cylindriskt rullager
Cylindriska rullagrets ytterbana

Fig. 6.8 Sprängskiss över den ingående axelns delar – växellådorna 013 och 093 (avsnitt 4)

Växlingshus
Kullager
Fjäder
Manöver-hylsa
Låskil
Femmans drivande drev med synkroniserings-nav
Femmans drivande drev med manöverhylsa och synkroniseringsnav
Femmans nållager
Tryck-bricka
Manöverhylsa
Låskil
Synkroniseringsnav
Fjäder
Låsring till synkroniseringsnav
Fyrans synkring
Fyrans drev
Fyrans tryckbricka
Ingående axelns nållager
Växellådshus
Cylindriskt rullager
Inre lagerbana / cylindriskt rullager
Låsring
Dämparplatta
Femmans synkroniseringsnav
Femmans synkring
Treans drev
Treans synkring
Treans/fyrans manöver-hylsa/synkroniseringsnav
Synkroniseringsnav
Ingående axel
Treans nållagering
Fyrans nållager
Låsring
Låsring
Lagerhållare

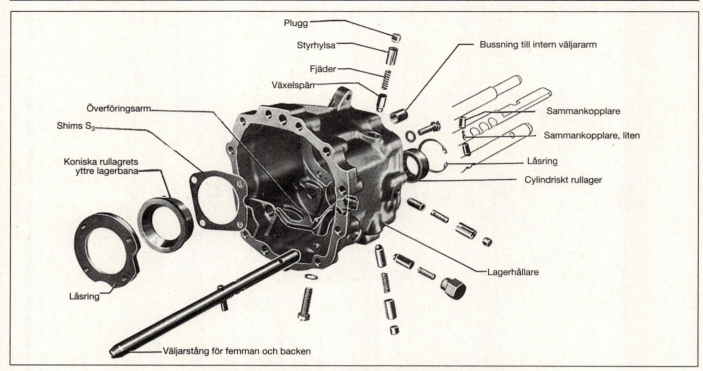

Fig. 6.10 Delar i drevhållaren – växellådorna 013 och 093 (avsnitt 4)

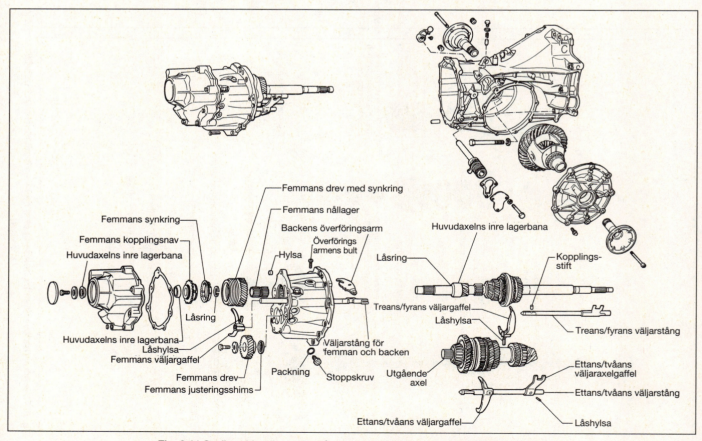

Fig. 6.11 Sprängskiss över växellådans huvuddelar – växellåda 016 (avsnitt 4)

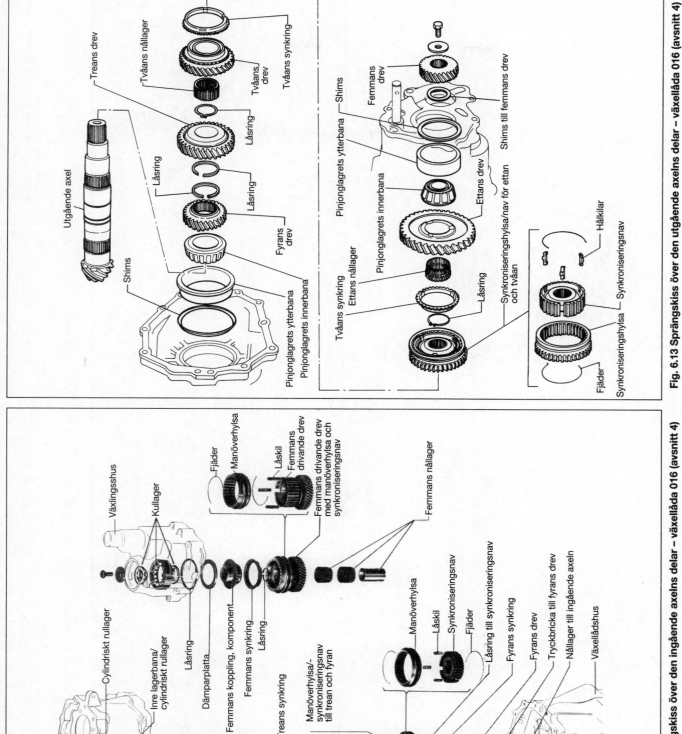

Fig. 6.13 Sprängskiss över den utgående axelns delar – växellåda 016 (avsnitt 4)

Fig. 6.12 Sprängskiss över den ingående axelns delar – växellåda 016 (avsnitt 4)

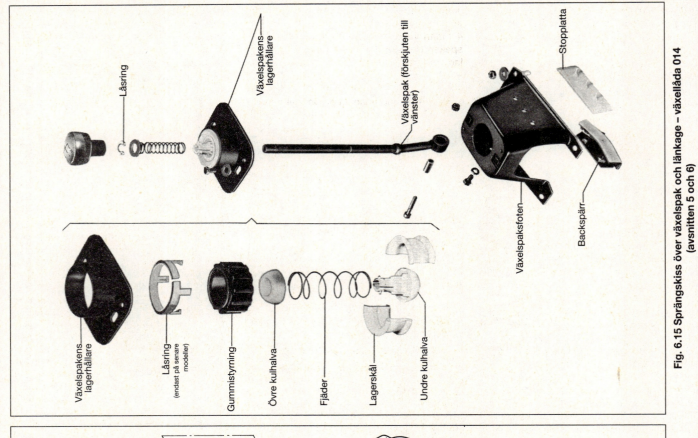

Läsring

Växelspakens
lagerhållare

Växelspak (förskjuten till
vänster)

Stopplatta

Växelspak (förskjuten till
vänster)

Växelspaksfoten

Backspärr

Växelspakens
lagerhållare

Låsring
(endast på senare
modeller)

Gummistyrning

Övre kulhalva

Fjäder

Lagerskål

Undre kulhalva

**Fig. 6.15 Sprängskiss över växelspak och länkage – växellåda 014
(avsnitten 5 och 6)**

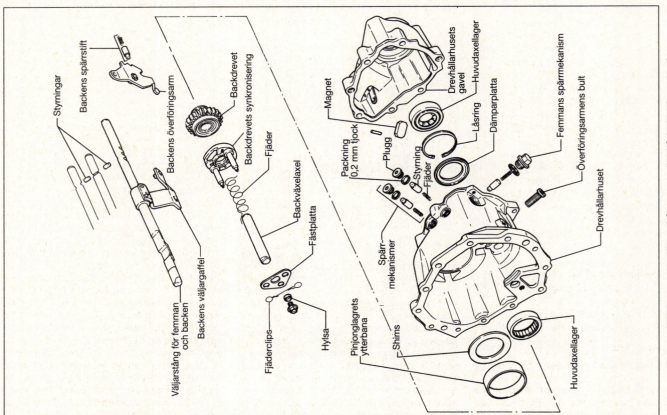

Styrningar

Backens spärrstift

Backens överföringsarm

Backdrevet

Backdrevets synkronisering

Fjäder

Väljarstång för femman
och backen

Backens väljargaffel

Backväxelaxel

Fästplatta

Fjäderclips

Hylsa

Pinjonlagrets
ytterbana

Shims

Spärr-
mekanismer

Magnet

Packning
[0,2 mm tjock]

Plugg

Styrning

Fjäder

Drevhållarhusets
gavel

Huvudaxellager

Låsring

Dämparplatta

Femmans spärrmekanism

Överföringsarmens bult

Drevhållarhuset

Huvudaxellager

Fig. 6.14 Delarna i drev/lagerhållaren – växellåda 016 (avsnitt 4)

hydraulisk press. Dessutom krävs en stor och stabil arbetsbänk med skruvstycke.

Under isärtagningen av växellådan bör du göra noggranna anteckningar över hur varje del är monterad för att underlätta ihopsättningen och försäkra att den blir korrekt.

Innan växellådan tas isär är det till god hjälp om du har en idé om var felet ligger. Vissa problem kan höra nära samman med givna delar av växellådan, vilket kan underlätta undersökning och byte av delar.

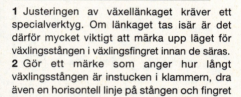

5 Växelspaken (014) – demontering, montering och justering

1 Justeringen av växellänkaget kräver ett specialverktyg. Om länkaget tas isär är det därför mycket viktigt att märka upp läget för växlingsstången i växlingsfingret innan de säras.
2 Gör ett märke som anger hur långt växlingsstången är instucken i klammern, dra även en horisontell linje på stången och fingret så att de kan sättas ihop igen utan vridning.
3 Lossa på klammerbulten och sära på stången och fingret.
4 Arbeta från bilens insida och lossa mittkonsolen, se beskrivning i kapitel 11, lossa de fyra muttrarna och brickorna som fäster växelspakshuset vid bilgolvet och demontera växelspak och växlingsstång.
5 Sära på växelspak och växlingsstång genom att ta ut växlingsstångens gaffelstift.
6 När växelspaken monteras efter det att omvänd arbetsordning följts, ska länkagets grundinställning provas genom att ettan läggs i. För sedan växelspaken så långt åt vänster som det går. Håll i växelspaken med ett finger och låt den långsamt fjädra tillbaka till tryckpunkten. Mätt vid växelspakens knopp ska rörelsen vara mellan 5 och 10 mm. Om rörelsen är otillfredsställande, lossa då spakens lagerhållarbultar och flytta lagret åt höger för att minska spakrörelsen eller åt vänster för att öka den och dra åt bultarna igen. Om justeringen av växlar fortfarande inte är tillfredsställande ska justeringen kontrolleras av en Audiverkstad.

6 Växellänkage (014) – isärtagning och ihopsättning

1 Växellänkaget består av två huvuddelar, växlingsstången och växelspaken.

Växelspaken

2 Demontera växelspaken enligt beskrivning i avsnitt 5.
3 Ta isär montaget genom att skruva loss växelspaksknoppen, ta ut låsringen från växelspaken och lyfta bort brickan och

fjädern. Växelspaken kan sedan dras ut ned genom växelspakslagret.
4 Innan växelspakslagret säras från växelspakshuset ska det märkas med ritsnål runt lagerplattan så att den kan sättas tillbaka i exakt samma position. Lossa sedan de två skruvarna och brickorna från plattan.
5 Ta inte isär lagret annat än om det behöver smörjas. Tryck ned gummistyrningen och låsringen (om befintlig) ut ur lagerplattan och peta isär plastskålarna och ta ut kulhalvorna och fjädern. Skålarna kan sedan tas bort från gummistyrningen.
6 Vid ihopsättning ska gummistyrningen ha ansatsen uppåt. Tryck in lagerskålarna i styrningen. Tryck in den undre kulhalvan i lagerskålarna, sedan fjädern och till sist den övre kulhalvan. Tryck vid behov isär skålarna en smula.
7 När delarna satts ihop i gummistyrningen ska detta montage tryckas upp i lagerplattan tillsammans med låsringen (om befintlig).
8 När växelspaken sticks in i lagret, lägg märke till att spaken är böjd åt vänster. Vid montering av lagerplattan i huset, se till att plattan är i linje med den gjorda märkningen.

Växlingsstångens anslutning

9 Ta isär växlingsstångens anslutning genom att ta ut bulten från stödstagets ände. Markera adapterns läge på växellådans väljararm och lossa bulten och demontera växlingsstångens anslutning.
10 Lossa kulkopplingen från sitt fäste på sidoplattan. Ta bort den bult som klämmer ihop de två sidoplattorna och dra ut växlingsfingret komplett med bussningar.
11 Vid ihopsättningen av växlingsstångens anslutning ska det noteras att adaptern måste monteras så att hålet för klammerbulten är vänt framåt och att skåran för växlingsfingret finns på vänster sida. Försäkra dig om att hålen i de två sidoplattorna är exakt i linje med varandra så att anslutningen kan sättas ihop utan problem.
12 Samtliga leder och friktionsytor i växlingsstångsanslutningen ska smörjas med specialfettet AOS 126 000 05.

7 Växelspak (013 och 093) – demontering, montering och justering

1 Arbetsordningen är i grunden densamma som med växellåda 014 i avsnitt 5. Dock tillkommer att efter det att returdistansen för ettan kontrollerats ska femman läggas in och växelspaken föras så långt åt höger som möjligt. Håll växelspaken med ett finger och låt den långsamt fjädra tillbaka till tryckpunkten. Returvägen ska vara densamma som för ettans växel och när det gäller dessa växellådor minst 5 mm. Om rörelsevägen inte är densamma för bägge växlarna ska växelspakens lager flyttas åt höger för större rörelse i femman eller åt vänster för större

rörelse i ettan. Om iläggningen av växlar fortfarande inte är tillfredsställande ska justeringen kontrolleras av en Audiverkstad.

8 Växellänkage (013 och 093) – isärtagning och ihopsättning

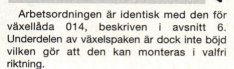

Arbetsordningen är identisk med den för växellåda 014, beskriven i avsnitt 6. Underdelen av växelspaken är dock inte böjd vilken gör att den kan monteras i valfri riktning.

9 Växelspak (016) – demontering, montering och justering

1 Två typer av växlingsmekanism används i Audimodeller med växellåda 016. Den tidigare typen använder en enda växlingsstång och visas i fig. 6.16. Den senare typen använder en växlingsstång och en tryckstång för att förhindra att rörelser i motor/växellåda orsakar att växlingen rör sig. Denna senare typ visas i fig. 6.17. Även om smärre justeringar av växelspaken kan utföras utan specialverktyg krävs en inställningstolk för att först fastställa en grundinställning. Detta kan endast utföras på en Audiverkstad. Av denna orsak är det mycket viktigt att märka upp monteringsdjupet och vinkelmåttet för växlingsstängerna och på senare modeller tryckstången innan någon av klamrarna lossas.
2 Innan den tidigare typen av växelspak demonteras ska mittkonsolen demonteras, se kapitel 11.
3 Lossa det bultförband som fäster växlingsstången vid växelspaken och de fyra bultar som fäster växelspaksfoten vid bilgolvet. Lossa växlingsstången och ta undan växelspaken.
4 Innan den senare typen av växelspak demonteras ska mittkonsolen demonteras, se kapitel 11.
5 Lossa det bultförband som fäster växlingsstången vid växelspaken och den bult och klammerplatta som håller ihop de främre och bakre tryckstängerna.
6 Lossa de fyra muttrarna och lyft bort stoppet och täckplattan. Lossa den bakre tryckstångens lagertapp från gummifästet och dra ut växelspaksmontaget. Kontrollera åter växlingsmekanismen. Om den inte är tillfredsställande ska justeringen demonteras genom att den petas bort från kulklacken och växlingsarmen på växellådan. Kontrollera att avståndet mellan kulledscentra är 134 mm. Vid behov ska stångens längd justeras innan funktionen provas igen. Om växlingen fortfarande är otillfredsställande finns två alternativ. Det ena är en långdragen ingaffling av läget genom att ändra lägena på främre och bakre växlingsstängerna vid klammern, till dess att växlingen fungerar korrekt. Den andra är att låta en Audiverkstad justera in länkaget med en inställningstolk.

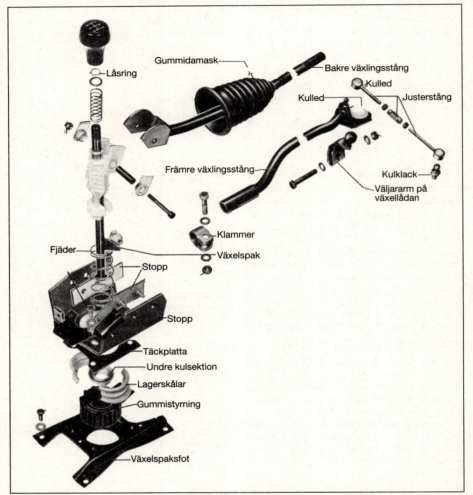

Fig. 6.16 Tidig version av växelspak och växlingslänkage – växellåda 016 (avsnitt 9 och 10)

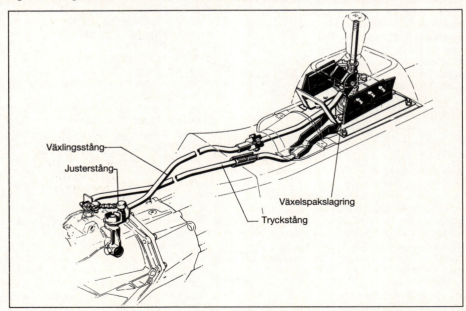

Fig. 6.17 Senare version av växelspak och växlingslänkage – växellåda 018 (avsnitt 9)

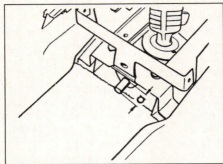

Fig. 6.18 Växelspakslagringens stiftutskjutning (a) på senare typer av växellåda 016 (avsnitt 9)

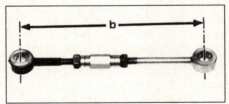

Fig. 6.19 Justerstångens inställningsmått – växellåda 016 (avsnitt 9)

b = 134 mm

---

10 Växellänkage (016) – isärtagning och ihopsättning

Notera: *innan du fortsätter, se avsnitt 9, paragraf 1.*

1 Växellänkaget består av två huvuddelar, växelspaken och växlingsstängerna.

Växelspaken

2 Demontera växelspaken enligt beskrivning i avsnitt 9.

3 Skruva loss växelspaksknoppen, ta ut låsringen och dra ut fjädern från växelspaken.

4 På tidiga versioner ska förhållandet mellan stoppet och täckplattan märkas upp innan de fyra bultarna skruvas ur så att stoppet, täckplattan och växelspaksfoten kan tas isär. Ta inte isär det undre lagret annat än om det behöver smörjas. Tryck ut gummistyrningen ur växelspaksfoten och peta isär lagerskålarna av plast och demontera växelspaken och övre kulsektionen samt den under kulsektionen. På senare versioner är det nödvändigt att lossa överfalsningen runt det undre lagret och innan metallringen och gummistyrningen kan tas ut och isär enligt föregående beskrivning.

5 Samtliga friktionsytor ska smörjas med specialfettet AOS 126 000 05 vid ihopsättningen.

6 Vid ihopsättning av gummistyrningen, placera den med ansatsen uppåt och tryck in de två lagerskålarna i den. Tryck först in den undre kulhalvan, sedan fjädern och den övre halvan, sära på skålarna vid behov.

7 Tryck in gummistyrningen i växelspaksfoten eller, på senare modeller, bakre tryckstången. På senare versioner ska metallringen monteras och montaget säkras med överfalsning på tre ställen.

8 Sätt ihop stoppet, täckplattan och växelspaksfoten med hjälp av det tidigare gjorda märkena.

9 Montera fjäder och låsring, skruva sedan på växelspaksknoppen.

10 Montera växelspaken enligt beskrivning i avsnitt 9.

Växlingsstänger

11 Demontera den främre växlingsstången genom att lossa justerstångens kulled från växlingsstången och lossa sedan växlingsstången från växelspaken. Lossa klammern och dra ut den främre växlingsstången (foto) och ta ut den från bilens undersida. Montering sker med omvänd arbetsordning.

12 Demontera den bakre växlingsstången genom att först demontera mittkonsolen enligt beskrivning i kapitel 11. Lossa sedan det bultförband som fäster stången vid växelspaken. Lossa klammern och dra loss den bakre växlingsstången från den främre och dra ut den upp och in i bilen. Montering sker med omvänd arbetsordning.

13 Demontera justeringsstången genom att peta loss den från främre växlingsstången och växellådans kulklackar och dra ut den från bilens undersida. När justerstången demonteras ska längden på den alltid kontrolleras. Den ska vara 134 mm, justera vid behov. Montera justerstången genom att trycka fast den på kulklackarna.

14 På senare versioner kan främre tryckstången demonteras efter det att låsclipset på växellådan och klammerbulten och plattan på den bakre tryckstångens fäste demonterats. Montera i omvänd ordning.

15 På senare versioner demonteras bakre tryckstången i samband med växelspaken (avsnitt 9).

10.11 Klammer, främre till bakre växlingsstången

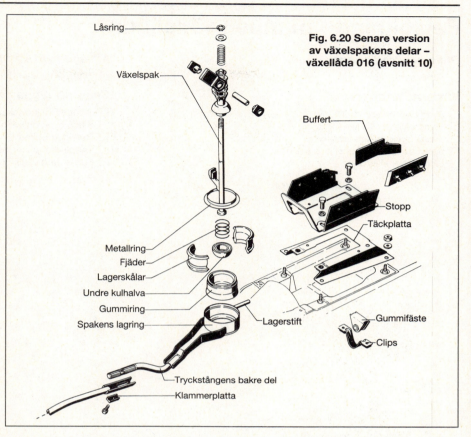

Fig. 6.20 Senare version av växelspakens delar – växellåda 016 (avsnitt 10)

Låsring
Växelspak
Buffert
Stopp
Täckplatta
Metallring
Fjäder
Lagerskålar
Undre kulhalva
Gummiring
Gummifäste
Spakens lagring
Lagerstift
Clips
Tryckstångens bakre del
Klammerplatta

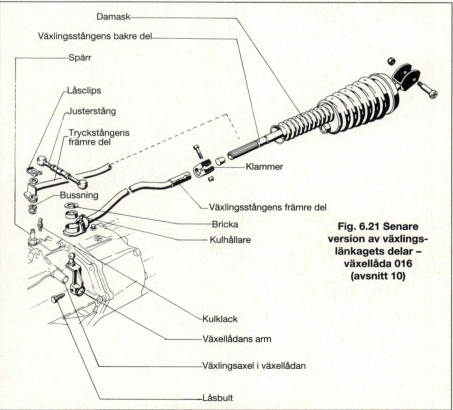

Fig. 6.21 Senare version av växlings-länkagets delar – växellåda 016 (avsnitt 10)

Damask
Växlingsstångens bakre del
Spärr
Låsclips
Justerstång
Tryckstångens främre del
Klammer
Växlingsstångens främre del
Bussning
Bricka
Kulhållare
Kulklack
Växellådans arm
Växlingsaxel i växellådan
Låsbult

Felsökning - manuell växellåda

Dålig synkronisering

☐ Slitna synkringar

Växlarna hoppar ur

☐ Svag eller brusten hållfjäder
☐ Slitna väljargafflar eller klackar
☐ Svaga synkroniseringsfjädrar
☐ Sliten synkronisering eller slitna drev
☐ Slitna lager eller drev

Missljud vid körning

☐ Slitna lager eller drev

Svårt att lägga i växlar

☐ Slitage i väljarmekanismen
☐ Slitna synkroniseringsenheter
☐ Defekt koppling
☐ Tapplagret på ingående växellådsaxeln skuret i vevaxeländen
☐ Feljusterad växlingsmekanism

Kapitel 7 Automatlåda

För modifieringar och information om senare modeller, se Supplement i slutet av handboken

Innehåll

Svårighetsgrader

Enkelt, passar för novisen med lite erfarenhet		Ganska enkelt, passar nybörjaren med viss erfarenhet		Ganska svårt, passar kompetent hemmekaniker		Svårt, passar hemmekaniker med erfarenhet		Mycket svårt, för professionell mekaniker	

Specifikationer

Typ .... Treväxlad planetväxellåda med hydrodynamisk momentomvandlare och integrerad slutväxel

Identifiering
Växellådornas kodnummer:
087 .... Monterad på femcylindriga modeller
089 .... Monterad på fyrcylindriga modeller

Utväxlingsförhållanden

	087	**089**
Slutväxel	3,08:1. 3,25:1 eller 3,45:1 (beroende på modell och motor)	3,42:1
1:a	2,71:1	2,71:1
2:a	1,50:1	1,50:1
3:e	1,00:1	1,00:1
Backen	2,43:1	2,43:1

Smörjning
Växellåda .... Dexron II typ ATF
Slutväxel:
  3-stegs .... Växellådsolja, viskositet SAE 90, klass API GL5
  4-stegs .... VW/Audi växellådsolja G50, viskositet SAE 75W/90

Momentomvandlare
Bussningens maximala diameter .... 34,12 mm
Bussningens maximala orundhet .... 0,03 mm

Åtdragningsmoment
	Nm
Momentomvandlare till drivplatta	30
Växellåda till motor	55
Fästen till växellådan	40
Fästen till kaross	60
Oljetrågets bultar	20
Oljesilens lock	3
Väljarvajerns klammerbult	8

1 Allmän beskrivning

Automatlådan består av tre huvuddelar. Dessa är momentomvandlaren som är direkt ansluten till motorn, slutväxeln som innefattar differentialen samt planetväxellådan med hydrauliskt drivna flerlamellskopplingar och bromsband. Växellådan innehåller även en oljepump monterad baktill som är kopplad till momentomvandlarens impeller. Denna pump matar automatlådeolja till planetväxlarna, hydraulstyrningen och momentomvandlaren. Oljan har tre olika funktioner, den smörjer rörliga delar, kyler automatlådan och tillhandahåller momentöverföring. Slutväxelns smörjning är separat från växellådan till skillnad från den manuella växellådans smörjsystem där lådan och slutväxeln har ett gemensamt smörjsystem.

Momentomvandlaren är en förseglad enhet som inte kan tas isär. Den är fastbultad på vevaxelns drivplatta och ersätter kopplingen på motorer med manuell låda.

Växellådan är av planettyp med epicykliska drevuppsättningar styrda av bromsar och kopplingar via ett hydrauliskt styrsystem. Rätt växel väljs genom en kombination av tre styrsignaler. En manuell ventil styrd av växelväljarvajern, en manuell ventil styrd av gaspedalen och en regulator för hydraultrycket. Växelväljarvajern och växelväljaren låter föraren välja en specifik växel och därmed förbigå automatiken om så önskas.

Signalen från gaspedalen bestämmer korrekt växel för önskat accelerationstempo och tryckregulatorn bestämmer korrekt växel för aktuellt motorvarv.

I och med behovet av speciell testutrustning, komplexiteten i vissa delar och kravet på total renlighet vid arbete med automatlådor är de arbeten som hemmamekaniker/ägare kan utföra begränsade. De arbeten som kan utföras av hobbymekaniker tas upp i detalj i följande avsnitt. Reparationsförsök på slutväxelns differential är inte heller att rekommendera.

2 Underhåll och inspektion
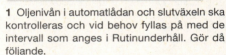

1 Oljenivån i automatlådan och slutväxeln ska kontrolleras och vid behov fyllas på med de intervall som anges i Rutinunderhåll. Gör då följande.
2 Oljenivåerna ska kontrolleras när kraftöverföringen uppnått normal arbetstemperatur (detta inträffar efter ca 10 km körning från kallstart).
3 Bilen ska stå på plan mark, motorn ska gå på tomgång och växelväljaren ska vara i neutralläget (N). Dra upp mätstickan och torka av den med en ren luddfri trasa. Stick in mätstickan och dra omedelbart ut den igen och studera oljenivån. Den ska vara mellan de två märkena på stickan.
4 Om påfyllning behövs ska motorn stängas av. Fyll sedan på behövlig mängd automatlådeolja av specificerad kvalitet genom mätstickans rör. Var noga med att inte fylla på för mycket, lägg märke till att skillnaden mellan övre och nedre märken på stickan är 0,4 liter.
5 Oljenivån i slutväxeln kontrolleras via påfyllningspluggen som finns till höger om drivaxelflänsen på växellådans vänstra sida. Den är enklast att komma åt från bilens undersida.
6 Bilen ska stå på plan mark. Skruva ut påfyllningspluggen med en blocknyckel i rätt storlek och kontrollera att nivån är i jämnhöjd med påfyllningspluggens öppning.
7 Om påfyllning behövs ska specificerad olja fyllas på genom påfyllningspluggens öppning till dess att rätt nivå uppnås. Skruva fast pluggen igen när rätt nivå är uppnådd.
8 Tappa ur och fyll på färsk automatlådeolja med de mellanrum som anges i Rutinunderhåll, följ beskrivningen i avsnitt 3. Det är inte nödvändigt att byta olja i slutväxeln som en del av rutinunderhållet.

3 Automatlådeolja – dränering och påfyllning

1 Detta arbete ska endast utföras i en helt ren och dammfri miljö.
2 Bilen ska stå på plan mark. Placera ett uppsamlingskärl under växellådans oljetråg. Skapa arbetsutrymme under bilen genom att ställa den på pallbockar eller genom att köra upp den på ramper.
3 Skruva ut den mutter som fäster mätstickans rör vid oljetråget, dra ut röret och låt oljan rinna ut.
4 Skruva ur bultarna och demontera oljetråget. Ta bort packningen.
5 Skruva ur bultarna och demontera kåpa, sil och packning.
6 Rengör oljetråg och sil med träsprit och låt dem torka.
7 Montera sil, kåpa och oljetråg i omvänd ordning, använd nya packningar och dra åt bultarna till angivet moment.
8 Montera mätsticksröret och dra åt muttern.
9 Torka av runt mätsticksrörets överdel och dra ut mätstickan.
10 Bilen ska stå plant. Fyll på växellådan med korrekt mängd och kvalitet av automatlådeolja. Använd en ren tratt vid behov.
11 Starta motorn, dra åt handbromsen och välj varje växellådsläge en gång. Lägg in neutralen (N) och låt motorn gå på tomgång. Kontrollera oljenivån med mätstickan och fyll vid behov på till den lägre markeringen.
12 Provkör bilen i 10 km och kontrollera åter oljenivån enligt beskrivning i avsnitt 2.

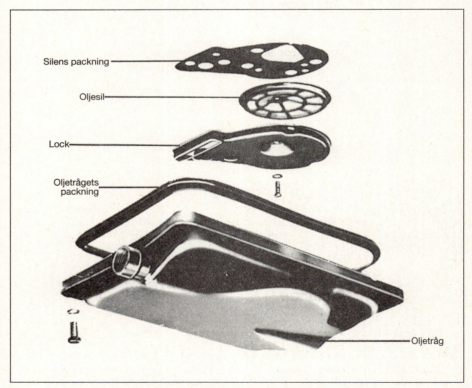

Fig. 7.1 Automatlådans oljetråg och sil (avsnitt 3)

Silens packning

Oljesil

Lock

Oljetrågets packning

Oljetråg

Fig. 7.2 Använd ett specialverktyg till att stötta motorns framkant (avsnitt 4)

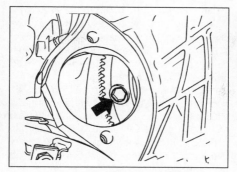

Fig. 7.3 En bult mellan moment-omvandlaren och drivplattan sedd genom startmotoröppningen (avsnitt 4)

Fig. 7.4 Väljararmens vajerfäste på växellådans baksida (avsnitt 4)

4 Automatlåda – demontering och montering

1 Placera bilen över en smörjgrop eller på pallbockar eller ramper. Dra åt handbromsen och klossa hjulen.
2 Lossa batteriets jordledning.
3 Tappa ur kylsystemet enligt beskrivning i kapitel 2.
4 Lossa de två kylslangarna från växellådans oljekylare.
5 Lossa hastighetsmätarvajern från växellådan.
6 Stötta motorns framsida med en lyft eller ett stöd. Fig. 7.2 visar Audis specialverktyg för detta. Den kan användas som vägledning vid tillverkandet av ett liknande stöd om lyft saknas.
7 Demontera startmotorn enligt beskrivning i kapitel 12.
8 Arbeta genom startmotoröppningen och skruva ur de bultar som fäster moment-omvandlaren vid drivplattan samtidigt som startkransen hålls fixerad med en skruvmejsel. Vevaxeln måste vridas så att bultarna efter hand blir åtkomliga genom startmotor-öppningen.
9 Se kapitel 8 och lossa drivaxlarnas inner-knutar från lådans drivflänsar.
10 Lossa väljarvajerns hållare från växel-lådans baksida. Ta ut låsringen och lossa växelväljarvajern från armen.
11 På växellåda 087 ska tryckstången från gaspedallänkaget demonteras.
12 Haka av gaspedalens vajer och lossa den från växellådans stödkonsol.
13 Placera ett uppsamlingskärl under växellådans oljetråg och skruva ut den mutter som fäster mätstickans rör vid oljetråget, dra ut röret och låt oljan rinna ut.
14 Skruva ur de övre bultarna mellan motor och växellåda.
15 På växellåda 089 ska bultarna till gas-vajerns fäste skruvas ur. Lossa vajerändens

låsclips och dra bort vajern och fästet från växellådan.
16 Stötta växellådan med en lämplig garagedomkraft.
17 Skruva ur de nedre bultarna mellan motor och växellåda.
18 Demontera växellådsfästenas bultar och fästen.
19 Anlita en medhjälpare och dra av växel-lådan från motorn. Se till att moment-omvandlaren förblir i fullt ingrepp med växellådans splines.
20 Sänk ned växellådan och förflytta den från bilens undersida.
21 Montering sker med omvänd arbets-ordning. Kom dock ihåg följande:
(a) Se till att momentomvandlaren är i rätt läge och i helt ingrepp med pumpaxelns splines innan växellådan monteras
(b) Montera drivaxlarna, se kapitel 8, montera startmotorn, se kapitel 12
(c) Fyll på kylsystemet, se kapitel 2
(d) Efter monteringen ska gaspedal, trottel, växelväljare och vajrar justeras, se avsnitten 6 och 7. Fyll på olja i växellådan, se avsnitt 3

5 Momentomvandlare – kontroll och dränering

1 Momentomvandlaren är en svetsad enhet. Om den är defekt måste hela enheten bytas. Endast bussningen är utbytbar.
2 Kontrollera att bussningen inte visar tecken på skador eller slitage. Kontroll av slitage kräver en intern mikrometer eller en mät-klocka. Om endera finns tillgänglig ska buss-ningens innerdiameter mätas för att kontrollera att slitaget inte överskrider den gräns som anges i specifikationerna.
3 Demontering av bussningen kräver en utdragare och en draghammare. När en ny bussning monterats måste den ha en diameter inom specifikationerna. Om den inte har det måste en annan bussning monteras. Detta gör det till ett jobb som är bättre lämpat för en Audiverkstad.
4 Kontrollera att momentomvandlarens kyl-flänsar sitter fast.
5 Passa in turbinaxeln i omvandlaren och kontrollera att turbinen snurrar fritt.

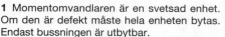

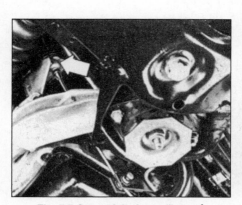

Fig. 7.5 Gaspedalvajerns fäste på växellådans fäste (avsnitt 4)

Fig. 7.6 Kontroll av momentomvandlar-bussningens innerdiameter med en mätklocka (avsnitt 5)

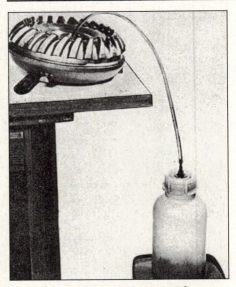

Fig. 7.7 Sifonering av olja från momentomvandlaren (avsnitt 5)

6 Om den från tråget dränerade automat-lådeoljan var smutsig ska även omvandlarens olja tappas ur innan automatlådan monteras.

7 Förbered ett kärl med cirka 2 liters volym, en plastflaska och ett stycke plaströr med maximalt 8 mm ytterdiameter.

8 Placera momentomvandlaren på bänken och stötta den så att den pekar något uppåt.

9 Skär ena änden av plastslangen i en vinkel så att slangänden inte täpps igen om den kommer mot en plan yta och tryck sedan in den änden i momentomvandlaren till dess att den berör botten.

10 Anslut flaskhalsen tätt till den andra slangänden, håll flaskan under moment-omvandlarens nivå och kläm ihop flaskan. När den börjar utvidgas igen kommer hydraulolja att sugas in i flaskan. Så snart som sifonen är igång ska slangen dras ur flaskan och riktas ned i det större kärlet. Sug ut så mycket olja som möjligt från moment-omvandlaren. Efter montering fylls den upp när motorn startar.

6 Gaspedal och länkage – justering

1 Länkaget till gaspedalen måste justeras så att manöverarmen på växellådan är i viloläge när trotteln är stängd. Om denna justering är fel kommer växlingsvarvtalen att bli för höga när trotteln är delvis öppnad och hydraul-trycket i lådan kommer att vara för högt när motorn går på tomgång.

Växellåda 087

2 Innan några justeringar utförs, kontrollera att motorn håller normal arbetstemperatur och att förgasarmodeller har en helt öppen automatchoke.

3 Gå in i motorrummet och haka av länkagets drag- och tryckstänger samt, om monterat, farthållarens styrlänkage.

4 Dra dragstångsarmen mot sitt stopp och kontrollera att dragstångsänden passar enkelt på kulklacken utan att länkaget öppnas. Vid behov, skruva dragstångens ändbeslag i behövlig riktning för att uppnå detta tillstånd.

5 Sätt tillbaka drag- och tryckstängernas ändbeslag på länkaget.

6 Arbeta på bilens undersida och lossa på klammerbulten på tryckstångens växellåds-ände.

7 Växellådsarmen ska föras i kontakt med

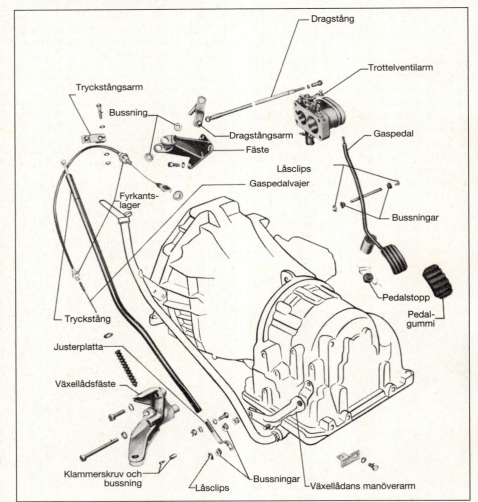

Fig. 7.8 Layout för trottel- och gaspedalvajrar i växellåda 087 (avsnitt 6)

Fig. 7.9 Dragstångens ändjustering – växellåda 087 (avsnitt 6)

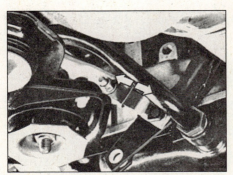

Fig. 7.10 Tryckstångens justering vid klammerbulten – växellåda 087 (avsnitt 6)

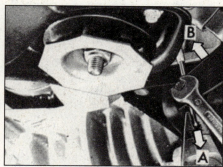

Fig. 7.11 Dra gaspedalvajern i riktning A
och tryck samtidigt armen B mot stoppet –
växellåda 087 (avsnitt 6)

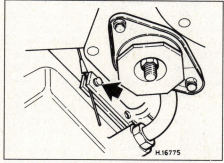

Fig. 7.12 Gaspedalvajerns fäste på
klammerbulten på växellådans
manöverarm – växellåda 089 (avsnitt 6)

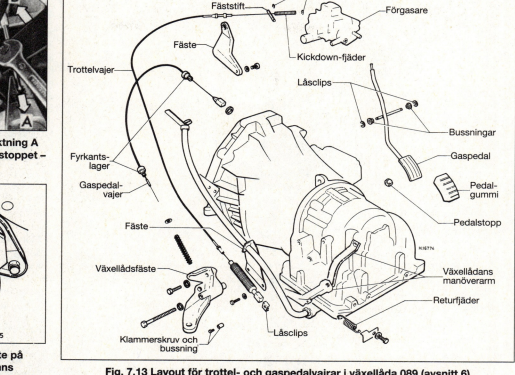

Fig. 7.13 Layout för trottel- och gaspedalvajrar i växellåda 089 (avsnitt 6)

stoppet för ingen trottel och trottelarmen ska
föras i kontakt med tomgångsstoppet. I det
läget ska tryckstångens klammerbult dras åt.

8 Ta ut låsclipset och dra av tryckstångens
ände från växellådsarmen. Haka av retur-
fjädern.

9 Låt en medhjälpare trycka gaspedalen i
botten och hålla den där.

10 Tryck växellådsarmen mot kickdown-
stoppet och håll den på plats.

11 Lossa gaspedalvajerns klammerbult på
växellådsarmen, grip tag i vajeränden med en
tång och dra i den som visat i fig. 7.11. Håll
fast kabeländen och dra åt klammerbulten.

12 Montera tryckstången på växellådsarmen
och haka på returfjädern.

Växellåda 089

13 Observera de justeringskriterier som
angavs i paragraf 2.

14 Arbeta på bilens undersida och lossa
klammerbulten och koppla bort gaspedal-
vajern från växellådsarmen.

15 Lossa de två muttrarna för trottelvajer-
justering på förgasarens fäste.

16 Håll förgasarlänkaget stängt och dra
vajerhöljet genom fästet så att allt spel
elimineras. Håll vajern i detta läge och dra åt
justeringsmuttrarna.

17 Haka av växellådsarmens returfjäder från
växellådan.

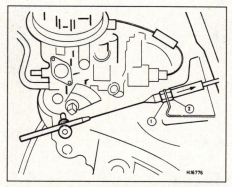

Fig. 7.14 Trottelvajerns justeringsmuttrar 1
och 2 på förgasarfästet – växellåda 089
(avsnitt 6)

*Dra vajerhöljet i pilens riktning så att spelet
elimineras*

18 Låt en medhjälpare trycka gaspedalen i
botten och hålla den där.

19 Tryck växellådsarmen mot kickdown-
stoppet och håll den på plats.

20 Lossa gaspedalvajerns klammerbult på
växellådsarmen, grip tag i vajeränden med en
tång och dra i den som visat i fig. 7.15. Håll
fast kabeländen och dra åt klammerbulten.

21 Sätt tillbaka returfjädern.

22 Kontrollera justeringen genom att trycka

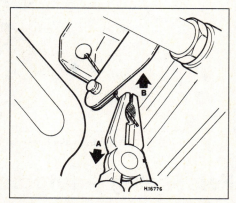

Fig. 7.15 Dra gaspedalvajern i riktningen
för pil A medan manöverarmen B hålls mot
sitt stopp – växellåda 089 (avsnitt 6)

ned gaspedalen till dess att motstånd är
märkbart vid fullgas. Tryck inte ned till
kickdown-läget. Kontrollera att trottelarmen
på förgasarlänkaget är i kontakt med
fullgasstoppet och att kickdown-fjädern inte
är hoptryckt.

23 Tryck sedan gaspedalen i botten.
Kontrollera att växellådsarmen är i kontakt
med kickdown-stoppet och att kickdown-
fjädern vid förgasaren trycks ihop cirka 8 mm.

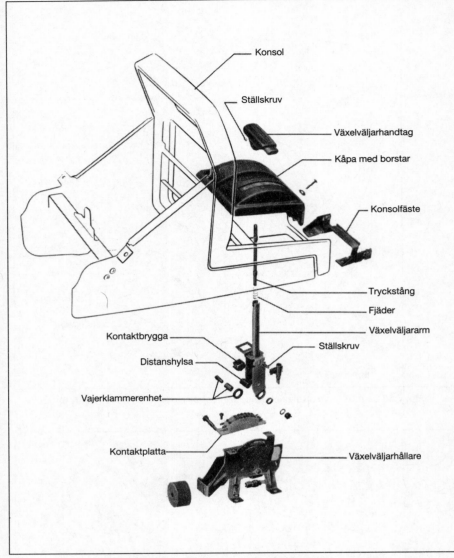

Fig. 7.16 Sprängskiss över växelväljarmekanismen (avsnitt 7)

Labels on figure:
- Konsol
- Ställskruv
- Växelväljarhandtag
- Kåpa med borstar
- Konsolfäste
- Tryckstång
- Fjäder
- Växelväljararm
- Ställskruv
- Kontaktbrygga
- Distanshylsa
- Vajerklammerenhet
- Kontaktplatta
- Växelväljarhållare

7 Väljare och vajer – demontering, montering och justering

1 Lossa batteriets jordledning.
2 Om väljararm eller vajer ska demonteras, se kapitel 11 och demontera mittkonsolen. Om endast justering ska utföras, gå till paragraf 8.
3 Dra ur ledningarna från startspärrbrytaren och växelväljarens lampa.
4 Skruva ur fästbultarna och demontera konsolens främre monteringsbygel.
5 Skruva ut vajerklammerbulten och den mutter som fäster vajern vid växelväljarfästet.
6 Skruva ur bultarna och demontera fästet och växelväljaren från golvet som en enhet.
7 Demontera vajerfästet från växellådan, ta ut låsringen och lossa vajeränden från växelväljaren. Dra ut vajern från bilens undersida.
8 Montering sker med omvänd arbetsordning. Justera vajern enligt följande. För växelväljaren helt framåt till parkeringsläget (P). Lossa klammerbulten och för armen på växellådan helt bakåt till parkeringsläget (P). Dra åt klammerbulten till angivet moment. Smörj väljarspaken och vajertapparna helt lätt med molybdendisulfidfett.

8 Startspärr – demontering, montering och justering

1 Lossa batteriets jordledning.
2 Se kapitel 11 och demontera mittkonsolen.
3 Dra ur ledningarna från startspärrkontakten, skruva ur skruvarna och demontera kontakten.
4 Montering sker med omvänd arbetsordning. Kontrollera innan konsolen monteras att motorn bara kan startas om växelväljarspaken finns i lägena neutral (N) eller parkering (P). Vid behov kan kontakten ruckas till andra lägen inom de förstorade bulthålens räckvidd.

Felsökning – automatlåda

1 Innan automatlådan demonteras för reparation av misstänkt fel är det ett måste att felet spåras och bekräftas. Detta kräver specialisterfarenhet och diverse verktyg och mätare som normalt sett inte finns i en hobbymekanikers verktygsuppsättning.
2 Om ett fel uppstår som inte kan avhjälpas med justering av oljenivån och de justeringar som beskrivs i detta kapitel, ska bilen tas till en Audiverkstad för diagnos och reparation.

Kapitel 8 Drivaxlar

För modifieringar och information om senare modeller, se Supplement i slutet av handboken

Innehåll

Svårighetsgrader

Enkelt, passar för novisen med lite erfarenhet	**Ganska enkelt,** passar nybörjaren med viss erfarenhet	**Ganska svårt,** passar kompetent hemmekaniker	**Svårt,** passar hemmekaniker med erfarenhet	**Mycket svårt,** för professionell mekaniker

Specifikationer

Typ . . . . Drivaxlar av stålrör med inre och yttre universaldrivknutar av typen kula och hållare

Längd (exklusive drivknutar)	**Höger sida**	**Vänster sida**
Modeller med fyrcylindriga motorer:		
Med manuell växellåda	579,2 mm	540,7 mm
Med automatlåda	540,7 mm	598,5 mm
Modeller med femcylindriga motorer:		
Med manuell växellåda	550,9 mm	550,9 mm
Med automatlåda	529,1 mm	582,8 mm

Smörjning av drivknutar . . . . Audi G6 fett

Åtdragningsmoment	**Nm**
Inre drivknutens fästbultar:	
M8	45
M10	80
Drivaxelns låsmutter	280

1 Allmän beskrivning

Drivkraften överförs från differentialen till framhjulen via två drivaxlar av stålrör. Bägge drivaxlarna är försedda med universaldrivknutar av typen kula och hållare i bägge ändar. De yttre knutarna har splines för drivaxeln och hjulnavet. De inre knutarna har splines för drivaxeln och är fastbultade på differentialens drivflänsar.

2 Underhåll och inspektion

1 Inspektera drivaxlar och drivknutar enligt följande, med de intervall som anges i Rutin-underhåll i början av denna handbok.
2 Ställ upp framvagnen på pallbockar.

3 Vrid långsamt på hjulet och inspektera skicket på ytterknutens damasker. Leta efter tecken på sprickor, delningar och slitage på gummit som kan släppa ut fettet ur knuten och släppa in vatten och grus i den. Kontrollera att klammrarna sitter fast och är i gott skick. Utför samma kontroll på innerknutarna (foto). Om skador eller dåligt skick påträffas, arbeta med knutarna enligt beskrivning i avsnitt 4.
4 Fortsätt att snurra på hjulet och leta efter förvridningar eller skador på drivaxlarna. Leta efter spel i knutarna genom att hålla i drivaxeln och försöka vrida på hjulet. Upprepa förfarandet hållande i drivflänsen. Märkbart spel indikerar slitna knutar, slitage på splines eller lösa knuthållarbultar eller lös navmutter.
5 Provkör bilen och leta efter märkbart spel i drivlinan vid växling mellan acceleration och motorbromsning och tvärtom, eller efter vibrationer som känns genom bilen under acceleration. Problem av dessa typer indikerar vanligen slitna drivknutar.

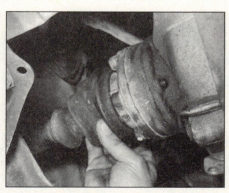

2.3 Kontroll av gummidamasken på drivaxelns innerknut

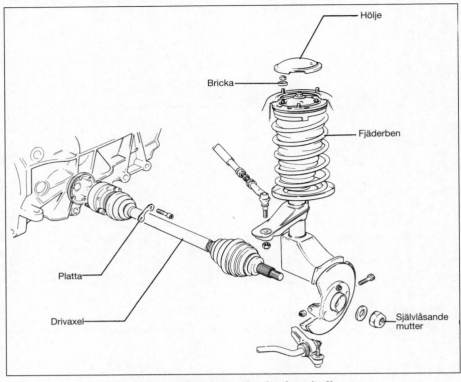

Hölje

Bricka

Fjäderben

Platta

Drivaxel

Självlåsande
mutter

Fig. 8.1 Drivaxelns anslutning (avsnitt 3)

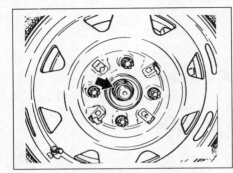

**Fig. 8.2 Drivaxelns låsmutter – vid pil
(avsnitt 3)**

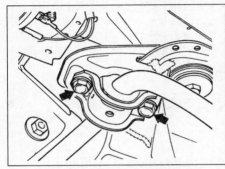

**Fig. 8.3 Krängningshämmarens
klammerbultar – vid pilar (avsnitt 3)**

3 Drivaxlar –
demontering och montering

Modeller med manuell växellåda

1 Demontera navkapseln och skruva ut
drivaxelns låsmutter. Denna är åtdragen till ett
mycket högt moment. Inget försök att lossa
denna ska göras utan att bilens fulla vikt bärs
upp av hjulen.
2 Lossa de fyra hjulbultarna.
3 Lyft upp framvagnen på pallbockar. Ta av
hjulet.
4 Om arbetet är med höger drivaxel ska det
främre avgasröret demonteras, se kapitel 3

vid behov, samt värmeskölden under den inre
drivknuten.
5 Använd en passande hylsa och skruva ut
fästbultarna till den inre drivknuten och ta bort
bultarna komplett med spridarplattorna (foto).
Sära den inre knuten från drivflänsen och
vinkla sedan upp drivaxeln vid sidan om
växellådan.
6 Ge fullt rattutslag åt den sida som drivaxeln
under arbete finns på.
7 Fäst en lämplig avdragare på framnavet
med hjälp av hjulbultarna.
8 Pressa ut drivaxeln ur framnavet med
avdragaren och dra ut axeln från bilens
undersida (foto).

Modeller med automatlåda

9 Utför arbetet enligt beskrivning i para-
graferna 1 till 4.
10 Lossa de två bultar som fäster kräng-
ningshämmarklammern vid tvärbalken på den
sida där arbetet utförs.
11 Skruva ut muttern och demontera
klammerbulten som fäster parallellstagets
kulled vid fjäderbenet. Bänd ner parallellstaget
och lossa kulleden från fjäderbenet (foto).
12 Använd en torxnyckel och skruva ut
fästbultarna till den inre drivknuten och ta bort
bultarna komplett med spridarplattorna. Sära
den inre knuten från drivflänsen.
13 Fäst en lämplig avdragare på framnavet
med hjälp av hjulbultarna.

**3.5 Demontering av innerknutens
fästbultar**

**3.8A Pressa ut drivaxeln med en
avdragare . . .**

**3.8B . . . och ta bort den från navets
baksida**

3.11 Klammerbulten på parallellstagets kulled

3.16A Lägg på låsmedel på drivknutarnas splines

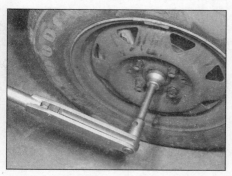

3.16B Dra åt drivaxelns låsmutter när bilen står på alla hjulen

14 För ut fjäderbenets underdel och pressa ut drivaxeln ur framnavet med avdragaren och dra ut axeln från bilens undersida.

Samtliga modeller

15 Flytta inte på bilen när drivaxlarna är demonterade eftersom detta skadar framhjulslagren.

16 Montering sker med omvänd arbetsordning. Kom dock ihåg följande punkter:

(a) Kontrollera att splines och gäng på

ytterknutar är rena och lägg på en 6 mm bred sträng av låsmedel runt splines-änden innan drivaxeln monteras (foto).

(b) Använd alltid en ny mutter till drivaxeln, ny packning mellan innerknut och drivfläns och där tillämpligt ny klammerbult och mutter på parallellstagets kulled.

(c) Dra åt samtliga muttrar och bultar till specificerade moment (foto).

4 Drivaxlar – renovering

1 Demontera drivaxeln enligt beskrivning i föregående avsnitt.

2 Demontera en innerknut genom att först demontera gummidamaskens klammrar och dra ned damasken på axeln och bort från knuten.

3 Använd ett passande dorn till att driva bort skyddshuven från drivknuten.

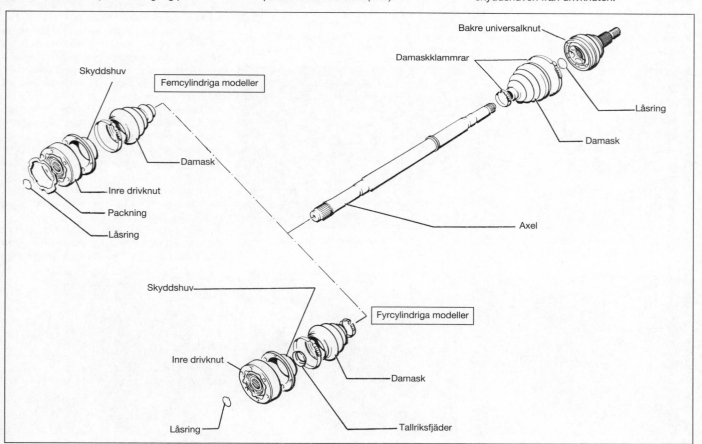

Fig. 8.4 Sprängskiss över drivaxel och drivknutar (avsnitt 4)

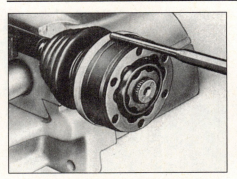

Fig. 8.5 Demontering av skyddshuven från innerknuten (avsnitt 4)

Fig. 8.6 Demontering av ytterknuten (avsnitt 4)

A Låsring
B Driv ut navet i visad riktning

Fig. 8.7 Demontering av kulorna från ytterknuten (avsnitt 4)

4 Ta ut låsringen från drivaxelns ände (foto).
5 Stötta undersidan av kulhållaren och demontera drivaxeln genom att pressa ut den.
6 Ta bort damasken och skyddshuven från drivaxeln tillsammans med tallriksbrickan om monterad.
7 Demontera en innerknut genom att först demontera gummidamaskens klammrar och damasken ned efter axeln och bort från knuten (foto).
8 Ta ut låsringen och knacka bort knuten från axeln med ett dorn av mjuk metall mot innerkanten av navet (fig. 8.6).
9 Dra av gummidamasken från drivaxeln.
10 Innan isärtagningen av ytterknuten

påbörjas ska navets läge i relation till hållare och hus märkas upp. I och med att delarna är härdade måste detta göras med en slipsten eller med färg.
11 Vrid nav och hållare och ta ut en kula i taget.
12 Vrid hållaren till dess att de två rektangulära öppningarna är i linje med huset och ta sedan bort hållare och nav.
13 Vrid navet till dess att ett segment kan tryckas in i en av de rektangulära öppningarna i hållaren och vrid sedan ut navet ur hållaren. Knutens delar utgörs av matchande uppsättningar vilket gör att ingen enstaka del kan bytas ut. Om det är för stort spel i knuten,

vilket märks vid växling mellan acceleration och motorbroms eller *tvärtom* måste en ny knut monteras. Byt dock inte ut en knut bara därför att delarna polerats av slitage och att kulspår är synliga.
14 När en knut sätts ihop ska allt gammalt fett tas bort. Använd ny låsring, gummidamask och nya klammrar. Använd endast av Audi rekommenderat specialfett vid inpackning av knutarna – se specifikationerna.
15 Tryck in en halv påse fett (45 g) i drivknuten och montera hållare och nav i huset. Se till att det blir möjligt att placera de gjorde märkena i linje efter det att kulorna satts in.
16 Pressa in kulorna i navet från alternerade sidor. När alla sex satts in, kontrollera att passmärkena på navet, hållaren och huset är i linje med varandra.
17 Montera en ny låsring i spåret i navet och kläm in resten av fettet i knuten så att den totala mängden blir 90 g.
18 Innerknutar tas isär på liknande sätt. Vrid nav och hållare och pressa ut dem ur huset som visat i fig. 8.10.
19 Pressa ut kulorna ur hållaren och placera de två skårorna i linje med varandra och ta ut navet från hållaren (fig. 8.11).
20 När knuten sätts ihop ska halva laddningen fett pressas in på vardera sidan om knuten. Lägg märke till att på fyrcylindriga

Fig. 8.8 Demontering av hållare och nav från ytterknuten (avsnitt 4)

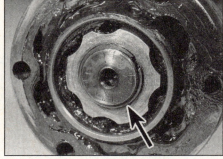

4.4 Drivknutens låsring (pil)

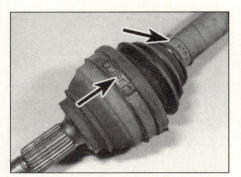

4.7 Gummidamaskens klammrar (pilar)

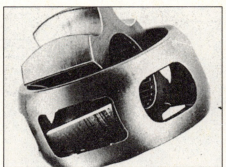

Fig. 8.9 Demontering av ytterknutens nav från hållaren (avsnitt 4)

Fig. 8.10 Demontering av innerknutens nav och hållare (avsnitt 4)

Fig. 8.11 Demontering av innerknutens nav från hållaren (avsnitt 4)

Pilen anger spår

Fig. 8.12 Ihopsättning av innerknuten (avsnitt 4)

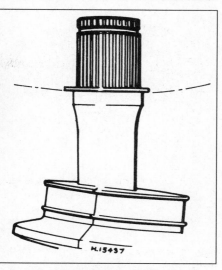

Fig. 8.13 Korrekt placering av tallriksbrickan på inneränden av drivaxeln (avsnitt 4)

motorer är den totala fettmängden i varje innerknut 90 g och på femcylindriga motorer är mängden 120 g. Kontrollera att avfasningen på splinesnavet är vänt mot den större diametersidan av den yttre delen. Det blir nödvändigt att vrida knutnavet vid ihopsättningen så att kulorna kommer i linje med skårorna.

21 Det är rekommendabelt att montera nya damasker på axeln, en defekt damask innebär att det snart blir dags att byta knut tack vare slitaget från grus i knuten. Montera damaskerna på axeln och fyll upp dem med eventuellt överblivet fett.

22 Montera tallriksbrickan (om befintlig) på drivaxelns inre ände och placera skyddshuven på damasken. Observera att den konkava sidan av tallriksbrickan ska vara vänd mot knuten.
23 Pressa på innerknuten på drivaxeln och säkra den med en ny låsring.
24 Knacka på skyddshuven på den yttre delen.
25 Placera ytterknuten i läge mot drivaxeländen och knacka in den på axeln med en träklubba till dess att låsringen greppar i spåret.
26 Montera nya klammrar på vardera damaskändarna. Placera damaskerna över knutarna och dra åt klammrarna. Om den damask som monteras på innerknuten är av en typ med ventilationshål ska den inre (mindre) klammern inte monteras.
27 Där tillämpligt ska en ny packning monteras på fogytan genom att skyddsfilmen skalas av och att packningen fästs på monteringsytan.

Felsökning – drivaxlar

Vibration och missljud vid fulla rattutslag

☐ Slitna drivknutar

Missljud när drivkraften greppar in eller vid växling mellan acceleration och motorbromsning

☐ Slitna drivknutar
☐ Slitage i framhjulsnav och drivaxelns splines
☐ Lösa bultar eller lös mutter på drivaxeln

Anteckningar

Kapitel 9 Bromssystem

För modifieringar och information om senare modeller, se Supplement i slutet av handboken

Innehåll

Svårighetsgrader

Enkelt, passar för novisen med lite erfarenhet	**Ganska enkelt,** passar nybörjaren med viss erfarenhet	**Ganska svårt,** passar kompetent hemmekaniker	**Svårt,** passar hemmekaniker med erfarenhet	**Mycket svårt,** för professionell mekaniker

Specifikationer

Systemtyp	Diagonalt tvåkrets servoassisterat hydrauliskt bromssystem med tryckregulator i den bakre hydraulkretsen och vajermanövrerad handbroms. Låsningsfria bromsar finns på vissa modeller

Bakre bromsar

Typ	Trumma med enkel ledande back eller skiva med enkelkolvs flytande ok
Trumbromsar:	
Trumdiameter:	
Ny	230,0 mm
Slitagegräns	231,0 mm
Maximal trumdiameter efter bearbetning	230,5 mm
Maximalt kast på trumman	0,1 mm
Maximalt sidokast på trumman vid kontaktytan mot hjulet	0,2 mm
Minsta beläggningstjocklek på bromsback	2,5 mm
Hjulcylinderns kolvdiameter	17,46 mm
Skivbromsar:	
Fabrikat	Girling eller Teves
Skivdiameter	245,0 mm
Skivtjocklek:	
Ny	10,0 mm
Slitagegräns	8,0 mm
Minsta skivtjocklek efter bearbetning	8,5 mm
Maximalt kast på bromsskiva	0,06 mm
Minsta tjocklek på bromskloss	7,0 mm inklusive stödplatta

Främre bromsar

Typ	Skiva med enkelkolvs flytande ok
Fabrikat	Girling eller Teves
Skivdiameter	256,0 mm

Skivtjocklek:

Ny	22,0 mm
Slitagegräns	20,0 mm
Minsta skivtjocklek efter bearbetning	20,5 mm
Maximalt kast på bromsskiva	0,06 mm
Minsta tjöcklek på bromskloss	7,0 mm inklusive stödplatta

Bromsoljetyp/specifikation ....

Hydraulolja enligt FMVSS 116 DOT 4

Åtdragningsmoment

	Nm
Okets styrstiftsbultar (Girling)	35
Okets styrstift (Teves)	25
Främre okfästet till fjäderbenet	125
Bakre okfästet till bakaxeln	65
Bromsköldens fäste till axel (trumbromsar)	30
Huvudcylinder till servo	25
Servoenhet till torpedplåt	25
Fäste till tryckregulatorns fjäder	25

1 Allmän beskrivning

Bromssystemet är av typen tvåkrets servoassisterad hydraulik med skivbromsar fram och skiv- eller trumbromsar bak beroende på modell. Hydrauliken är delad i två oberoende diagonala kretsar som vardera manövrerar ett fram- och ett bakhjul från en dubblerad huvudcylinder. Under normala omständigheter arbetar bägge kretsarna synkront. Om endera kretsen tappar hydraultrycket finns fortfarande full bromseffekt på två hjul. En bromstrycks-regulator finns inbyggd i den bakre hydraulkretsen. Denna reglerar trycket på vardera bakre bromsen och minskar risken för att bakhjulen låser vid hård inbromsning.

Främre skivbromsarna manövreras av ett flytande enkelkolvsok. På modeller med trumbromsade bakhjul manövreras de ledande och släpande backarna av dubbel-kolvs hjulcylindrar som är självjusterande i och med användning av bromsarna. På modeller med skivbromsade bakhjul används flytande enkelkolvsok liknande dem på framhjulen. På samtliga modeller ger en vajermanövrerad handbroms en oberoende mekanisk möjlighet att bromsa bakhjulen.

Bromsservon är av konventionell vakuum-styrd typ på modeller med manuell styrning och hydraulisk typ på modeller med servo-styrning. Systemtrycket till hydraulservon skapas av styrningens pump och upprätthålles i en tryckackumulator. Detta tryck matas till servon på begäran för att minska den pedal-kraft som krävs när inbromsning sker.

Låsningsfria bromsar (ABS) finns även som tillbehör eller standardutrustning beroende på modell. Mer information om dessa finns i relevanta avsnitt i detta kapitel.

⚠ **Varning: För modeller med låsningsfria bromsar (ABS) gäller vissa föreskrifter vid arbete med bromssystemet. Se avsnitt 28 innan något av de arbeten som beskrivs i detta kapitel påbörjas.**

2 Underhåll och inspektion

1 Följande underhållsarbete på broms-systemets delar ska utföras med de intervaller som anges i Rutinunderhåll i början av denna handbok.
2 Kontrollera hydrauloljenivån och fyll vid behov på med specificerad olja till MAX-märket i huvudcylinderns behållare (foton). Varje behov av regelbunden påfyllning indikerar att det finns en läcka i systemet. Denna måste omedelbart undersökas och åtgärdas.
3 Kontrollera de främre och bakre broms-klossarna eller bromsbackarna beroende på modell och inspektera skicket på skivor/trummor. Detaljinstruktioner finns i avsnitten 3, 10 och 7.
4 Kontrollera skicket på hydraulrör och slangar enligt beskrivning i avsnitt 16. Kontrollera samtidigt skicket på handbroms-vajrarna, smörj exponerade vajrar och länkar (foto) samt, vid behov, justera handbromsen enligt beskrivning i avsnitt 19.
5 Byt bromsolja med angivna mellanrum genom att dränera systemet och fylla på med färsk olja enligt beskrivning i avsnitt 17.

2.2A Fyll på huvudcylinderns behållare ...

2.2B ... till dess att nivån når MAX-märket (pil)

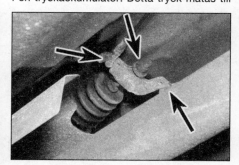

2.4 Smörj de exponerade handbromsvajrarna och länkaget med universalfett

3 Främre bromsklossar –
inspektion och byte

1 Lyft upp framvagnen på pallbockar. Demontera bägge framhjulen.

2 Kontrollera bromsklossarnas tjocklek genom att titta genom öppningen på okets framsida. Om beläggningstjockleken på någon kloss är nära eller under slitagegränsen måste samtliga fyra klossar bytas som en komplett sats.

Girling-ok

3 Dra ut slitageindikatorns kontakt och skruva ut den undre styrstiftsbulten medan styrstiftet hålls på plats med en andra blocknyckel.

4 Vrid oket uppåt, dra ut de två bromsklossarna och demontera kolvens värmesköld. Om bromsklossarna ska sättas tillbaka ska de märkas så att de monteras på sina respektive ursprungsplatser.

5 Borsta av smuts och damm från ok, kolv, skiva och klossar men **andas inte in dammet** eftersom detta är hälsovådligt.

6 Vrid bromsskivan för hand och skrapa bort rost och beläggningar. Inspektera hela skivans yta. Om det finns tecken på sprickor, djupare märken eller allvarlig förslitning måste skivan bytas ut. Kontrollera även att oket inte visar upp tecken på läckage runt kolven eller andra skador. Byt kolvpackningar eller ok vid behov.

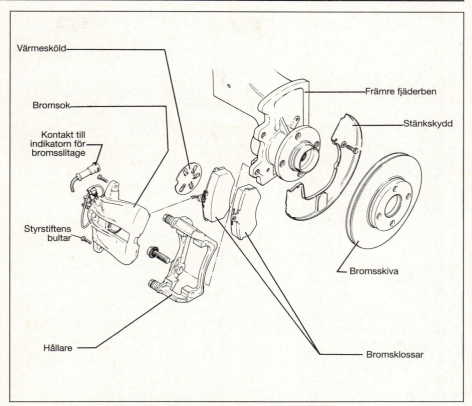

Fig. 9.1 Sprängskiss över Girling skivbroms (avsnitten 3 och 4)

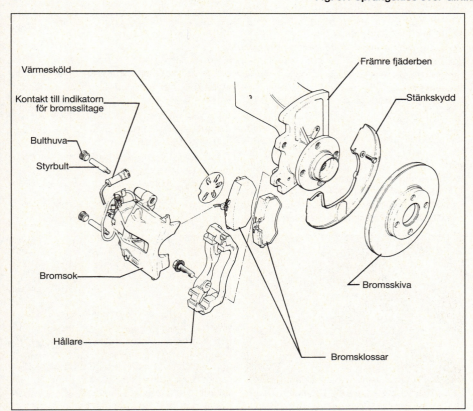

Fig. 9.2 Sprängskiss över Teves skivbroms (avsnitten 3 och 4)

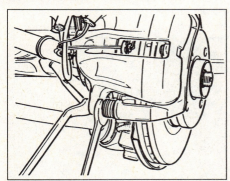

**Fig. 9.3 Demontering av nedre styrstiftsbult
– Girling-ok (avsnitt 3)**

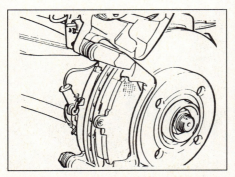

**Fig. 9.4 Vrid oket uppåt så att klossarna
kan tas ur – Girling-ok (avsnitt 3)**

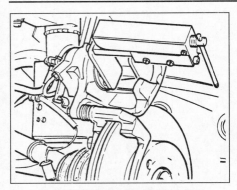

Fig. 9.5 Audis specialverktyg för intryckande av bromsokets kolv – Girling-ok (avsnitt 3)

7 Om nya klossar ska monteras ska kolven först tryckas in i loppet med en tving eller lämpliga träblock. När detta görs, kontrollera att inte bromsoljan svämmar över vid behållaren. Vid behov ska en del bromsolja sugas upp från behållaren med en ren mjuk plastflaska. **Varning: Bromsolja är giftig och skall under inga som helst omständigheter sifoneras med munnen.**

8 Placera en ny värmesköld på kolven och placera sedan klossarna i lägen mot skivan.

9 Vrid oket över klossarna och fäst det med en ny styrstiftsbult, åtdragen till angivet moment.

10 Sätt tillbaka kontakten till slitage-indikatorn, montera hjulen och ställ ned bilen på marken.

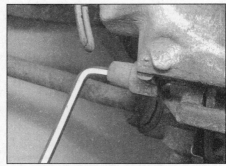

3.13A Skruva ur styrbultarna . . .

3.13B . . . och lyft undan oket

3.12A Dra ut varningslampans kontakt . . .

11 Tryck ned bromspedalen ett antal gånger så att kolven kommer i kontakt med klossarna. Kontrollera och fyll vid behov på bromsoljan i huvudcylinderns behållare.

Teves-ok

12 Dra ut slitageindikatorns kontakt och demontera plasthuvarna över styrbultarna (foton).

13 Använd en insexnyckel till att skruva ur övre och nedre styrbultar, lyft av oket (foton). Häng upp oket på lämplig plats under hjulhuset med en snörstump. Låt det inte hänga enbart i hydraulslangen.

14 Dra ut de två bromsklossarna från hållaren (foton). Om bromsklossarna ska sättas tillbaka ska de märkas så att de monteras på sina respektive ursprungsplatser.

15 Innan montering av klossarna, se para-graferna 5, 6 och 7,

16 Placera klossarna i läge på hållaren och montera oket.

17 Tryck in styrbultarna och dra åt dem till angivet moment.

18 Montera styrbultshuvarna och stick in kontakten till slitageindikatorn.

19 Montera hjulen och ställ ned bilen på marken.

20 Tryck ned bromspedalen ett antal gånger så att kolven kommer i kontakt med klossarna. Kontrollera och fyll vid behov på bromsoljan i huvudcylinderns behållare.

3.14A Dra ut yttre . . .

3.12B . . . och styrbultarnas plasthuvar

4 Främre bromsok – demontering och montering

Notera: *På modeler med låsningsfria bromsar, se avsnitt 28 innan du fortsätter.*

1 Ställ framvagnen på pallbockar. Demontera aktuellt framhjul.

2 Dra ut slitageindikatorns kontakt.

3 Använd en bromsslangklämma eller en självlåsande tång med skyddade käftar och kläm ihop den flexibla bromsslangen. Detta minimerar förlusten av bromsolja under följande arbeten.

4 Skruva ut kopplingen mellan rör och slang vid oket, ta ut låsringen och lyft undan slangen.

Girling-ok

5 Skruva ut den undre styrstiftsbulten medan styrstiftet hålls på plats med en andra blocknyckel.

6 Skruva ut den övre styrstiftsbulten på samma sätt, lyft undan oket, lämna klossar och hållare på plats.

7 Vid behov demonteras hållaren, komplett med klossar från fjäderbenet.

Teves-ok

8 Demontera plasthuvarna och skruva ut övre och undre styrbultar med en insexnyckel.

3.14B . . . och inre bromsklossarna

9 Lyft undan oket, lämna klossar och hållare på plats.

10 Vid behov demonteras hållaren, komplett med klossar från fjäderbenet.

Girling-ok och Teves-ok

11 Montering sker med omvänd arbetsordning. Se till att samtliga fogytor är rena, dra åt samtliga förband och anslutningar till angivet moment. Använd nya styrstiftsbultar på Girling-ok.

12 Efter avslutat arbete ska hydraulsystemet avluftas enligt beskrivning i avsnitt 17.

5 Främre bromsok – renovering

1 Demontera oket enligt beskrivning i avsnitt 4 och rengör det utvändigt. Var extra försiktig så att inget främmande föremål kommer in i bromsröret.

2 Använd en fotpump eller tryckluft till att blåsa ut kolven ur cylindern. Placera en träkloss i ramen så att kolven inte skadas. Demontera dammskyddet.

3 Peta ut packningen ur loppet med ett trubbigt föremål, var försiktig så att inte cylinderloppet repas.

4 Tvätta okets delar noga i träsprit och låt det torka.

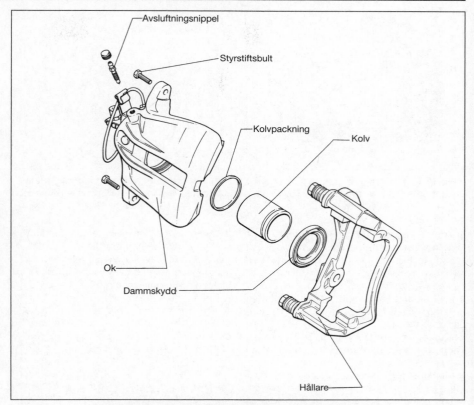

Fig. 9.6 Sprängskiss över Girling främre bromsok (avsnitt 5)

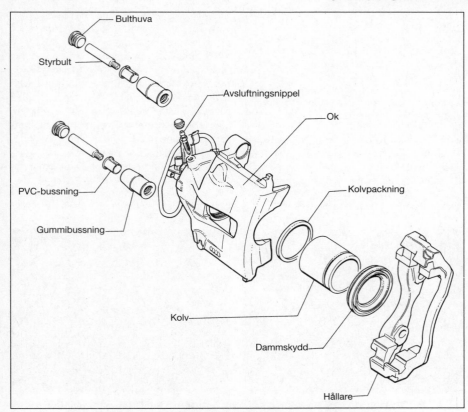

Fig. 9.7 Sprängskiss över Teves främre bromsok (avsnitt 5)

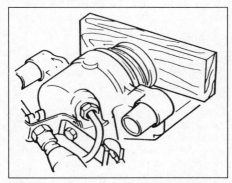

Fig. 9.8 Använd tryckluft till att trycka ut bromsokets kolv – Teves-ok (avsnitt 5)

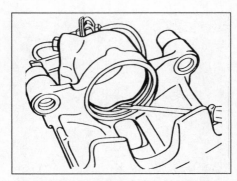

Fig. 9.9 Demontering av kolvpackningen från oket – Teves-ok (avsnitt 5)

Fig. 9.10 Montera dammskyddet så som visat innan kolven monteras – Teves ok (avsnitt 5)

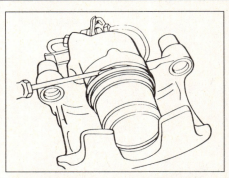

Fig. 9.11 Montering av dammskyddets tätningsläpp i cylinderloppet – Teves ok (avsnitt 5)

5 Kontrollera att inte kolv eller lopp visar tecken på skador, repor eller korrosion. Om sådana tecken finns ska oket bytas. Byt även styrstift och/eller bussningar som visar minsta tecken på skador.

6 Om delarna är i gott skick, skaffa en reparationssats med nya packningar och dammskydd.

7 Montera en ny tätning i spåret i loppet. Lägg ett tunt lager bromspasta på tätningen och i loppet.

8 Montera dammskyddet på kolven som visat i fig. 9.10 och för upp kolven mot cylindern, placera tätningsläppen på dammskyddet i loppets spår med en skruvmejsel.

9 Täck kolven med bromspasta och tryck in kolven i loppet till dess att dammskyddets yttre läpp snäpper i läge i spåret i kolven.

6 Främre bromsskiva – demontering och montering

1 Ställ framvagnen på pallbockar. Demontera tillämpligt framhjul.

2 Vrid på skivan och leta efter tecken på djupa märken eller skåror. Grunda märken är normalt, men om de är för djupa måste skivan bytas eller slipas om av en kvalificerad verkstad. Kontrollera skivans tjocklek på flera platser med hjälp av en mikrometer.

3 Demontera skivan genom att lossa de två bultarna som fäster okhållaren vid fjäderbenet. Dra ut oket, komplett med klossar, från skivan och lägg det åt sidan. Undvik att sträcka på bromsslangen.

4 Dra av skivan från navflänsen.

5 Montering sker med omvänd arbetsordning. Kontrollera att kontaktytan mellan skivan och navet är helt ren och dra åt fästbultarna till angivet moment.

7 Bakre bromsbackar – inspektion och byte

1 Tjockleken på de bakre bromsbeläggen kan kontrolleras utan att bromstrummorna demonteras. Ta ut gummipluggen ovanför handbromsvajerns ingång på bromsskölden. Lys med en ficklampa och kontrollera tjockleken på bromsbeläggen. Om den är nära det minimum som anges i specifikationerna ska en mer noggrann undersökning göras genom att bromstrumman demonteras.

2 Klossa framhjulen och lyft upp bakvagnen på pallbockar. Demontera bakhjulen och lossa handbromsen.

3 Demontera huven från bromstrummans centrum genom att knacka på den på växlande sidor med en skruvmejsel.

4 Dra ut saxsprinten och ta bort låsringen.

5 Skruva ur muttern och ta bort tryckbrickan.

6 Dra ut bromstrumman, se till att det yttre hjullagret inte följer med. Om bromstrumman fastnat på backarna, stick in en liten mejsel genom ett hjulbultshål och bänd upp kilen så att backarna lossnar.

7 Notera läget för bromsbackar och fjädrar och märk upp vid behov så att monteringen underlättas.

8 Tryck ned fjädersätena med en tång och vrid 90°, demontera dem ihop med fjädrarna (foto).

9 Haka av den undre returfjädern från backarna (foto).

10 Lossa backunderdelarna från det nedre fästet och frigör sedan backöverdelarna från hjulcylindrerna och vrid ned så att backbaksidorna blottas (foto).

11 Haka av handbromsvajern och kläm fast backunderdelarna med en tving.

12 Haka av den övre returfjädern och kilfjädern.

13 Såra den släpande backen från den ledande och tryckstången.

14 Haka av spänningsfjädern och demontera tryckstången och kilen från den ledande backen.

15 Borsta bort dammet från trumma, backar och bromssköld men **andas inte in dammet** eftersom det är hälsovådligt. Skrapa bort eventuell rost och beläggningar från trumman.

16 Mät upp tjockleken på bromsbeläggen. Om något är nedslitet till angivet minimum ska alla fyra bromsbackarna bytas.

17 Rengör bromsskölden. Om det finns tecken på förlust av fett från baknavslagren ska packboxen bytas, se kapitel 10. Om hydraulolja läcker från hjulcylindern måste den renoveras eller bytas, se avsnitt 8. Rör inte bromspedalen medan backarna är demonterade. Placera ett gummiband över hjulcylinderkolvarna så att de hålls på plats.

18 Lägg på lite bromsfett på kontaktytorna för tryckstången och handbromsarmen.

19 Kläm fast tryckstången i ett skruvstycke och haka fast spänningsfjädern på tryck-

7.8 Demontera fjädersätena och fjädrarna

7.9 Haka av den nedre returfjädern (pil) från bromsbackarna

7.10 Lossa backens övre placering från hjulcylindern

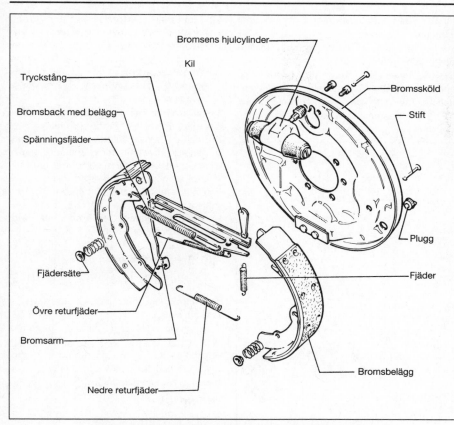

Fig. 9.12 Sprängskiss över bakre trumbroms (avsnitt 7)

Labels in figure:
Tryckstång
Bromsback med belägg
Spänningsfjäder
Fjädersäte
Övre returfjäder
Bromsarm
Nedre returfjäder
Bromsens hjulcylinder
Kil
Bromssköld
Stift
Plugg
Fjäder
Bromsbelägg

7.24 Bromsbackens självjusteringskil och fjäder (pil)

8 Bakhjulscylinder – demontering, renovering och montering

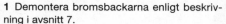

1 Demontera bromsbackarna enligt beskrivning i avsnitt 7.
2 Ta bort huvudcylinderns påfyllningslock och fyll upp behållaren. Lägg en bit polyeten över påfyllningsröret och säkra den med ett gummiband. Detta minimerar oljeförlusten under efterkommande arbeten. Alternativt, använd en bromsslangklämma eller en självlåsande tång med skyddade käftar och kläm ihop den flexibla bromsslangen.
3 Lossa bromsrörskopplingen på baksidan av hjulcylindern.
4 Skruva ut hjulcylinderns fästbultar med en insexnyckel.
5 Skruva loss rörkopplingen och dra ut hjulcylinden från bromsskölden. Vid behov, plugga änden av hydraulröret.
6 Rengör hjulcylinderns utsida, var försiktig så att inte främmande föremål kommer in i röret.
7 Demontera gummidamaskerna från cylinderändarna och dra ut de två kolvarna samt fjädern mellan dem.
8 Kontrollera att cylinderloppet inte visar tecken på märken eller korrosion och att inte kolvar och tätningar är slitna. Om cylindern är

stången och den ledande backen och placera urtaget i backen ovanför tryckstången.
20 Montera kilen mellan tryckstången och backen.
21 Montera handbromsarmen på släpande backen på tryckstången och montera övre returfjädern.
22 Koppla handbromsvajern till handbromsarmen, vrid upp backarna och montera backöverdelarna på hjulcylinderkolvarna.
23 Montera undre returfjädern på backarna och vrid på backunderdelarna på undre fästet.

24 Montera fjädern på kilen och den ledande backen (foto).
25 Montera hållarfjädrarna och sätena.
26 Tryck upp kilen så att maximalt backspelrum uppstår.
27 Montera bromstrumman och justera hjullagren, se kapitel 10.
28 Tryck bromspedalen i botten en gång, så att bakhjulsbromsarna justeras.
29 Upprepa med den andra bakhjulsbromsen och ställ ned bilen på marken.

Fig. 9.13 Demontering av bromsbackens övre returfjäder och kil (avsnitt 7)

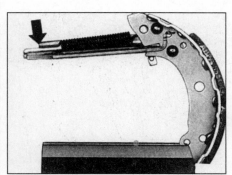

Fig. 9.14 Demontering av spänningsfjäderns ände (pil) och tryckstång från den ledande bromsbacken (avsnitt 7)

Fig. 9.15 Montering av spänningsfjädern och den ledande bromsbacken på tryckstången (avsnitt 7)

godtagbar kan en reparationssats användas. I annat fall ska cylindern kasseras och en ny komplett enhet monteras. Vid renovering ska alla delar i reparationssatsen användas. Rengör alla metalldelar med träsprit om så behövs. *Använd aldrig bensin eller liknande lösningsmedel.* Låt samtliga delar lufttorka eller torka av dem med en ren luddfri trasa.

9 Lägg på bromspasta på tätningarna och montera dem så att den större diametern är vänd mot kolvänden.

10 Smörj kolvarna och loppet med bromspasta. Montera en kolv i ena cylinderänden, sedan fjädern och den andra kolven i den andra änden. Se till att inte tvinga in kolvarna i och med att detta kan förvränga tätningarna.

11 Placera damaskerna över kolvarna och i skårorna på hjulcylindern.

12 Montering sker med omvänd arbetsordning. Avlufta hydraulsystemet enligt beskrivning i avsnitt 17.

9 Bromstrumma – inspektion och byte

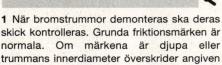

1 När bromstrummor demonteras ska deras skick kontrolleras. Grunda friktionsmärken är normala. Om märkena är djupa eller trummans innerdiameter överskrider angiven slitagegräns ska trumma och nav bytas.

2 Med ett högt miltal följer att friktionsytorna kan vara ovala. Om detta inträffat kan det vara möjligt att svarva om ytan. Detta kräver en kompetent verkstad. Det är dock att föredra att byta trumma och nav.

10 Bakre bromsklossar – inspektion och byte

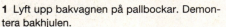

1 Lyft upp bakvagnen på pallbockar. Demontera bakhjulen.

2 Kontrollera skivornas tjocklek genom att titta genom urtaget i oket. Om beläggningstjockleken på någon kloss är vid eller under minimum tjocklek måste samtliga fyra klossar bytas som en komplett sats.

Girling-ok

3 Skruva ut övre och undre styrstiftsbultarna medan styrstiften hålls på plats med en andra blocknyckel (foton).

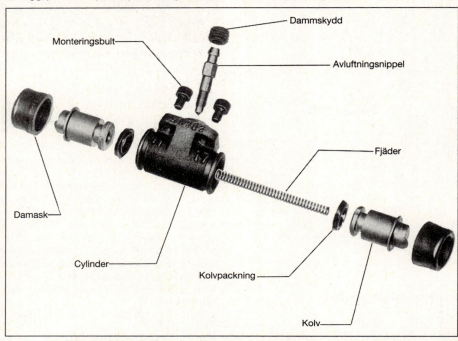

Fig. 9.16 Sprängskiss över bakre trumbromsens hjulcylinder (avsnitt 8)

Labels: Dammskydd, Monteringsbult, Avluftningsnippel, Fjäder, Damask, Cylinder, Kolvpackning, Kolv

10.3A Bakre okets styrstiftsbultar (pilar)

10.3B Demontering av okets övre styrstiftsbult

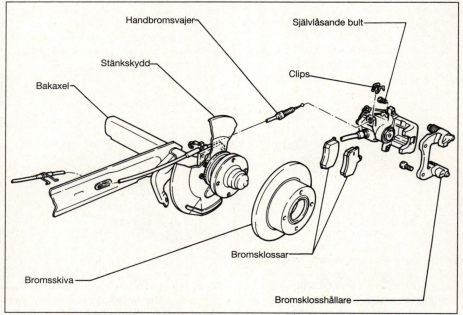

Fig. 9.17 Sprängskiss över bakre skivbroms, modell Girling (avsnitten 10 och 11)

Labels: Handbromsvajer, Självlåsande bult, Stänkskydd, Clips, Bakaxel, Bromsklossar, Bromsskiva, Bromsklosshållare

10.4 Lyft av oket

10.5A Ta ut yttre . . .

10.5B . . . och inre bromsklossar

4 Lyft av oket och häng det åt sidan, undvik att sträcka den flexibla bromsslangen (foto).

5 Dra ur bromsklossarna från hållaren (foton). Om bromsklossarna ska sättas tillbaka ska de märkas så att de monteras på sina respektive ursprungsplatser.

6 Borsta av smuts och damm från ok, kolv, skiva och klossar men **andas inte in dammet** eftersom detta är hälsovådligt.

7 Vrid bromsskivan för hand och skrapa bort rost och beläggningar. Inspektera hela skivans yta. Om det finns tecken på sprickor, djupare märken eller allvarlig förslitning måste skivan bytas ut. Kontrollera även att oket inte visar upp tecken på läckage runt kolven eller andra skador. Byt kolvpackningar eller ok vid behov.

8 Om nya klossar ska monteras ska kolven först tryckas in i loppet genom att den vrids med en lämplig insexnyckel samtidigt som den trycks in (foto). När detta görs, kontrollera att inte bromsoljan svämmar över i behållaren. Vid behov ska en del bromsolja sugas upp från behållaren med en ren mjuk plastflaska. **Varning:** *Bromsolja är giftig och skall under inge som helst omständigheter sifoneras med munnen.*

9 Placera klossarna på plats i hållaren och oket över klossarna.

10 Montera nya styrstiftsbultar och dra åt dem till angivet moment.

Teves-ok

11 Ta bort plasthuvarna från styrbultarna och skruva ut bultarna med en insexnyckel. Skruva bara ut bultarna så långt att oket lossnar, skruva inte ut dem helt.

12 Dra undan oket från bilens centrum, vrid det bakåt och lyft av det från klossarna. För oket åt sidan utan att sträcka på bromsslangen.

13 Dra ut klossarna från hållaren. Om broms-

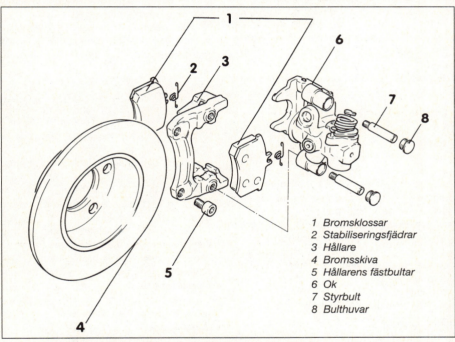

1 Bromsklossar
2 Stabiliseringsfjädrar
3 Hållare
4 Bromsskiva
5 Hållarens fästbultar
6 Ok
7 Styrbult
8 Bulthuvar

Fig. 9.18 Sprängskiss över bakre skivbroms modell Teves (avsnitten 10 och 11)

10.8 Använd en passande insexnyckel i kolvens sexkantiga uttag och vrid medsols för att dra tillbaka kolven

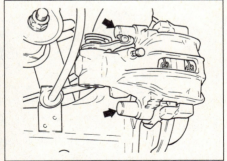

Fig. 9.19 Styrbultarnas plasthuvar (pilar) – Teves-ok (avsnitt 10)

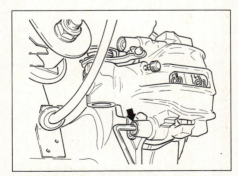

Fig. 9.20 Demontering av undre styrbult med insexnyckel – Teves-ok (avsnitt 10)

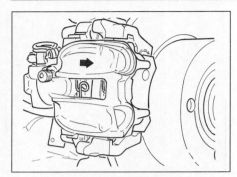

Fig. 9.21 Dra oket i pilens riktning, vrid bakåt och lyft undan – Teves-ok (avsnitt 10)

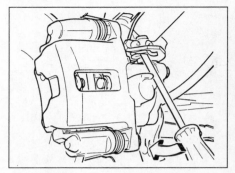

Fig. 9.22 Tryck handbromsarmen på oket mot sitt stopp med en skruvmejsel (avsnitt 10)

Fig. 9.23 Handbromsarmens stoppklack (pil) på det bakre oket (avsnitt 10)

klossarna ska sättas tillbaka ska de märkas så att de monteras på sina respektive ursprungsplatser.

14 Innan klossarna monteras se paragraferna 6, 7 och 8. Notera att med detta ok så dras kolvarna tillbaka genom att de helt enkelt trycks in i loppet med en tving eller en träbit.

15 Placera klossarna i hållaren och montera oket.

16 Fäst oket med styrbultarna som ska dra åt till angivet moment. Sätt tillbaka plasthuvarna.

Girling-ok och Teves-ok

17 Kontrollera att handbromsen inte är åtdragen.

18 Dra tillbaka handbromsarmen på vänster ok med en skruvmejsel så att den vilar mot stoppet (fig. 9.22 och 9.23). Håll armen i detta läge och kontrollera om armen på höger ok också vilar på sitt stopp.

19 Om höger arm dras från sitt stopp under denna procedur ska handbromsvajerns justermutter lossas (fig. 9.24) till dess att bägge armarna vilar mot sina respektive stopp.

20 Stick in en skruvmejsel minst 6 mm bred mellan bromstrycksregulatorns fjäder och rullen på bakaxeln (fig. 9.25).

21 Stäng av motorn, pumpa bromspedalen ca 40 gånger med moderat tryck och

kontrollera att bägge bakre skivorna rör sig fritt med pedalen uppsläppt. Om detta inte är fallet ska proceduren i paragraferna 18 till 21 upprepas samtidigt som handbromsvajerns justerskruv lossas ytterligare.

22 När justeringen är klar, ta bort skruvmejseln från regulatorn, montera hjulen och ställ ned bilen.

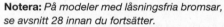

11 Bakre bromsok – demontering och montering

Notera: *På modeler med låsningsfria bromsar, se avsnitt 28 innan du fortsätter.*

1 Lyft upp bakvagnen på pallbockar. Demontera aktuellt bakhjul.

2 Dra ut det clips som fäster handbromsvajern vid oket, haka av vajern från manöverarmen och för vajern åt sidan.

3 Använd en bromsslangklämma eller en självlåsande tång med skyddade käftar och kläm ihop den flexibla bromsslangen. Detta minimerar förlusten av bromsolja under följande arbeten.

4 Lossa, men demontera inte, kopplingen mellan bromsslangen och oket.

Girling-ok

5 Skruva ut övre och undre styrstiftsbultarna

medan styrstiften hålls på plats med en andra blocknyckel.

6 Lyft bort oket, håll i bromsslangen och skruva loss oket från slangen.

7 Vid behov ska hållaren demonteras, komplett med klossar, från bakaxeln.

Teves-ok

8 Ta bort plasthuvarna från styrbultarna och skruva ut bultarna med en insexnyckel. Skruva bara ut bultarna så långt att oket lossnar, skruva inte ut dem helt.

9 Dra undan oket från bilens centrum, vrid det bakåt och lyft av det från klossarna. Håll i slangen och skruva loss oket från slangen.

10 Vid behov ska hållaren demonteras, komplett med klossar, från bakaxeln.

Girling-ok och Teves-ok

11 Montering sker med omvänd arbetsordning. Se till att samtliga fogytor är rena, dra åt samtliga förband och anslutningar till angivet moment. Använd nya styrstiftsbultar på Girling-ok.

12 Avlufta hydraulsystemet enligt beskrivning i avsnitt 17 och utför den grundläggande bromsjusteringen enligt avsnitt 1, paragraferna 17 - 22.

12 Bakre bromsok – renovering

1 Demontera oket enligt beskrivning i avsnitt 11 och rengör utsidan. Var försiktig så att inte främmande föremål kommer in i röret.

Girling-ok

2 Använd passande insexnyckel och skruva ut kolven från cylindern, demontera dammskyddet.

3 Peta ut packningen ur loppet med ett trubbigt föremål, var försiktig så att inte cylinderloppet repas.

4 Tvätta okets delar noga i träsprit och låt det torka.

5 Kontrollera att inte kolv eller lopp visar

Fig. 9.24 Handbromsvajerns justeringsmutter – pil (avsnitt 10)

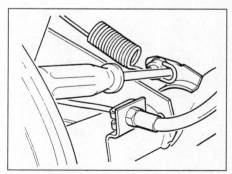

Fig. 9.25 Skruvmejsel instucken mellan bromstrycksregulatorns fjäder och fjäderfäste (avsnitt 10)

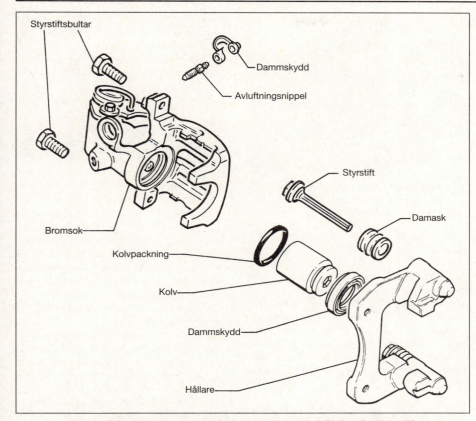

Fig. 9.26 Sprängskiss över bakre bromsok modell Girling (avsnitt 12)

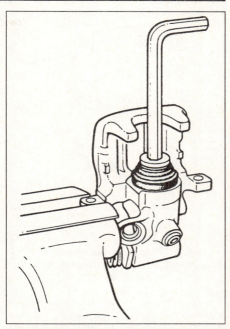

Fig. 9.28 Demontering av kolven från oket med en sexkantsnyckel – Girling-ok (avsnitt 12)

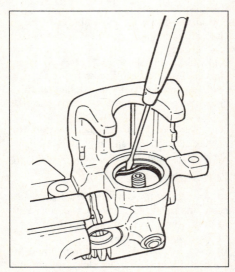

Fig. 9.29 Demontering av kolvpackningen – Girling-ok (avsnitt 12)

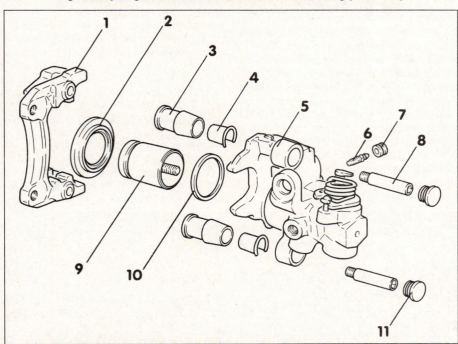

Fig. 9.27 Sprängskiss över bakre bromsok modell Teves (avsnitt 12)

1 Hållare	5 Bromsok	9 Kolv
2 Dammskydd	6 Avluftningsnippel	10 Kolvpackning
3 Gummibussning	7 Huva	11 Bulthuv
4 Teflonbussning	8 Styrbult	

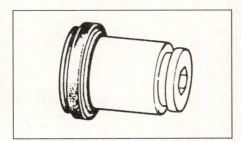

Fig. 9.30 Korrekt placering av dammskydd innan kolvmontering – Girling-ok (avsnitt 12)

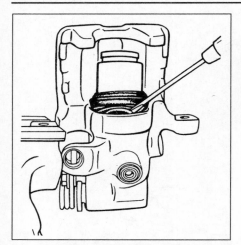

Fig. 9.31 Montera dammskyddets tätningsläpp i cylinderloppets spår – Girling-ok (avsnitt 12)

tecken på skador, repor eller korrosion. Om sådana tecken finns ska oket bytas. Byt även styrstift och damasker som visar minsta tecken på skador.

6 Om delarna är i gott skick, skaffa en reparationssats med nya packningar och dammskydd.

7 Montera en ny tätning i spåret i loppet. Lägg ett tunt lager bromspasta på tätningen och i loppet.

8 Montera dammskyddet på kolven som visat i fig. 9.30 och för upp kolven mot cylindern. Styr in dammskyddets tätningsläpp i cylinderns spår med hjälp av en skruvmejsel.

9 Täck kolven med bromspasta och skruva in den i cylindern, tryck samtidigt ned den. När kolven skruvats in så långt den går, ska tätningens ytterläpp fästas i kolvens spår.

Teves-ok

10 Använd en fotpump eller tryckluft till att blåsa ut kolven ur cylindern. Placera en träkloss i ramen så att kolven inte skadas.

11 Demontera dammskyddet.

12 Peta ut packningen ur loppet med ett trubbigt föremål, var försiktig så att inte cylinderloppet repas.

13 Tvätta okets delar noga i träsprit och låt det torka.

14 Gör en noggrann inspektion av delarna enligt beskrivning i paragraferna 5 och 6. Inspektera och byt vid behov även styrstiftsbussningarna av gummi och teflon.

15 Montera en ny tätning i spåret i cylinderloppet.

16 För in en skruvmejsel genom den gängade insatsen i oket och tryck in insatsen mot sitt stopp. Kontrollera att insatsen roterar fritt.

17 Montera dammskyddet på kolven som visat i fig. 9.3 och lägg på ett tunt lager

Fig. 9.32 Se till att den gängade insatsen trycks mot sitt stopp – Teves-ok (avsnitt 12)

bromspasta på kolven och tätningen samt i loppet.

18 För upp kolven mot cylindern. Styr in dammskyddets tätningsläpp i cylinderloppets spår med hjälp av en skruvmejsel.

19 Vrid något på kolven så att den tar gäng i insatsen. Tryck in kolven i cylindern med en tving eller en träbit. Se till att kolven trycks rakt in så att den automatiska justeringen inte skadas. När kolven tryckts tillbaka ska dammskyddets ytterläpp fästats i kolvens spår.

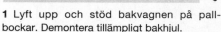

13 Bakre bromsskiva – demontering och bearbetning

1 Lyft upp och stöd bakvagnen på pallbockar. Demontera tillämpligt bakhjul.

2 Vrid på skivan och leta efter tecken på djupa märken eller skåror. Grunda märken är normalt men om de är för djupa måste skivan bytas eller slipas om av en kvalificerad verkstad. Kontrollera skivans tjocklek på flera platser med hjälp av en mikrometer.

3 Demontera skivan, se avsnitt 11, bakre oket och hållaren. Lossa inte på bromsslangen, häng upp oket med ett snöre från hjulhusets undersida.

4 Dra av skivan från navflänsen.

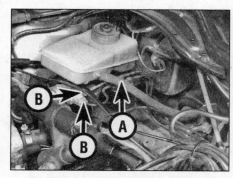

14.3 Kopplingens hydraulslang (A) och bromsrörsanslutningar (B) på vänster sida av huvudcylindern

5 Innan montering, kontrollera att kontaktytorna mellan skivan och flänsen är totalt rena innan skivan placeras i läge.

6 Montera oket enligt beskrivning i avsnitt 11. Notera att det inte är nödvändigt att avlufta hydrauliken.

14 Huvudcylinder – demontering och montering

Notera: *Huvudcylindern är en förseglad enhet som inte kan tas isär för renovering. Om huvudcylindern går sönder måste den bytas som en enhet. På modeller med låsningsfria bromsar, se avsnitt 28 innan du fortsätter.*

1 Ta av påfyllningslocket och sug upp olja med en spruta eller en mjuk plastflaska. Se till att inte spilla på lackeringen. – Om hydraulolja spills ska den omedelbart spolas bort med stora mängder kallt vatten.

2 Sätt tillbaka locket men koppla ur kontakten till varningslampan.

3 Där tillämpligt ska hydraulslangen till kopplingen lossas från behållarens sida (foto).

4 Placera trasor under cylindern och skruva av bromsrörskopplingens muttrar och dra undan rören från huvudcylindern (foto).

5 Skruva ur fästbultarna och dra av huvudcylindern från servoenheten. Ta reda på o-ringen. Tryck inte ned bromspedalen medan huvudcylindern är demonterad.

6 Montering sker med omvänd arbetsordning. Använd alltid en ny o-ring. Avlufta hydrauliken efter montering, enligt beskrivning i avsnitt 17.

15 Bromstrycksregulator – testning och justering

Notera: *På modeller med låsningsfria bromsar, se avsnitt 28 innan du fortsätter.*

1 Bromstrycksregulatorn finns på bakaxelns vänstra sida och styrs av bakaxelns vertikala rörelser.

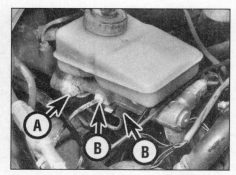

14.4 Huvudcylinderns fästbult (A) och högra sidans bromsrörsanslutningar (B)

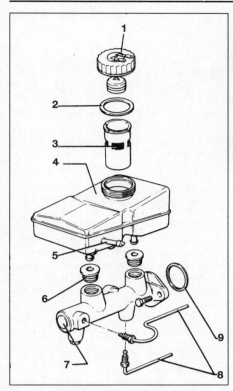

Fig. 9.33 Bromshuvudcylinder och
behållare (avsnitt 14)

1 Styrstift
2 Packning
3 Sil
4 Bromsoljebehållare
5 Anslutning till hydraulisk koppling
6 Plugg
7 Huvudcylinder
8 Bromsrör
9 O-ring

2 Testa regulatorns funktion genom att låta en medhjälpare trycka ned bromspedalen och sedan snabbt släppa upp den. När bilens vikt bärs upp av fjädringen ska regulatorns arm röra sig, vilket indikerar att den inte skurit ihop.

3 För att kunna testa om regulatorn läcker måste tryckmätare anslutas till främre vänstra oket och högra bakre hjulcylindern eller oket. I och med att den utrustningen vanligtvis inte finns hos hemmamekaniker ska detta jobb överlämnas åt en Audiverkstad. Vi beskriver dock proceduren här. Tryck ned bromspedalen så mycket att trycket i främre vänstra oket blir 100 bar. Håll detta tryck i fem sekunder och kontrollera att trycket i högra bakre hjulcylindern eller oket varierar med maximalt 10 bar.

4 Vid justering av regulatorn måste tryckmätarna vara ansluta enligt beskrivning i paragraf 3 och bilen måste ha full tjänstevikt,

15.5 Tryckregulatorfjäderns montering (pil)

inklusive förare och full tank. Studsa bakfjädringen ett antal gånger och tryck ned bromspedalen så mycket att trycket i det främre vänstra oket blir 50 bar. Trycket i bakre hjulcylindern eller oket ska vara mellan 32,5 och 42,5 bar.Om trycket i främre oket är 100 barSka trycket i bakre hjulcylindern eller oket ska vara mellan 54,0 och 71,5 bar.

5 Om trycket i bakre hjulcylindern eller oket är för högt ska fjäderfästet på bakaxeln lossas och flyttas framåt så att spänningen släpper. Om trycket är för lågt ska fjäderfästet flyttas bakåt så att spänningen ökas (foto).

16 Bromsrör och slangar –
demontering och montering

Notera: På modeller med låsningsfria bromsar, se avsnitt 28 innan du fortsätter.

1 Innan ett bromsrör eller en bromsslang demonteras ska påfyllningslocket till huvudcylindern tas bort och behållaren fyllas. Placera en bit polyeten över påfyllningsröret och säkra den med ett gummiband. Detta minimerar oljeförlusten under efterkommande arbeten.

2 Demontera ett bromsrör genom att skruva ut anslutningsmuttrarna i vardera änden, peta upp clipsen och dra ut röret. Montering sker med omvänd arbetsordning.

3 Demontera en bromsslang genom att skruva ur anslutningsmuttern till röret medan slangänden hålls fast. Ta bort clipset och dra ur slangen ur hållaren. Skruva loss den andra änden från delen eller röret beroende på läge, lossa eventuella clips eller hållare och dra ut slangen. Montering sker med omvänd arbetsordning (foto).

4 Avlufta hydraulsystemet enligt beskrivning i avsnitt 17 efter det att slang eller rör monterats och närhelst en anslutning öppnats.

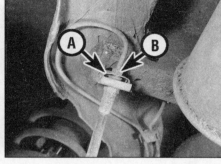

16.3 Bromsslangens anslutningsmutter (A)
och clips (B)

17 Hydraulsystem – avluftning

Notera: På modeller med låsningsfria bromsar, se avsnitt 28 innan du fortsätter.

1 Korrekt funktion av bromsarnas hydraulsystem är endast möjlig efter det att all luft avlägsnats från delar och kretsar. Detta uppnås genom att systemet avluftas. Notera att endast ren bromsolja som inte skakats de senaste 24 timmarna får användas.

2 Om det finns någon möjlighet att felaktig vätska använts i systemet måste samtliga bromsledningar och delar spolas helt rena med oförorenad bromsolja och nya packningar måste monteras på delarna.

3 Återanvänd aldrig bromsolja som tappats ur systemet.

4 Under denna procedur får nivån i bromsoljebehållaren aldrig sjunka under hälften.

5 Kontrollera innan arbetet inleds att alla rör och slangar sitter fast, att alla anslutningar är åtdragna och att avluftningsnipplarna är stängda. Var extra noga med att se till att inte bromsolja kommer i kontakt med lacken, som snabbt skadas av direktkontakt. Spola omedelbart bort utspilld bromsolja med stora mängder kallt vatten.

6 Det finns ett antal gör-det-själv-satser för avluftning av bromsar att få från biltillbehörsaffärer. Följ alltid noggrant tillverkarens medföljande instruktioner. Det är att rekommendera att en av dessa satser används närhelst möjligt, eftersom de väsentligt underlättar arbetet och även minskar risken för att avtappad luft/olja sugs tillbaka in i systemet. Om inte någon sats finns tillgänglig krävs en ren glasskål och en lämplig längd genomskinlig plastslang som passar tätt på avluftningsnippeln samt en medhjälpare.

7 Om bromsolja försvunnit från huvudcylindern på grund av läckage i systemet skall denna läcka först spåras och åtgärdas innan arbetet fortsätter.

8 Om hydraulsystemet endast delvis kopplats ur och lämpliga åtgärder vidtagits för att förhindra oljeförlust bör det endast vara nödvändigt att avlufta den delen av systemet.

9 Om hela systemet ska avluftas ska detta göras i följande ordning:

(1) Höger bakhjulscylinder eller bromsok
(2) Vänster bakhjulscylinder eller bromsok
(3) Höger främre bromsok
(4) Vänster främre bromsok

Notera: *Om systemet avluftas efter demontering och montering av huvudcylindern måste även kopplingen avluftas på modeller med hydrauliskt manövrerad koppling. Detta bör göras* **först,** *enligt beskrivning i kapitel 5.*

10 Avlufta systemet genom att först rengöra området kring avluftningsnippeln och montera avluftningsslangen. Vid behov ska behållaren fyllas på med ren färsk bromsolja.

11 Om det ingår en vakuumservo i systemet ska vakuumet släppas genom att bromspedalen trycks ned flera gånger i snabb följd.

Avluftning – tvåmannametod

12 Skaffa en ren skål och ett stycke slang av gummi eller plast som sitter tätt på avluftningsnipplarna.

13 Skaffa en medhjälpare.

14 Tryck fast ena slangänden över den första avluftningsnippeln och sänk ned den andra änden i skålen, som ska vara fylld med så mycket hydraulolja att slangänden är helt täckt.

15 Öppna avluftningsnippeln ett halvt varv och låt medhjälparen trycka ned bromspedalen i botten innan den långsamt släpps upp igen. Dra åt nippeln i slutet av varje nedåtgående pedalrörelse så att risken för baksug elimineras.

16 Upprepa till dess att ren hydraulolja utan luftbubblor kommer ut i skålen.

17 Dra åt nippeln i slutet av en nedåtgående pedalrörelse och ta bort slangen. Upprepa på de resterande avluftningsnipplarna.

Avluftning – med sats med envägsventil

18 Det finns ett antal gör-det-själv-satser för avluftning av bromsar att få från biltillbehörsaffärer. Det är att rekommendera att en av dessa satser används närhelst möjligt, eftersom de väsentligt underlättar arbetet och även minskar risken för att avtappad luft/olja sugs tillbaka in i systemet. Dessutom försvinner behovet av medhjälpare.

19 Använd satsen genom att koppla den till avluftningsnippeln och öppna nippeln ett halvt varv.

20 Tryck bromspedalen i botten och släpp upp den långsamt. Envägsventilen förhindrar baksug. Upprepa ett flertal gånger så att all luft försvinner från systemet. Vissa satser innehåller en genomskinlig behållare som kan

placeras så att de utpressade luftbubblorna är synliga.

21 Dra åt nippeln och ta bort slangen. Upprepa på de resterande avluftningsnipplarna.

22 Efter avluftningen, tryck ned bromspedalen. Om den fortfarande är "svampig" måste avluftningen göras om i och med att det fortfarande finns luft i systemet.

Avluftning – med tryckavluftningssats

23 Även dessa finns i biltillbehörsbutiker och drivs vanligen av lufttrycket i reservdäcket.

24 Genom att koppla ett tryckkärl till huvudcylindern kan avluftning utföras genom att man helt enkelt öppnar avluftningsnipplarna i turordning och låta hydrauloljan rinna ut till dess att den är bubbelfri.

25 Med denna metod ger en stor reserv hydraulolja ett skydd mot att luft dras in i huvudcylindern under avluftningen. Något som ofta inträffar om oljenivån inte upprätthålles i behållaren.

26 Tryckavluftning är speciellt effektiv vid avluftning av "besvärliga" system eller när hela systemet avluftas i samband med rutinbyte av hydraulolja.

Samtliga avluftningsmetoder

27 Efter avslutat arbete ska oljenivån i huvudcylinderns behållare kontrolleras och vid behov fyllas på.

28 Kontrollera känslan i bromspedalen. Om den känns det minsta svampig finns det luft i systemet vilket kräver ytterligare avluftning. Om total avluftning inte sker efter ett antal försök kan detta bero på att huvudcylinderns packningar är slitna.

29 Kassera utsläppt bromsolja. Den är med största sannolikhet förorenad med fukt, luft och smuts vilket gör den direkt olämplig för ytterligare användning. Ren hydraulolja ska alltid förvaras i lufttäta kärl i och med att den är hygroskopisk (suger upp fukt i luften). Detta sänker kokpunkten och kan inverka menligt

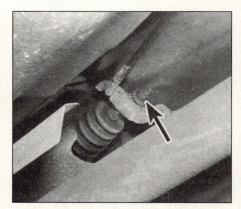

19.4 Handbromsvajerns justermutter (pil)

på bromsarnas prestanda, speciellt vid hårda inbromsningar.

---

18 Bromspedal – demontering och montering

1 Kopplings- och bromspedalerna har ett gemensamt ställ och gemensam pivåtapp. Demontering och montering av bägge pedalerna beskrivs i kapitel 5.

---

19 Handbroms – justering

1 I och med att bakhjulsbromsarna är självjusterande ska justering av handbromsen endast vara nödvändig efter byte av backar eller klossar, eller efter demontering och montering av någon del av handbromssystemet.

2 Justera handbromsen genom att först lyfta upp bakvagnen på pallbockar.

Modeller med bakre trumbromsar

3 Släpp handbromsen helt.

4 Arbeta från bilens undersida, lossa handbromsvajerns justermutter vid vajerkompensatorn (foto).

5 Tryck bromspedalen i botten en gång och släpp upp den.

6 Dra handbromsspaken till tredje hacket i mekanismen.

7 Dra åt vajerjustermuttern till dess att bägge bakbromsarna tar något, men hjulen fortfarande kan vridas för hand.

8 Lossa handbromsen och kontrollera att trummorna snurrar fritt.

9 Smörj justermutterns gängor och kompensatorn med universalfett och ställ ned bilen på marken.

Modeller med bakre skivbromsar

10 Demontera bakhjulen och kontrollera att handbromsen inte ligger i.

11 Arbeta från bilens undersida, dra åt handbromsvajerns justermutter vid vajerkompensatorn (foto 19.4) till dess att handbromsens manöverarmar på bägge oken går fria från sina stoppklackar (fig. 9.23).

12 Lossa sedan handbromsvajerns justermutter två hela varv.

13 Dra tillbaka handbromsarmen på vänster ok med en skruvmejsel så att den vilar mot stoppet (fig. 9.22 och 9.23). Håll armen i detta läge och kontrollera om armen på höger ok också vilar på sitt stopp. Om så inte är fallet, lossa vajerjusteringen till dess att bägge armarna vilar på sina respektive stopp.

14 Smörj justermutterns gängor och kompensatorn med universalfett, montera hjulen och ställ ned bilen på marken.

20 Handbromsspak –
demontering och montering

1 Klossa framhjulen, lyft upp bakvagnen på pallbockar. Släpp upp handbromsen.
2 Arbeta på bilen undersida, lossa handbromsvajerns justermutter (foto 19.4), ta bort brickan och dra av kompensatorn från justerstången.
3 Arbeta från bilen insida och dra upp damasken så att handbromsspakens mekanism blir åtkomlig.
4 Dra ur varningslampans kontakt.
5 Ta ut låsringen, dra ut pivåtappen och ta bort handbromsspaken.
6 Vid behov kan spärrmekanismen tas isär genom att nitskallarna slipas bort så att de inre delarna kan demonteras (fig. 9.34).
7 Montering sker med omvänd arbetsordning. Smörj pivåtappar och kompensator med universalfett. Justera slutligen handbromsen enligt beskrivning i avsnitt 19.

21 Handbromsvajer –
demontering och montering

1 Klossa framhjulen, lyft upp bakvagnen på pallbockar. Demontera tillämpligt bakhjul och släpp upp handbromsen.
2 Lossa handbromsvajerns justermutter vid vajerkompensatorn och lossa vajern från kompensatorarmen.
3 På modeller med trumbromsar ska trumman demonteras enligt beskrivning i avsnitt 7, haka av vajeränden från bromsbacksarmen och dra ut den från bromsskölden.
4 På modeller med bakre skivbromsar, dra ut det clips som fäster handbromsvajern vid oket och lossa vajeränden från manöverarmen.
5 På samtliga modeller, dra ut vajern och genomföringen från den släpande armen, lossa clips och ögla och ta bort vajern från bilens undersida.
6 Montering sker med omvänd arbetsordning. Efter fullbordat arbete, justera vajern enligt beskrivning i avsnitt 19.

22 Vakuumservo –
beskrivning och test

1 Vakuumservoenheten finns placerad mellan bromspedalen och huvudcylindern och hjälper föraren när pedalen trycks ned. Enheten arbetar med vakuum från insugsröret. På vissa modeller ökas vakuumet med en vakuumförstärkare.
2 I princip består enheten av ett membran och en envägsventil. När bromspedalen

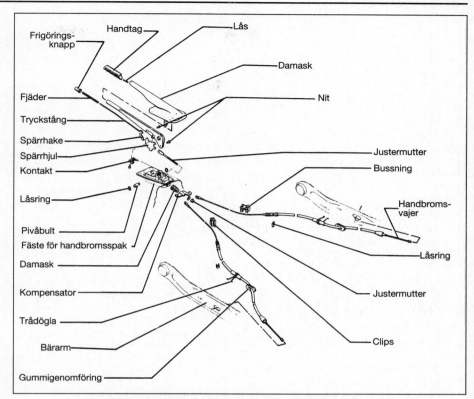

Fig. 9.34 Sprängskiss över handbromsen (avsnitten 19 och 20)

släpps upp leds vakuumet till bägge sidor av membranet. När pedalen trycks ned öppnas ena sidan. Den tryckskillnad som då uppstår hjälper till att trycka ned huvudcylinderns kolvar.
3 Normalt är vakuumservon mycket pålitlig. Om fel uppstår ska den bytas ut. Om den havererar påverkas hydraulsystemet inte, med undantag för att det krävs ett högre pedaltryck.
4 Testa vakuumservon genom att trycka ned bromspedalen att antal gånger medan motorn är avstängd så att vakuumet upphävs. Tryck lagom hårt på bromspedalen och starta motorn. Pedalen ska nu sjunka något om vakuumservon fungerar korrekt.

23 Vakuumservo –
demontering och montering

1 Demontera huvudcylindern enligt beskrivning i avsnitt 14.
2 Demontera bagagehyllan (se kapitel 11, avsnitt 23) så att pedalstället blir åtkomligt.
3 Lossa servotryckstången från bromspedalen, notera i vilket av två hål gaffelstiftet sitter.
4 Arbeta från motorrummet och dra ut envägsventil och vakuumslang från servoenheten.

5 Skruva ur fästmuttrarna och dra ut servoenheten från torpedplåten i motorrummet.
6 Montering sker med omvänd arbetsordning. Dra åt fästmuttrarna till angivet moment och montera huvudcylindern enligt beskrivning i avsnitt 14.

24 Hydaulservo –
beskrivning och test

1 På modeller med servostyrning används en hydraulisk servoenhet till att hjälpa föraren när bromspedalen tycks ned. Servon finns placerad mellan huvudcylindern och bromspedalen och arbetar med hydraultryck, från en tryckackumulator, skapat av servostyrningens pump.
2 Normalt är hydraulservon mycket pålitlig. Om fel uppstår ska den bytas ut. Om den havererar påverkas bromshydraulsystemet inte, med undantag för att det krävs ett högre pedaltryck.
3 Testa enheten genom att först se till att motorn är avstängd och skruva sedan ut returledningens anslutning på servon. När returledningen lossas ska normalt ett par droppar sippra ut från servon. Om hydraulolja rinner ut i ett konstant flöde är dock enheten defekt och måste bytas ut.

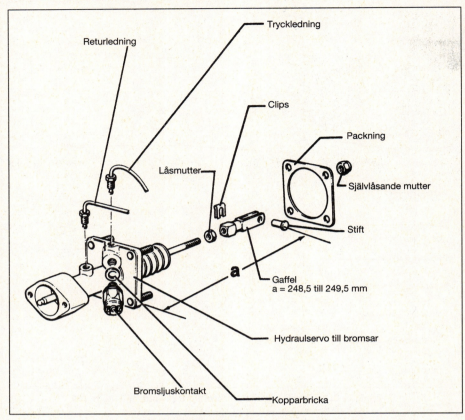

Fig. 9.35 Hydraulisk servo (avsnitt 25)

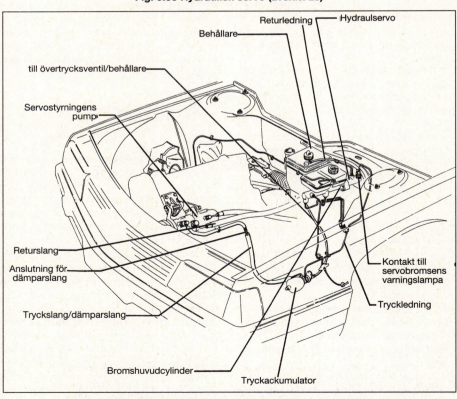

Fig. 9.37 Hydraulservo och tryckackumulator (avsnitten 25 och 26)

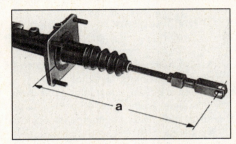

Fig. 9.36 Måttet för hydraulservons tryckstångsinställning (avsnitt 25)

a = 248,5 till 249,5 mm

25 Hydraulservo – demontering och montering

1 Stäng av motorn och tryck ned bromspedalen cirka 20 gånger så att eventuellt kvarvarande systemtryck släpps ut.
2 Demontera huvudcylindern enligt beskrivning i avsnitt 14.
3 Demontera bagagehyllan (se kapitel 11, avsnitt 23) så att pedalstället blir åtkomligt.
4 Dra ur varningslampans kontakt.
5 Lossa de två anslutningsmuttrarna och dra ut tryck- och returledningar från servoenheten.
6 Arbeta inne i bilen och lossa servotryckstången från pedalen och skruva ur servons fyra fästmuttrar.
7 Dra ut servon från torpedplåten i motorrummet. Ta reda på flänspackningen.
8 Montering sker med omvänd arbetsordning. Lägg dock märke till följande:
(a) Kontrollera servotryckstångens längd som visat i fig. 9.36 och justera vid behov genom att ändra gaffelns läge på den gängade tryckstången.
(b) Använd alltid ny flänspackning och nya fästmuttrar som ska dras till angivet moment.
(c) Montera huvudcylindern enligt beskrivning i avsnitt 14.
(d) Efter montering, se kapitel 10 och avlufta servostyrningen.

26 Tryckackumulator – demontering och montering

1 Stäng av motorn och tryck ned bromspedalen cirka 20 gånger så att eventuellt kvarvarande systemtryck släpps ut.
2 Torka rent området kring tryckledningens anslutning på ackumulatorns sida (foto). Skruva ut anslutningsmuttern, dra undan röret och plugga änden så att förlust av hydraulolja undviks.
3 Skruva loss dämparslangen vid anslutningen till röret strax under servostyrningens pump. Plugga bägge slangändarna.

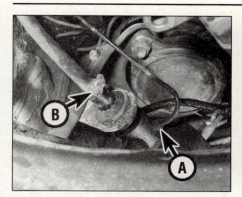

26.2 Tryckackumulatorns trycklednings-anslutning (A) och returledning (B)

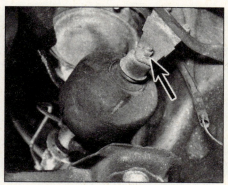

26.5 Tryckackumulatorns främre fästmutter (pil)

4 Lossa klammern och ta bort returslangen från anslutningen på ackumulatorsidan. Plugga slangen.

5 Skruva ut de två muttrar som fäster bakre fästet vid huset och lossa den mutter som håller främre fästet. Dra ut ackumulatorn från fästena och ta ut den ur motorrummet (foto).

6 Montering sker med omvänd arbets-ordning, men se kapitel 10 och avlufta servostyrningen efter fullbordat arbete. Om tryckackumulatorn bytts ska den gamla göras ofarlig innan kasserandet genom att ett 3 mm hål borras i ackumulatorhuset, så att trycket släpps ut. Var försiktig vid detta moment och bär alltid skyddsglasögon.

kan avgöra om ett hjul accelererar eller bromsar i relation till en referenshastighet. Information från styrenheten sänds till hydraulmodulatorn som består av fyra solenoider som vardera styr en intags- och utloppsventil till en broms. Samtliga arbetar oberoende av varandra i tre olika faser:

Tryckuppbyggnadsfasen: Solenoidernas intagsventiler är öppna och bromstrycket från huvudcylindern går direkt till bromsoken.

Konstanttrycksfasen: Solenoidernas intags- och utloppsventiler är stängda och broms-trycket vid oken hålls konstant även om trycket från huvudcylindern ökar.

Tryckreduceringsfasen: Solenoidens intags-ventil är stängd så att trycket i oket inte kan ökas. Utloppsventilen är öppen så att befintligt tryck i oket sänks vilket släpper bromsen. Hydrauloljan returneras till huvudcylindern via returpumpen i hydraulmodulatorn.

Bromscykeln för ett hjul blir därmed följande och är densamma, fast oberoende, för de fyra hjulen.

Hjulens rotationshastighet mäts av givaren och behandlas av styrenheten. Genom jämförelser av signalerna från varje hjul fastställer enheten en referenshastighet och upptäcker varje avvikelse från denna som kan indikera ett låst hjul. Om låsning upptäcks initierar styrenheten konstanttrycksfasen för den berörda bromsen. Om låsningen kvarstår initieras tryckreduceringsfasen så att hjulet kan snurra. Styrenheten återgår då till konstanttrycksfasen till dess att hjulets rotationshastighet överskrider ett förbestämt värde då cykeln upprepas med att styr-enheten återinitierar tryckuppbyggnadsfasen. Denna styrcykel är kontinuerlig och upprepas snabbt till dess att bromspedalen släpps upp eller bilen står stilla.

Ytterligare kretsar inom styrenheten övervakar systemets funktion och informerar föraren om eventuella fel via en varnings-lampa. Om ett fel upptäcks slås systemet av så att normal inbromsning utan låsningsfrihet kan fortsätta.

27 Låsningsfritt bromssystem – beskrivning och funktion

Vissa modeller som tas upp i denna handbok är utrustade med ett låsningsfritt bromssystem (ABS) som standard eller tillval. Systemet kan slås av och på av föraren och används tillsammans med det normala bromssystemet för att ge större stabilitet, bättre styrning vid inbromsning och kortare stoppsträckor under alla inbromsnings-förhållanden. En kort beskrivning av systemet följer.

Varje hjul har en hastighetsgivare som övervakar rotationshastigheten. Givaren består av en magnetisk kärna och en spole och finns monterad på ett förbestämt avstånd från en tandad rotor. Framhjulens rotorer är pressade på drivaxelns yttre knut och bakhjulens rotorer är pressade på baknaven. När ett nav snurrar ändras magnetfältet för givarna vilket inducerar en växelspänning vars frekvens växlar med hjulets rotations-hastighet.

Signalerna från givarna sänds till en elektronisk styrenhet som med hög precision

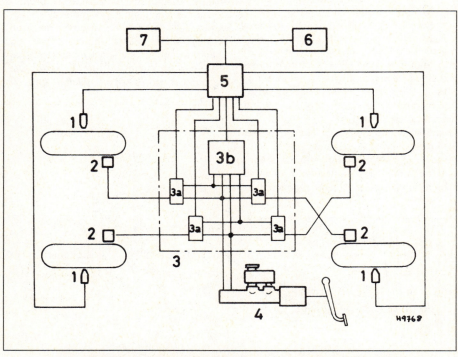

Fig. 9.38 Skiss över layout för låsningsfritt bromssystem (avsnitt 27)

1 Givare för hjulens hastigheter	3a Solenoidventiler	5 Elektronisk styrenhet
2 Bromsok	3b Returpump	6 Indikatorlampa
3 Hydraulisk modulator	4 Bromshuvudcylinder	7 ABS-brytare

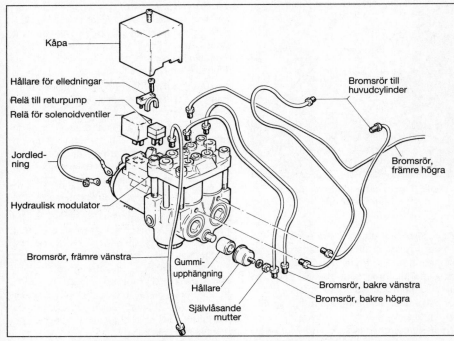

Kåpa

Hållare för elledningar
Relä till returpump
Relä för solenoidventiler

Jordled-
ning

Hydraulisk modulator

Bromsrör, främre vänstra
Gummi-
upphängning
Hållare
Självlåsande
mutter

Bromsrör till
huvudcylinder

Bromsrör,
främre högra

Bromsrör, bakre vänstra
Bromsrör, bakre högra

Fig. 9.39 Hydraulisk modulator och tillhörande delar (avsnitt 29)

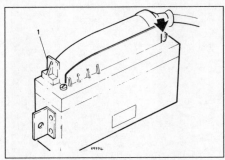

Fig. 9.40 Kontakten till elektronisk styr-
enhet, fjäderklack (pil) och styrklack (1)
(avsnitt 29)

systemfel vilket kräver råd från en Audi-
verkstad.
6 Om avluftning av bromssystemet krävs
efter en reparation måste systemet avluftas
under tryck (se avsnitt 17). Systemet måste
sedan kontrolleras av en lämpligt utrustad
Audiverkstad om reparationerna stört någon
del av det låsningsfria bromssystemet.

28 Låsningsfritt bromssystem – föreskrifter

I och med att det låsningsfria broms-
systemet är så komplext måste följande
föreskrifter iakttagas vid underhåll eller
reparationer på bilar med denna utrustning.
1 När batteriets polskor lossas, kontrollera
alltid att de blir hårt åtdragna vid montering.
2 Dra ur kontakten till styrenheten innan
någon form av elektrisk svetsutrustning
används på bilen.
3 Kontrollera att batteriets jordledning lossats
innan hydraulmodulatorn demonteras.
4 Undvik att utsätta styrenheten för längre
perioder av hög temperatur som exempelvis
lackeringsugn. Max acceptabel temperatur är

95°C i mycket korta perioder eller 85°C i upp
till 2 timmar.
5 Efter varje generellt underhållsarbete eller
enklare reparationer som byte av broms-
klossar, skivor eller handbromsvajer, eller
varje arbete som inte direkt berört delarna i
ABS-systemet måste bilen provköras.
Kontrollera att inte varningslampan tänds när
bilen når en hastighet om 6 km/t. Om
varningslampan då tänds finns det ett

29 Låsningsfritt bromssystem, delar – demontering och montering

Notera: *Se avsnitt 28 innan du fortsätter*

Hydraulmodulator

1 Lossa batteriets jordledning.
2 Demontera modulatorns styrreläer genom
att skruva ur skruven och lyfta på plastlocket.
Dra ut reläna från sina platser. Det stora reläet

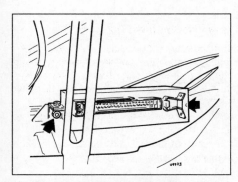

Fig. 9.41 Fästskruvar till elektronisk
styrenhet – pilar (avsnitt 29)

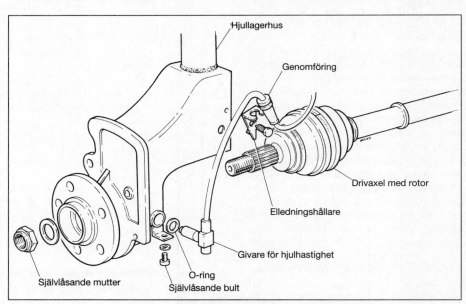

Hjullagerhus

Genomföring

Drivaxel med rotor

Elledningshållare

Givare för hjulhastighet

Självlåsande mutter

O-ring
Självlåsande bult

Fig. 9.42 Montering av framhjulets hastighetsgivare (avsnitt 29)

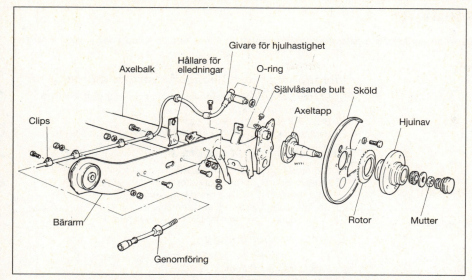

Givare för hjulhastighet
Hållare för
elledningar
Axelbalk
O-ring
Självlåsande bult   Sköld
Axeltapp
Hjulnav
Clips
Bärarm
Rotor   Mutter
Genomföring

Fig. 9.43 Montering av bakhjulens hastighetsgivare (avsnitt 29)

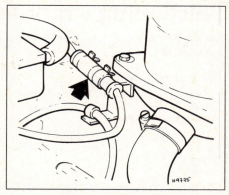

Fig. 9.44 Kontakt till framhjulens hastighetsgivare i motorrummet - vid pil (avsnitt 29)

Fig. 9.45 Kontakt till bakhjulens hastighetsgivare (pil) under baksätet (avsnitt 29)

styr solenoidventilerna och det lilla reläet styr returpumpen. Montering sker med omvänd arbetsordning.

3 Demontera hela modulatorn genom att först lyfta på relälocket och sedan skruva ur klammern och dra ut kontakten. Lossa jordledningen på modulatorhuset.

4 Märk upp varje bromsrörs placering så att monteringen underlättas. Skruva ur alla bromsrörsanslutningar, dra ut rören och plugga omedelbart samtliga öppningar.

5 Lossa modulatorns fästmuttrar och hållare och ta bort modulatorn. Försök inte ta isär denna eftersom den är en förseglad enhet som inte kan repareras.

6 Montering sker med omvänd arbetsordning. Avlufta systemet enligt beskrivning i avsnitt 17 och 28.

Elektronisk styrenhet

7 Lossa batteriets jordledning.

8 Demontera baksätet enligt beskrivning i kapitel 11. Styrenheten finns under sätets vänstersida.

9 Dra ut kontakten från styrenheten genom att trycka på fjäderfliken i ledningsänden. Lyft upp kontakten i ledningsänden och lossa fliken på den andra sidan.

10 Skruva ut fästmuttrarna och dra ut styrenheten.

11 Montering sker med omvänd arbetsordning. Kontrollera att kontakten hörbart snäpper i läge.

Framhjulens hastighetsgivare

12 Lyft och ställ framvagnen på pallbockar. Demontera tillämpligt framhjul.

13 Skruva ut bulten med en insexnyckel och

lyft undan givaren från det främre fjäderbenet.

14 Lossa ledningsgenomföringarna från clipsen på fjäderbenet och i hjulhuset.

15 Arbeta i motorrummet och dra ut kontakten. På vänster sida finns kontakten strax bakom expansionskärlet. På höger sida finns kontakten bakom vindrutespolarens behållare.

16 Dra ut ledningarna genom hjulhuset och demontera hastighetsgivare.

17 Montering sker med omvänd arbetsordning. Vid montering av sensorn på fjäderbenet ska den försiktigt tryckas in så långt möjligt så att spetsen precis berör rotorn på drivknuten. Håll givaren på plats och dra åt fästbulten. Kontrollera att alla genomföringar sitter i sina clips.

Bakhjulens hastighetsgivare

18 Lyft upp bakvagnen på pallbockar. Demontera tillämpligt bakhjul.

19 Tryck ut handbromsvajerns distans från bakaxelflänsen så att givaren blir åtkomlig.

20 Lossa bulten med en insexnyckel och dra ut givaren från bakaxelflänsen.

21 Skruva ut fästbultarna och lossa givarkabelaget från bärarmen.

22 Demontera baksätet enligt beskrivning i kapitel 11.

23 Leta upp givarens kontakter i brunnen under baksätet och dra ut dem. Vid arbete med höger kontakt måste även inpackningen under sätet och pumpen till centrallåset försiktigt föras åt sidan så att kontakten blir åtkomlig.

24 Lossa genomföringarna och dra ut kabelaget genom golvet och ta bort givaren från undersidan.

25 Kontrollera och justera vid behov bak-

navslagrets spel, se kapitel 10, innan monteringen av hastighetsgivaren. Skaffa även en ny o-ring.

26 Montering sker med omvänd arbetsordning. Täck givaren med bromspasta och tryck in den på plats så långt det går, så att spetsen precis nuddar vid rotorn på baknavet. Håll givaren på plats och skruva in fästbulten. Kontrollera att alla clips och genomföringar är korrekt monterade på bärarmen och i golvpanelen.

Hastighetsgivarens rotor

27 Rotorerna till framhjulens hastighetsgivare är integrerade i de yttre drivknutarna och kan inte bytas separat. Om rotorn av någon orsak inte fungerar måste en ny ytterknut monteras (se kapitel 8).

28 För demontering av bakhjulsrotor, se kapitel 10 och demontera bakhjulsnavet.

29 Montera navet i ett skruvstycke och knacka ut rotorn med ett dorn genom navhålen.

30 Pressa på en ny rotor och montera navet enligt beskrivning i kapitel 10.

Felsökning – bromssystem

Notera: *Felsökning av låsningsfria bromsar (där monterade) ska överlämnas till en lämpligt utrustad Audiverkstad i och med behovet av specialutrustning*

För stor pedalväg

☐ Defekt självjustering av bakhjulsbromsarna
☐ Luft i hydraulsystemet
☐ Defekt huvudcylinder

Bromspedalen känns svampig

☐ Luft i hydraulsystemet
☐ Defekt huvudcylinder

För stort pedaltryck krävs för att stoppa bilen

☐ Defekt servoenhet
☐ Hjulcylinder(rar) eller ok skurna
☐ Bromsbelägg utslitna eller förorenade
☐ Felmonterade bromsbackar
☐ Fel typ av bromsbelägg monterade
☐ Hydraulikhaveri i primär- eller sekundärkretsen

Vibrationer i bromspedal eller ratt vid inbromsning

☐ För mycket kast eller distorsion på bromsskivor eller trummor
☐ Slitna bromsbelägg
☐ Bromsok eller bromssköld lossnat
☐ Slitage i fjädrings- eller styrdelar eller fästen – se kapitel 10

Bromsarna drar åt endera sidan

☐ Bromsbelägg slitna eller förorenade
☐ Hjulcylinder eller bromskolv skuren
☐ Bakbromsarnas självjustering hopskuren
☐ Bromsbelägg bytta endast på en sida
☐ Defekt däck, styrning eller fjädring – se kapitel 10

Bromsarna hänger sig

☐ Hjulcylinder eller bromskolv skuren
☐ Feljusterad handbroms
☐ Defekt huvudcylinder

Kapitel 10 Fjädring och styrning

För modifieringar och information om senare modeller, se Supplement i slutet av handboken

Innehåll

Svårighetsgrader

| Enkelt, passar för novisen med lite erfarenhet | | Ganska enkelt, passar nybörjaren med viss erfarenhet | | Ganska svårt, passar kompetent hemmekaniker | | Svårt, passar hemmekaniker med erfarenhet | | Mycket svårt, för professionell mekaniker | |

Specifikationer

Framvagnsfjädring

Typ .... Oberoende med fjäderben innehållande teleskopiska stötdämpare, undre parallellstag och krängningshämmare

Bakvagnsfjädring

Typ .... Tvärgående torsionsaxel med bärarmar, Panhard-stag och spiralfjäderben med teleskopiska stötdämpare. Självutjämning monterad på vissa modeller

Styrning

Typ .... Manuell eller servoassisterad kuggstång. Styrdämpare på modeller utan servo

Framhjulsinställning

Toe-inställning .... 0° +5' (toe-in) –10' (toe-ut)
Camber .... – 30' ± 30'
Maximal camber-skillnad mellan sidorna .... 30'
Caster:
   Modeller utan servostyrning .... – 15' ± 40'
   Servostyrda modeller utan självutjämnande fjädring .... +50' ± 40'
   Servostyrda modeller med självutjämnande fjädring .... + 1°5' ± 40'
Maximal caster-skillnad mellan sidorna .... 1°

Bakhjulsinställning

Camber .... – 40' ± 30'
Maximal camber-skillnad mellan sidorna .... 30'
Toe-inställning vid varje hjul:
   Fram till chassinummer EA 085 288 eller EA 082 448 .... +15' ± 10' (toe-in)
   Alla övriga modeller .... +10' ± 5' (toe-in)

Fälgar

Typ . . . . Pressat stål eller lättmetall
Storlek . . . . 51/2J x 14, 6J x 14, 6J x 15

Däck

Storlek . . . . 165 SR 14, 185/70 SR 14, 185/70 HR 14, 205/60 VR 15
Lufttryck . . . . Se handboken eller dekal på tanklocksskyddets insida för tryck för aktuell modell och marknad

Hydraulolja till servostyrning, typ/specifikation . . . . . . VW/Audi hydraulolja G 002 000

Åtdragningsmoment

Nm

Framvagnsfjädring

Muttrar till övre fjäderbensfäste och lagerplatta*	30
Fjäderbenskolvens fästmutter*	60
Stötdämparens skruvlock	180
Kulled till fjäderben	65
Parallellstag till bärram	85
Bärramsfäste till bärram	20
Bärramsfäste till kaross	110
Krängningshämmare till parallellstag	110

Bakvagnsfjädring

Panhard-stag*	90
Bärarm till kaross	95
Stötdämpare till bakaxel*	90
Stötdämpare till kaross	20
Stötdämparens övre fästmutter	20
Axeltapp till bakaxel	30
Muttrar i självutjämningslänkaget	10
Behållare till självutjämnande fjädring	20

Styrning

Rattens fästmutter	40
Flänsrör till styrpinjong	25
Rattstångsklammer till säkerhetsfäste	35
Rattstång till kaross	25
Dämpare till styrväxel och kaross	40
Styrstag till styrväxel och fjäderben	60
Styrstagsjusteringens låsmuttrar	40
Servopumpens fäste och justermuttrar:	
Fyrcylindriga motorer	25
Femcylindriga motorer	20
Servopumpens remskivemuttrar (fyrcylindriga motorer)	20

Hjul

Hjulbultar	110

Använd alltid nya muttrar

1 Allmän beskrivning

Framvagnsfjädringen är oberoende med spiralfjäderben och nedre parallellstag. Fjäderbenen har teleskopiska stötdämpare och bägge fjädringsenheterna är monterade på en bärram. En krängningshämmare finns monterad på parallellstagen och den ger även främre och bakre placering för vardera fjäderbenet.

Bakvagnsfjädringen består av en tvärgående torsionsaxel med bärarmar som är gummiupphängda i karossen. Axeln är fäst vid de undre bakre stötdämpardelarna som fungerar som fjäderben i och med att de inkluderar fästena för spiralfjädrarna. Rörelser i sidled kontrolleras av Panhard-staget. Ett självutjämnande system finns på vissa modeller och använder sig av gas- och hydraultryck verkande på de bakre fjäderbenen så att bakvagnen hålls på konstant höjd oavsett last.

Styrningen är av kuggstångstyp och finns monterad på torpedplåten. Styrstagen är centralt kopplade till en gemensam hållare som är fastbultad på kuggstången. Vissa modeller har servostyrning och en styrdämpare finns på de modeller som saknar servostyrning.

2 Underhåll och inspektion

1 En noggrann inspektion av alla delar i fjädring och styrning ska utföras med de mellanrum som anges i Rutinunderhåll i början av denna handbok. Använd följande procedur som vägledning.

Framvagnsfjädring och styrning

2 Dra åt handbromsen och ställ upp framvagnen på pallbockar.

3 Inspektera undre kulledens dammskydd och styrningens damasker. Leta efter tecken på sprickor, nötningar och slitage. Om kulledsskydden är skadade kan de bytas separat enligt beskrivning i avsnitt 7. Om styrdamaskerna behöver åtgärdas, se avsnitt 23.

4 Greppa hjulet i lägena "klockan 12" och "klockan 6" och försök att rubba det. Ett mycket litet spel kan eventuellt kännas, men om det är klart märkbart måste orsaken undersökas närmare. Fortsätt bryta på hjulet medan en medhjälpare trampar på broms-

2.8A Fyll på behållaren med hydraulolja upp till MAX-märket (pil) . . .

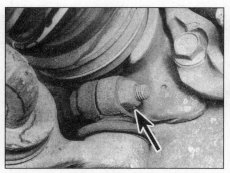

2.8B . . . genom behållarens påfyllningshål

pedalen. Om spelet elimineras eller minskas märkbart av detta är det troligt att navlagren är defekta. Om spelet finns kvar med nedtryckt bromspedal finns det slitage i fjädringens delar eller fästen. Var extra uppmärksam på den undre kulleden och parallellstagets bussningar. Byt ut slitna delar enligt tillämpliga beskrivningar i detta kapitel.

5 Greppa sedan hjulet i lägena "klockan 9" och "klockan 3" och försök att rubba det. Varje rörelse som nu är märkbar kan vara orsakad av slitage i navlagren eller styrstagens inre eller yttre kulleder. Om spelet elimineras närbromspedalen trycks ned kan kullederna misstänkas. Demontering och montering av styrstag beskrivs i avsnitt 20.

6 Använd en stor skruvmejsel eller ett plattjärn till att kontrollera slitaget i krängningshämmarfästena och parallellstagsfästena genom att försiktigt bända mot dem. En viss rörelse är att vänta i och med att fästena är av gummi, men överdrivet glapp bör vara uppenbart. Byt alla slitna bussningar.

7 Låt bilen stå på hjulen och låt en medhjälpare vrida ratten fram och tillbaka med ungefär ett åttondels varv åt var sida. Det ska inte finnas något glapp mellan ratt och hjul. Om glapp förekommer ska samtliga tidigare beskrivna fästen och leder inspekteras igen. Kontrollera även rattstångsleder

och kuggstång. Slitage bör vara uppenbart och måste åtgärdas enligt tillämpliga beskrivningar i detta kapitel.

8 På modeller med servostyrning ska nivån i hydrauloljebehållaren kontrolleras. Utför denna kontroll med olastad bil, motorn igång och ratten pekande rakt ram. Vid behov ska specificerad olja fyllas på upp till MAX-märket (foto). Kontrollera drivremmen till servopumpen, byt eller justera den efter behov enligt beskrivning i avsnitt 27.

Bakvagnsfjädring

9 Klossa framhjulen och lyft upp bakvagnen på pallbockar.

10 Inspektera bakfjädringens delar, fästen och länkage och leta efter synliga defekter.

11 Greppa hjulet i lägena "klockan 12" och "klockan 6" och försök att rubba det. Varje glapp här indikerar feljusterade navlager. Kontrollera dessa enligt beskrivning i avsnitt 12.

Fälgar och däck

12 Inspektera alla däck, glöm inte reservdäcket och leta efter tecken på ojämnt slitage, bulor eller skador på sidor och slitbana. Se avsnitt 30 för detaljbeskrivning.

13 Kontrollera att fälgarna inte är skeva eller

skadade. Kontrollera även att däcksbalanseringsvikterna sitter fast och att det inte finns tydliga tecken på att någon saknas. Kontrollera hjulbultarnas åtdragningsmoment och däckens lufttryck.

Stötdämpare

14 Kontrollera att det inte finns tecken på oljeläckage runt stötdämparkroppen eller från packboxen på kolvstången. Allvarligare läckage anger att stötdämparen är defekt på insidan vilket kräver byte.

15 Stötdämparnas effektivitet kan kontrolleras genom att bilen gungas i varje hörn. Generellt sett ska bilen inta normalläge och stanna där efter nedtryckning. Om den gungar är dämparna misstänkta. Kontrollera även slitaget i övre och nedre stötdämparfästen. Stötdämparbyte beskrivs i avsnitten 4 och 10.

3 Främre fjäderben – demontering och montering

1 Demontera navkapseln och skruva ut drivaxelns fästmutter. Den är åtdragen till ett mycket högt moment. Försök inte att lossa den annat än om bilens hela vikt bärs upp av hjulen.

2 Lossa de fyra hjulbultarna.

3 Lyft upp framvagnen på pallbockar och demontera framhjulen.

4 Demontera ok och hållare, se kapitel 9. Lossa inte hydrauliken, häng upp oket utan att sträcka bromsslangen.

5 Lossa ledningen till bromsljuset från fjäderbenet (foto) och i förekommande fall hjulhastighetsgivaren i ABS-systemet (se kapitel 9).

6 Demontera fjädringens kulledsbult och mutter (foto), notera att den är vänd bakåt.

7 Använd en kulledsavdragare enligt beskrivning i avsnitt 20, skruva ur muttern och lossa styrstagets ände från fjäderbenet.

8 Skruva ur drivaxelmuttern och bänd ner

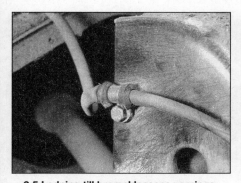

3.5 Ledning till bromsklossens varningslampa, fäste på fjäderben

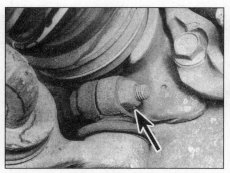

3.6 Demontera fjäderbenets kulledsklammerbult och mutter (pil)

Fig. 10.1 Bänd ner parallellstaget så att kulleden lossnar från fjäderbenet (avsnitt 3)

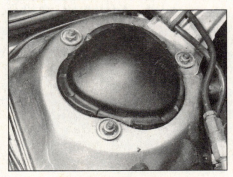

3.10 Lyft undan kåpan över övre fjäderbensfästet . . .

3.11 . . . och skruva ur fjäderbenets övre fästmuttrar (pilar)

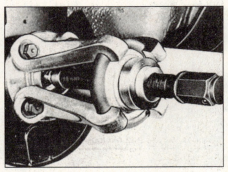

Fig. 10.2 Dra ut drivaxeln ur navet med en avdragare (avsnitt 3)

parallellstaget så att kulleden lossnar från fjäderbenet.

9 Montera en passande avdragare på framnavet med hjälp av hjulbultarna och pressa ut drivaxeln.

10 Arbeta i motorrummet och lyft bort plastkåpan över övre fjäderbensfästet (foto).

11 Stötta fjäderbenet underifrån och skruva ur de tre yttre muttrar som fäster fjäderbenet vid karossen (foto).

12 Sänk ned fjäderbenet och ta ut det från hjulhusets undersida.

13 Montering sker med omvänd arbetsordning. Se kapitel 8 vid montering av drivaxel och kapitel 9 vid montering av bromsok. Dra åt samtliga bultförband till angivet moment. Om fjäderbenet tagits isär måste främre cambervinkeln kontrolleras enligt beskrivning i avsnitt 29.

4 Främre fjäderben – isärtagning och ihopsättning

Se kapitel 13, avsnitt 12

1 Försök inte att demontera fjäderbenet utan att en fjäderhoptryckare monterats på fjädern. Om detta verktyg inte finns tillgängligt, ta fjäderbenet till en lämpligt utrustad verkstad för isärtagning.

2 Montera fjäderbenet i ett skruvstycke med fjäderhoptryckaren på plats.

3 Tryck ihop fjädern till dess att det övre fjädersätet är obelastat och ta sedan bort bricka och mutter från kolvens överdel.

4 Dra av lagerplattan, komplett med lager, övre fjädersäte, skyddsring och dämparring. **Lossa inte** de muttrar som fäster fjäderbensfästet vid lagerplattan eftersom detta skulle innebära att camberinställningen går förlorad.

5 Med fjäderhoptryckaren på plats ska fjäder, damask och hölje samt stoppet demonteras.

6 Skruva ut den gängade huv som håller stötdämparen på plats i fjäderbenet och dra ut stötdämparen.

7 När stötdämparen är demonterad ska den undersökas. Leta efter tecken på oljeläckor och uppenbara skador. Håll dämparen vertikalt och kontrollera funktionen genom att ett flertal gånger dra ut kolvstången helt och sedan trycka in den för hand. Motståndet ska vara jämnt och rörelsen ska vara smidig över

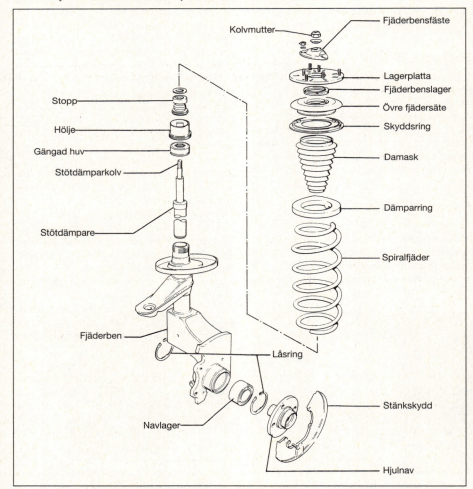

Fjäderbensfäste
Kolvmutter
Stopp
Hölje
Gängad huv
Stötdämparkolv
Stötdämpare
Fjäderben
Navlager
Lagerplatta
Fjäderbenslager
Övre fjädersäte
Skyddsring
Damask
Dämparring
Spiralfjäder
Låsring
Stänkskydd
Hjulnav

Fig. 10.3 Sprängskiss över främre fjäderben och navlager (avsnitten 3, 4 och 5)

Fig. 10.4 Dämparringens indentifierings-klackar – vid pil (avsnitt 4)

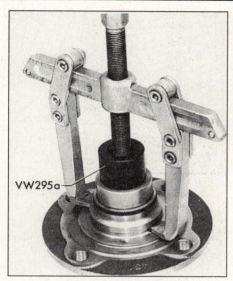

Fig. 10.5 Demontering av navets inre lagerbana med en avdragare (avsnitt 5)

6.2 Krängningshämmarfästen (pilar) . . .

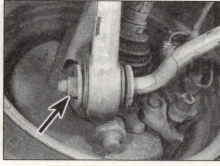

6.3 . . . och parallellstagets ändfäste (pil)

hela slaget. Om en dämpare inte använts under en längre tid kan den komma att behöva pumpas ett antal gånger innan den blir effektiv.

8 Om det varit ett större oljeläckage kan dämparen vara ineffektiv i returslaget men om det bara finns ett lätt läckage kan stötdämparen sättas tillbaka.

9 Rengör loppet i fjäderbenet innan stötdämparen monteras, så att den glider in lätt. Tvinga inte in stötdämparen i fjäderbenet.

10 Montera huven och dra åt till angivet moment.

11 Ihopsättning och montering sker med omvänd arbetsordning. Om en ny dämparring monterats, lägg då märke till att ringens undersida har en, två eller tre klackar ingjutna som anger ringens tjocklek (fig. 10.4). Kontrollera att den nya ringen har samma tjocklek som den gamla, såvida inte fjädern bytts eller det finns en skillnad i markfrigång mellan vänster och höger sida som korrigeras.

5 Framnavslager –
isärtagning och ihopsättning

1 Demontera det främre fjäderbenet enligt beskrivning i avsnitt 3.

2 Demontera bromsskivan från navet.

3 Skruva ut skruvarna och dra ut stänkskyddet.

4 Stötta fjäderbenet med navet vänt framåt och pressa eller driv ut navet med en lämplig avdragare. Den inre lagerbanan stannar i navet, vilket innebär att om den tas bort, så kan lagret inte återanvändas. Dra ut den inre lagerbanan från navet med en avdragare.

5 Ta ut låsringarna och stötta fjäderbenet så att lagret kan drivas eller pressas ut med en avdragare på den yttre lagerbanan.

6 Rengör urtaget i huset och smörj det med lite universalfett.

7 Montera den yttre låsringen, stötta fjäderbenet och driv in det nya lagret med ett metallrör *på enbart den yttre lagerbanan.*

8 Montera den inre låsringen och kontrollera att den sitter säkert.

9 Placera navet med lageransatsen uppåt och driv på huset med ett metallrör *på enbart den inre lagerbanan.*

10 Montera stänkskydd, skivbroms och främre fjäderben enligt beskrivning i avsnitt 3.

6 Krängningshämmare –
demontering och montering

1 Om krängningshämmaren är förvriden eller skadad får den inte rätas ut. En ny måste monteras.

2 Skruva ur de två bultarna från de två fästen som håller krängningshämmaren vid bärramen och demontera fästena (foto).

3 Ta bort muttern och brickan i vardera änden av krängningshämmaren (foto).

4 Gunga på framvagnen medan bilen står på hjulen och dra samtidigt ut krängningshämmaren ur bussningarna på parallellstagen.

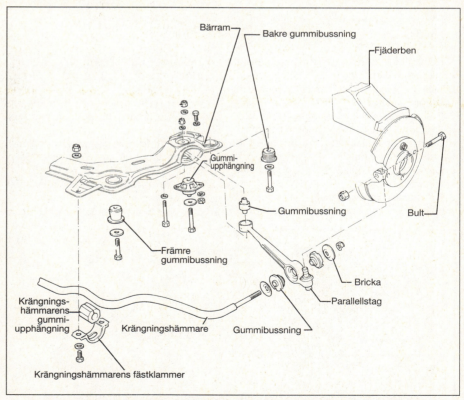

Fig. 10.6 Sprängskiss över fästen till krängningshämmare, parallellstag och bärram (avsnitten 6 och 7)

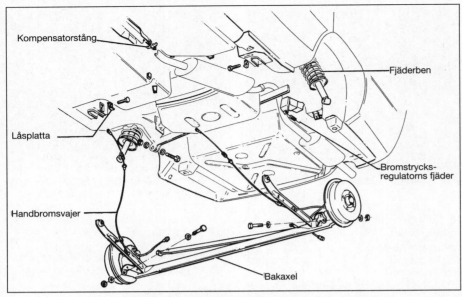

Kompensatorstång

Fjäderben

Låsplatta

Bromstrycks-
regulatorns fjäder

Handbromsvajer

Bakaxel

Fig. 10.7 Bakaxelns detaljer för demontering (avsnitt 8)

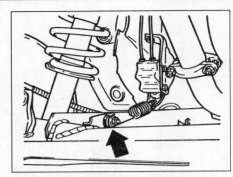

Fig. 10.8 Lossa bromstrycksregulatorns fjäder (pil) från bakaxeln (avsnitt 8)

5 Montering sker med omvänd arbets-ordning. Framvagnen ska gungas upp och ned medan krängningshämmaren sticks in i sina bussningar. Dra åt fästena till angivet moment.

7 Främre parallellstag – demontering och montering

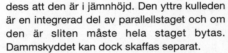

1 Demontera krängningshämmaren enligt beskrivning i avsnitt 6.
2 Ställ framvagnen på pallbockar. Demontera tillämpligt framhjul.
3 Demontera fjädringens kulledsbult och mutter (foto), notera att den är vänd bakåt.
4 Bänd ner parallellstaget så att kulleden lossnar från fjäderbenet.
5 Skruva ur inre bultförbandet och dra ut staget från bärramen.
6 Byt den inre gummibussningen genom att pressa ut den gamla och pressa in den nya till

dess att den är i jämnhöjd. Den yttre kulleden är en integrerad del av parallellstaget och om den är sliten måste hela staget bytas. Dammskyddet kan dock skaffas separat.
7 Montering sker med omvänd arbets-ordning. Dra åt alla bultförband till angivet moment. Montera krängningshämmaren enligt beskrivning i avsnitt 6.

8 Bakaxel – demontering och montering

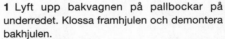
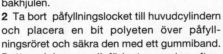

1 Lyft upp bakvagnen på pallbockar på underredet. Klossa framhjulen och demontera bakhjulen.
2 Ta bort påfyllningslocket till huvudcylindern och placera en bit polyeten över påfyll-ningsröret och säkra den med ett gummiband. Detta minimerar oljeförlusten under efter-kommande arbeten.
3 Lossa handbromsvajerns justermutter och

haka av de två vajerändarna från kompen-satorn.
4 Bänd ut handbromsvajerns styrningar från underredsfästena och lossa vajrarna från bakre fästena.
5 Haka av bromstrycksregulatorns fjäder från bakaxeln.
6 Lossa bägge bromsslangarna från broms-rören. Plugga rör och slangar.
7 På bilar med ABS ska bakhjulens hastig-hetsgivare och ledningar från bakaxel och bärarm demonteras enligt beskrivning i kapitel 9.
8 På bilar med självutjämnande fjädring ska regulatorventilens länk lossas från bakaxeln.
9 Skruva ur de två fästmuttrarna och flytta bränsletrycksackumulatorn åt sidan (om befintlig). Lossa inte bränsleledningarna från ackumulatorn.
10 Lossa muttrarna till pivåbultarna på bärarmarnas framändar (foto).
11 Skriva loss Panhard-staget från bakaxeln.
12 Stötta bakaxeln med en garagedomkraft och ställ pallbockar under bärarmarna.
13 Skruva ut bakstötdämparens undre fäst-bult.
14 Skruva ut muttrarna och ta bort pivå-bultarna från bärarmarna.
15 Vid behov, ta hjälp av någon och sänk ned bakaxeln på golvet.

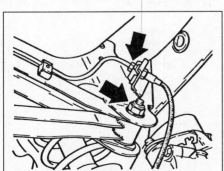

Fig. 10.9 Anslutning mellan bromsrör och bromsslang och Panhard-stagets fäste – pilar (avsnitt 8)

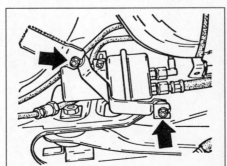

Fig. 10.10 Bränsletryckackumulatorns fästmuttrar – vid pilar (avsnitt 8)

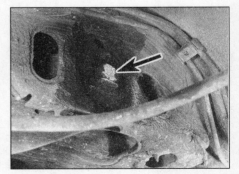

8.10 Placering av bärarmens pivåbult (pil)

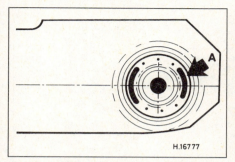

Fig. 10.11 Korrekt montering av bärarmens pivåbussning med det större gapet (A) vänt framåt (avsnitt 8)

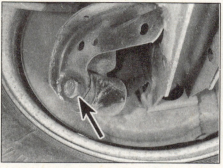

9.4 Nedre fäste för bakre fjäderben (pil)

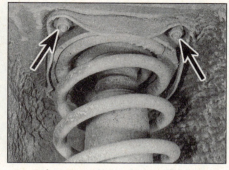

9.5 Två av muttrarna till bakre övre fäste för fjäderben/stötdämpare (pilar)

16 Demontera vid behov axeltapparna, bromsledningarna och handbromsvajrarna. Pivåbussningarna kan bytas med en lång bult och mutter, ett metallrör och brickor. Kontrollera dock att bussningsöppningarna är i linje med bärarmarna, att den större öppningen är framåt och pressa sedan in bussningarna.

17 Montering sker med omvänd arbetsordning. Vänta dock med att dra åt fästbultar till bakaxel, stötdämpare och Panhard-stag till dess att bilens fjädring bär upp vikten. Avlufta hydraulsystemet och justera handbromsvajern enligt beskrivning i kapitel 9.

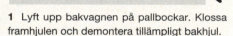

9 Bakre fjäderben – demontering och montering

1 Lyft upp bakvagnen på pallbockar. Klossa framhjulen och demontera tillämpligt bakhjul.
2 Placera en domkraft under bakaxeln på den sida där arbetet ska utföras och bär upp axelns vikt.
3 På bilar med självutjämnande fjädring, leta reda på trevägsanslutningen i den hydrauliska tryckledningen till bakfjädringens behållare (fig. 10.20). Placera en lämplig slang över avluftningsnippeln på trevägsanslutningen och den andra slangänden i ett lämpligt kärl. Öppna nippeln så att trycket släpps ut och stäng nippeln och ta bort slangen. Lossa hydraulrörets anslutning på fjäderbenet.
4 Skruva ut muttern och ta bort bulten i nedre stötdämparfästet (foto).
5 Lossa de tre övre fästmuttrarna och ta ut fjäderbenet från hjulhuset (foto).
6 Montering sker med omvänd arbetsordning. Dra åt alla bultförband till angivet moment. På bilar med självutjämnande fjädring ska styrservons oljetank fyllas på upp till MAX-märket med motorn igång och ratten pekande rakt fram. Om behållaren tömdes när fjäderbenet demonterades, se avsnitt 25 där påfyllning och avluftning beskrivs.

10 Bakre fjäderben – isärtagning och ihopsättning

1 Försök inte demontera fjäderbenet utan att en fjäderhoptryckare monterats på fjädern. Om detta verktyg inte finns tillgängligt, ta fjäderbenet till en lämpligt utrustad verkstad för isärtagning.
2 Montera fjäderbenet i ett skruvstycke med fjäderhoptryckaren på plats.
3 Tryck ihop fjädern till dess att det övre fjädersätet är obelastat och håll i kolvstången och skruva ur den övre självlåsande muttern.
4 Dra ut gummilagringen, övre fjädersätet och dämparringen.

5 På bilar med självutjämnande fjädring ska hydraulanslutningen dras av från kolvstången.
6 Dra ut fjädern, med hoptryckaren på plats, följd av stoppet, hylsan, skyddshuven och nedre fjädersätet.
7 När stötdämparen är demonterad ska den undersökas. Leta efter tecken på oljeläckor och uppenbara skador. Håll dämparen vertikalt och kontrollera funktionen genom att ett flertal gånger dra ut kolvstången helt och sedan trycka in den för hand. Motståndet ska vara jämnt och rörelsen ska vara smidig över hela slaget. Om en dämpare inte använts under en längre tid kan den komma att behöva pumpas ett antal gånger innan den blir effektiv.

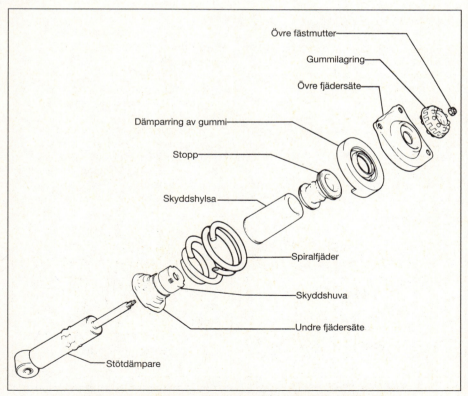

Övre fästmutter
Gummilagring
Övre fjädersäte
Dämparring av gummi
Stopp
Skyddshylsa
Spiralfjäder
Skyddshuva
Undre fjädersäte
Stötdämpare

Fig. 10.12 Sprängskiss över bakre fjäderben/stötdämpare (avsnitt 10)

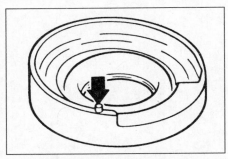

Fig. 10.13 Märkningsklack på dämparringen av gummi (avsnitt 10)

8 Om det varit ett större oljeläckage kan dämparen vara ineffektiv i returslaget, men om det bara finns ett lätt läckage kan stötdämparen sättas tillbaka. Defekta stötdämpare avger normalt ett mullrande ljud vid körning och detta kan vara en bra indikator på enhetens tjänstduglighet.

9 Skaffa nya delar efter behov och sätt ihop fjäderbenet med omvänd arbetsordning. Tänk på följande.

10 Om en ny dämparring av gummi monteras, notera då att undersidan kan ha eller sakna en liten klack som anger tjockleken. Ringar med klack är tjockare. Nya ringar ska ha samma tjocklek som de gamla (fig. 10.13).

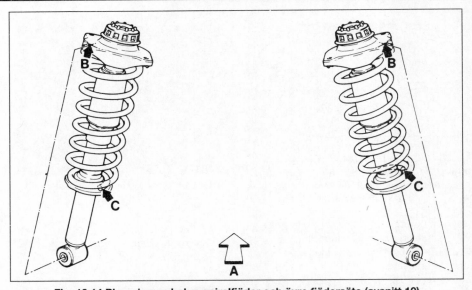

Fig. 10.14 Placering av bakre spiralfjäder och övre fjädersäte (avsnitt 10)

A Färdriktning   B Centrumhål i övre fjädersäte   C Spiralfjäderns nedre del

11 Notera monteringslägena för spiralfjädern och övre fjädersätet vid ihopsättningen, se fig. 10.14.

12 På bilar med självutjämnande fjädring ska hydraulanslutningen trycka på kolvstången så att den gängade anslutningsytan är vänd mot hålet i det övre fjädersätet. Vrid inte på anslutningen sedan den placerats på kolvstången.

13 Lägg talk på dämparringen innan den monteras och dra åt en ny övre självlåsande mutter till angivet moment.

11 Panhard-stag – demontering, renovering och montering

1 Lyft upp bakvagnen på pallbockar. Klossa framhjulen.

2 Skruva ut de bultar som fäster Panhard-staget vid underredet och bakaxeln. Notera hur bultarna sitter (foton). Dra ut Panhard-staget.

3 Kontrollera om stag och bussningar är skadade eller slitna. Vid behov kan bussningarna bytas med hjälp av en lång bult, ett metallrör och brickor – doppa nya bussningar i tvålvatten innan de monteras.

Panhard-stag
Panhard-stagets bussning
Balaxel
Packbox
Navlager, inre lagerbana
Bromstrycks-regulatorns fjäder
Bussning
Axeltapp
Bromssköld
Navlager, yttre lagerbana
Tryckbricka
Mutter
Bärarmens hus
Fetthuv
Saxsprint
Bromstrumma
Låsring

Fig. 10.15 Sprängskiss över bakaxel (avsnitten 11 och 12)

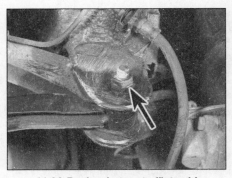

11.2A Panhard-stagets fäste vid underredet (pil) . . .

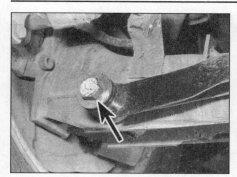

11.2B . . . och vid bakaxeln (pil)

12.8 Demontera huven från navcentrum . . .

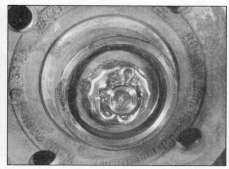

12.9 . . . och ta ut saxsprint och låsring

4 Montering sker med omvänd arbetsordning. Vänta dock med att dra åt fästbultar till dess att bilens fjädring bär upp vikten.

12 Baknavslager – demontering, montering och justering

1 Klossa framhjulen, lyft upp bakvagnen på pallbockar. Demontera tillämpligt bakhjul och släpp upp handbromsen.

Modeller med bakre trumbromsar

2 Demontera huven från bromstrummans centrum genom att knacka på den på växlande sidor med en skruvmejsel.
3 Dra ut saxsprinten och ta bort låsringen.
4 Skruva ut muttern och ta bort tryckbrickan.
5 Dra ut bromstrumman, se till att det yttre hjullagret inte följer med. Om bromstrumman fastnat på backarna, stick in en liten mejsel genom ett hjulbultshål och bänd upp kilen så att backarna lossnar – se kapitel 9 vid behov.

Modeller med bakre skivbromsar

6 Se kapitel 9 och demontera ok och hållare men lossa inte hydraulslangarna. Stötta oket utan att sträcka slangen.
7 Dra ut bromsskivan från navet.
8 Demontera huven från navets centrum genom att knacka på den på växlande sidor med en skruvmejsel. (foto).
9 Dra ut saxsprinten och ta bort låsringen (foto).
10 Skruva ut muttern och ta bort tryckbrickan.
11 Dra ut navet, se till att inte yttre lagret ramlar ut.

Samtliga modeller

12 Demontera yttre lagrets inre bana och rullar från trumman/navet.
13 Ta ut packboxen från insidan av trumman/navet och dra ut innerbanan och rullarna.
14 Knacka ut ytterbanorna från vardera sidan av trumman/navet med ett koppardorn.

15 Tvätta lager och trumma/nav med fotogen och torka av halvaxlarna. Leta efter slitage och skador på de koniska rullarna, inre och yttre banorna, trumman/navet samt halvaxlarna. Om lagerytorna är gropiga ska de bytas. Skaffa en ny packbox.
16 Packa in lagerhållare och koniska rullar samt ihåligheten i bromstrumman/navet med litiumfett.
17 Använd ett metallrör till att driva in de yttre lagerbanorna i trumman/navet.
18 Stick in innerbanorna och de koniska rullarna och placera den nya packboxen med tätningsläppen inåt och driv dem på plats med en träklubba. Fetta in packboxläppen och torka ren utsidan av packboxen.
19 Placera trumman/navet på axeltappen och montera yttre hjullagret följt av tryckbrickan och muttern. (foto).
20 Dra åt muttern ordentligt samtidigt som trumman/navet snurras och lossa sedan muttern såpass att tryckbrickan kan flyttas med ett bestämt tryck med en skruvmejsel. Försök inte bända eller vrida med skruvmejseln i ett försök att röra på tryckbrickan (foto).
21 Montera låsringen utan att röra muttern och säkra den med en ny saxsprint.
22 Knacka på fetthuven på trumman/navet.
23 I förekommande fall, montera bromsskiva och ok, se kapitel 9.
24 Montera hjulen och ställ ned bilen på marken.

13 Självutjämnande fjädring – allmän beskrivning

Det självutjämnande systemet drivs hydrauliskt och håller bakvagnen på konstant höjd över marken oavsett last.

Servopumpen ger hydrauliskt tryck till en styrventil som reglerar trycket till de bakre fjäderbenen. Dessa fungerar som stötdämpare med tillägget att de kan variera

12.19 Montering av baknavets yttre lager

12.20 Kontroll av navlagrets justering

markfrigången. Styrventilen är ansluten till bakaxeln med en justerbar länk. En gasladdad fjädringsbehållare finns mellan styrventilen och vardera fjäderbenet.

I takt med att belastningen på bakaxeln varierar höjs eller sänks hydraultrycket i fjäderbenen vilket i sin tur höjer eller sänker bakvagnen.

Hydraulfunktionen av systemet är sådan att tryckmätare och speciell testutrustning krävs för de flesta reparationer, renoveringar och felsökningar. Förutom vad som beskrivs i följande avsnitt ska allt annat reparationsarbete utföras av en Audiverkstad med lämplig utrustning för arbetet.

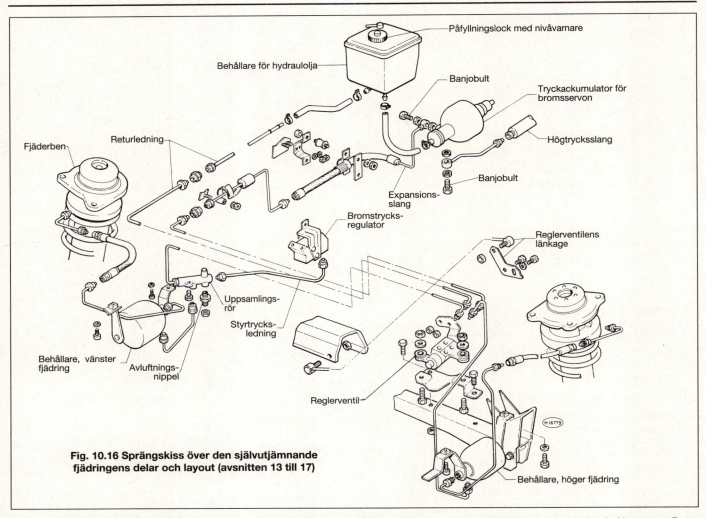

Påfyllningslock med nivåvarnare

Behållare för hydraulolja

Banjobult

Tryckackumulator för bromsservon

Högtrycksslang

Fjäderben

Returledning

Banjobult

Expansionsslang

Bromstrycksregulator

Reglerventilens länkage

Uppsamlingsrör

Styrtrycksledning

Behållare, vänster fjädring

Avluftningsnippel

Reglerventil

Behållare, höger fjädring

Fig. 10.16 Sprängskiss över den självutjämnande fjädringens delar och layout (avsnitten 13 till 17)

14 Styrventil, självutjämnande fjädring – test

1 Bilen ska stå på hjulen, motorn ska gå på tomgång. Mät tröskelns höjd över marken vid det bakre domkraftsfästet.
2 Lasta ned bilen genom att två personer sitter i baksätet. Vänta en minut så att systemet hinner arbeta och mät upp höjden på samma punkt.
3 Släpp ut passagerarna, vänta samma tidrymd och kontrollera än en gång höjden för att se efter om systemet sänkt fjädringen igen för att motverka den höjning som orsakades av belastningsminskningen.

15 Styrventil, självutjämnande fjädring – länkjustering

1 Såga upp två träklossar, längd 341 mm, från en balk med måtten 50 x 50 mm.
2 Om möjligt ska bilen ställas över en smörj-

grop eller på en ramp så att styrventilen blir mer lättåtkomlig. Placera klossarna på de mätpunkter som visas i fig. 10.17.
3 Lasta i så mycket i bagageutrymmet att

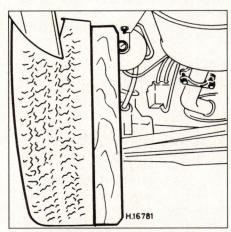

Fig. 10.17 Träklossar utplacerade för justering av länkaget till den självutjämnande fjädringen (avsnitt 15)

mätpunkterna precis berör klossarna. Detta kräver en last om cirka 100 kg.
4 Lossa de två klammerbultarna på regulatorlänkaget (fig. 10.18) och ställ ventilen genom att trycka in en stump svetselektrod eller tjock ståltråd genom hålet i armen och in i styrhålet på ventilhuset.
5 När ventilen är ställd ska bultarna dras åt igen och tråden dras ut ur styrhålet.

Fig. 10.18 Justering av styrventilens länkage (avsnitt 15)

Länkagets klammerbultar och vajertappens placering i hålet - vid pilarna

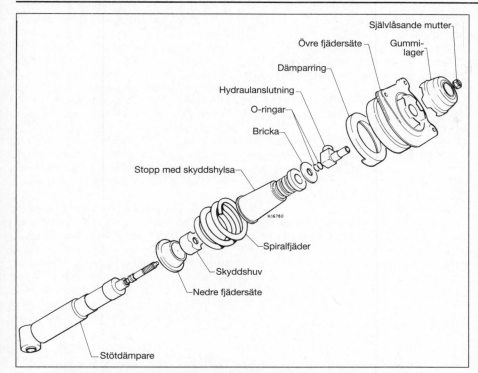

Fig. 10.19 Sprängskiss över fjäderben till självutjämnande fjädring (avsnitt 16)

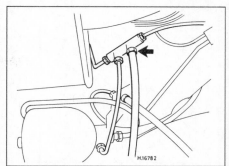

Fig. 10.20 Den självutjämnande fjädringens anslutning till behållarröret (pil) med slangen ansluten till avluftningsnippeln (avsnitt 17)

ning i avsnitt 25. Om en behållare bytts ut ska den gamla göras ofarlig innan den kasseras genom att ett hål med diameter 3 mm borras i den så att kvarvarande tryck släpps ut. Iakttag försiktighet vid detta arbete och bär alltid ögonskydd vid borrning.

16 Självutjämnande fjädring, fjäderben – demontering och montering

1 Förutom hydraulanslutningen är proceduren densamma som för konventionell fjädring vilken beskrivs i avsnitt 9 och 10, men använd fig. 10.19 istället.

17 Behållare, självutjämnande fjädring – demontering och montering

1 Fjädringens behållare är trycksatta med gas och tryckförlust orsakar hårda knackningar från bakaxeln vid körning.
2 Testning av behållarna utförs med dem på plats i bilen men är inte ett jobb som kan utföras av hobbymekaniker. Om gasbehållarens tryck är för lågt måste behållaren bytas.
3 Byte av en defekt behållare utförs genom att dammskyddet tas bort från avluftningsnippeln på röranslutningen och att en plastslang träs över nippeln (fig. 10.20).
4 Innan nippeln öppnas, placera den andra änden av slangen i ett kärl som samlar upp uttryckt olja. Låt allt tryck läcka ut och oljan sluta rinna. Stäng nippeln, ta bort slangen och sätt tillbaka dammskyddet.
5 Lossa de två hydraulrören från behållaren och plugga dem så att smuts inte kommer in i systemet.
6 Ta bort de två fästmuttrarna och brickorna och lyft ut behållaren.
7 Montering sker med omvänd arbetsordning, men fyll på systemet enligt beskriv-

18 Ratt – demontering och montering

Notera: *Inget som helst försök ska göras att demontera ratten på bilar som är utrustade med krockkuddar (airbags)*

1 Dra ut signalhornsplattan från rattcentrum, – den sitter ordentligt fast så det krävs stor kraft att lossa den (foto).
2 Dra ut signalhornskontakten och dra ut plattan (foto).
3 Ställ framhjulen rakt fram och blinkersspaken i neutralläge.
4 Märk upp rattens och inre rattstångens inbördes lägen och skruva ut fästmuttern och brickan (foto).
5 Dra av ratten från den inre rattstångens splines. Om den sitter fast, vicka i sidled.
6 Montering sker med omvänd arbetsordning. Använd lägesmarkeringarna och dra fästmuttern till angivet moment. Kontrollera att blinkersspaken är i neutralläget, i annat fall kan kontaktarmen skadas.

18.1 Dra ut signalhornsplattan från rattcentrum . . .

18.2 . . . och koppla ur signalhornskontakten

18.4 Rattens fästmutter (pil)

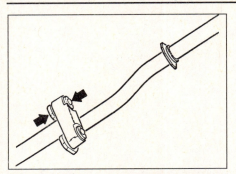

Fig. 10.21 Se till att stången och flänsrörets sammanfogning (pilar) trycks ihop hårt vid montering av rattstången (avsnitt 19)

19 Rattstång – demontering, renovering och montering

1 Lossa batteriets jordledning
2 Demontera ratten enligt beskrivning i avsnitt 18, se kapitel 12 och demontera rattstångens kombinationsbrytare och instrumentpanelen.

3 Vid behov, demontera bagagehyllan och lufttrumman under instrumentbrädan så att kopplingen mellan rattstången och flänsröret blir åtkomlig.

4 Lossa klammern som håller flänsröret vid styrpinjongen och dra röret uppåt så att det lossnar från rattstången.

5 Demontera brytbulten som fäster ratt-/tändningslåset genom att borra ur skallen och skruva ut bulten med en skruvutdragare. Åtkomst är möjlig - med liten marginal - genom öppningen i instrumentbrädan. Dra ut låshuset ur rattstången.

6 Demontera de bultförband som fäster rattstångsklammern vid skyddsbygeln.

7 Dra ut rattstångsröret, klammern och rattstången i riktning uppåt och ta ut delarna ur bilen.

8 Dra ut stången ur röret och röret ur klammern.

9 Undersök om delarna är slitna, skadade eller förvridna – var speciellt uppmärksam på bussningarna i rattstångens fot och stödbussningen inne i röret. Bussningarna i foten kan bytas för hand. Om bussningen i röret måste bytas kan den gamla knackas ut och den nya knackas in med hjälp av ett rör i passande diameter. Se till att bussningen är jäms med röränden.

10 Ihopsättning och montering sker med omvänd arbetsordning. Notera dock följande.

11 Se till att rattstången och flänsröret trycks ihop helt. När ratten sitter på plats, kontrollera att specificerat avstånd mellan ratt och kombinationsbrytare föreligger, justera vid behov brytarens läge enligt beskrivning i kapitel 12. Dra åt klammern mellan flänsröret och styrpinjongen medan anslutningen mellan flänsrör och rattstång hålls ihop. Kontrollera att samtliga muttrar och bultar dras till angivet moment. När det gäller ratt-/tändningslås, kontrollera att dessa fungerar korrekt innan den nya brytbulten dras till dess att skallen lossnar.

20 Styrstag – demontering och montering

1 Dra åt handbromsen, lyft upp framvagnen på pallbockar och demontera hjulet.
2 Skruva ut kulledens mutter från ytteränden av styrstaget och använd en kulledsavdragare till att lossa staget från fjäderbenet (foto).
3 Platta ut låsbrickan på stagets insida, skruva ut bulten och dra ut staget. Om resterande stag ska demonteras, sätt tillbaka bulten först. I annat fall kan det bli problem att sätta tillbaka bultarna.
4 Om en styrstagsände ska bytas, mät upp avståndet mellan de två ändarna innan den gamla skruvas ut och skruva in den nya till samma mått. I annat fall rubbas hjulinställningen.
5 Montering sker i omvänd arbetsordning.

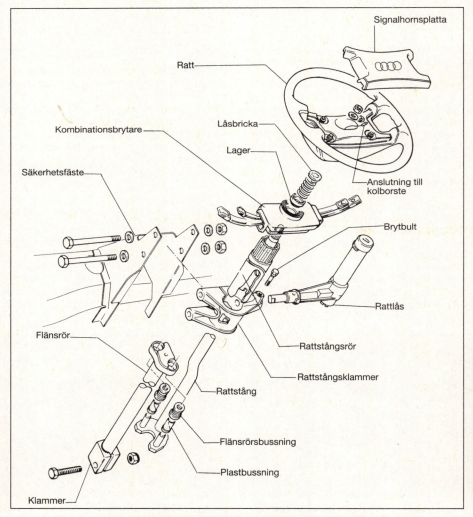

Signalhornsplatta

Ratt

Låsbricka

Lager

Kombinationsbrytare

Anslutning till kolborste

Säkerhetsfäste

Brytbult

Rattlås

Flänsrör

Rattstångsrör

Rattstångsklammer

Rattstång

Flänsrörsbussning

Plastbussning

Klammer

Fig. 10.22 Sprängskiss över rattstången (avsnitt 19)

20.2 Sära på styrstagets kulled med hjälp av en kulledsavdragare

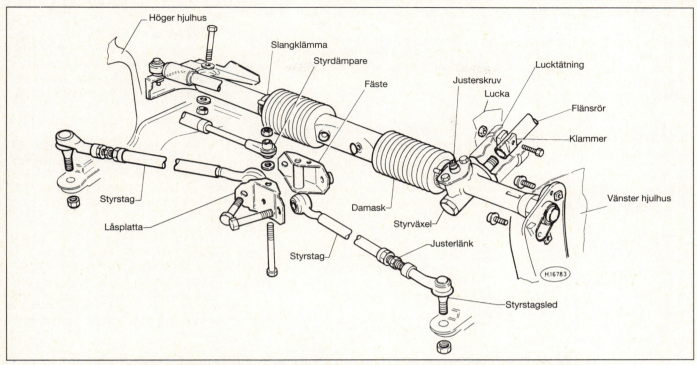

Fig. 10.23 Sprängskiss över styrstag, styrdämpare och manuell styrning (avsnitten 20, 21 och 22)

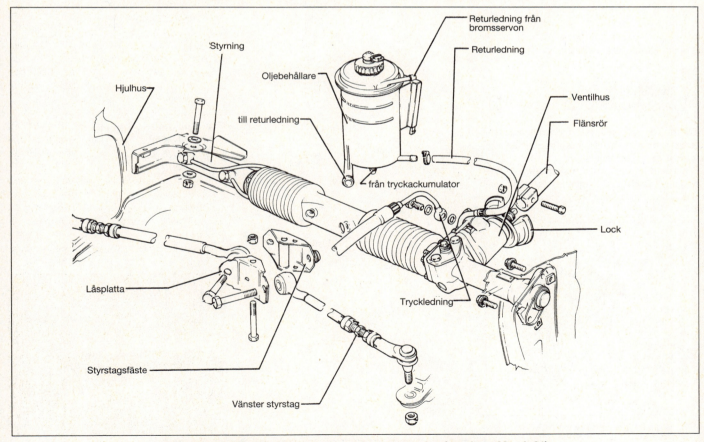

Fig. 10.24 Sprängskiss över styrstag och servostyrning (avsnitten 20 och 21)

Byt låsbricka. Dra samtliga bult-förband till angivet moment, men vänta med att dra stagets inre fäste till dess att bilens vikt vilar på fjädringen. Lås muttern genom att vika upp låsbrickan mot en kant på bultskallen. Kontrollera och vid behov justera hjulinställningen enligt beskrivning i avsnitt 29.

21 Styrväxel – demontering och montering

1 Dra åt handbromsen, lyft upp framvagnen på pallbockar och demontera hjulen.
2 Lossa inre styrstagsändarna, se avsnitt 20, paragraf 3.
3 I förekommande fall ska styrdämparens fästbult till styrstaget skruvas ut.
4 Demontera den klammerbult som fäster flänsröret vid styrpinjongen och driv loss flänsröret med ett koppardorn.
5 På modeller med servostyrning ska ett lämpligt kärl placeras under styrväxeln. Skruva ur anslutningens bult och mutter, lossa hydraulledningarna. Ta reda på brickorna.
6 Skruva ut fästbultarna och dra ut styrväxeln genom öppningen i sidopanelen.
7 Montering sker med omvänd arbetsordning. Använd ny låsbricka vid montering av styrstagsbultarna. Dra samtliga bultförband till angivet moment och om servostyrning finns, fyll på hydraulolja enligt beskrivning i avsnitt 25.

22 Styrdämpare – test, demontering och montering

1 Modeller utan servostyrning har en styrdämpare monterad mellan styrstagsfästet och sidan av motorrummet.
2 Styrdämparen kan inte repareras. Om styrningen är känslig för ojämnheter på vägen, demontera dämparen och kontrollera om den

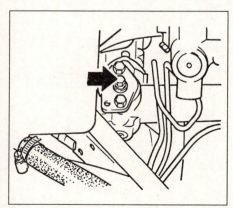

Fig. 10.25 Styrväxelns justerbult – vid pil (avsnitt 24)

fungerar. Den är monterad med en bult i vardera änden.
3 Testa dämparen genom att föra kolven in och ut för hand över hela slaget. Om rörelsen inte är jämn och smidig ska dämparen bytas ut.

23 Styrväxeldamask – byte

1 Demontera styrväxeln enligt beskrivning i avsnitt 21.
2 Med servostyrning ska de två hydraulrörens banjokopplingar i styrväxelns ändar demonteras. Ta reda på brickorna.
3 Lossa damaskens klämmor, demontera styrstagsfästet och dra av damasken.
4 Montering av ny damask sker med omvänd arbetsordning. På modeller utan servo, montera damasken 200 mm från kuggstångsänden och fäst med klämma.

24 Styrväxel – justering

1 Om det förekommer slack i styrväxeln som ger upphov till missljud eller skaller ska styrväxeln justeras enligt följande, se fig. 10.25.
2 Ställ hjulen rakt fram och lossa justerbulten medsols med ca 20°.
3 Provkör bilen och kontrollera att styrningen självcentrerar och inte är onödigt styv. Om styrningen inte självcentrerar, lossa bulten något (motsols). Om styrningen fortfarande slamrar, dra åt bulten något.

25 Servostyrning – avluftning

1 Servostyrningen använder hydraulolja som förvaras i en behållare på torpedplåten.

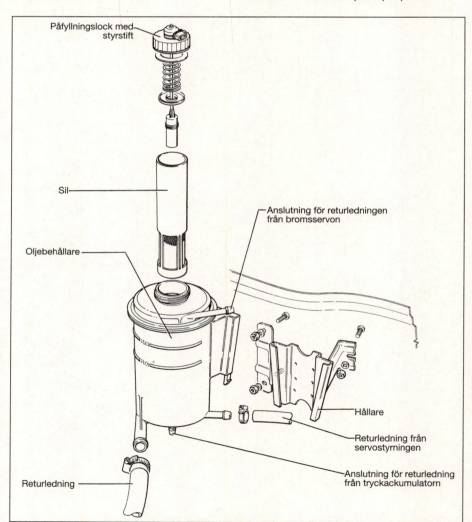

Påfyllningslock med styrstift

Sil

Oljebehållare

Anslutning för returledningen från bromsservon

Hållare

Returledning från servostyrningen

Anslutning för returledning från tryckackumulatorn

Returledning

Fig. 10.26 Servostyrningens oljebehållare, rund typ (avsnitt 25)

2 Pumpen till servostyrningen fungerar även som centralpump för resterande system på bilen som exempelvis bromsar, ABS och självutjämnande fjädring. Om hydraulik-anslutningarna i något av dessa system störs ska följande procedur användas till att fylla på och avlufta systemet.

3 Om systemet bara fylls på och oljenivån inte sjunkit under MIN-märket, ställ styrningen rakt fram och starta motorn med olastad bil. Fyll på med specificerad hydraulolja till MAX-märket, stäng locket och slå av motorn.

4 Om systemet fylls på efter reparation eller om nivån sjunkit under MIN-märket ska först silen lossas från påfyllningslocket och tvättas i bensin. Torka silen och sätt tillbaka den på locket.

5 Lyft upp framvagnen så att den precis går fri från marken och stötta med pallbockar.

6 Fyll behållaren till MAX-märket och ge fulla styrutslag ett flertal gånger med avstängd motor.

7 Fyll än en gång på till MAX-märket.

8 Starta motorn och fortsätt fylla på olja till dess nivån är stabil och oljan bubbelfri när ratten vrids.

9 Stäng av motorn, kontrollera oljenivån än en gång, sätt tillbaka locket och ställ ner bilen på marken.

26 Servostyrning – spårande av läckor
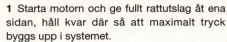

1 Starta motorn och ge fullt rattutslag åt ena sidan, håll kvar där så att maximalt tryck byggs upp i systemet.

2 Håll ratten på fullt utslag och kontrollera samtliga kopplingar och anslutningar i systemet. Leta efter läckage och dra åt vid behov. Kontrollera kuggstångens packbox genom att demontera damaskens inre ända från styrväxeln så att packboxen blir synlig.

3 Ge fullt rattutslag åt andra sidan och leta åter efter läckor.

27 Servopumpens drivrem – demontering, montering och justering

Fyrcylindriga modeller

1 Ställ framvagnen på pallbockar.

2 Skruva ur de tre muttrar som fäster pumpens remskiva och ta bort de yttre shimsen på remskivans ytterhalva.

3 Ta bort drivremmen från pumpens och vevaxelns remskivor.

4 Undersök drivremmens skick och byt ut den vid tecken på slitage.

5 Montera och justera remmen genom att först placera alla ursprungliga shims och remskivans inre halva på pumpens fläns-klackar.

6 Montera remmen på vevaxelns remskiva och över shimsen på pumpremskivan och placera sedan remskivans yttre halva på klackarna.

7 Placera resterande shims på klackarna och skruva på remskivans fästmuttrar.

8 Dra åt muttrarna medan remskivan vrids runt så att remmen inte kläms mellan remskivehalvorna.

9 Tryck någorlunda hårt på remmen mitt mellan remskivorna. När remmen är korrekt spänd ska den kunna tryckas in ca. 10 mm. Om remmen är slack, ta bort yttre halvan av pumpremskivan och ta bort ett shims. Sätt tillbaka remskivehalvan och testa igen. Upprepa till dess att spänningen är korrekt. Om remmen är för stram, montera ett extra shims mellan remskivehalvorna. Förvara extra shims mellan remskivans ytterhalva och fästmuttrarna.

10 Ställ ned bilen efter justeringen.

Femcylindriga modeller

11 Om drivremmen ska bytas, se kapitel 12 och demontera alternatorns drivrem.

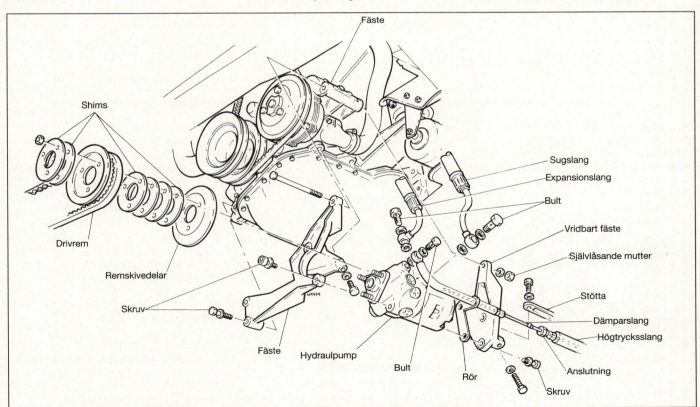

Fäste

Shims

Drivrem

Remskivedelar

Skruv

Fäste

Hydraulpump

Bult

Rör

Sugslang

Expansionslang

Bult

Vridbart fäste

Självlåsande mutter

Stötta

Dämparslang

Högtrycksslang

Anslutning

Skruv

Fig. 10.27 Styrservopumpens drivremsjustering och infästningsdetaljer – fyrcylindriga motorer (avsnitten 27 och 28)

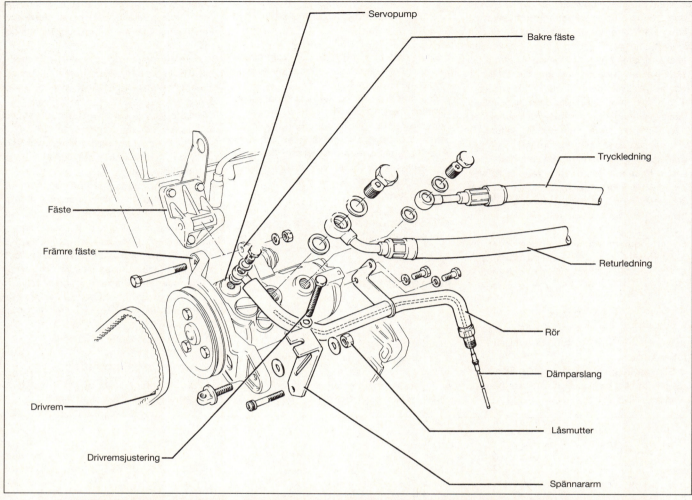

Fig. 10.28 Styrservopumpens drivremsjustering och infästningsdetaljer – femcylindriga motorer (avsnitten 27 och 28)

12 Lossa låsmuttern på justerarmens sida (foto) och lossa pumpens fästbult.
13 Vrid justerbulten ovanpå justerarmen motsols till dess att remmen är så slack att den kan lyftas av remskivan. Lyft av remmen från vevaxelns remskiva och ta ut den ur motorrummet.
14 Undersök om remmen visar tecken på

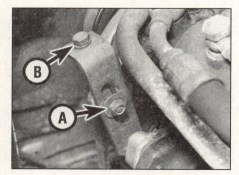

27.12 Låsmutter (A) till pumpjusterings-armen och justerbult (B)

slitage eller skador. Om sådana förekommer, byt rem.
15 Montera och justera remmen genom att trä på den över bägge remskivorna och vrida justerbulten medsols så att remmen blir spänd. Remspänningen är korrekt när den kan tryckas ned ca. 10 mm med ett bestämt tumtryck på en plats mitt mellan remskivorna.
16 När remspänningen är korrekt ska låsmuttern och pumpens fästbult dras åt.
17 Montera i förekommande fall alternatorns drivrem enligt beskrivning i kapitel 12.

28 Servopump – demontering och montering

Fyrcylindriga modeller

1 Ställ framvagnen på pallbockar.
2 Placera ett uppsamlingskärl under pumpen så att spillolja tas om hand och skruva ut slangens banjokopplingar till pumphuset. Ta

reda på tätningsbrickorna.
3 Skruva ur de tre fästbultarna till pumpens remskiva, lyft bort yttre remskivehalvan och dra av drivremmen. Demontera justershimsen och den inre remskivehalvan.
4 Skruva ur pumpens främre och bakre fästbultar, flytta slangens stödfäste och ta ut pumpen från bilens undersida.
5 Montering sker med omvänd arbets-ordning. Använd nya tätningsbrickor i hydraul-slangens anslutning. Dra samtliga bultförband till angivet moment och justera rem-spänningen enligt beskrivning i avsnitt 27. Fyll på och avlufta hydraulsystemet enligt beskrivning i avsnitt 25.

Femcylindriga modeller

6 Placera ett uppsamlingskärl under pumpen så att spillolja tas om hand och skruva ut slangens tre banjokopplingar till pumphuset. Ta reda på tätningsbrickorna.
7 Demontera slangstödet och eventuella clips och för slangen åt sidan.

8 Lossa på remjusteringen enligt beskrivning i avsnitt 27 och dra av remmen från pumpens remskiva.

9 Skruva ur den bult som fäster justerarmen vid motorn och pumpens fästbult och lyft ur pumpen.

10 Montering sker med omvänd arbetsordning. Använd nya tätningsbrickor i hydraulanslutningen. Dra samtliga bultförband till angivet moment och justera remspänningen enligt beskrivning i avsnitt 27. Fyll på och avlufta hydraulsystemet enligt beskrivning i avsnitt 25.

29 Framhjulsinställning och styrvinklar

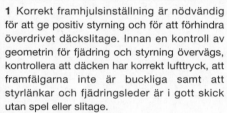

1 Korrekt framhjulsinställning är nödvändig för att ge positiv styrning och för att förhindra överdrivet däckslitage. Innan en kontroll av geometrin för fjädring och styrning övervägs, kontrollera att däcken har korrekt lufttryck, att framfälgarna inte är buckliga samt att styrlänkar och fjädringsleder är i gott skick utan spel eller slitage.

2 Hjulinställningen innefattar fyra delar:

Camber är den vinkel med vilken framhjulen avviker från vertikalplanet sett framifrån. "Positiv camber" är den vinkel (i grader) som hjulens översidor lutar ut från vertikalplanet med.

Caster är vinkeln mellan styraxeln och en vertikal linje sedd från vardera sidan av bilen. "Positiv caster" är när styraxeln är lutad bakåt.

Styraxelns lutning är vinkeln (sedd framifrån bilen) mellan vertikalplanet och en tänkt linje mellan fjäderbenets övre fäste och den nedre fjädringsarmens kulled.

Toe-inställning är skillnaden mellan avståndet mellan framhjulens främre innerkanter i navhöjd och det diametralt motsatta avståndet mätt mellan hjulens bakre innerkanter.

3 Caster och styraxel ställs in vid tillverkningen och kan inte ändras.

4 Camber justeras genom att de tre övre fästmuttrarna på fjäderbenet lossas och fjäderbenet flyttas inom gränserna för de förlängda hålen i fästplattan. Försök inte utföra denna justering utan de speciella tolkar som krävs. Detta arbete ska helst lämnas till en Audiverkstad.

5 Det finns två sätt på vilka en hobbymekaniker kan kontrollera toe-inställningen. Den ena är att använda en tolk till att mäta avstånden mellan främre och bakre innerkanter på hjulen. Den andra är att använda en hasplatta där vardera framhjulet rullar över en rörlig platta som noterar alla avvikelser från rät linje när hjulet rullar över plattan. Relativt billig utrustning av bägge typerna finns att få från tillbehörsförsäljare så att dessa kontroller och eventuella justeringar kan utföras hemma.

6 Om en kontroll av toe-inställningen, oavsett metod, indikerar att justering krävs ska följande göras.

7 Lossa de två muttrarna på vardera styrstaget och vrid den gängade justeringen så att önskad inställning uppkommer (foto). Vrid bägge justeringarna lika mycket men bara cirka ett kvarts varv i taget och kontrollera inställningen. Dra åt klammrarna när inställningen är korrekt.

30 Fälgar och däck – allmän skötsel och underhåll

Fälgar och däck ska i regel inte ge några allvarliga problem förutsatt att de kontrolleras regelbundet vad gäller slitage och skador. Notera dock följande

Se till att lufttrycket i däcken kontrolleras regelbundet och att det hålls korrekt. Kontrollen ska utföras med kalla däck, inte omedelbart efter det att bilen körts. Om trycket i varma däck kontrolleras erhålls ett skenbarligt för högt mätvärde på grund av värmeexpansion. Under inga som helst omständigheter ska trycket i varma däck reduceras till det värde som anges för kalla däck eftersom detta i verkligheten ger ett för lågt tryck.

För lågt tryck i däcken orsakar överhettning i och med den ökade flexibiliteten och däcksmönstret ligger inte korrekt på vägbanan. Detta orsakar förlust av friktion och överdrivet slitage förutom risken av plötsligt däckhaveri på grund av för hög värmeuppbyggnad.

För högt tryck i däcken leder till snabbt slitage av mitten av däckmönstret och minskat väggrepp förutom en stötigare gång och risker för stötskador i däckstommen.

Inspektera däcken regelbundet och leta efter skador i form av repor eller bulor i däcksidorna. Ta bort spikar och stenar i däckmönstret innan de punkterar däcket. Om borttagandet av en spik *visar* att däcket är punkterat ska spiken sättas tillbaka så att hålet märks ut. Byt omedelbart däck och reparera däcket på en däcksverkstad. Kör *inte* med ett däck i detta skick. I många fall kan en punktering tillfälligt lagas genom att en innerslang av rätt typ och storlek används. Detta förfarande ska dock endast användas i nödlägen för kortare sträckor. Om tveksamhet råder kring följderna av påträffade skador, rådfråga en däckspecialist.

Demontera hjulen med regelbundna mellanrum och rengör dem på in- och

Fig. 10.29 Fjäderbenets övre fästbultar för camberjustering – pilar (avsnitt 29)

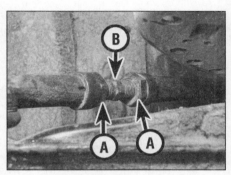

29.7 Styrstagens låsmuttrar (A) och gängade justering (B)

utsidorna. Kontrollera om fälgarna visar tecken på rost, korrosion eller andra skador. Lättmetallsfälgar skadas lätt vid påkörning av trottoarkanter vid parkering och stålfälgar kan bucklas. Fälgbyte är i regel den enda reparationen.

Hjulbalansen ska upprätthållas så att onödigt slitage på inte bara däck utan även styrning och fjädring undviks. Obalans i hjulen kännetecknas vanligen av vibrationer i karossen och i många fall även i ratten. Notera även att slitage och skador i fjädring och styrning kan orsaka förhöjt däckslitage. Orunda eller sneda däck, fälgskador, feljusterade/slitna hjullager kan också orsaka vibrationer. Balansering av hjulen botar inte vibrationer orsakade av sådana faktorer.

Hjulbalansering kan utföras med hjulen monterade eller demonterade. Om hjulbalansering utförs på monterade hjul ska relationen mellan hjul och nav märkas upp innan efterkommande demontering så att de kan monteras på sina ursprungliga platser.

Allmänt däckslitage påverkas i hög grad av körstil – hårda inbromsningar, snabba accelerationer och snabb kurvtagning sliter alla mer på däcken. Axelvis byte av däcken kan utjämna slitaget men detta ska endast utföras om det inte leder till blandning av däcktyper på bilen. Det är dock värt att tänka på att om axelvis byte är fullständigt effektivt leder det till att alla fyra däcken måste bytas samtidigt. Något som kan vara dyrt för många bilägare.

Framdäck kan slitas ojämnt på grund av felinställning i framvagnen. Framhjulen ska alltid vara korrekt inställda till tillverkarens specifikationer.

Legala begränsningar finns för blandning av däcktyper på ett fordon. I princip innebär det att en bil inte får ha däck av olika konstruktion. Vid blandning av radialdäck måste textil-radialdäck sitta på framaxeln och stål-radialdäck på bakaxeln. En självklar nackdel med dylik blandning är nödvändigheten av två reservdäck så att lagbrott undviks i händelse av punktering.

I Sverige finns det regler för många aspekter på däcks montering och användning. Kontrollera vilka regler som gäller med polisen, Bilprovningen eller Vägverket om du är osäker på minimikrav på däck.

Felsökning – Fjädring och styrning

Notera: *Mer detaljerad felsökning på servostyrning och självutjämnande fjädring (om befintliga) kräver specialutrustning. Förutom de generella hänvisningarna nedan ska fel på dessa system åtgärdas av en Audiverkstad.*

Stort spel i styrningen

☐ Sliten styrväxel
☐ Slitna kulleder i styrstagen
☐ Slitna styrstagsbussningar
☐ Felaktig kuggstångsinställning
☐ Slitna kulleder i fjädringen

Hjulkast och vibrationer

☐ Obalans i hjul
☐ Skadade hjul
☐ Klena stötdämpare
☐ Slitna navlager

Överdrivet däckslitage

☐ Fel lufttryck i däck
☐ Obalanserade hjul

Kränger eller drar åt ena sidan

☐ Fel hjulinställning
☐ Slitna kulleder i styrstagen
☐ Slitna fjädringskulleder
☐ Ojämna lufttryck i däcken
☐ Klen stötdämpare
☐ Brusten eller svag spiralfjäder

Tung eller stel styrning

☐ Skuren kulled i styrning eller fjädring
☐ Fel hjulinställning
☐ Lågt lufttryck i däcken
☐ Smörjningsläcka i styrväxeln
☐ Defekt servostyrning (i förekommande fall)
☐ Brusten drivrem till servopumpen (i förekommande fall)

Kapitel 11 Kaross och detaljer

För modifieringar och information om senare modeller, se Supplement i slutet av handboken

Innehåll

Svårighetsgrader

| Enkelt, passar för novisen med lite erfarenhet | | Ganska enkelt, passar nybörjaren med viss erfarenhet | | Ganska svårt, passar kompetent hemmekaniker | | Svårt, passar hemmekaniker med erfarenhet | | Mycket svårt, för professionell mekaniker | |

1 Allmän beskrivning

Karossen är en självbärande stålkonstruktion med datorberäknade deformeringszoner fram och bak med en central överlevnadscell runt passagerarutrymmet. Vid tillverkningen rostskyddas karossen och håligheter besprutas med vax. Dessutom är samtliga öppna balkar förseglade.

Det finns två karossvarianter, fyrdörrars sedan och femdörrars kombi, kallad Avant. Det finns ett antal tillval och dekorer för sedanversionen.

2 Underhåll – kaross och underrede

Karosseriets allmänna skick är en av de faktorer som väsentligt påverkar bilens värde. Underhållet är enkelt men måste vara regelbundet. Underlåtenheter, speciellt efter smärre skador, kan snabbt leda till värre skador och dyra reparationer. Det är även viktigt att hålla ett öga på de delar som inte är direkt synliga, exempelvis underredet, under hjulhusen och de nedre delarna av motorrummet.

Det grundläggande underhållet av karossen är tvättning - helst med stora mängder vatten från en slang. Detta tar bort smuts som fastnat på bilen. Det är väsentligt att spola av dessa på ett sätt som förhindrar att lacken skadas. Hjulhus och underrede kräver tvätt på samma sätt, så att ansamlad lera tas bort. Denna behåller fukt och tenderar att uppmuntra rostangrepp. Paradoxalt nog är den bästa tidpunkten för tvätt av underrede och hjulhus när det regnar eftersom leran då är blöt och mjuk. Vid körning i mycket våt väderlek spolas vanligen underredet av automatiskt vilket ger ett tillfälle för inspektion.

Periodvis, med undantag för bilar med vaxade underreden, är det en god idé att rengöra hela undersidan med ångtvätt, inklusive motorrummet, så att en grundlig inspektion kan utföras för att se efter vilka småreparationer som behövs. Ångtvätt finns på många bensinstationer och verkstäder och behövs för att ta bort ansamlingar av oljeblandad smuts som ibland kan bli tjock i vissa utrymmen. Om ångtvätt inte finns tillgänglig finns det ett par utmärkta avfettningsmedel som kan strykas på med borste så att smutsen sedan kan spolas bort. Lägg märke till att dessa metoder INTE ska användas på bilar med vaxade underreden, eftersom de tar bort vaxet. Bilar med vaxade underreden ska inspekteras årligen, helst på senhösten. Underredet tvättas då av så att skador i vaxbestrykningen kan hittas och åtgärdas. Det bästa är att lägga på ett helt, nytt lager vax före varje vinter. Det är även värt att överväga att spruta in vaxbaserat skydd i dörrpaneler, trösklar, balkar och liknande som ett extra rostskydd där tillverkaren inte redan åtgärdat den saken.

Efter det att lacken tvättats, torka av den med sämskskinn så att den får en fin yta. Ett lager med genomskinligt skyddsvax ger förbättrat skydd mot kemiska föroreningar i luften. Om lacken mattats eller oxiderats kan ett kombinerat tvätt- och polermedel återställa glansen. Detta kräver lite ansträngning men sådan mattning orsakas vanligen av slarv med regelbundenheten i tvättning. Metallic-lacker kräver extra försiktighet och speciella slipmedelsfria rengörings/polermedel krävs för att inte skada ytan. Kontrollera alltid att dräneringshål och rör i dörrar och ventilation är helt öppna så att vatten kan rinna ut. Kromade ytor ska behandlas som lackerade. Glasytor ska hållas fria från smutshinnor med hjälp av glastvättmedel. Vax eller andra medel för polering av lack eller krom ska inte användas på glas.

3 Underhåll – klädsel och mattor

Mattorna ska borstas eller dammsugas med jämna mellanrum så att de hålls rena. Om de är svårt nedsmutsade ska de tas ut ur bilen för skrubbning. Se i så fall till att de är helt torra innan de sätts tillbaka i bilen. Säten och dekorpaneler kan hållas rena med avtorkning med fuktig trasa och speciella rengöringsmedel. Om de smutsas ned (vilket ofta kan vara mer synligt i ljusa inredningar) kan lite flytande tvättmedel och en mjuk nagelborste användas till att skrubba ut smutsen ur materialet. Glöm inte takets insida, håll det rent på samma sätt som klädseln. När flytande rengöringsmedel används inne i en bil ska de tvättade ytorna inte överfuktas. För mycket fukt kan komma in i sömmar och stoppning och där framkalla fläckar, störande lukter och till och med röta.

> **HAYNES TiPS**
> *Om bilens insida blötts ned genom en olyckshändelse är det värt att ta besväret av att torka ur den ordentligt, speciellt mattorna. Lämna inte olje- eller eldrivna värmare påslagna i syfte att torka ur bilens insida.*

4 Mindre karosseriskador – reparation

Reparation av mindre skråmor i karossen

Om en skråma är mycket ytlig och inte trängt ned till karossmetallen är reparationen mycket enkel att utföra. Gnugga det skadade området helt lätt med lackrenoveringsmedel eller en mycket finkornig slippasta så att lös lack tas bort från skråman och det omgivande området befrias från vax. Skölj med rent vatten.

Lägg på bättringslack på skråman med en fin pensel. Lägg på i många tunna lager till dess att ytan i skråman är i jämnhöjd med den omgivande lacken. Låt den nya lacken härda i minst två veckor och blanda sedan in den med omgivningen genom att gnugga hela området kring skråman med lackrenoveringsmedel eller en mycket finkornig slippasta. Avsluta med en vaxpolering.

I de fall en skråma gått ned till karossmetallen och denna börjat rosta krävs en annan teknik. Ta bort lös rost från botten av skråman med ett vasst föremål och lägg sedan på rostskyddsfärg så att framtida

rostbildning förhindras. Fyll sedan upp skråman med spackelmassa och en spackel av gummi eller nylon. Vid behov kan spacklet tunnas ut med thinner så att det blir mycket tunt vilket är idealiskt för smala skråmor. I de fall en skråma gått ned till karossmetallen och denna börjat rosta krävs en annan teknik. Ta bort lös rost från botten av skråman med ett vasst föremål och lägg sedan på rost-skyddsfärg så att framtida rostbildning förhindras. Fyll sedan upp skråman med spackelmassa och en spackel av gummi eller nylon. Vid behov kan spacklet tunnas ut med thinner så att det blir mycket tunt vilket är idealiskt för smala skråmor. Detta gör den gropig så att bättringslacken fäster bättre när den målas över enligt anvisningarna i föregående stycke.

Reparation av bucklor i karossen

När en djup buckla uppstått i bilens kaross blir den första uppgiften att räta ut bucklan såpass att den i det närmaste återtar ursprungsformen. Det finns ingen orsak att försöka att helt återställa formen i och med att metallen i det skadade området sträckt sig vid skadans uppkomst. Detta betyder att metallen aldrig helt kan återta sin gamla form. Det är bättre att försöka ta bucklans nivå upp till ca 3 mm under den omgivande karossens nivå. I de fall bucklan är mycket grund är det inte värt besväret att räta ut den. Om undersidan av bucklan är åtkomlig kan den knackas ut med en träklubba eller plasthammare. Vid knack-ningen ska mothåll användas på plåtens utsida så att inte större delar knackas ut.

Skulle bucklan finnas i en del av karossen som har dubbel plåt eller något annat som gör den oåtkomlig från insidan krävs en annan teknik. Borra ett flertal hål genom metallen i bucklan - speciellt i de djupare delarna. Skruva sedan in långa plåtskruvar precis så långt att de får ett fast grepp i metallen. Dra sedan ut bucklan genom att dra i skruv-skallarna med en tång.

Nästa steg är att ta bort lacken från det skadade området och ca 3 cm av den omgivande friska plåten. Detta görs enklast med stålborste eller slipskiva monterad på borrmaskin, men kan även göras för hand med slippapper. Fullborda prepareerandet före spacklingen genom att repa den nakna plåten med en skruvmejsel eller filspets, eller genom att borra små hål i det område som ska spacklas, så att den fäster bättre.

Fullborda arbetet enligt anvisningarna för spackling och omlackering.

Reparation av rosthål och revor i karossen

Ta bort lacken från det drabbade området och ca 30 mm av den omgivande friska plåten med en sliptrissa eller stålborste monterad i en borrmaskin. Om detta inte finns tillgängligt kan ett antal ark slippapper göra jobbet lika effektivt. När lacken är borttagen kan du mer exakt uppskatta rostskadans omfattning och därmed avgöra om hela panelen (där möjligt) ska bytas ut eller om rostskadan ska repareras. Nya plåtdelar är inte så dyra som de flesta tror och det är ofta snabbare och ger bättre resultat med plåtbyte än försök till reparation av större rostskador.

Ta bort all dekor från det drabbade området, utom den som styr den ursprungliga formen av det drabbade området, exempelvis lyktsarger. Ta sedan bort lös eller rostig metall med plåtsax eller bågfil. Knacka kanterna något inåt så att du får en grop för spack-lingsmassan.

Borsta av det drabbade området med en stålborste så att rostdamm tas bort från ytan av den kvarvarande metallen. Måla det drabbade området med rostskyddsfärg, om möjligt även på baksidan.

Innan spacklingen kan ske måste hålet blockeras på något sätt. Detta kan göras med nät av plast eller aluminium eller med aluminiumtejp.

Nät av plast eller aluminium eller glas-fiberväv är i regel det bästa materialet för ett stort hål. Skär ut en bit som är ungefär lika stor som det hål som ska fyllas och placera det i hålet så att kanterna finns under nivån för den omgivande plåten. Ett antal klickar spackelmassa runt hålet fäster materialet på plats.

Aluminiumtejp kan användas till små eller mycket smala hål. Dra av en bit från rullen, klipp den till ungefärlig storlek och dra bort täckpappret (om sådant finns) och fäst tejpen över hålet. Flera remsor kan läggas bredvid varandra om bredden på en inte räcker till. Knacka ned tejpkanterna med ett skuv-mejselhandtag eller liknande så att tejpen fäster ordentligt på metallen.

Karosserireparationer - spackling och lackering

Innan du följer anvisningarna i detta avsnitt, läs de föregående om reparationer.

Många typer av spackelmassa förekommer. Generellt sett är de som består av grundmassa och härdare bäst vid denna typ av repara-tioner. Vissa av dem kan användas direkt från förpackningen. En bred och följsam spackel av nylon eller gummi är ett ovärderligt verktyg för att skapa en väl formad spackling med en fin yta.

Blanda lite massa och härdare på en skiva av exempelvis kartong eller masonit. Mät härdaren noga - följ tillverkarens instruktioner. I annat fall härdar spacklingen för snabbt eller för långsamt. Bred upp massan på det förberedda området med spackeln, dra spackeln över massan så att rätt form och en jämn yta uppstår. Så snart en någorlunda korrekt form finns ska du inte arbeta mer med massan. Om du håller på för länge blir massan kletig och börjar fastna på spackeln. Fortsätt lägga på tunna lager med ca 20 minuters mellanrum till dess att massan är något högre än den omgivande plåten.

När massan härdat kan överskottet tas bort med hyvel eller fil och sedan slipas ned med gradvis finkornigare papper. Börja med nr 40 och avsluta med nr 400 torr/våtpapper. Linda alltid papperet runt en slipkloss - i annat fall blir inte den slipade ytan plan. Vid slutpoleringen med torr/våtpappret ska detta nu och då sköljas med vatten. Detta skapar en mycket slät yta på massan i slutskedet.

Vid detta läge ska bucklan vara omgiven av en ring med ren plåt som i sin tur omges av en lätt ruggad kant av frisk lackering. Skölj reparationsområdet med rent vatten till dess att allt slipdamm försvunnit.

Spruta ett tunt lager grundfärg på hela reparationsområdet. Detta avslöjar mindre ytfel i spacklingen. Laga dessa med ny massa eller filler och slipa av ytan igen. Massa kan tunnas ut med thinner så att den blir mer lämpad för riktigt små gropar. Upprepa denna sprutning och reparation till dess att du är nöjd med spackelytan och den ruggade lacken. Rengör reparationsytan med rent vatten och låt den torka ut.

HAYNES TiPS *Om spackelmassa används kan den blandas med cellulosaförtunnare till en mycket tunn pasta som är idealisk för spackling av små hål.*

Reparationsytan är nu klar för lackering. Färgsprutning måste utföras i en atmosfär som är varm, torr, stillastående och dammfri. Detta kan skapas inomhus om du har tillgång till ett större arbetsområde, men om du är tvungen att arbeta utomhus måste du vara noga med valet av dag. Om du arbetar inomhus ska du spola av golvet med vatten eftersom detta binder damm som annars skulle vara i luften. Om reparationsytan är begränsad till en panel ska de omgivande maskas av. Detta minskar effekten av en mindre missanpassning mellan färgerna. Dekorer och detaljer (kromlister, handtag med mera) ska även de maskas av. Använd riktig maskeringstejp och ett flertal lager tidningspapper till detta.

Innan du börjar spruta ska burken skakas mycket ordentligt. Spruta på en provbit, exempelvis konservburk, till dess att du kan tekniken. Täck sedan arbetsytan med ett tjockt lager grundfärg, byggt upp av flera tunna skikt. Polera sedan grundfärgens yta med nr 400 våt/torrpapper till dess att den är slät. Medan detta utförs ska ytan hållas våt. Låt torka innan mer färg läggs på.

Spruta på ytan och bygg upp tjocklek med flera tunna lager färg. Börja spruta i mitten och arbeta utåt med enstaka sidledes rörelser till dess att hela reparationsytan och ca 50 mm av den omgivande lackeringen täcks. Ta bort maskeringen 10 till 15 minuter efter sista färglagret sprutats på.

Låt den nya lacken härda i minst två veckor innan en lackrenoverare eller mycket fin slippasta används till att blanda in den nya lackens kanter i den gamla. Avsluta med vax.

Plastdelar

Med den ökade användningen av plast i karossdelar, exempelvis stötfångare, spoilers, kjolar och i vissa fall större paneler, blir reparationer av allvarligare slag på sådana delar ofta en fråga om att överlämna dessa till specialister eller byte av delen i fråga. Gör-det-själv-reparationer av sådana skador är inte rimliga beroende på kostnaden för den specialutrustning och de speciella material som krävs. Grundprincipen för dessa reparationer är att en skåra tas upp längs med skadan med en roterande rasp i en borrmaskin. Den skadade delen svetsas sedan ihop med en varmluftspistol och en plaststav i skåran. Plastöverskott tas bort och ytan slipas ned. Det är viktigt att rätt typ av plastlod används i och med att plasttypen i karossdelar kan variera, exempelvis PCB, ABS eller PPP.

Skador av mindre allvarlig natur (skrapningar, små sprickor) kan lagas av hemmamekaniker med en tvåkomponents epoxymassa. Den blandas i lika delar och används på liknande sätt som spackelmassa på plåt. Epoxyn härdar i regel inom 30 minuter och kan sedan slipas och målas.

Om ägaren byter en komplett del själv eller reparerat med epoxymassa dyker problemet med målning upp. Svårigheten är att hitta en färg som är kompatibel med den plast som används. En gång i tiden kunde inte någon universalfärg användas i och med det breda utbudet av plaster i karossdelar. Generellt sett fastnar inte standardfärger på plast och gummi. Numera finns det dock satser för plastlackering att köpa. Dessa består i princip av en förprimer, en grundfärg och ett färg-

lager. Kompletta instruktioner finns i satserna men grundmetoden är att först lägga på förprimern på aktuell del och låta den torka i 30 minuter innan grundfärgen läggs på. Denna ska torka ca en timme innan det speciella färglagret läggs på. Resultatet blir en korrekt färgad del där lacken kan flexa med materialet. Det senare är en egenskap som standardfärger vanligtvis saknar.

5 Större karosseriskador – reparation

Där allvarliga karosskador uppstått eller större ytor behöver åtgärdas på grund av brist på underhåll måste nya delar eller paneler svetsas in. Detta bör överlämnas till yrkeskunniga personer. Om skada uppstått på grund av kollision måste hela bilen mätas upp. I och med konstruktionssättet kan styrkan och formen i helheten påverkas av en skada på en del. I sådana fall krävs en Audiverkstad med specialutrustning i form av mätjigg. Om en kaross lämnas sned är detta först och främst farligt i och med att bilens vägegenskaper försämras. I andra hand kommer ojämna krafter att påverka styrning, motor och växellåda vilket leder till onormalt slitage eller totalhaveri. Även däckslitaget kan bli mycket större.

6 Dörrens innerpanel – demontering och montering

1 Skruva ut skruvarna och lyft undan främre dörrstolpens klädsel (foton). Skruva ut dörrlåsknappen.
2 Bänd försiktigt undan dörrhandtagets klädselpanel, skruva ut skruvarna och ta bort handtaget (foton).

6.1A Skruv till dörrstolpens klädsel (pil)

6.1B Demontering av dörrstolpens klädsel

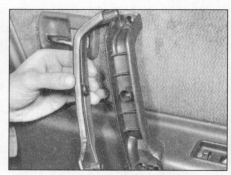

6.2A Demontera panelen på dörrhandtaget . . .

6.2B . . . skruva ur skruvarna och ta bort dörrhandtaget

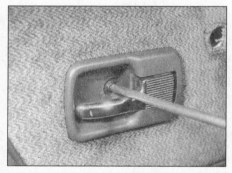

6.3 Demontering av dörrlåshandtagets dekorplatta

6.5A Innerpanelens övre fästskruv (pil)

3 Skruva ut skruven till innerhandtagets dekorplatta och ta bort dekorplattan (foto).
4 På modeller med manuella fönsterhissar, peta ut vevhandtagets dekor, skruva ut skruven och ta bort handtaget. På senare modeller tas dekoren bort genom ett tryck på hållklacken i knoppänden med en skruvmejsel. Dekoren kan sedan dras av (fig.11.1).
5 Skruva ut de två övre skruvarna i vardera änden av panelen och den skruv som är åtkomlig genom dörrhandtagsöppningen (foton).
6 Använd ett lämpligt platt verktyg och bänd försiktigt bort panelen från dörren och dra upp den och ta bort den (foto). I de fall elektriska fönsterhissar finns, dra ut kontakten (foto).
7 Demontera den inre isoleringspanelen genom att ta bort de övre clipsen och lyfta av panelen (foto).
8 Montering sker med omvänd arbetsordning.

7 Dörrlås – demontering och montering

1 Demontera dörrklädseln enligt beskrivning i avsnitt 6.
2 Lossa de två skruvar på dörrkanten som fäster innerhandtagets vajerstöd (foto).
3 Skruva ur dörrlåsskruvarna med en insexnyckel.

6.5B Innerpanelens fästskruv åtkomlig genom öppningen för dörrhandtaget

6.6A Lyft undan innerpanelen . . .

6.6B . . . och dra ut kontakten till den elektriska fönsterhissen, om befintlig

6.7 Isoleringspanelens clips

7.2 Stödskruvar till låshandtagets vajer (A) och låsets fästskruvar (B)

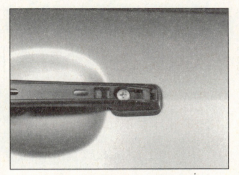

8.3 Yttre dörrhandtagets fästskruv

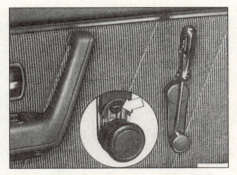

Fig. 11.1 Demontering av senare modell av fönstervevsdekor genom nedtryckning av klack (pil) med skruvmejsel (avsnitt 9)

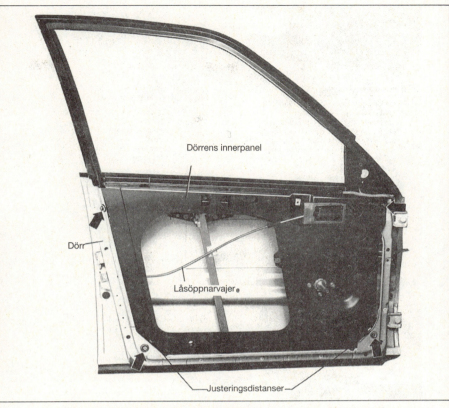

Dörrens innerpanel

Dörr

Låsöppnarvajer

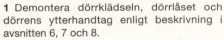

Justeringsdistanser

Fig. 11.2 Den inre dörrpanelens fästbultar – se pilarna (avsnitt 9)

4 Lossa manöverstänger och vajer och dra ut låset från dörren.
5 Montera i omvänd arbetsordning.

8 Yttre dörrhandtag – demontering och montering

1 Demontera dörrklädseln enligt beskrivning i avsnitt 6.
2 Peta försiktigt ut plastinsatsen med en skruvmejsel.
3 Lossa manöverstängerna, skruva ut de två skruvarna och dra ut handtaget från dörren (foto).
4 Montering sker med omvänd arbetsordning.

9 Dörrar – isärtagning och ihopsättning

1 Demontera dörrklädseln, dörrlåset och dörrens ytterhandtag enligt beskrivning i avsnitten 6, 7 och 8.
2 Dra ur kontakten på modeller med elektriska fönsterhissar.
3 Se fig. 11.2, skruva ur de fyra bultar som fäster inre dörrpanelen vid den yttre. Notera justeringsdistanserna på de undre bultarna.
4 Dra av hela innerpanelen, komplett med glas och ram från ytterpanelen.
5 Skruva ut de bultar som fäster fönsterregulatorn vid dörrpanelen (foton) och lossa

det clips som fäster regulatorsliden vid fönsterglaset. Dra av regulatorn från innerpanelen.
6 Demontera fönsterglaset genom att dra det ned och ut ur styrspåren.
7 Montering sker med omvänd arbetsordning. Justera glaset enligt följande innan innerpanelen monteras på ytterpanelen.
8 Flytta fönstret till sin lägsta position med hjälp av regulatorhandtaget eller genom att tillfälligt koppla in strömmen till fönsterhissen.
9 Titta ner i styrskåran och kontrollera att det undre styrstiftet finns i centrum av styrningen. Om inte, lossa regulatorns fästbultar och flytta den inom de förlängda hålen till dess att styrstiftet är centrerat.

9.5A Fönsterregulatorns fästmuttrar . . .

9.5B . . . och reglerramens övre . . .

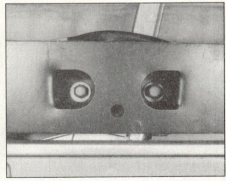

9.5C . . . och undre fästbultar

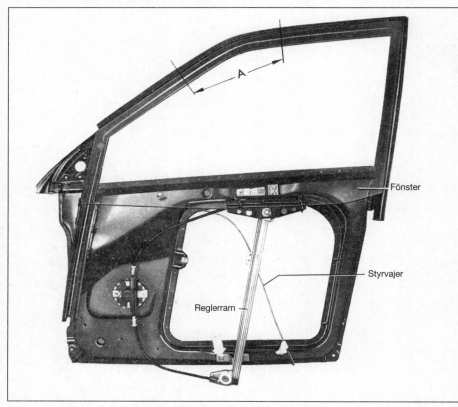

Fönster

Styrvajer

Reglerram

Fig. 11.3 Fönsterreglering med nedre fäste (pil), sett från insidan av inre dörrpanelen (avsnitt 9)

A Kritiskt tätningsområde mellan dörr och kaross

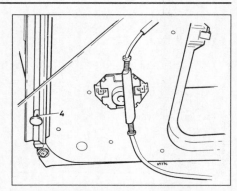

Fig. 11.4 Justera fönsterregleringen så att styrstiftet (4) sitter centralt i styrningen (avsnitt 9)

dörren är mitt på fönsterramens överkant (fig. 11.3) så extra uppmärksamhet ska fästat vid passform och justering av dörren på denna punkt.

10 Dörrar – demontering och montering

1 Demontera innerpanelen enligt beskrivning i avsnitt 6.
2 Om samma dörr sätts tillbaka, markera runt gångjärnen så att uppriktningen av dörren förenklas.
3 Lossa elektriska kontakter och vakuum-anslutningar inne i dörren efter befintlighet och ta bort ledningar och slangar från dörren. Om en elektrisk spegel är monterad ska kontakten i fotbrunnen dras ut – se kapitel 13, avsnitt 13.
4 Borra ut underdelen av den nit som fäster dörrstroppen och driv ut niten med ett dorn.
5 Stötta dörren och skruva ut gångjärnens fästbultar (foto) och lyft bort dörren från bilen.
6 Montering sker med omvänd arbets-ordning. Falsa över underdelen av den nya niten till dörrstroppen så att den hålls på plats. Justera låsplattan enligt beskrivning i avsnitt 11 och inre dörrpanelen enligt beskrivning i avsnitt 9 om inte en tillfredsställande dörr-passning erhålles vid låsplattan.

10 Höj fönstret och justera regulatorramens övre fäste så att glaset kommer i jämn kontakt med tätningen på de punkter som visas i fig. 11.5. Det kan även bli nödvändigt att vrida på stoppskruven på regulatorsliden (fig. 11.6).
11 När inner- och ytterpanelen satts ihop ska innerpanelen justeras enligt följande.
12 Kontrollera att dörren kan stängas och hur dörren passar i öppningen. Om justering krävs, lossa de fyra bultar som håller ihop

panelerna. Flytta panelen efter behov och lägg märke till följande:
(a) De förlängda hålen i övre fästena medger justering i höjdled
(b) De förlängda hålen i nedre fästena medger justering i sid- och höjdled
(c) Genom ändring av tjockleken på distanserna i nedre fästena (två tjocklekar tillgängliga) kan justering av panelens tjocklek i fönsterramens överkant göras
(d) Den mest kritiska tätningspunkten på

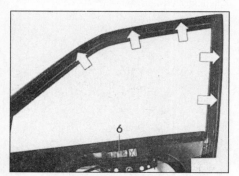

Fig. 11.5 Justera reglerramens övre fäste (6) så att glaset är i jämn kontakt med tätnings-listen på den visade punkterna (avsnitt 9)

Fig. 11.6 Regleringens glidande stoppskruv (pil) för extra justering av glasets läge (avsnitt 9)

Fig. 11.7 Placering för inre dörrpanelens nedre monteringsdistans – se pil (avsnitt 9)

10.5 Dörrgångjärnets fästbult

11.1 Framdörrens låsstift

**12.2A Anslutning till vindrute-
spolarslangen . . .**

11 Dörrlåsplatta – justering

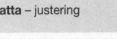

1 Markera runt dörrlåsplattan (foto) med en blyertspenna eller fin kulspetspenna.
2 Placera en blocknyckel på sexkanten på låsplattan och skruva ut den ungefär ett varv så att den rör sig vid knack med en gummi-klubba.
3 Knacka låsplattan in mot bilen om dörren glappar eller utåt om dörren är för tät. Var försiktig med att hålla låsplattan på samma horisontella linje, såvida den inte kräver justering även i höjdled. Flytta låsplattan med endast små justeringar i taget, den faktiska förflyttningen kan studeras med hjälp av det märke som gjordes innan plattan lossades.
4 När en position fastställts där dörren stänger ordentligt men utan svårighet ska låsplattan dras åt.
5 Om en tillfredsställande justering inte kan erhållas vid låsplattan, kontrollera justeringen av dörrens innerpanel enligt beskrivning i avsnitt 9.

12 Motorhuv – demontering, montering och justering

1 Stötta motorhuven i öppet läge och placera trasor i hörnen bredvid gångjärnen.
2 Koppla ur vindrutespolarens slang och

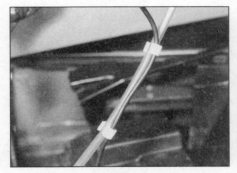

**12.2B . . . och motorrumsbelysningens
ledning fäst vid slangen**

lossa motorrumsbelysningens ledning från spolarslangen (foton). Dra ur kontakten i utjämningskammaren.
3 Märk runt gångjärnen så att uppriktningen underlättas vid monteringen.
4 Dra ut fästclipsen från stöttans övre fäststift (foto) och dra ut stiften.
5 Skruva ur de fyra bultarna till motorhuvens gångjärn och lyft, tillsammans med en medhjälpare, av huven från bilen (foto).
6 Montering sker med omvänd arbets-ordning. Justera gångjärnen till sina ur-sprungslägen så att huvens kantavstånd förblir konstant. Justera vid behov de två låsplattorna på motorhuvens framkant så att den kan stängas ordentligt.

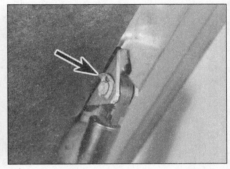

12.4 Låsclips till huvstöttans tapp (pil)

13 Motorhuvens stöttor – demontering och montering

1 Stötta motorhuven i öppet läge.
2 Dra ut fästclipset från stödets övre fäststift och dra ut stiftet.
3 Om motorhuvsstödets nedre fäste är av typen plastkula och sockel ska fästclipset dras ut cirka 4,0 mm med hjälp av en skruvmejsel. Dra av det nedre stödfästet från kulklacken. Dra inte ut clipset helt eftersom det då skadas.
4 Om det undre fästet är av typen metallkula och sockel, dra ut fäststiftet med en tång och lyft av det undre fästet från kulklacken.
5 Montering sker med omvänd arbetsordning.

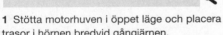

**Fig. 11.8 Fästclips (pil) på huvstötta med
plastkulesockel (avsnitt 13)**

12.5 Motorhuvgångjärnets fästbultar (pilar)

**Fig. 11.9 Stift (pil) på huvstötta med
metallkulesockel (avsnitt 13)**

15.2 Bagageluckans gångjärnsmuttrar (pilar)

14 Huvlåsvajer – demontering, montering och justering

1 Demontera kylargrillen enligt beskrivning i avsnitt 22.
2 Skruva ut klammerbulten och lossa vajern från nippeln.
3 Lossa vajern från låsarmarna, hylsorna och vajerclipsen i motorrummet.
4 Skruva ur de två skruvar som fäster huvlåsöppnaramen inne i bilen och dra vajern genom torpedplåten och ta bort den från bilens insida.
5 Montering sker med omvänd arbetsordning. Justera vajern så att allt spel tas upp vid nippeln utan att låsarmarna belastas.

15 Bagagelucka – demontering, montering och justering

1 Stötta bagageluckan i öppet läge och placera trasor under hörnen vid gångjärnen.
2 Lossa kabelhärvan och vakuumslangen efter behov och markera gångjärnens läge med en blyertspenna (foto).
3 Anlita en medhjälpare, skruva ut muttrarna och lyft bort bagageluckan från bilen.
4 Montering sker med omvänd arbetsordning. Justera gångjärnen till ursprungsläget så att bagageluckan är i jämnhöjd med resten av karossen.

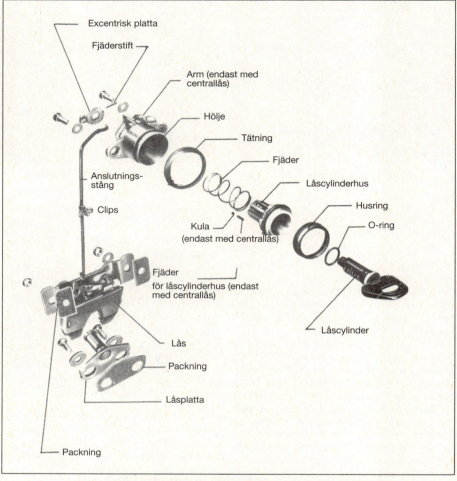

Fig. 11.10 Sprängskiss över låset till bagageluckan (avsnitt 16)

Labels in figure:
- Excentrisk platta
- Fjäderstift
- Arm (endast med centrallås)
- Hölje
- Tätning
- Fjäder
- Låscylinderhus
- Husring
- O-ring
- Anslutningsstång
- Clips
- Kula (endast med centrallås)
- Fjäder för låscylinderhus (endast med centrallås)
- Låscylinder
- Lås
- Packning
- Låsplatta
- Packning

16 Bagageluckans lås – demontering, montering och justering

1 Öppna bagageluckan, skruva ur de två bultarna och dra ut låscylindern från bagageluckan (foto).
2 Vrid på låset så att det lossnar från anslutningsstången och ta ut det ur bilen.
3 Skruva ur de två muttrarna och dra av låsmekanismen från klackarna (foto). Ta reda på eventuell inpackning.
4 Lossa anslutningsstången och ta ut låset ur bilen.
5 Montering sker med omvänd arbetsordning. Justera bagageluckans stängning och låset genom att justera låsplattan efter behov (foto).

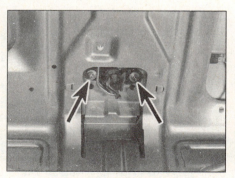

16.1 Fästbultar till bagageluckans låscylinder (pilar)

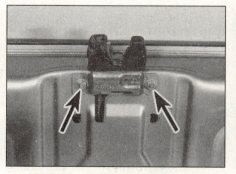

16.3 Fästmuttrar till bagageluckans låsmekanism (pilar)

16.5 Fästbultar till bagageluckans låsplatta (pilar)

17.3 Låsclips till bakluckans stötta (pil)

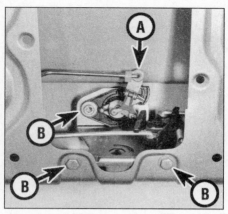

18.2 Clips till bakluckans låsstång (A) och fästbultar (B)

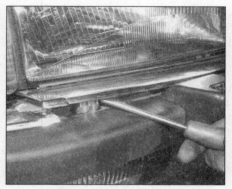

21.3 Demontering av stötfångarens centrala dekorlist (Audi 100 visad)

21.5A Övre högra fästbultar till stötfångare

21.5B Nedre högra fästbult till stötfångare (pil)

17 Baklucka (Avant-modeller) – demontering, montering och justering

1 Lossa batteriets jordledning. Öppna bakluckan och stötta den.
2 Koppla ur ledningar, vakuumslangar och spolarslang efter befintlighet och ta bort dem från bakluckan.

3 Ta ut låsclipset och demontera stöttorna från bakluckans kulklackar (foto).
4 Markera placeringen av bakluckans gångjärn.
5 Anlita en medhjälpare och skruva ur de fyra gångjärnsplattebultarna och lyft bort bakluckan.
6 Montering sker med omvänd arbetsordning. Justera gångjärnen så att ett jämnstort avstånd uppstår på bägge sidorna av bakluckan och att den stänger ordentligt.

18 Bakluckans lås (Avant-modeller) – demontering, montering och justering

1 Öppna bakluckan och demontera innerpanelen så att låset blir åtkomligt.
2 Lossa clipset och anslutningsstången från låscylinderns arm (foto).
3 Skruva ur bulten som fäster låscylindern vid bakluckan och de två bultar som fäster låshållarplattan vid bakluckan.
4 Lossa de två dragstängerna och ta ut mekanismen genom öppningen i bakluckan.
5 Demontera de två låsmekanismerna genom att lossa fästbultarna och dra ut mekanismen i

bakluckan och haka av dragstången. Ta ut låset ur bilen.
6 Montering sker med omvänd arbetsordning. Justera låsplattan vid behov så att bakluckan stängs ordentligt och att låset fungerar tillfredsställande.

19 Vindruta, bakruta och fönster med fast glas – demontering och montering

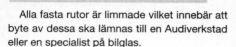

Alla fasta rutor är limmade vilket innebär att byte av dessa ska lämnas till en Audiverkstad eller en specialist på bilglas.

20 Tacklucka – allmänt

En tacklucka av stål, elektriskt eller mekaniskt manövrerad, finns som tillbehör till samtliga modeller.
Takluckan är underhållsfri. Eventuella justeringar eller byte av delar ska lämnas åt en Audiverkstad, i och med att systemet är mycket komplext och att det krävs att en stor del av innertaket demonteras för åtkomst. Det senare är mycket invecklat och kräver specialverktyg.

21 Stötfångare – demontering och montering

Främre stötfångare

1 Om monterade ska främre dimljus och/eller blinkers demonteras från stötfångaren enligt beskrivning i kapitel 12.
2 Bänd loss kantremsan på stötfångarens överkant under strålkastarna.
3 Skruva ut de skruvar under kylargrillen som fäster den mittre dekorlisten och bänd försiktigt upp remsan i bägge ändar (foto) och ta bort den.
4 Se avsnitt 22 och demontera kylargrill och ventilationsgaller.
5 Skruva ur de två övre och en undre skruv i var ände (foton) och dra stötfångaren något framåt.
6 Demontera strålkastarspolarslangen, om monterad, och dra ut stötfångaren framåt ur styrningarna och ta bort den från bilen.
7 Montering sker med omvänd arbetsordning.

Bakre stötfångare

8 Arbeta inifrån bagageutrymmet och skruva ur de två bultar på var sida som fäster stötfångarfästena, dra ut stötfångaren bakåt ur sidostyrningarna och ta bort den från bilen.
9 Montering sker med omvänd arbetsordning.

22.1 Skruva ur kylargrillens centrala fästskruv

22.2 Lossa grillens sidospärrar

22.3 Kylargrillens nedre fästklack (pil)

22.4 Ventilationsgallrets fästskruv (pil)

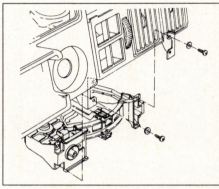
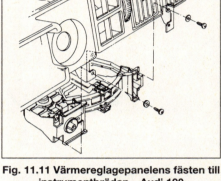

Fig. 11.11 Värmereglagepanelens fästen till instrumentbrädan – Audi 100 (avsnitt 23)

22 Kylargrill och ventilations-galler – demontering och montering

1 Öppna motorhuven och skruva ur kylar-grillens centrala fästskruv (foto).

2 Lossa spärrarna på var sida om grillen och dra den framåt (foto).

3 Haka ur de nedre klackarna och ta bort kylargrillen från bilen (foto).

4 Demontera ventilationsgallret under stöt-fångaren genom att skruva ur skruvarna på vardera sidan (foto) och dra ut gallret.

5 Montering sker i omvänd arbetsordning.

23 Instrumentbräda – demontering och montering

Audi 100

1 Demontera ratten enligt beskrivning i kapitel 10.

2 Demontera kombinationsbrytaren och instru-mentbrädan enligt beskrivning i kapitel 12.

3 Demontera mittkonsolen enligt beskrivning i avsnitt 24 i detta kapitel.

4 Skruva ur de fyra skruvarna på var sida om värmereglagepanelen och sänk ned panelen.

5 Skruva ur de fyra skruvarna på sidan av den övre brytar- och ventilationspanelen (foto), dra ut panelen, koppla ur ledningarna på baksidan sedan kontakterna märkts upp. Ta bort panelen.

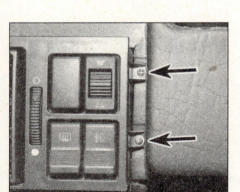

23.5 Övre fästskruvar till brytar- och ventilationspanel (pilar)

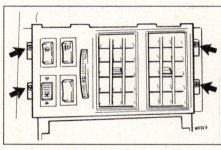

Fig. 11.12 Fästskruvar till kontakt och ventilationspanel – Audi 100 (avsnitt 23)

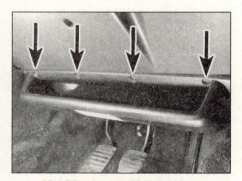

23.6 Fästskruvar till förarsidans bagagehylla (pilar)

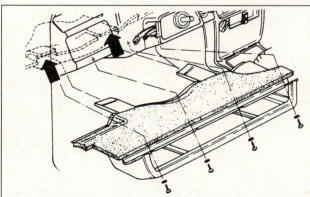

Fig. 11.13 Fästskruvar till förarsidans bagagehylla – Audi 100 (avsnitt 23)

6 Skruva ut bagagehyllans skruvar på förarsidan, sänk ned den och lossa den från styrningarna. Ta bort hyllan (foto).

7 Skruva ut bagagehyllans skruvar på passagerarsidan, sänk ned den och lossa den från styrningarna. Ta bort hyllan.

8 Lossa lufttrummorna från värmefläkten under instrumentbrädan.

9 Skruva ur de två skruvarna på var sida (foto) och en genom instrumentpanelens öppning som fäster instrumentbrädan. Lossa kablaget vid clipsen och kabelbanden och dra ut instrumentbrädan från sin plats. Ta ut instrumentbrädan ur bilen.

10 Montering sker med omvänd arbetsordning.

Audi 200

11 Demontera ratten enligt beskrivning i kapitel 10.

12 Demontera kombinationsbrytaren och instrumentbrädan enligt beskrivning i kapitel 12.

13 Skruva ur den skruv som fäster vänster handskfacksgångjärn vid instrumentbrädan. Lossa handskfacket från sitt högra gångjärn och ta bort det från instrumentbrädan.

14 Pressa ut sidopanelens nedre clips, skruva ur de tre skruvarna och demontera sidopanelen genom att sänka ned den så att den frigörs från de övre klackarna (fig. 11.18).

15 Skruva ur skruvarna, haka av klackarna och demontera höljet under instrumentbrädan på förarsidan.

16 Demontera växelspaksknoppen eller

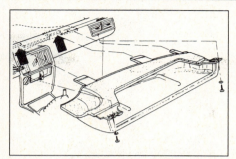

Fig. 11.14 Fästskruvar till passagerarsidans bagagehylla – Audi 100 (avsnitt 23)

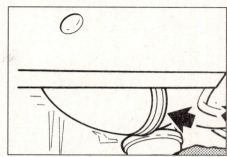

Fig. 11.15 Lufttrummans fäste under instrumentbrädan (pil) – Audi 100 (avsnitt 23)

23.9 Instrumentbrädans fästskruvar på höger sida

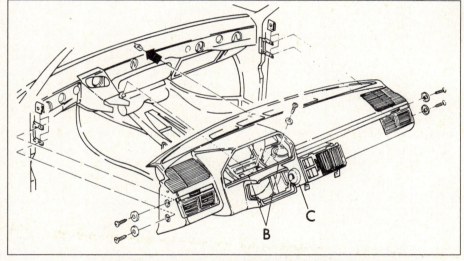

Fig. 11.16 Placering för instrumentbrädans fästskruvar, vajerclips (B), ledningshållare (C) – Audi 100 (avsnitt 23)

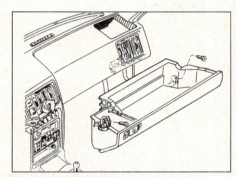

Fig. 11.17 Demontering av handskfacket – Audi 200 (avsnitt 23)

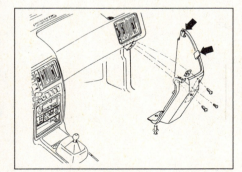

Fig. 11.18 Sidokåpans fästskruvar och övre klackar (pilar) – Audi 200 (avsnitt 23)

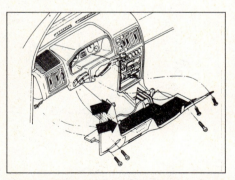

Fig. 11.19 Fästskruvar och klackar till kåpan under instrumentbrädan på förarsidan – Audi 200 (avsnitt 23)

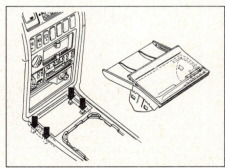

Fig. 11.20 Askkoppsinsatsens fästklackar (pilar) – Audi 200 (avsnitt 23)

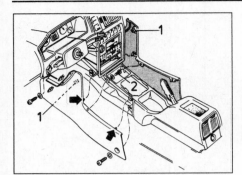

Fig. 11.21 Demontering av mittkonsolens sidopaneler – Audi 200 (avsnitt 23)

1 Övre fästclips
2 Inre fästskruv
Fästclipsen på sidorna pilade

växelväljarhandtaget och lossa klädseln runt växelspaken/växelväljaren från clipsen genom att dra den uppåt.

17 Tryck ut askfatsinsatshållarens spärrar och tryck ut askfatsinsatsen genom växel-spaksöppningen i klädseln på konsolen.

18 Skruva ut skruvarna och lossa clipsen och

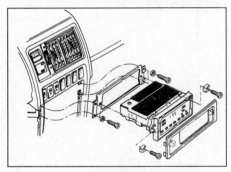

Fig. 11.24 Demontering av luftkonditioneringens styrenhet – Audi 200 (avsnitt 23)

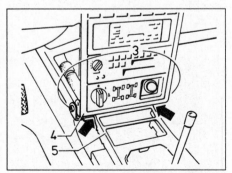

Fig. 11.25 Lossa konsolen från värmereglagepanelens ram – Audi 200 (avsnitt 23)

3 Fästskruvar   5 Konsol
4 Panel
Fästklackar mellan konsol och panel vid pilarna

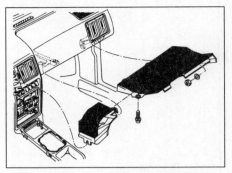

Fig. 11.22 Demontering av instrument-brädans inre täckpanel – Audi 200 (avsnitt 23)

dra konsolens båda sidopaneler nedåt så att de kan tas bort.

19 Skruva ur skruvarna till instrumentbrädans inre höljen och koppla ur ledningarna vid närliggande reglage. Demontera höljen och reglage.

20 Dra av värmereglagens knoppar, skruva ur skruven till värmereglagens frontpanel och ta bort den.

21 Skruva ur fästskruvarna till värme-reglagepanelen, lossa ledningarna och sänk ner reglagepanelen.

22 På bilar med automatisk klimatkontroll-/luftkonditionering ska dekorplattan dras av och skruvarna skruvas ur så att styrenheten kan dras ut. Dra ur kontakterna och ta bort styrenheten.

23 Vid behov, se kapitel 12 och demontera radio/bandspelare.

24 Pressa ut alla brytare ur instrument-brädan, dra ur kontakterna och märk upp dem.

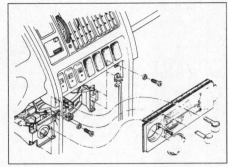

Fig. 11.23 Demontering av värmereglage-panelen – Audi 200 (avsnitt 23)

25 Märk upp och dra ut kontakterna och demontera färddatorn.

26 Lossa kabelaget, kontakterna och den extra reläpanelen från instrumentbrädan och konsolen.

27 Dra ut kabelaget ur instrumentbrädan.

28 På bilar med luftkonditionering ska kontakten till sensorn i instrumentbrädans mitt dras ut. Koppla ur luftkonditioneringens vakuumslangar vid anslutningarna i närheten av färddatorn, värmarkåpans högra sida och instrumentpanelen. Lossa de nedre luftslangarna från bakre lufttrumman och värmarkåpan och skruva sedan ur den främre panelramens skruvar på vardera sidan. Tryck ramen framåt och tryck ned konsolhöljet så att fästena hakas ur (fig. 11.25).

29 Skruva ur de skruvar som fäster instrumentbrädan och dra ut den från sin plats och lyft ut den ur bilen.

30 Montering sker med omvänd arbets-ordning.

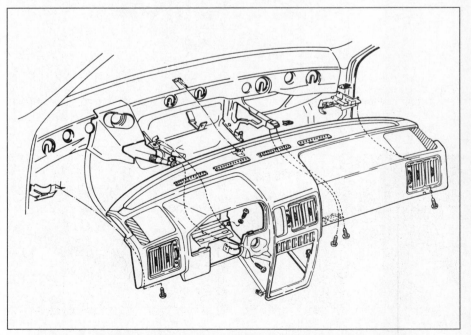

Fig. 11.26 Placering för instrumentbrädans fästskruvar – Audi 200 (avsnitt 23)

24.2 Skruva ut skruven till mittkonsolens klädsel

24.3 Bakre fästskruv till konsolens omgivande klädsel (pil)

24.4 Främre fästskruv till konsolens omgivande klädsel (pil)

24 Mittkonsol – demontering och montering

Audi 100

1 Lossa batteriets jordledning.
2 Demontera växelspaksknoppen och skruva ur den bakre skruven och ta bort klädseln (foto).
3 Skruva ur de två bakre skruvarna som fäster konsolens klädsel (foto).
4 Demontera askfatet och skruva ur de två främre skruvarna som blir åtkomliga genom askfatssöppningen (foto).
5 Lyft upp klädseln på baksidan, haka av den

från fästena och ta bort den från konsolen (foto).
6 Demontera radion/bandspelaren enligt beskrivning i kapitel 12 eller dekoren över radioöppningen om inte en radio/bandspelare finns monterad.
7 Dra av värmereglagets knoppar (foton) och skruva sedan ut fästskruven till värmereglagepanelen och demontera panelen (foton).
8 Om det finns brytare monterade under radioöppningen ska de tryckas ut. Märk och dra ut kontakterna.
9 Dra ur kontakten till cigarettändaren.
10 Skruva ut konsolens fästskruv och dra ut konsolen från sin plats.
11 Montering sker med omvänd arbetsordning.

Audi 200

12 Lossa batteriets jordledning.
13 Demontera växelspaksknoppen eller växelväljarhandtaget och lossa klädseln runt växelspaken/växelväljaren från clipsen genom att dra den uppåt.
14 Demontera askfatet genom att trycka ut spärrarna och tryck sedan ut askfatet genom växelspaksöppningen (fig. 11.20).
15 Skruva ut skruvarna och lossa clipsen och dra konsolens båda sidopaneler nedåt så att de kan tas bort (fig. 11.21).
16 Skruva ur skruvarna, lossa clipsen och dra undan de bägge sidopanelerna.
17 Skruva ur skruvarna, dra ur kontakterna

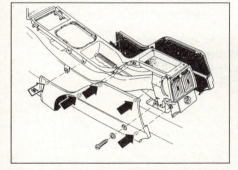

Fig. 11.27 Demontering av mittkonsolens bakre sidopanel – Audi 200 (avsnitt 24)

Fästclipsens placeringar vid pilarna

24.5 Demontering av konsolens klädsel

24.7A Dra ut värmereglagets vridbara . . .

24.7B . . . och skjutreglageknoppar. . .

24.7C . . . och lossa reglagepanelens fästskruv (pil) . . .

24.7D . . . och till sist reglagepanelen

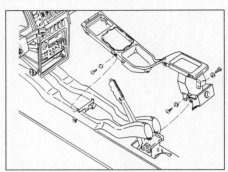

Fig. 11.28 Demontering av mittkonsolens övre del – Audi 200 (avsnitt 24)

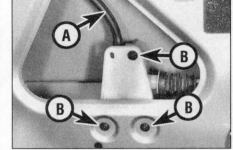

26.2 Centrallåsmanövreringens vakuumslang (A) och fästskruvar (B) i bakluckan på Avant-modeller

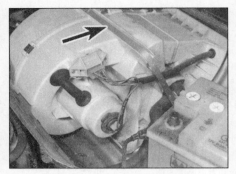

28.6 Värmarens fästband (pil)

och dra konsolens överdel bakåt så att den kan tas bort.

18 Montering sker med omvänd arbetsordning.

25 Säten – demontering och montering

Framsäte

1 För sätet så långt fram som det går.
2 Skruva ur befintliga skruvar och dra sedan av klädseln från sätesskenorna.
3 Dra av huvan från sätesskenans sidodel.
4 Skruva ur stoppmuttern på sätets framsida.
5 Dra upp armen och skjut av sätet från skenornas bakdel. Lyft ut sätet genom dörren.
6 I de fall elektriskt manövrerade framsäten är monterade, lossa batteriets jordledning, dra ur kontakterna och lossa de bultar som fäster ramen vid golvet (se även kapitel 12).
7 Montering sker med omvänd arbetsordning.

Baksäte

8 Demontera sitsen genom att skruva ur de två skruvarna, en på var sida under framkanten, lyft upp sitsen i framkanten och dra den uppåt och utåt.
9 Demontera ryggstödet på sedanmodeller genom att demontera sitsen och sedan skruva ut de två skruvarna på undersidan av ryggstödet, lyft sedan upp och ut och ta ut ryggstödet ur bilen. (Se även kapitel 13, avsnitt 13.)
10 Demontera ryggstödet på Avant-modeller genom att demontera klädsel så att gångjärnen blir åtkomliga.
11 Skruva ur gångjärnsbultarna och lyft ut ryggstödet ur bilen.
12 Montering sker med omvänd arbetsordning.

26 Centrallås – allmänt

1 Vissa modeller är försedda med centrallås som automatiskt låser alla dörrar och

bak/bagageluckan i samverkan med manuell låsning av endera framdörren. Systemet manövreras med vakuum som skapas av en elektrisk pump under baksätet.
2 Fel i systemet är troligtvis orsakade av läckage i en av slangarna. I så fall ska slangar och anslutningar kontrolleras och repareras efter behov. Åtkomst av aktuellt manöverdon är enkel sedan tillämplig dekorpanel demonterats (foto). Demontering och montering av manöverdonet omfattar att vakuumslang och manöverstång lossas och att fästskruvarna skruvas ur. Montering sker med omvänd arbetsordning. Om ett fel uppstår på vakuumpumpen ska en Audiverkstad reparera denna, men kontrollera först att inte säkringen gått.

27 Elektriska fönsterhissar – allmänt

1 Vissa modeller är utrustade med elektriska fönsterhissar som kan höjas eller sänkas när tändningen är påslagen.
2 Om ett fel uppstår, kontrollera först att inte systemets säkring gått.
3 Åtkomst av elmotorer och styrmekanism bereds genom att dörrpanelerna demonteras enligt beskrivning i avsnitt 9.

28 Värmare (utan luftkonditionering) – demontering och montering

1 Lossa batteriets jordledning.
2 Tappa ur kylsystemet enligt beskrivning i kapitel 2.
3 Lossa värmarens slangar på torpedplåten i motorrummet.
4 Se avsnitt 24 eller avsnitt 23 och demontera mittkonsol eller instrumentbräda, efter tillämplighet, så mycket att värmarreglagen lossnar från sina fästen liksom att lufttrummor och ledningar lossas från värmare och instrumentbräda.

5 Demontera det svarta plasthöljet över utjämningskammaren i motorrummet.
6 Skruva ut skruven och lossa värmarens fästband (foto).
7 Dra upp värmaren från sin plats och lyft undan den, komplett med reglage och kabelhärva, från motorrummet.
8 Montering sker med omvänd arbetsordning. Byt självhäftande tätningar på värmaren innan den installeras igen.

29 Värmefläktens motor (utan luftkonditionering) – demontering och montering

1 Lossa batteriets jordledning.
2 Demontera värmaren enligt ovanstående beskrivning.
3 Dra ut kontakten i änden på fläktmotorn och dra ut motorns ventilationsslangkrök ur motorn och värmarkåpan.
4 Ta ut låsringen, brickan och genomföringen från motoränden.
5 På värmarens andra sida ska intagstrumman och luftklaffen lossas. Dra sedan ut motor och fläkt ur värmarkåpan.
6 Montering sker med omvänd arbetsordning.

30 Värmereglage (utan luftkonditionering) – demontering och montering

1 Lossa batteriets jordledning.
2 Se avsnitt 24 eller avsnitt 23 och demontera mittkonsol eller instrumentbräda, efter tillämplighet, så mycket att värmarreglagen lossnar från sina fästen.
3 Lossa de clips som fäster vajrarna vid styrenheten och haka av vajeränderna från manöverarmarna. Ta ut styrenheten.
4 Om vajrarna ska demonteras, haka då av dem från värmare och dra ut dem genom torpedplåten.

5 Montering sker med omvänd arbetsordning. Justera vajrarna genom att först ansluta dem till värmaren och sen dra ut innerdelen så långt det går. Anslut innervajrarna till styrenhetens manöverarmar, ställ in armarna och vridknopparna i sina ytterlägen och fäst vajerhöljena med clips.

31 Luftkonditionering –
föreskrifter och underhåll

1 Koppla aldrig ur någon del av luftkonditioneringens kylkrets annat än om den tömts av en Audiverkstad eller en kvalificerad kyltekniker.
2 I de fall kompressor och kondenserare är i vägen för andra mekaniska arbeten som motorbyte är det tillåtet att lossa dem från fästena och föra dem så långt åt sidan som de flexibla slangarna medger, men inte att lossa slangarnas anslutningar. Om det fortfarande inte finns tillräckligt med utrymme måste systemet tappas ur innan det demonteras.
3 Systemet måste naturligtvis laddas om efter fullbordat arbete.
4 Kontrollera kondenseraren med jämna mellanrum och spola bort igensättningar i form av smuts och insekter med vatten eller blås rent med tryckluft.
5 Kontrollera drivremmens skick och spänn den vid behov enligt beskrivning i avsnitt 32.

32 Luftkonditioneringens
drivrem – demontering, montering och justering

1 Demontera efter behov drivremmarna till alternatorn och/eller servostyrningens pump så att luftkonditioneringens drivrem blir åtkomlig.
2 Lossa kompressorns fäst/justermuttrar, för kompressorn mot motorn, dra av drivremmen.
3 Montera en ny rem över remskivorna och spänn upp den genom att föra kompressorn från motorn till dess att remmen är så spänd att det precis går att trycka ned den 10 mm med tummen på en punkt mitt mellan remskivorna. Håll kompressorn i läge och dra åt fäst/justermuttrarna.

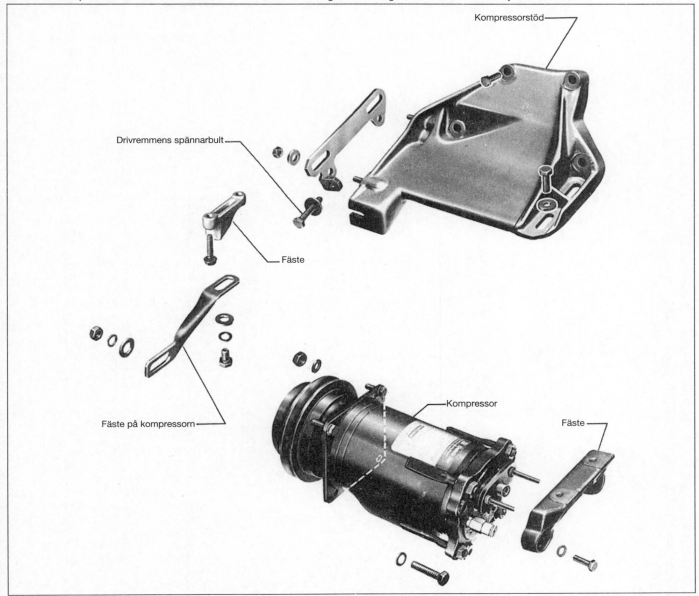

Fig. 11.29 Luftkonditioneringskompressorns montering och justering (avsnitt 32)

Anteckningar

Kapitel 12 Elsystem

För modifieringar och information om senare modeller, se Supplement i slutet av handboken

Innehåll

Svårighetsgrader

Enkelt, passar för novisen med lite erfarenhet	**Ganska enkelt,** passar nybörjaren med viss erfarenhet	**Ganska svårt,** passar kompetent hemmekaniker	**Svårt,** passar hemmekaniker med erfarenhet	**Mycket svårt,** för professionell mekaniker	

Specifikationer

Systemtyp .... 12 volt negativ jord

Batteri
Kapacitet .... 45, 54 eller 63 Ah

Alternator
Typ .... Bosch
Effekt .... 65 eller 90 amp
Minsta borstlängd .... 5,0 mm
Statorlindningens motstånd .... maximalt 0,1 ohm
Diodmotstånd .... 50 till 80 ohm
Rotorlindningens motstånd .... 3,0 till 4,0 ohm

Startmotor
Typ .... Bosch föringrepp, 0,95 eller 1,1 kW
Minsta kommutatordiameter:
  0,95 kW startmotor .... 33,5 mm
  1,1 kW startmotor .... 31,2 mm
Maximalt kommutatorkast .... 0,03 mm
Kommutatorisoleringens underskärning .... 0,5 till 0,8 mm
Armaturens axialspel:
  0,95 kW startmotor .... 0,1 till 0,3 mm
  1,1 kW startmotor .... 0,05 till 0,4 mm
Minsta borstlängd:
  0,95 kW startmotor .... 11,5 mm
  1,1 kW startmotor .... 8,0 mm

Torkarblad .... Champion CS 5301

Säkringar

Nr	Funktion	Klassning (amp)
1	Främre och bakre dimljus	15
2	Varningsblinkers, luftkonditionering	15
3	Signalhorn, bromsljus	25
4	Innerbelysning, bagageutrymmesbelysning, främre cigarettändare eller färddator, radio	15
5	Ledig	
6	Höger bak- och parkeringsljus	5
7	Vänster bak- och parkeringsljus	5
8	Helljus, höger strålkastare och helljusvarningslampa	10
9	Helljus, vänster strålkastare	10
10	Halvljus, höger strålkastare	10
11	Halvljus, vänster strålkastare	10
12	Instrument, backlampa, självdiagnostik	15
13	Elektrisk bränslepump	15
14	Nummerplåtsbelysning, handskfacksbelysning, motorrumsbelysning, värmereglage, askfatsbelysning	5
15	Blinkers, vindrutetorkare/spolare	25
16	Bakrutans uppvärmning, färddatorbelysning, klocka	30
17	Friskluftsfläkt	30
18	Elektrisk taklucka, bakrutetorkare/spolare, elvärmda säten	30
19	Centrallås, elektriska speglar	10
20	Elvärmda säten (om monterade)	30
21	Bakre cigarettändare	25
22	Ledig	

Ytterligare säkringar på säkringsdosans innervägg

Nr	Funktion	Klassning (amp)
23	Passagerarsätets justering, sätesminnets styrenhet	30
27	Elektrisk taklucka (om monterad)	20

Glödlampor

	Styrka (W)
Strålkastare	55/60
Främre dimljus/fjärrljus	55
Sidobelysning	4
Blinkers	21
Bakre dimljus	21
Bromsljus	21
Baklykta	5 och 10
Backljus	21
Nummerplåtsbelysning	5
Innerbelysning	10
Askfatsbelysning	1,2
Värmereglagebelysning	1,2
Instrumentpanelbelysning	3
Instrumentpanelens varningslampor	1,2 och 2
Handskfacksbelysning	2
Motorrumsbelysning	10
Bagageutrymmesbelysning	5
Läslampa	5
Sminkspegelsbelysning	3

Åtdragningsmoment

	Nm
Alternatorns fästbultar	35
Alternatorns justerbultar	20
Alternatorns remskivemutter	35
Startmotor till motor	60
Torkararm till spindel	16
Torkarram	7
Torkarmotor	4
Torkarmotorns vevarmsmutter	5

1 Allmän beskrivning

Varning: Innan något som helst arbete utförs på bilens elsystem ska föreskrifterna i Säkerheten främst! i början av denna handbok och i avsnitt 2 av detta kapitel studeras noga.

Elsystemet är av typen 12 volt negativ jord. Det består av ett 12 volts batteri, alternator, startmotor och sammanhängande elektriska tillbehör, delar och ledningar. Batteriet laddas av en alternator som drivs med en rem från vevaxelns remskiva. Startmotorn är av typen

2.7 Batteri med lossad jordledning

föringrepp och försedd med en integrerad solenoid. Vid start för solenoiden pinjongen i ingrepp med svänghjulets startkrans innan spänning läggs över startmotorn. När motorn väl startat förhindrar en envägskoppling att startmotorns ankare drivs av bilmotorn, till dess att pinjongen släpper från startkransen.

Fler detaljer om de huvudsakliga elsystemen ges i relevanta avsnitt av detta kapitel.

2 Elsystem – föreskrifter

Det är nödvändigt att iakttaga extra stor försiktighet vid arbete med elsystemet så att inte skador uppstår på halvledarenheter (dioder och transistorer) och för att undvika risken för personskador. Förutom de föreskrifter som anges i Säkerheten främst! i början av denna handbok ska följande efterlevas vid arbeten med elsystemet.

1 *Ta alltid av ringar, klocka och liknande innan arbete med elsystem påbörjas.* Även med urkopplat batteri kan kapacitiv urladdning ske om en dels strömförande kontakt jordas genom ett metallföremål. Detta kan ge en stöt eller till och med en elakartad brännskada.

2 *Kasta inte om batterianslutningarna.* Alternatorn och andra delar med halvledarkretsar kan skadas bortom alla reparationsmöjligheter.

3 Om motorn startas med startkablar från ett

slavbatteri ska batterierna anslutas *plus till plus* och *minus till minus.* Detta gäller även vid anslutning till en batteriladdare.

4 Koppla aldrig från batteripoler eller alternatorledningar när motorn går.

5 Batteriet och alternatorn måste vara helt frånkopplade innan någon form av elektrisk svetsning utförs på bilen.

6 Använd aldrig en ohmmätare med handvevad generator till test av kretsar eller kontinuitet.

7 Försäkra dig alltid om att batteriets jordledning är frånkopplad (foto) vid arbete med elsystemet.

3 Underhåll och inspektion

1 Utför följande inspektioner av elsystemets delar med regelbundna mellanrum (se Rutinunderhåll).

2 Kontrollera funktionen av all elektrisk utrustning, dvs. torkare, spolare, blinkers, signalhorn och annat. Se tillämpliga avsnitt i detta kapitel om något inte fungerar.

3 Inspektera alla åtkomliga ledningsanslutningar och kontakter, kabelhärvor och fästen, kontrollera att de sitter säkert och inte visar tecken på nötning eller andra skador. Korrigera påträffade problem.

4 Kontrollera skicket på alternatordrivremmen. Byt rem om den är sliten. Om den är i gott skick, kontrollera och justera remspänningen enligt beskrivning i avsnitt 7.

3.7A Fyll på vindrutespolningens behållare . . .

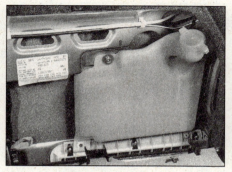

3.7B . . . och bakrutespolningens behållare på Avant-modeller

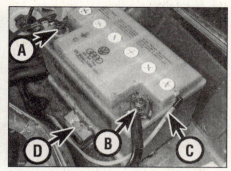

4.2 Batteriets negativa pol (A), positiva pol (B), dräneringsslang (C) och klammerbult (D)

5 Kontrollera torkarbladens skick. Om de är slitna eller spruckna, byt dem enligt beskrivning i avsnitt 23 och 26. Kontrollera skicket på spolningen av bakruta och strålkastare, om befintliga. Justera vid behov munstycken med en nål.

6 Kontrollera batteripolerna, om det finns tecken på korrosion ska polskorna lossas och anslutningarna rengöras noga. Smörj polskor och batteripoler med vaselin innan plasthuvarna monteras. Om det finns korrosion i batterilådan ska batteriet tas ur så att lådan kan rengöras och behandlas med rostskyddsmedel. Lacka om lådan i originalfärg efter behandlingen.

7 Fyll upp spolarbehållaren och kontrollera skicket på pumpens ledningar och vattenslangar (foton).

8 Kontrollera elektrolytnivån i batteriet genom att titta på den genomskinliga sidan. Upprätthåll en nivå mellan märkena för MIN och MAX genom att vid behov fylla på med destillerat eller avjoniserat vatten.

9 Det är rekommendabelt att justera in strålkastarna med en optisk utrustning för detta ändamål.

10 Vid en provkörning, kontrollera att samtliga instrument och varningslampor fungerar och att självåtergången av blinkersspaken fungerar.

4 Batteri – demontering och montering

1 Batteriet kan finnas i bakre delen av motorrummet eller under en svart plasthuv under baksätets sits beroende på modell.
2 Lossa den negativa polskon (foto).
3 Lossa den positiva polskon.
4 Lossa batteriets dräneringsslang.
5 Skruva ur bulten och ta bort batteriets fästbygel.
6 Lyft ut batteriet, se till att hålla det upprätt.
7 Montering sker med omvänd arbetsordning. Kontrollera att polariteten är korrekt innan polskorna ansluts. Dra inte åt polskorna för hårt.

5 Batteri – laddning

1 Vintertid, när elsystemet belastas hårdare, exempelvis genom kallstarter och större bruk av elektrisk utrustning, är det klokt att fulladda batteriet nu och då från en yttre källa med en takt om 10% av batteriets kapacitet (dvs. 6,3 amp för ett 63 Ah batteri). Det är rekommendabelt att lossa batteriledningarna vid laddning.
2 Fortsätt att ladda batteriet till dess att ingen ökning av elektrolytens specifika vikt noterats under en fyratimmars period.

3 Alternativt kan en långsam laddare med takten 1,5 amp riskfritt användas över natten.
4 Speciella snabbladdare som påstås återställa hela batteriladdningen på 1 till 2 timmar kan vara farliga såvida de inte är termostatstyrda eftersom de kan orsaka allvarliga skador på batteriplattorna genom överhettning.
5 Vid batteriladdning, kontrollera alltid att elektrolytens temperatur under inga omständigheter överstiger 37,8°C och lossa eventuella cellhattar.

6 Alternator – demontering och montering

1 Lossa batteriets jordledning.
2 På femcylindriga motorer ska muttrarna på alternatorns bakre täckplatta lossas (foto). På vissa modeller måste först en kyllufttrumma demonteras.
3 Lossa alternatorns fäst- och justerbultar och dra av remmen från remskivan (foto).
4 Notera ledningsdragningen på baksidan av alternatorn och lossa ledningarna (foto).
5 Skruva ur alternatorns fäst- och justerbultar och lyft bort alternatorn från motorn.
6 Montering sker med omvänd arbetsordning. Justera drivremmen enligt beskrivning i avsnitt 7.

6.2 Alternatorns bakre täckplatta på femcylindriga modeller

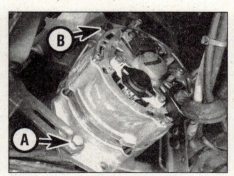

6.3 Alternatorns justerbult (A) och fästbult (B) på femcylindriga modeller

6.4 Ledningsdragningen på alternatorns baksida, femcylindriga modeller

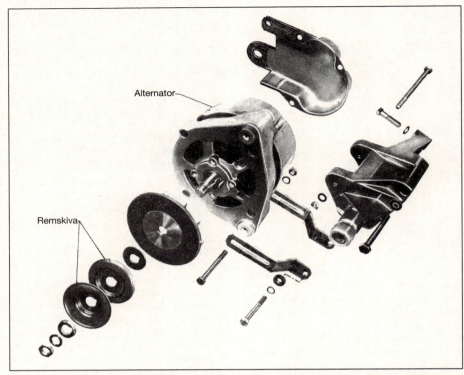

Fig. 12.1 Alternatorns remskiva och montering – femcylindriga modeller (avsnitt 6)

Fig. 12.2 Drivremmens justeringspunkt – fyrcylindriga modeller (avsnitt 7)

a   Specificerad hoptryckning av drivremmen

8 Alternator – underhåll

Notera: *Spänningsregulatorn och borstarna kan demonteras med alternatorn på plats. Följande beskrivning av en komplett isär-tagning förutsätter dock att alternatorn finns på arbetsbänken.*

1 Rengör alternatorns utsida.

2 Skruva ut skruvarna och dra ut spännings-regulator och borstar. Om borstarna slitits under angiven minsta längd måste de bytas, komplett med spänningsregulatorn som en enhet.

3 Märk upp ändkåpornas och statorns in-bördes lägen.

4 Placera remskivan i ett skruvstycke och skruva ut muttern. Dra ut brickan, remskivan och fläkten tillsammans med eventuella distanser. Peta ut kilen.

5 Skruva ur de genomgående bultarna och knacka loss den främre kåpan tillsammans med rotorn.

6 Använd en träklubba eller avdragare till att sära på rotor och främre kåpa och ta bort distanserna.

7 Demontera skruvar och fästplatta. Driv ut lagret ur det främre huset med ett koppardorn.

8 Använd en lämplig avdragare till att dra av lagret från släpringsänden av rotorn, se till att inte skada släpringarna.

9 Skruva ut skruven, dra ur kontakten och dra

7 Alternatorns drivrem – demontering och justering

1 Inspektera drivremmen med de mellanrum som anges i Rutinunderhåll. Kontrollera skick och spänning. Om det finns synliga tecken på slitage eller skador ska drivremmen bytas.

2 Demontera drivremmen genom att, efter behov, först demontera remmarna till luft-konditioneringen (kapitel 11) och/eller servo-styrningens pump (kapitel 10).

3 Lossa alternatorns fäst- och justerbultar så att alternatorn rör sig fritt och tryck den mot motorn. Dra av drivremmen från remskivorna och ta ut den från motorrummet.

4 Dra den nya drivremmen över remskivorna

och tryck ut alternatorn från motorn så att remmen blir så spänd att den kan tryckas ned 10 - 15 mm med ett medelhårt tumtryck på en punkt mitt mellan remskivorna (foto). Håll alternatorn i detta läge och dra åt bultarna. Lägg märke till att på senare modeller har justerbulten en inre tandad mutter som greppar in i justerarmen som en kuggstång. Vrid muttern med en blocknyckel till dess att remspänningen är korrekt och dra åt justerbulten.

5 Montera de andra drivremmarna efter befintlighet enligt beskrivningarna i respektive kapitel och kör motorn flera minuter. Stäng av motorn, kontrollera remspänningen och justera efter behov.

7.4 Justera alternatordrivremmens spänning med en skruvmejsel på femcylindriga modeller

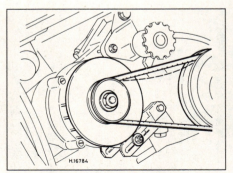

Fig. 12.3 Drivremmens justeringspunkt – femcylindriga modeller (avsnitt 7)

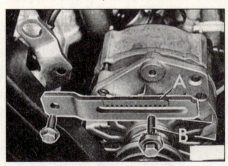

Fig. 12.4 Justeringsanordning på senare modell av alternator (avsnitt 7)

A Kuggad justerarm
B Kuggad justermutter

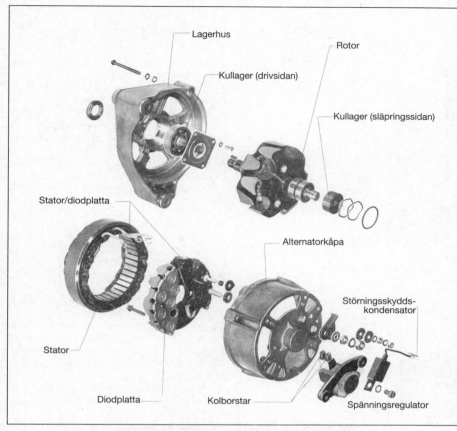

Lagerhus

Rotor

Kullager (drivsidan)

Kullager (släpringssidan)

Stator/diodplatta

Alternatorkåpa

Störningsskydds-kondensator

Stator

Diodplatta

Kolborstar

Spänningsregulator

Fig. 12.5 Sprängskiss över alternatorn (avsnitt 8)

ut störningsskyddskondensatorn från den bakre kåpan.

10 Skruva ur stiftets mutter/muttrar, ta bort brickorna och ta ut isolatorn från den bakre kåpan.

11 Lossa försiktigt statorn från den bakre kåpan utan att belasta ledningarna. Märk upp ledningarnas platser och värm loss lödningen med ett minimum av värme så att dioderna inte skadas. En långkäftad tång kan användas som värmeavledare.

12 Skruva ur skruvarna och lossa diodplattan från den bakre kåpan.

13 Ta ut vågbrickan från den bakre kåpan.

14 Kontrollera om statorlindningarna kortsluter mot jord genom att koppla en ohm-

mätare eller testlampa mellan varje ledning och den yttre ringen. Kontrollera att det interna motståndet mellan ledningarna är det som anges i specifikationerna med hjälp av en ohmmätare mellan ledningarna 1 och 2, sedan 1 och 3 och till sist 2 och 3 – ledningsnumrering som sådan saknar betydelse.

15 Kontrollera med ohmmätaren att varje diods motstånd stämmer med specifikationerna när mätaren kopplas över dioden i ena riktningen. Byt riktning och kontrollera att det då inte finns något motstånd.

16 Kontrollera om rotorlindningarna kortsluter mot jord genom att koppla en ohmmätare eller testlampa mellan vardera släpringen och lindningskärnan. Kontrollera

att det interna motståndet är enligt specifikationerna med en ohmmätare mellan släpringarna.

17 Rengör alla delar och skaffa nya lager, borstar och annat efter behov.

18 Ihopsättning sker med omvänd arbetsordning. Vid montering av lagret i den främre kåpan ska det drivas in med ett metallrör *på den yttre lagerbanan,* se till att lagrets öppna ände är vänt mot rotorn. Vid montering av det bakre lagret på rotorn ska detta drivas in med ett metallrör *på den inre lagerbanan,* se till att lagrets öppna ände är vänd mot den bakre kåpan.

9 Startmotor – test i bilen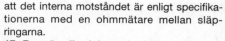

1 Om startmotorn inte reagerar när nyckeln vrids, kontrollera först att inte felet finns utanför startmotorn.

2 Koppla en testlampa mellan karossens jord och den stora anslutningen på startmotorns solenoid, anslutning 30. Denna är kopplad direkt till batteriet så testlampan bör tändas oavsett om tändningen är påslagen eller inte.

3 Flytta testlampans anslutning från den stora anslutningen (30) till den lilla (50) på solenoiden. Lampan ska nu bara tändas ifall startnyckeln är i startläget.

4 Om bägge dessa tester ger avsedda resultat finns felet i startmotorn.

5 Om startmotorn hörbarligen går men motorn inte startar, kontrollera att batterianslutningarna, ledningarna till startmotorn och motorns jordledning är rena och fast åtdragna.

10 Startmotor – demontering och montering

1 Lossa batteriets jordledning.

2 Notera placeringen för ledningarna till startmotorns solenoid och dra ur kontakterna (foto).

3 Skruva ur fästbultarna och dra ut startmotorn (foto).

4 Montering sker med omvänd arbetsordning. Kontrollera att fogytor är rengjorda och att fästbultar dras till angivet moment.

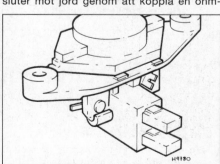

Fig. 12.6 Spänningsregulator med integrerade borstar (avsnitt 8)

10.2 Ledningsdragningen till startmotorns solenoid

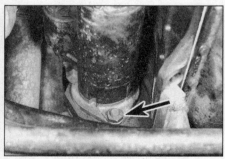

10.3 Startmotorns nedre fästbult (pil)

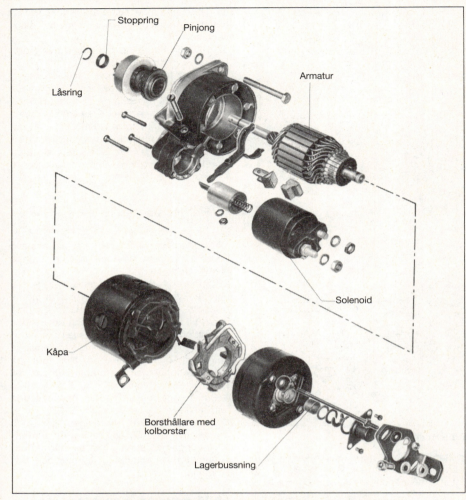

Fig. 12.7 Sprängskiss över Bosch 0,95 kW startmotor (avsnitt 11)

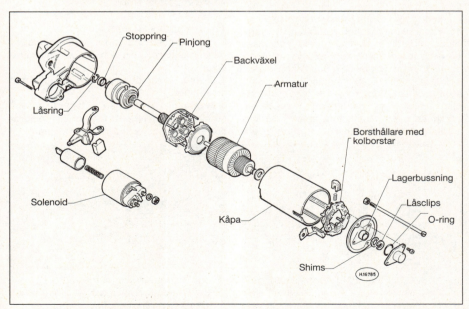

Fig. 12.8 Sprängskiss över Bosch 1,1 kW startmotor (avsnitt 11)

11 Startmotor – renovering

1 Märk upp kåpors och fästbyglars (om monterade) inbördes lägen.

2 Demontera muttrar och brickor och i förekommande fall stödplattan.

3 Skruva ut skruvarna och dra bort lilländens kåpa och packning och ta ut låsringen och ta bort shimsen. Anteckna antalet shims eftersom de styr axelns kast.

4 Skruva ur de genomgående bultarna och ta bort kommutatorns ändlagerhus.

5 Skruva ur muttern och lossa fältledningen vid solenoiden.

6 Notera läget på borsthållarplattan och dra ut plattan från fältlindningskåpan och armaturen.

7 Skruva ur de tre bultarna och lossa solenoiden från drivändskåpan. Haka av solenoiden från manöverstången.

8 Peta ut manöverstångens hölje från drivändskåpan.

9 Om startmotorn är på 1,1 kW ska armaturen dras ut ur backväxelmontaget.

10 Demontera armaturen på startmotorer av typen 0,95 kW eller backväxelmontaget på startmotorer av typen 1,1 kW från drivändskåpan och haka av manöverstången från pinjongen.

11 Driv stoppringen från låsringen med ett metallrör, ta ut låsringen och dra av stoppringen.

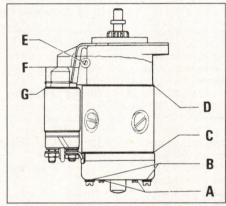

Fig. 12.9 Tätningspunkter på Bosch 0,95 kW startmotor (avsnitt 11)

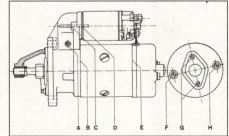

Fig. 12.10 Tätningspunkter på Bosch 1,1 kW startmotor (avsnitt 11)

12 Dra av pinjongen från armaturen eller backväxeln.

13 Tvätta samtliga delar i fotogen, torka av dem kontrollera sedan skicket på dem. Pinjongdrevets tänder ska vara hela och envägskopplingen ska bara rotera i en riktning. Om axelbussningarna är slitna kan de tas bort med hjälp av ett koppardorn. Nya bussningar ska först sänkas ned i ett hett oljebad i cirka fem minuter. Rengör kommutatorn med en trasa fuktad i lämpligt lösningsmedel. Små märken kan slipas bort med finkornigt slippapper men djupare märken kräver svarvning och underskärning, ett jobb som bör överlämnas till en specialist. Med startmotorer av typen 1,1 kW ska backväxelmontaget inte tas isär, byt hela enheten om den kärvar eller har missljud vid körning.

14 Mät upp borstlängden. Om den är kortare än vad som anges i specifikationerna ska borsthållarplattan bytas som en enhet. På startmotorer av typen 0,95 kW görs detta genom att kopparflätan närmast borsthållaren kapas och löds på den nya hållaren.

15 Ihopsättning sker med omvänd arbetsordning. Lägg märke till följande. Montera borstarna över kommutatorn genom att antingen haka borstfjädrarna på kanten av borsthållaren eller genom att böja till ståltråd som håller undan fjädrarna från borstarna till dess att de monterats. Så snart detta gjorts ska fjädrarna lossas och placeras så att det trycker på borstarnas centrum. Lägg på ett tunt lager molybdenfett på pinjongdrivningens splines. Montera en ny låsring på axelns pinjongände och kontrollera att låsringsspåret inte är skadat. Grader på spårets kant ska tas bort med en finskuren fil. Vid ihopsättningen ska tätningsmassa användas på de platser som anges i figurerna 12.9 och 12.10.

12 Säkringar relän och styrenheter – allmänt

Säkringar

1 Säkringsdosan finns i bakre delen av motorrummet till vänster eller till höger om utjämningskammaren – beroende på modell. Tillträde till säkringarna bereds genom att clipsen lossas och locket på dosan lyfts av. Säkringarnas placering, klassning och de kretsar de skyddar finns på lockets insida (foto). Alla säkringar är färgkodade och har klassningen instämplad (foto).

2 Ta ut säkringen genom att använda det medföljande plastverktyget. Detta finns, tillsammans med reservsäkringar, i säkringsdosans fack. Haka verktyget över säkringen och dra upp den. Montera en säkring genom att trycka den ordentligt på plats.

3 Byt alltid ut säkringar mot en av samma

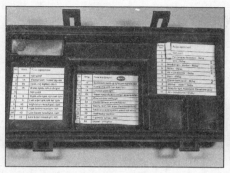

12.1A Placeringar för säkringar och relän visas på insidan av säkringsdosans lock.

12.1B Säkringar och relän i säkringsdosan

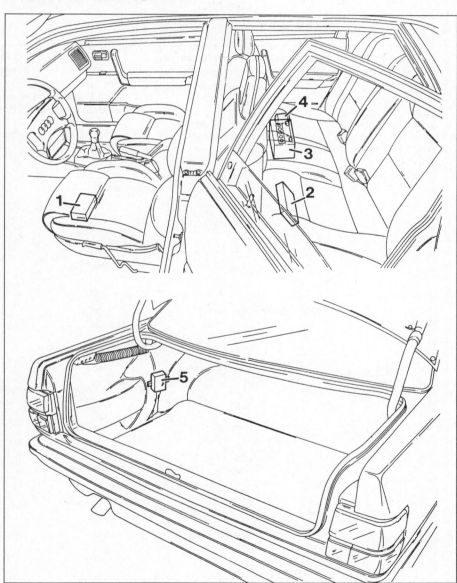

Fig. 12.11 Styrenheternas placeringar i bilen och bagageutrymmet (avsnitt 12)

1 Styrenheten för elmanövrerade säten
2 Styrenheten för det låsningsfria bromssystemet
3 Batteri
4 Pumpmotor till centrallåset
5 Glödlampsvaktens styrenhet

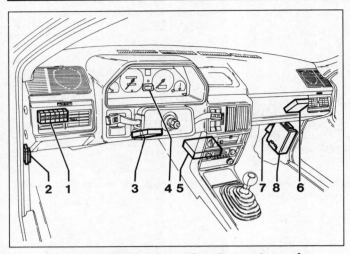

Fig. 12.12 Placeringar av relän och styrenheter på instrumentbrädan – Audi 100 (avsnitt 12)

1 Extra relähållare
2 Transistortändningens styrenhet (alternativ placering)
3 Farthållarens styrenhet
4 Blinkersrelä
5 Huvudstyrenhet för självdiagnostiken

6 Luftkonditioneringens styrenhet och regulator
7 Höjdsensor
8 Styrenhet för bränsleinsprutningssystem KE-Jetronic

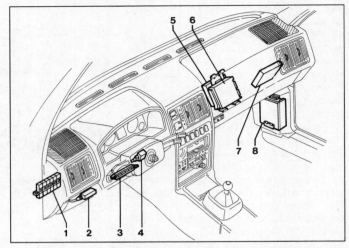

Fig. 12.13 Placeringar av relän och styrenheter på instrumentbrädan – Audi 200 (avsnitt 12)

1 Extra relähållare (1)
2 Farthållarens styrenhet
3 Extra relähållare (2)
4 Blinkersrelä
5 Färddatorns styrenhet

6 Huvudstyrenhet för självdiagnostiken
7 Luftkonditioneringens styrenhet och regulator
8 Styrenhet för helelektronisk tändning

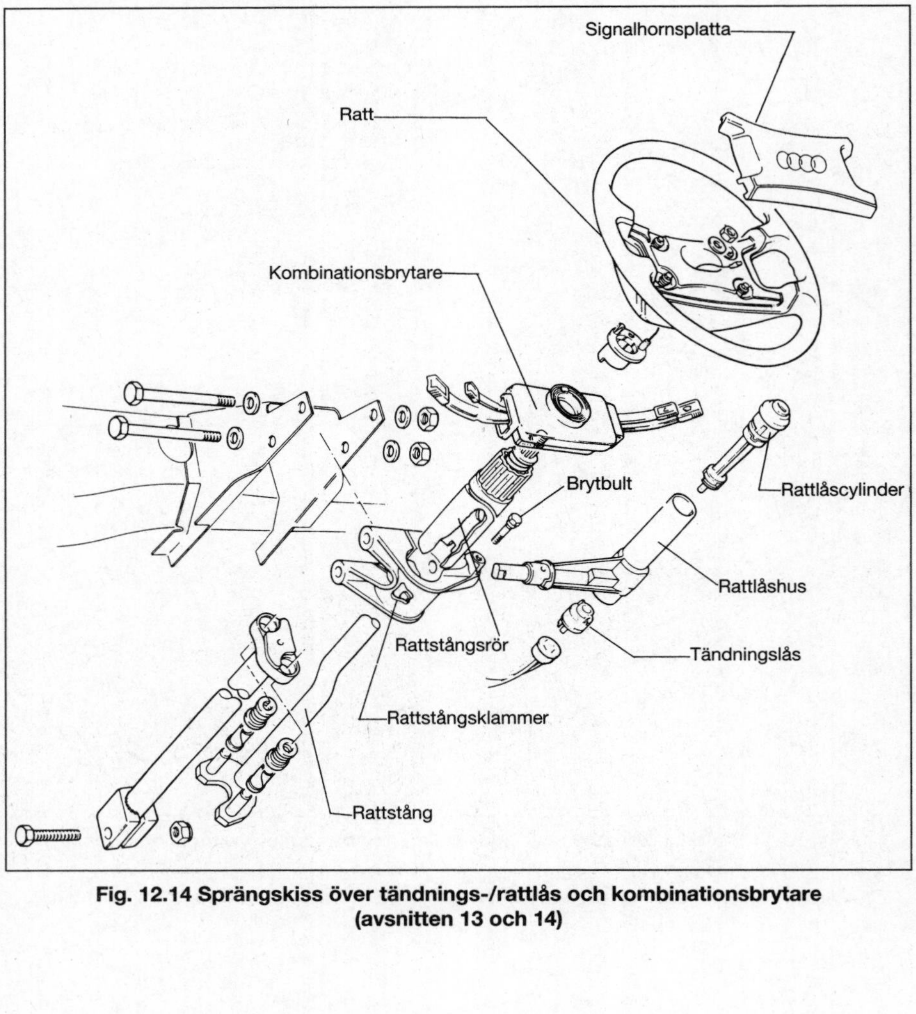

klassning. Byt aldrig säkring mer än en gång utan att ta reda på varför den går.

Reläer och styrenheter

4 Huvudreläerna finns placerade bredvid säkringarna i säkringsdosan och det finns dessutom en extra relähållare under instrumentbrädans vänstra sida.

5 Reläerna demonteras genom att de dras ut från sina respektive platser. Om ett relästyrt system upphör att fungera och reläet misstänks vara orsaken, manövrera då systemet - om reläet fungerar ska det avge ett hörbart klick när spänning läggs på det. Om så sker ligger felet i någon annan komponent i systemet. Om inget klick hörs innebär det antingen att spänning inte läggs på, vilket kan bero på att det inte får ström, eller att reläet är defekt.

6 Styrenheter för olika system finns utplacerade runtom i bilen beroende på vilka tillbehör som finns monterade och på vilken marknad fordonet är avsett för. Styrenheternas placeringar visas i figurerna 12.11, 12.12 och 12.13.

13 Tändnings-/rattlås – demontering och montering

1 Demontera instrumentpanelen enligt beskrivning i avsnitt 17.
2 Arbeta genom instrumentpanelsöppningen och dra ut kontakten på tändningslåsets baksida.
3 Skrapa bort färgen över fästskruven, skruva ur den och dra ut tändningslåset.

Fig. 12.14 Sprängskiss över tändnings-/rattlås och kombinationsbrytare (avsnitten 13 och 14)

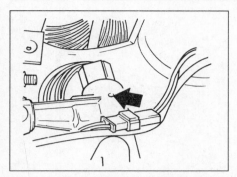

Fig. 12.15 Placering för tändningslåsets fästskruv – pil (avsnitt 13)

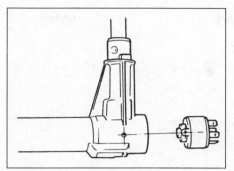

Fig. 12.16 Uppriktning för styrhålen i tändningslåset och låshuset (avsnitt 13)

Fig. 12.17 Placering för låshusets brytbult – pil (avsnitt 13)

4 Montera tändningslåset med hålen i höljet och låset i linje, skruva in skruven och måla över den.

5 Demontera rattlåset genom att först demontera kombinationsbrytaren, se beskrivning i avsnitt 14.

6 Använd en spiralborr med diameter 2,5 mm och borra ut låshusets brytbult och ta sedan ut resten av brytbulten med en utdragare.

7 Skruva ut de två muttrarna och ta bort bägge övre fästbultarna till rattstången.

8 Demontera så mycket klädsel under instrumentbrädan och lufttrummorna att rattstången kan sänkas.

9 Tryck ned rattstången och dra ut låshuset.

10 Använd en spiralborr med diameter 3 mm och borra in i låshuset på den punkt som visas i fig. 12.18. Var försiktig, i annat fall kommer borren att skada låset när den tränger igenom låshusets vägg.

11 Tryck ut spärrstiftet genom det borrade hålet och dra ut låset ur huset.

12 Montera låset genom att trycka in det i huset till dess att stiftet fjädrar in i hålet.

13 Montera låshuset på rattstången med en ny brytbult. Kontrollera att låset fungerar innan brytbulten dras åt så hårt att skallen går av.

14 Resterande montering sker med omvänd arbetsordning. Montera instrumentpanelen enligt beskrivning i avsnitt 17 och kombinationsbrytaren enligt beskrivning i avsnitt 14.

14 Kombinationsbrytare – demontering och montering

1 Lossa batteriets jordledning.

2 Demontera ratten enligt beskrivning i kapitel 10.

3 Demontera dekorändarna från kombinationsbrytarens manöverspakar (foto).

4 Stick in en skruvmejsel genom öppningen under kontakten och lossa klammerskruven (foto).

5 Dra loss kombinationsbrytarenheten från rattstången, dra ut ledningarna och ta undan brytaren (foton).

6 Montering sker med omvänd arbetsordning. Kontrollera att avståndet mellan brytaren och rattstången är 3 mm, justera brytarens läge vid behov.

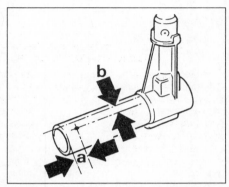

Fig. 12.18 Borrpunkt på låshuset för demontering av rattlås (avsnitt 13)

a = 12,5 mm   b = 8,0 mm

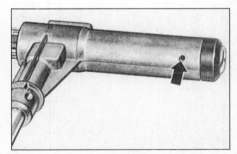

Fig. 12.19 Tryck ned stiftet (pil) och dra ut låset ur huset (avsnitt 13)

14.3 Dra ut kombinationsbrytarens dekorlister

14.4 Lossa kombinationsbrytarens klammerskruv

14.5A Dra ut kombinationsbrytaren . . .

14.5B . . . och dra ut kontakterna

15.4A Dra ut instrumentplattan. . .

15.4B . . . och tryck ut strömbrytarna

15.6 Demontering av strömbrytare på instrumentbrädan

15 Brytare på mittkonsol och instrumentbräda – demontering och montering

1 Antalet monterade brytare, typ och läge varierar med modell och tillval men proceduren är likartad för samtliga versioner.
2 Lossa batteriets jordledning.
3 Se kapitel 11 och demontera mittkonsolens klädsel.
4 Ta bort instrumentplattan över de nedre brytarna och ta ut dem från konsolen (foton). Brytarna lossas från sina öppningar genom att de försiktigt petas ut med en skruvmejsel eller, när utrymmet medger, trycks ut bakifrån.
5 Dra ut brytarens kontakt och ta bort brytaren.

6 Brytarna på den övre konsolen och instrumentbrädan demonteras genom att de försiktigt bänds ut från översidan och sedan dras ut (foto). Dra ut brytarens kontakt och ta bort brytaren.
7 Montering sker med omvänd arbetsordning.

16 Innerbelysningens strömbrytare – demontering och montering

1 Lossa batteriets jordledning.
2 Skruva ut den skruv som håller brytaren på plats (foton), dra ut brytaren och kontakten.
3 Montering sker med omvänd arbetsordning.

17 Instrumentpanel – demontering och montering

1 Lossa batteriets jordledning.
2 Se kapitel 10 och demontera ratten.
3 Skruva ur instrumentpanelens två fästskruvar till instrumentbrädan (foto) och dra försiktigt ut instrumentet.
4 Sträck in handen bakom panelen och lossa hastighetsmätarvajern (bajonettfattning) och dra ut panelen.
5 Märk upp kontakternas och vakuumslangens placering och lossa dem från panelens baksida (foto). Ta ut instrumentpanelen från bilen.
6 Montering sker med omvänd arbetsordning.

18 Instrument – demontering, test och montering

1 Demontera instrumentpanelen enligt beskrivning i avsnitt 17.
2 Demontera relevant instrument, komponent eller kretskort, se figurerna 12.20 och 12.21.
3 En stor del av instrumenttesterna kräver ett Audispecifikt testverktyg men följande kan utföras utan specialverktyg.
4 Testa spänningsstabilisatorn genom att koppla in instrumentens kontakter och koppla batteriets jordkabel.

16.2A Innerbelysningens strömbrytare på dörrstolpen

16.2B Bagageutrymmets strömbrytare på bagageluckan

17.3 Instrumentpanelens fästskruvar (pilar)

17.5 Demontering av instrumentpanelen

18.5 Spänningsstabilisatorns anslutningar (pil) på instrumentpanelen

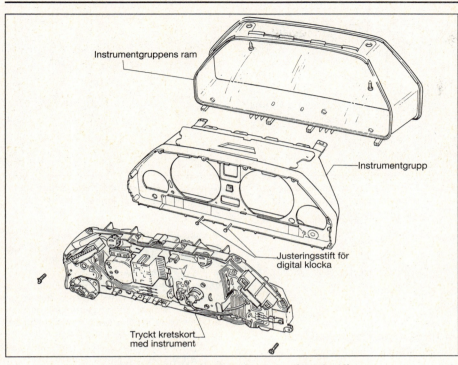

Instrumentgruppens ram

Instrumentgrupp

Justeringsstift för
digital klocka

Tryckt kretskort
med instrument

Fig. 12.20 Instrumentpanel och ram (avsnitt 18)

5 Anslut en voltmätare mellan spännings-stabilisatorns positiva anslutning och jord (fig. 12.22) (foto). Slå på tändningen och kontrollera att det är ungefär batterispänning på voltmätaren. Om inte kontrollera ledningen till stabilisatorn.

6 Kontrollera stabilisatorns utspänning genom att koppla mätaren mellan anslutning 3 (plusutmatning) och 1 (jord) som visat i fig. 12.24. Med påslagen tändning ska spänningen vara mellan 9,75 och 10,25 volt. Om inte, byt spänningsstabilisator. Slå av tändningen efter genomförd test.

7 Bränslemätarens precision kan kontrolleras genom att allt bränsle pumpas eller sifoneras ut ur tanken (detta måste göras på ett väl ventilerat utrymme) och fyll sedan på med precis 12 liter bränsle.

8 Slå på tändningen och vänta i två minuter så att mätaren stabiliseras. Efter denna tid ska bränslemätarens nål vara i linje med den övre kanten på den röda reservzonen. Justera vid behov med skruven under mätaren så att avläsningen blir korrekt.

9 Ihopsättning av instrumentpanelen sker med omvänd arbetsordning.

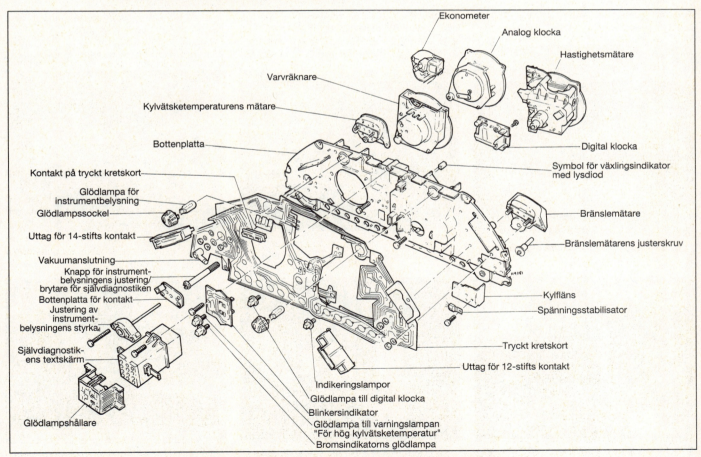

Ekonometer

Analog klocka

Hastighetsmätare

Varvräknare

Kylvätsketemperaturens mätare

Bottenplatta

Digital klocka

Symbol för växlingsindikator
med lysdiod

Kontakt på tryckt kretskort

Glödlampa för
instrumentbelysning

Glödlampssockel

Bränslemätare

Uttag för 14-stifts kontakt

Bränslemätarens justerskruv

Vakuumanslutning

Knapp för instrument-
belysningens justering/
brytare för självdiagnostiken

Bottenplatta för kontakt

Justering av
instrument-
belysningens styrka

Kylfläns

Spänningsstabilisator

Självdiagnostik-
ens textskärm

Tryckt kretskort

Uttag för 12-stifts kontakt

Indikeringslampor

Glödlampa till digital klocka

Blinkersindikator

Glödlampshållare

Glödlampa till varningslampan
"För hög kylvätsketemperatur"

Bromsindikatorns glödlampa

Fig. 12.21 Sprängskiss över instrumentpanelen (avsnitt 18)

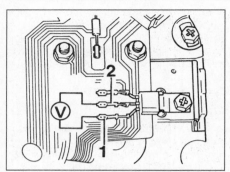

Fig. 12.22 Kontroll av spännings-stabilisatorns matningsspänning (avsnitt 18)

1 Ingående spänning   2 Jord

19 Hastighetsmätarvajer – demontering och montering

1 Lossa batteriets jordledning.
2 Lossa de två skruvarna och dra ut instrumentpanelen så att hastighetsmätar-vajern (bajonettfattning) kan lossas från baksidan.
3 Arbeta från motorrummet och lossa hastighetsmätarvajern från växellådan.
4 Dra ut hastighetsmätarvajern genom torpedplåten till motorrummet.
5 Lossa hastighetsmätarvajern från clipsen och ta ut den från bilen.

Fig. 12.25 Glödlampornas placering i strålkastare – Audi 200 (avsnitt 20)

A Strålkastarglödlampa   C Fjärrljus
B Parkeringsljus

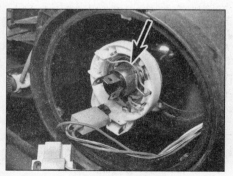

20.3 Lossa clipset som håller glödlampan – vid pil (Audi 100 visad)

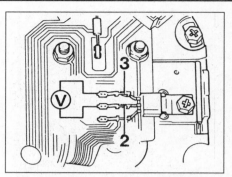

Fig. 12.23 Kontroll av spänningsstabilisatorns utgående spänning (avsnitt 18)

2 Jord   3 Utgående spänning

6 Montering sker i omvänd ordningsföljd.

20 Strålkastare och strålkastar-glödlampor – demontering och montering

Modeller med konventionell glödlampa

1 Demontera glödlampan genom att öppna motorhuven och ta bort glödlampshöljet genom att vrida det motsols på Audi 100 (foto) eller genom att lossa clipset på Audi 200.
2 Dra ut kontakten från glödlampan (foto).
3 Tryck ned ändarna på glödlampornas

20.1 Demontering av strålkastar-glödlampans hölje (Audi 100 visad)

20.4 Dra ut glödlampan ur linsenheten

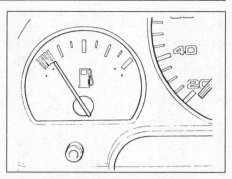

Fig. 12.24 Bränslemätarnålens läge med angiven volym i tanken (avsnitt 18)

fästclips och sväng dem åt sidan på Audi 100 (foto) eller vrid hållarringen motsols på Audi 200.
4 Dra ut glödlampan från linsenheten (foto). Var noga med att inte beröra glödlampans glas med fingrarna. Om detta sker av misstag måste glödlampan rengöras med träsprit.
5 Demontera strålkastaren genom att först demontera främre blinkers (Audi 100) eller fjärrljuset (Audi 200) och parkeringsljusets glödlampa enligt beskrivning i avsnitt 22.
6 Demontera kylargrillen enligt beskrivning i kapitel 11.
7 Bänd försiktigt upp stötfångarens övre dekorlist (foto) och ta bort den.
8 Lossa lastjusteringens länk från strålkastarens baksida. Skruva ur fästskruvarna

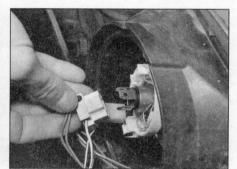

20.2 Dra ut glödlampans kontakt

20.7 Ta bort stötfångarens övre dekorlist (Audi 100 visad)

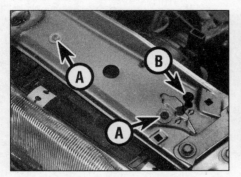

20.8A Strålkastarens övre fästskruvar (A) och lastjusteringsknapp (B)

20.8B Skruva ur strålkastarens nedre fästskruv

Fig. 12.26 Fästskruvar för dekorlist runt strålkastare - Sealed Beam (avsnitt 20)

och dra ut strålkastaren från sin plats (foton).

9 Montering av glödlampa och strålkastare sker med omvänd arbetsordning.

Modeller med Sealed Beam

10 Demontera en glödlampa av typen Sealed Beam genom att öppna motorhuven och dra ur kontakten från glödlampans baksida.

11 Demontera sidolampans glödlampshållare.

12 Skruva ur lyktsargens två fästskruvar (fig. 12.26), tryck ut sargen och dra av den från styrningarna.

13 Skruva ur glödlampshållarens fyra fästskruvar, dra undan hållaren och ta ut glödlampan.

14 Demontera strålkastarramen genom att ta ut båda glödlamporna på den sida som ska demonteras.

15 Skruva ur ramens fyra fästskruvar och lyft ut ramen från bilen.

16 Montering av Sealed Beam-glödlampor och monteringsram sker med omvänd arbetsordning.

21 Strålkastare – justering

1 Kontrollera och justera vid behov strålkastarbilden med de mellanrum som anges i Rutinunderhåll.

2 På grund av ljusbildens komplexitet, tack

vare de strålkastarlinser som finns monterade, måste en optisk inställningsutrustning användas om strålkastarinställningen ska bli tillfredsställande. Av den orsaken rekommenderas att en Audiverkstad utför det arbetet.

22 Glödlampor och lampor – demontering och montering

Parkeringsljus

1 Arbeta inifrån motorrummet och demontera kåpan på strålkastarens baksida genom att vrida den motsols (foto).

22.1 Lossa strålkastarglödlampans kåpa. . .

2 Dra ut parkeringsljusets glödlampshållare och ta ut glödlampan genom att trycka ned den (bajonettfattning) och vrida (foto).

Främre sidoljus - om monterade

3 Arbeta inne i motorrummet och lossa gummidamasken och lamphållaren från parkeringsljuset.

4 Tryck in och vrid ut glödlampan.

Främre blinkers

5 På Audi 100, vrid glödlampshållaren på baksidan av strålkastarenheten motsols och dra ut den (foto). Tryck in och vrid ut glödlampan vid byte.

22.2 . . . och ta ut parkeringsljusets glödlampa (Audi 100 visad)

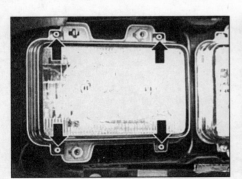

Fig. 12.27 Fästskruvar (pilar) till strålkastarglödlampa – Sealed Beam (avsnitt 20)

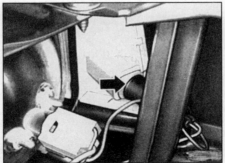

Fig. 12.28 Sidoljusets glödlampshållare – (avsnitt 22)

Fig. 12.29 Lins till främre blinkers – Audi 200 (avsnitt 22)

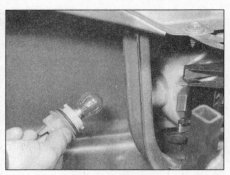

22.5 Främre blinkersglödlampa och hållare (Audi 100 visad)

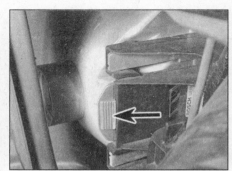

22.6A Tryck ned plastklacken . . .

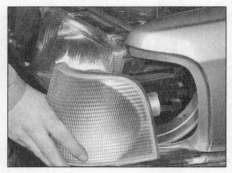

22.6B . . . och dra ut blinkersenheten (Audi 100 visad)

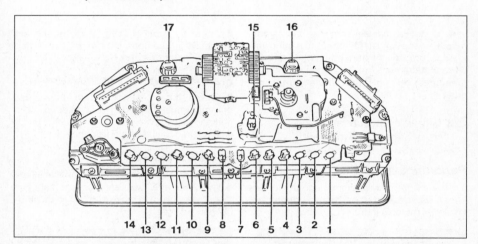

Fig. 12.30 Glödlampornas utplacering på instrumentpanelen (avsnitt 22)

1 ABS-systemets varningslampa
2 Varningslampa för säkerhetsbälte
3 Varningslampa för kylvätsketemperatur
4 Varningslampa för handbroms
5 Varningslampa för laddning
6 Varningslampa för oljetryck
7 Varningslampa för blinkers på släpvagn eller vänster blinkers
8 Varningsblinkers eller höger blinkers
9 Varningslampa för helljus
10 Varningslampa för bakre dimljus
11 Varningslampa för eluppvärmd bakruta

12 Varningslampa för uppvärmt framsäte
13 Varningslampa för blinkers
14 Varningslampa för säkerhetsbälte (om monterad)
15 Belysning av digital klocka
16 Instrumentbelysning, höger
17 Instrumentbelysning, vänster

Dessutom, på vissa modeller, ej visat, varningslampa för bromsar och varningslampa för hög kylvätsketemperatur - placerade mitt på panelen

6 Demontera hela blinkersenheten från Audi 100 genom att trycka ned plastklacken på sidan och dra ut enheten framåt från bilen (foton)
7 På Audi 200 byts glödlampan genom att de två skruvarna på linsens framsida skruvas ut så att linsen kan tas bort. Tryck in och vrid ut glödlampan vid byte.
8 Demontering av hela enheten görs genom att kontakterna på baksidan dras ut och att fästskruvarna på baksidan skruvas ur så att enheten kan tas bort från stötfångaren.

Fjärrljus – Audi 200

9 Arbeta inifrån motorutrymmet och lossa clipset på huven, vrid upp clipset och ta bort huven.
10 Dra ur glödlampans kontakt, lossa glödlampans clips och ta bort glödlampan.

Främre dimljus

11 Demontera eventuell dekorsarg från lampenheten (foto).
12 Skruva ur det två fästskruvarna och dra ut lampenheten (foto).
13 Lossa vajerclipset på glödlampans baksida (foto) och lyft ut hållaren ur lampan (foto).
14 Demontera glödlampan genom att dra ut den ur hållaren.

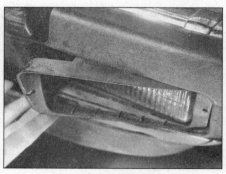

22.11 Dra ut dimljusets dekorsarg

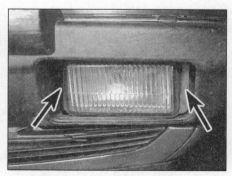

22.12 Skruva ur de två skruvarna (pilar) till dimljuset

22.13A Lossa clipset . . .

22.13B . . . och lyft ut glödlampa och
hållare

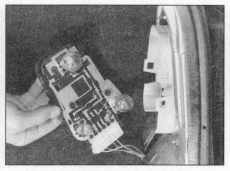

22.16 Baklyktans glödlampsplatta

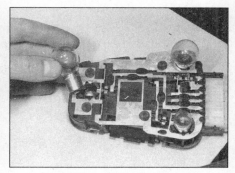

22.17 Byte av baklyktsglödlampa

Baklykta

15 Arbeta från bagageutrymmet, skruva ur
de två muttrarna och lyft undan höljet på
baksidan av baklyktan.
16 Tryck ner spärrarna på var sida om glöd-
lampsplattan, dra ut plattan från lamphuset
(foto).
17 Ta ut glödlamporna genom att trycka och
vrida på dem (foto).
18 Demontera baklyktan genom att skruva ut
de fyra muttrarna och brickorna och försiktigt
peta ut enheten från sitt fäste (foto) Den sitter
ganska hårt fast tack vare den vattentäta
packningen och det krävs ganska stor kraft
för att bryta tätningen inledningsvis. Kontroll-
era vid monteringen att tätningen är jämnt
fördelad i spåret (foto).

Bagagelucke-/bakluckelampor

19 Öppna bagage-/bakluckan och peta
försiktigt loss dekorlisten på lampans baksida
(foton).
20 Vrid glödlampshållaren motsols och dra ut
den ur lampan (foto).
21 Ta ut glödlamporna genom att trycka och
vrida på dem.

Nummerplåtsbelysning

22 Öppna bagage-/bakluckan och skruva ur
linsens två fästskruvar (foto).
23 Dra ut lins och lampa och ta ut glöd-
lampan genom att trycka och vrida på den
(foto).

22.18A Demontering av baklyktans lins

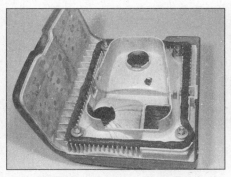

22.18B Tätningsmassan jämnt fördelat i
baklyktans spår

22.19A Demontering av bagageluckans
dekor på sedanmodeller . . .

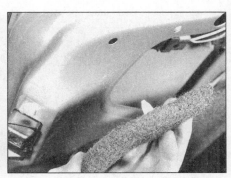

22.19B . . . och bakluckans dekorpanel på
Avant-modeller

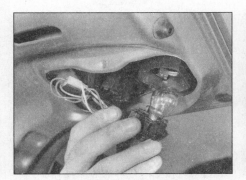

22.20 Demontering av glödlampshållaren
från bagageluckan

22.22 Nummerplåtsbelysningens
fästskruvar

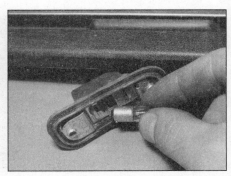

22.23 Byte av nummerplåtsbelysningens
glödlampa

22.25 Demontering av innerbelysningens lins och glödlampa

22.26 Fästskruvar (pilar) till kurvhandtaget och belysningen

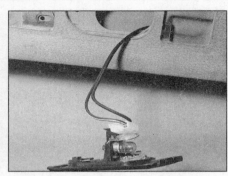

22.28 Läslampans lins och glödlampa

Innerbelysning

24 Tryck försiktigt in clipset på kanten av linsen på motsatt sida från strömbrytaren med en skruvmejsel.
25 Dra ut linsen och ta ut glödlampan från hållarna (foto).

Läslampa

26 Dra ned handtaget och lossa de två skruvarna ovanför gångjärnen (foto).
27 Peta försiktigt loss locket över rockhängaren med en skruvmejsel.
28 Skruva ut hängarens skruv och dra ut glödlampshållaren (foto).
29 Demontera glödlampan genom att trycka och vrida på den.

Bagageutrymmesbelysning

30 Peta försiktigt loss glödlampshållaren och

linsen med en skruvmejsel.
31 Dra ut glödlampan från kontakterna.

Instrumentbelysning

32 Demontera instrumentpanelen enligt beskrivning i avsnitt 17.
33 Vrid glödlampshållaren 90° och ta bort den från instrumentpanelen (foton).
34 Dra ut glödlampan av kiltyp.

Handskfacksbelysning

35 Öppna handskfacket och peta ut kontakten/glödlampshållaren.
36 Demontera glödlampan genom att trycka och vrida på den.

All belysning

37 Montering sker med omvänd arbetsordning.

23 Vindrutetorkarblad och armar
– demontering och montering

Torkarblad

1 Lyft torkararmen med blad från vindrutan.
2 Tryck ned plastclipset och lyft ur bladet från den hakförsedda änden av armen (foto).
3 Montera det nya torkarbladet, kontrollera att plastclipset snäpper i läge.

Torkararmar

4 Peta loss dekorlocket från armens överdel (foto).
5 Skruva ur den mutter som fäster armen vid spindeln (foto).
6 Stick in ett styrstift eller en bult i hålet på kanten av armen så att den hålls låst mot fjädertrycket (foto).

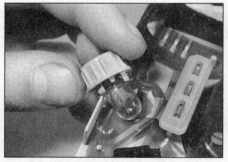

22.33A Demontering av instrumentpanelbelysningens glödlampa . . .

22.33B . . . och varningslampa

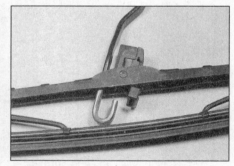

23.2 Lossa torkararmens hake från torkarbladet

23.4 Ta bort torkararmens dekorlock . . .

23.5 . . . och skruva ur fästmuttern

23.6 Lås torkararmen i stängt läge med en bult eller ett styrstift innan den lyfts av från spindeln

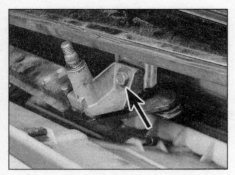

24.5 Torkarramens vänstra fästbult (pil)

7 Lossa armen försiktigt.
8 Montering sker med omvänd arbetsordning. Montera armen så att bladet är parallellt med och ca. 20 mm under den svarta kanten på vindrutan när torkaren är i parkeringsläge.

24 Vindrutetorkarlänkage och motor – demontering och montering

1 Lossa batteriets jordledning.
2 Demontera torkararmarna enligt beskrivning i avsnitt 23.
3 Demontera det svarta plasthöljet över utjämningskammaren i motorrummets bakre del.
4 Dra ur kontakten till torkarmotorn.
5 Skruva ur de bultar som fäster torkararmslänkagets ram och torkarmotorn vid karossen (foto) och ta bort länkage och motor från utjämningskammaren.
6 Lossa länkarmarna från motorn och ta undan motorn.
7 Montering sker med omvänd arbetsordning.

25 Vindrutespolning – demontering, montering och justering

1 Vindrutespolningens behållare finns på vissa modeller placerad framtill på höger sida av motorrummet, på andra modeller baktill i motorrummet. Spolningens pump finns på behållaren på de flesta modeller, utom vissa modeller som har strålkastarspolning, där den i så fall är fjärrmonterad. På dessa modeller med strålkastarspolning matas bägge spolarna från samma behållare och pumpen på behållaren är avsedd för strålkastarna.
2 Demontera behållaren genom att lyfta ur den ur hållaren eller skruva ur fästskruvarna (foto).
3 Pumpen är fasttryckt i behållaren och kan tas loss om man försiktigt bänder ut den. Pumpen är en förseglad enhet som inte kan repareras.
4 Om munstyckena måste rengöras ska inte en nål eller ståltråd användas eftersom detta

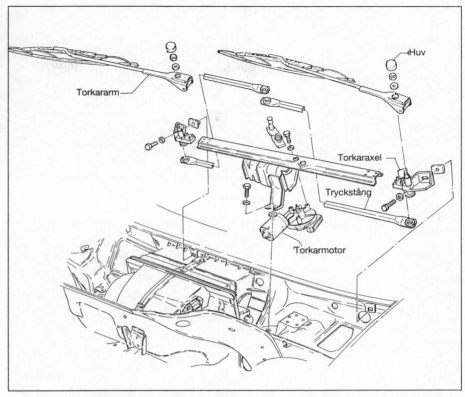

Fig. 12.31 Sprängskiss över vindrutetorkarens motor och länksystem (avsnitt 24)

kan skada öppningen. Munstycken ska rengöras med borste eller en nylonlina.
5 Justera munstyckena så att de avger det sprutmönster som visas i fig. 12.32.

26 Bakluckans torkarblad och arm (Avant-modeller) – demontering och montering

Torkarblad

1 Arbetet är detsamma som beskrivs i avsnitt 23.

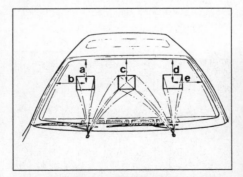

Fig. 12.32 Vindrutespolningens mönster (avsnitt 25)

a = 160 mm   d = 160 mm
b = 220 mm   e = 220 mm
c = 120 mm

Torkararm

2 Fäll upp locket och skruva ur den mutter som fäster armen.
3 Lossa försiktigt armen från spindeln.
4 Montering sker med omvänd arbetsordning. Placera armen så nära rutans nederkant som möjligt när torkarmotorn är i parkeringsläget.

27 Bakluckans torkarmotor (Avant-modeller) – demontering och montering

1 Lossa batteriets jordledning.
2 Demontera torkararmen enligt beskrivning i avsnitt 26.

25.2 Vindrutespolningens behållare, pump och montering

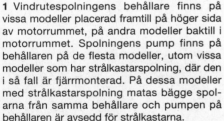

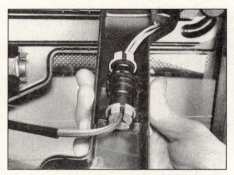

27.3 Demontera torkarmotorns dekorlucka och dra ur kontakten

27.6A Höger fästskruv till torkarmotorns fästram . . .

27.6B . . . och motorns fästbultar

28.1 Signalhornets montering och anslutningar

29.2 Strålkastarspolningens fästmuttrar (pilar)

3 Lossa försiktigt dekorluckan runt motorn från bakluckans insida och lyft ut kontakten (foto).
4 Dra isär kontakten.
5 Arbeta från utsidan och skruva ut spindelhållarmuttern och ta bort brickor och tätningar sedan deras arrangemang noterats.
6 Arbeta från insidan och skruva ut de skruvar och bultar som fäster motorn vid monteringsramen och dra ut motorn från bakluckan (foton).
7 Montering sker med omvänd arbetsordning.

28 Signalhorn – demontering och montering
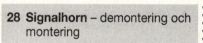

1 Signalhornen finns placerade under vänster sida av motorrummet (foto).
2 Lossa batteriets jordledning.
3 Dra ut kontakten från tillämpligt signalhorn och skruva loss det från fästet.
4 Montering sker med omvänd arbetsordning.

29 Strålkastarspolning – demontering och montering
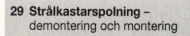

1 Peta försiktigt ut kantlisten över den främre stötfångaren.
2 Skruva ur de två muttrar som fäster spolaren vid stötfångaren (foto).

3 Dra ut spolaren och lossa slangventilen från genomföringen.
4 Montering sker med omvänd arbetsordning. Justera munstyckena så att vattnet träffar strålkastarglaset på två punkter ungefär lika långt från centrum med den yttre strålen lite under den inre.

30 Radio/bandspelare och högtalare – demontering och montering
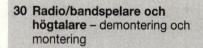

1 Lossa batteriets jordledning.
2 Se kapitel 11 och demontera mittkonsolens klädsel.

3 Demontera styrrattarna och den främre panelen (foto).
4 Beroende på monterad utrustning ska antingen fästskruvar eller clips tas bort så att radion kan dras ut ur konsolen (foto).
5 Lossa tillämpliga ledningar på radions baksida och lyft ut den från bilen.
6 Montering sker med omvänd arbetsordning.
7 Demontering och montering av högtalarna innebär endast att man skruvar ur skruvarna och demonterar tillämplig högtalare efter det att klädsel och ledningar har lossats. Ljudanläggningens layout visas i fig. 12.33.

31 Farthållare – demontering och montering av komponenter

Farthållningen bibehåller automatiskt inställd hastighet när den kopplas i i farter över ca. 35 km/t. När systemet aktiverats styr det trottellänkens läge genom en vakuummanövrerad servoenhet och upprätthåller konstant fart. Servoenheten styrs elektroniskt av en enhet som behandlar information från olika givare. Systemet kopplas ur av föraren via en funktionsknapp eller närhelst broms- eller kopplingspedalen trycks ned.

30.3 Demontera radions frontpanel (Audi 100 visad)

30.4 Demontering av radion (Audi 100 visad)

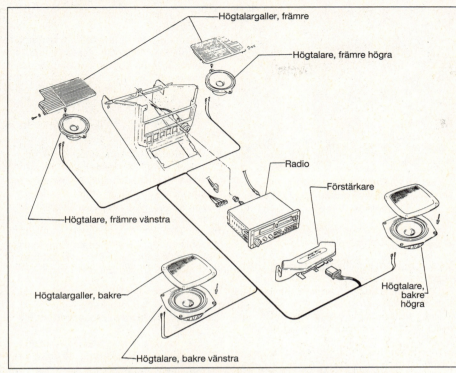

Fig. 12.33 Layout för radio/bandspelare och högtalare (avsnitt 30)

Labels on figure:
- Högtalargaller, främre
- Högtalare, främre högra
- Radio
- Förstärkare
- Högtalare, främre vänstra
- Högtalargaller, bakre
- Högtalare, bakre vänstra
- Högtalare, bakre högra

Styrenhet – demontering och montering

1 Lossa batteriets jordledning.
2 På Audi 100, demontera klädseln under instrumentbrädan på förarsidan. På Audi 200 ska klädseln under instrumentbrädan på förarsidan och bagagehyllan demonteras.
3 Lossa ledningarna, skruva ur fästskruvarna och ta ut styrenheten.
4 Montering sker med omvänd arbetsordning.

Brytare – demontering och montering

5 Styrenhetens brytare är en del av kombinationsbrytaren på rattstången, vars demontering och montering beskrivs i avsnitt 14.

Kopplings-/bromspedalens släppventiler

6 Lossa batteriets jordledning.
7 Lossa klädsel eller bagagehylla enligt behov så att pedalerna blir tillgängliga.
8 Lossa ledningar och vakuumslang till relevant ventil och bänd ut enheten ur sin hållare. Audis verktyg 2041 finns för demontering av ventilerna men även med

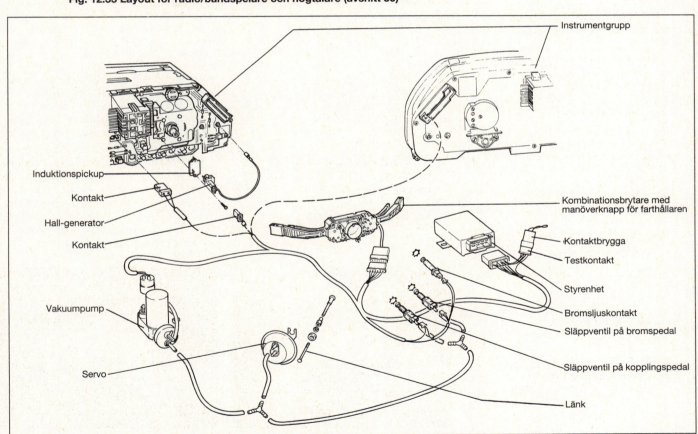

Labels on figure:
- Instrumentgrupp
- Induktionspickup
- Kontakt
- Hall-generator
- Kontakt
- Vakuumpump
- Servo
- Kombinationsbrytare med manöverknapp för farthållaren
- Kontaktbrygga
- Testkontakt
- Styrenhet
- Bromsljuskontakt
- Släppventil på bromspedal
- Släppventil på kopplingspedal
- Länk

Fig. 12.34 Layout över farthållarens delar, ledningar och anslutningar (avsnitt 31)

Fig. 12.35 Demontering av kopplings-pedalens släppventil (1) med verktyg 2041 (avsnitt 31)

2 Bromspedalens släppventil

specialverktyget måste ventilerna kasseras efter demontering i och med att gängorna skadats.

9 Montera nya ventiler genom att placera dem i läge och trycka in dem i hållarna så långt det går med en 10 mm hylsa.

10 Ställ in ventiljusteringen på broms- eller kopplingspedalen genom att dra upp pedalen i fråga i topp.

11 Montera klädseln och koppla in batteriet.

Vakuumservo – demontering och montering

12 Lossa trottellänkaget vid servoenheten.

13 Lossa vakuumslangen.

14 Skruva ur fästmuttern och ta ut servo-enheten.

15 Montering sker med omvänd arbets-ordning.

16 Justera länkaget genom att kontrollera spelet på den punkt där länkstången är i kontakt med servobussningen, med trotteln i viloläge (foto). Spelet ska vara mellan 0,1 och

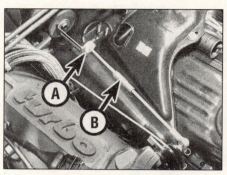

31.16 Farthållarens länkstång till servobussningens kontaktpunkt (A) och justermutter (B)

1,0 mm. Vid behov ska justermuttern i länk-stångens mitt justeras.

Vakuumpump – demontering och montering

17 Skruva ur fästskruvarna till expansions-kärlet och flytta undan kärlet.

18 Dra ur vakuumslangar och elkontakter, skruva sedan ur dessa skruvar och ta bort pumpen.

19 Montering sker med omvänd arbets-ordning.

32 Färddator – allmänt

En färddator finns som standardutrustning eller tillval på vissa modeller. Datorn ger föraren information om bränsleförbrukning, medelhastighet, kvarvarande körsträcka med aktuell bränslenivå, restid, aktuell tid och yttertemperatur vilket styrs sekventiellt med en funktionsbrytare. På modeller med en textskärm i varvräknarens underkant är datormodulen monterad bakom instrument-panelen. På modeller med separat textskärm

på mittkonsolen finns datormodulen bakom handskfacket.

Felsökning och reparationer kan endast utföras med Audispecifik testutrustning. Allt arbete med detta system ska lämnas till en Audiverkstad.

33 Självdiagnostik – allmänt

Vissa modeller är försedda med en själv-diagnostik som övervakar olika delar och funktioner i bilen och ger både hör- och synbara varningar i fall att ett fel upptäcks.

Detta system styrs av en elektronisk styr-enhet placerad framför mittkonsolen på Audi 100 eller bakom handskfacket på Audi 200.

Felsökning och reparationer måste lämnas till en Audiverkstad eftersom speciell utrust-ning krävs för all kontroll och reparation av systemet.

34 Elmanövrerade framsäten – allmänt

Vissa modeller är utrustade med elektriskt manövrerade framsäten, inklusive ett lägesminne för förarsätet.

Sätenas lägen är oändligt variabla för höjd, lutning, framåt-bakåt och ryggstöd via elektriska motorer och manöverdon. Kontakter i dörrens armstöd styr de olika motorernas arbete.

Felsökning kräver Audispecifik test-utrustning och demontering och montering av många av komponenterna kräver demontering och isärtagning av stolsklädsel. Av dessa orsaker bör problem med systemet åtgärdas av en Audiverkstad. Som referens visas en sprängskiss av systemets huvuddelar i fig. 12.36.

Felsökning – se sidan 12•22

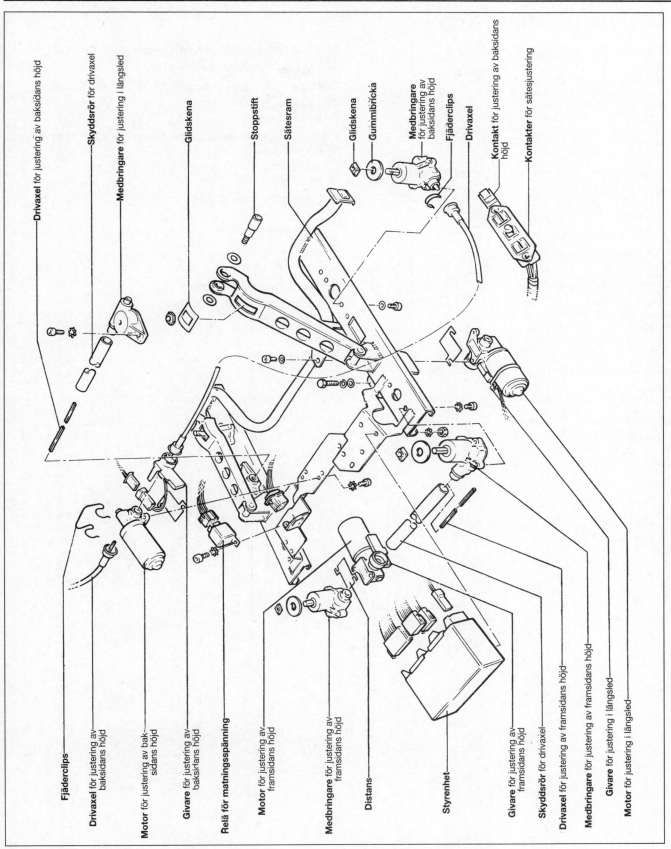

Drivaxel för justering av baksidans höjd

Skyddsrör för drivaxel

Medbringare för justering i längsled

Glidskena

Stoppstift

Sätesram

Glidskena

Gummibricka

Medbringare för justering av baksidans höjd

Fjäderclips

Drivaxel

Kontakt för justering av baksidans höjd

Kontakter för sätesjustering

Fjäderclips

Drivaxel för justering av baksidans höjd

Motor för justering av baksidans höjd

Givare för justering av baksidans höjd

Relä för matningsspänning

Motor för justering av framsidans höjd

Medbringare för justering av framsidans höjd

Distans

Styrenhet

Givare för justering av framsidans höjd

Skyddsrör för drivaxel

Drivaxel för justering av framsidans höjd

Medbringare för justering av framsidans höjd

Givare för justering i längsled

Motor för justering i längsled

Fig. 12.36 Sprängskiss över delarna i ett elmanövrerat framsäte (avsnitt 34)

Felsökning – elsystem

Startmotorn drar inte runt motorn

- ☐ Batteri urladdat eller defekt
- ☐ Batteripolsko och/eller jordledning lös
- ☐ Startmotorkontakter har lossnat
- ☐ Startmotorns solenoid defekt
- ☐ Startmotorns borstar slitna eller har fastnat
- ☐ Startmotorns kommutator smutsig eller sliten
- ☐ Startmotorns fältlindningar jordade
- ☐ Startmotorns armatur defekt

Startmotorn drar runt motorn mycket långsamt

- ☐ Batteriet urladdat
- ☐ Startmotorkontakter har lossnat
- ☐ Startmotorns borstar slitna eller har fastnat

Missljud i startmotorn

- ☐ Pinjong eller kuggkrans mycket sliten
- ☐ Lösa fästbultar

Batteriet håller inte laddning

- ☐ Defekta batteriplattor
- ☐ För låg elektrolytnivå
- ☐ Alternatorns drivrem slirar
- ☐ Alternator eller regulator defekt
- ☐ Elektrisk kortslutning

Laddningslampan förblir tänd

- ☐ Defekt alternator
- ☐ Alternatorns drivrem brusten

Laddningslampan tänds inte

- ☐ Glödlampan defekt
- ☐ Öppen krets för varningslampan
- ☐ Defekt alternator

Instrumentavläsningar ökar med motorvarvet

- ☐ Defekt spänningsstabilisator

Bränsle- eller temperaturmätare ger inget utslag

- ☐ Öppen krets
- ☐ Defekt givare

Bränsle- eller temperaturmätare ger konstant maximalt utslag

- ☐ Kortslutning
- ☐ Defekt givare eller mätare

Belysning fungerar inte

- ☐ Glödlampa trasig
- ☐ Säkringen har gått
- ☐ Defekt strömbrytare
- ☐ Öppen krets
- ☐ Korrosion i kontakt

Defekt komponentmotor

- ☐ Kommutator smutsig eller bränd
- ☐ Defekt armatur
- ☐ Borstar fastnat eller är slitna
- ☐ Armaturaxelns lager skurna
- ☐ Defekta fältslingor
- ☐ Säkring har gått
- ☐ Lös eller avbruten ledning

Defekt på enstaka komponent

- ☐ Ledning lös eller avbruten
- ☐ Säkring har gått
- ☐ Defekt strömbrytare
- ☐ Defekt komponent

Kapitel 13 Supplement:
Ändringar och information om senare modeller

Innehåll

Svårighetsgrader

| **Enkelt,** passar för novisen med lite erfarenhet | **Ganska enkelt,** passar nybörjaren med viss erfarenhet | **Ganska svårt,** passar kompetent hemmekaniker | **Svårt,** passar hemmekaniker med erfarenhet | **Mycket svårt,** för professionell mekaniker |

1 Introduktion

Detta Supplement innehåller information om modeller som blivit tillgänglig sedan boken först skrevs. Det mesta rör modeller från och med 1986, även om viss information gäller för tidigare modeller.

Avsnitten i supplementet är placerade i samma ordning som de kapitel de hör samman med. Samtliga specifikationer har grupperats tillsammans för enkelhetens skull men även de följer kapitelordningen.

Tillägget används bäst genom att det studeras innan huvudkapitlet. All relevant information kan sedan tas med i arbetsbeskrivningarna i kapitlen 1 till 12.

Projektfordon

De bilar som användes vid framtagandet av detta supplement och som visas på många av fotografierna var en 1987 års Audi 100 CC sedan och en 1989 års Audi 100 2.0 E.

2 Specifikationer

Dessa specifikationer är ändringar av eller tillägg till de som ges i inledningen av föregående kapitel

Del A – Fyrcylindriga motorer

Kolvar och ringar

Kolvringsändgap (motorkod DR och DS):
Oljeskrapring:

Tvådelad	0,25 till 0,45 mm
Tredelad	0,25 till 0,50 mm

Ventiler (1986 och senare)

Längd (med hydrauliska tryckare):

Insug	91,0 mm
Avgas	90,8 mm

Åtdragningsmoment

Nm

Oljetryckskontakt	25

Del B – Femcylindriga motorer

Specifikationer för motsvarande motorstorlekar är som i kapitel 1 med följande undantag.

Allmänt

Kodbeteckningar:

1994 cc	RT
2226 cc	1B, 2B och MC
2309 cc	NF

Motorstyrka:

RT	85 kW (115 hkr) vid 5400 rpm
1B	147 kW (191 hkr) vid 5800 rpm
2B	140 kW (182 hkr) vid 5800 rpm
MC	121 kW (157 hkr) vid 5500 rpm
NF	100 kW (130 hkr) vid 5600 rpm

Allmänt (forts)

Vridmoment:

RT	172 Nm vid 4000 rpm
1 B, 2B	270 Nm vid 3000 rpm
MC	240 Nm vid 3000 rpm
NF	190 Nm vid 4000 rpm
Borrning: NF	82,5 mm
Slaglängd: NF	86,4 mm

Kompressionsförhållande:

RT	10,0:1
1B, 2B	8,6:1
MC, fram till 9/1988	7,8:1
MC, 10/1988 och senare	8,4:1
NF	10:1

Cylindertryck

Kompressionstryck (varm motor, öppen trottel):

Motorkod KP, KU, RT och NF	11 till 16 bar
Motorkod KG, 1B, 2B samt MC med två knacksensorer	9 till 13 bar
Motorkod MC med en knacksensor	8 till 11 bar
Maximal godtagbar tryckskillnad mellan cylindrar	2 bar

Vevaxel

Ändspel (ny) – 1984 och senare	0,07 till 0,23 mm

Storändens lagertappsdiameter (2,0 liters motorer från och med 07/1983 och icke-turbomotorer från och med 07/1984):

Standard	47,76 till 47,78 mm
1:a underdimension	47,51 till 47,53 mm
2:a underdimension	47,26 till 47,28 mm
3:e underdimension	47,01 till 47,03 mm

Kolvar och ringar

Kolvstorlek (motorkod NF):	Kolvdiameter	Loppets diameter
Standard	82,48 mm	82,51 mm
1:a överdimension	82,74 mm	82,76 mm
2:a överdimension	82,98 mm	83,01 mm

Kamaxel

Maximalt radialspel för kamaxellager	0,1 mm

Ventiler

Ventilinställning (vid 1,0 mm lyft och noll spel):

Motorkod 1B/2B fram till 1989:

Insug öppnar vid	ÖD
Insug stänger vid	41° END
Avgas öppnar vid	40° FND
Avgas stänger vid	1° FÖD

Motorkod RT 1988 och senare:

Insug öppnar vid	2° EÖD
Insug stänger vid	31° END
Avgas öppnar vid	31° FND
Avgas stänger vid	1° FÖD

Motorkod NF 1985 till 1989:

Insug öppnar vid	0° FÖD
Insug stänger vid	41,1° END
Avgas öppnar vid	40° FND
Avgas stänger vid	1,1° EÖD

Motorkod NF 1989 och senare:

Insug öppnar vid	3.9° EÖD
Insug stänger vid	41,2° END
Avgas öppnar vid	45,9° FND
Avgas stänger vid	4,9° FÖD

Motorkod MC fram till 9/1988:

Insug öppnar vid	0° FÖD
Insug stänger vid	41° END
Avgas öppnar vid	40° FND
Avgas stänger vid	10° EÖD

Motorkod MC 10/1988 och senare:

Insug öppnar vid	4° EÖD
Insug stänger vid	41° END
Avgas öppnar vid	46° FND
Avgas stänger vid	5° FÖD

Åtdragningsmoment

	Nm
Ventilkåpans muttrar:	
Steg 1	5
Steg 2	10
Steg 3	12
Motor till växellåda:	
M8 bultar	20
M10 bultar	45
M12 bultar	65

Kylsystem

Åtdragningsmoment

	Nm
Kylfläktens termobrytare (i kylare på fyrcylindriga motorer):	
Motorkod DR och DS	35

Bränsle- och avgassystem

Bränsleinsprutning

Systemtryck, juli 1986 och senare	5,6 till 6,0 bar

Oktantal

Samtliga motorer 1987 och senare	98 RON blyad eller 95 RON blyfri

Obs: *Se "Körning med blyfritt bränsle" i avsnitt 5 i detta supplement*

Tändning

Helelektronisk tändning (FEI/Fully Electronic Ignition)

Systemtyp	Hall-effekt, helelektronisk tändning med mikroprocessorstyrning
Finns på	Motorkod RT (från 09/1989) samt motorkoderna NF och MC

Tändspole

Primärmotstånd:	
Motorkod RT	0,52 till 0,76 ohm
Motorkod NF	0,50 till 1,50 ohm
Motorkod MC	0,50 till 0,70 ohm
Sekundärmotstånd:	
Motorkod RT	2,4 till 3,5 kohm
Motorkod NF	5,0 till 9,0 kohm
Motorkod MC	5,0 till 9,0 kohm

Tändinställning

Motorkod RT	17 till 19° FÖD
Motorkod NF	14 till 16° FÖD
Motorkod MC	ej inställningsbar

Tändstift

Motorkoderna RT och NF	Champion N7YCC eller N7BYC
Motorkoderna MC, 1B eller 2B	Champion N9YCC eller N9BYC
Elektrodavstånd (samtliga tändstift)	0,8 mm

Koppling

Åtdragningsmoment

	Nm
Kopplingens slavcylinderbult (växellåda 016, 1988 och senare)	25

Manuell växellåda

Växellåda 012

Typ	Fem växlar framåt, helsynkroniserad, integrerad slutväxel

Utväxlingsförhållanden (kodbeteckning AMK)

Slutväxel	3,888:1
1:a	3,545:1
2:a	2,105:1
3:e	1,429:1
4:e	1,029:1
5:e	0,838:1
Backen	3,500:1

Åtdragningsmoment (1988 och senare)

	Nm
Växellänkagets anslutningsbult	20
Växellänkagets klammerbult	25
Växelspakens gaffelmutter	10
Växelspakens monteringsplatta	10
Låsbult till elektroniska hastighetsmätarens givare	25
Multifunktionskontakt	10

Bromssystem

Framhjulsbromsar (massiva skivor) Audi 100:

Skivtjocklek:
Ny	13,0 mm
Slitagegräns	11,0 mm

Framhjulsbromsar (15-tums hjul, från januari 1986)

Oktyp	Dubbelkolv
Skivdiameter	276,0 mm

Skivtjocklek:
Ny	25,0 mm
Slitagegräns	23,0 mm

Fjädring och styrning

Framhjulsinställning

Caster (modeller utan servostyrning från och med
chassinummer 43 GA 024 419) .... + 50' ± 40'

Bakhjulsinställning

Toe-inställning vid varje hjul:
Fram till chassinummer EA 085 288 (trumbromsar) eller EN 082 448
(Skivbromsar) .... + 15' ± 10' (toe-in)
Från chassinummer EA 085 289 (trumbromsar) eller EA 082 449
(Skivbromsar) .... + 10' ± 5' (toe-in)

Kaross och detaljer (samtliga modeller)

Åtdragningsmoment

	Nm
Fästen till säkerhetsbälten:	
Främre fäste och rulle till B-stolpen	50
Främre spänne till sätesram	60
Bakre fäste till golv	50
Bakre rulle till tvärpanel	40
Höjdjusterbar typ (augusti 1985 och senare):	
Justering till B-stolpens bult	24
Bältesspänne till justermutter	55
System Procon-ten	
Vajerspännare till manuell växellåda:	
Främre bultar	40
Bakre bultar	65
Vajerspännare till automatlåda:	
Bultar	40
Muttrar	40
Styrningsfästets bultar	75
Ankarfästets bultar	75

Elsystem

Åtdragningsmoment

	Nm
Justering av alternatorns drivrem (motorkod DR och DS):	
Ny rem	8
Använd rem	4

3.1 Påfyllning av motorolja

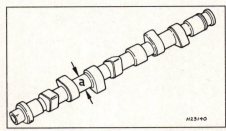

Fig. 13.1 Identifiering av kamaxel (fyrcylindriga motorer) (avsnitt 3)

a = 26,00 mm, normal storlek
a = 25,75 mm, understorlek (har även en gul färgprick på VW-Audi logotypen

3 Motor

Motoroljespecifikation – 1986 och senare

1 Tillverkaren rekommenderar starkt att hög-presterande olja, följande specifikationerna för VW 500 00 används. Om sådan olja inte finns tillgänglig kan olja med "förbättrad smörjning" (enligt samma specifikation), eller välkänd märkesolja typ multigrade enligt API-SF eller högre användas (foto).

Hydrauliska ventiltryckare (fyrcylindriga motorer, 1986 och senare)

2 Från och med 1986 års modeller har den fyrcylindriga motorn med 66 kW (kod DS) hydrauliska ventiltryckare. Justering av ventil-spelet krävs därför inte längre.

Kamaxel (fyrcylindriga motorer, 1986 och senare) – demontering och montering

3 I och med introduktionen av hydrauliska ventiltryckare har kamaxellager nr 4 uteslutits. Kamaxellageröverfall ska därför demonteras och

monteras enligt beskrivningen för fem-cylindriga motorer i kapitel 1, avsnitten 37 och 45.

Vevaxeldrevets bult (fyrcylindriga motorer) – åtdragningsmoment

4 Lägg märke till att det förekommer två typer av vevaxeldrevbultar, en med sex- och en med tolvkantig skalle. De har olika åtdrag-ningsmoment.

5 På bultar med sexkantsskalle används en bricka och bultens gäng ska oljas in före montering. För bultar med tolvkantsskalle gäller att bultarna inte ska återanvändas utan bytas till nya efter demonteringen och att gäng och ansats på den nya bulten ska oljas in vid monteringen.

Kolvringsändgap (fyrcylindriga motorer)

6 Observera det ändrade ändgapet för oljeskrapringar av två- och tredelad typ jämfört med specifikationerna.

Utbytes topplock/motorer (fyrcylindriga motorer)

7 Utbytes topplock/motorer kan levereras med lagerskålar för kamaxlar i standard och underdimension.

8 Kamaxel med underdimension finns inte att

få som normal reservdel. Där tillämpligt ska en kamaxel med normal dimension och standard lagerskålar användas. Fråga en Audiåter-försäljare om specifikationerna.

Topplock (fyrcylindriga motorer) – byte

9 När ett nytt, eller utbytestopplock monteras ska kylvätskan i hela systemet bytas.

Motor (fyrcylindriga motorer) – uppriktning efter montering

10 Uppriktning av motor/växellåda bör endast vara nödvändig om endera motorn eller växellådan demonterats från sina limmade gummifästen.
11 Om endast motorn demonterats ska bultarna till motorfästen och motor-upphängning slutdras till angivet moment med motorn gående på tomgång.
12 Utför uppriktningen genom att lossa båda fästmuttrarna till gummiupphängningen.
13 Gunga motor och växellåda till dess att de är uppriktade i längsled.
14 Vid korrekt uppriktning (se fig. 13.2) ska fästbultarna dras åt till angivet moment.

Kolvar (fyrcylindriga motorer) – märkning

15 Kolvar monterade i DR-motorer skiljer sig från de i DS-motorer. De skiljs åt av djupet i urtaget på kolvkronan (se fig. 13.3).

Hydrauliska ventiltryckare (samtliga modeller) – test och byte

16 Identifiera en tryckare med missljud med stillastående motor genom att demontera ventilkåpan och vrida vevaxeln till dess att ett par kamlober pekar uppåt.
17 Använd en konisk stav av trä eller plast och tryck försiktigt på tryckaren, leta efter spel innan ventilen börjar öppna. Om spelet överstiger 0,1 mm måste tryckaren bytas ut.
18 Vrid vevaxeln så att ett annat par kamlober pekar uppåt och kontrollera spelet på resterande tryckare.
19 Om nya tryckare monteras är det viktigt

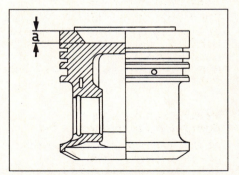

Fig. 13.2 Uppriktning av motor/växellåda på fyrcylindriga motorer (avsnitt 3)

a = 99,0 till 102,0 mm, manuell växellåda
a = 152,0 till 155,0 mm, automatlåda

Fig. 13.3 Identifiering av kolv, fyrcylindriga motorer (avsnitt 3)

a = 8,1 mm, motorkod DR
a = 4,4 mm motorkod DS

Fig. 13.4 Avstånd mellan ventilskaft och topplock (a) (avsnitt 3)

Insug = 33,8 mm minimum
Avgas = 34,1 mm minimum

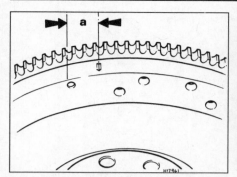

Fig. 13.5 Avstånd (a) mellan ÖD-märket och tändinställningsmärken på svänghjulet, femcylindriga motorer (avsnitt 3)

3°EÖD = 7,3 mm till höger om ÖD
6°FÖD = 14,5 mm till vänster om ÖD
15°FÖD = 36,5 mm till vänster om ÖD
18°FÖD = 43,5 mm till vänster om ÖD

att avståndet mellan ventilskaftets ände och ytan på topplocket runt tryckarens hål mäts upp med en djupmätare. Om måttet understiger det som anges i fig. 13.4 måste ventilen och/eller topplocket bytas.
20 Efter det att nya tryckare monterats får motorn inte startas under minst en halvtimme. Detta låter de nya tryckarna tryckas ihop. Om man inte väntar denna tid kan det resultera i kontakt mellan kolv och ventil och därmed påföljande motorskador.

Svänghjul/drivplatta (modeller med transistoriserad tändning) – byte

21 Nya svänghjul eller drivplattor har bara ett märke för ÖD (vanligen '0').
22 Märken för tändningsinställning måste därför ristas (bäst) eller målas på svänghjulet/drivplattan på korrekta avstånd från ÖD-märket (se fig. 13.5).
23 Ta hänsyn till radien på svänghjulet/drivplattan vid märkningen.

Svänghjul/drivplatta (modeller med helelektronisk tändning) – byte

24 Nya svänghjul/drivplattor levereras utan stift för tändinställning. Dessa måste demonteras från den gamla enheten och knackas in i den nya, hela vägen in till ansatserna.

Ventilkåpa (samtliga motorer) – läckage

25 Om en ventilkåpa monterad med en korkgummipackning börjar läcka kan problemet lösas genom att en helgummipackning från en VAG-återförsäljare monteras. Lägg dock märke till följande:
26 Det finns två typer av fästklackar till ventilkåpor (inskruvade i topplocket). Den ena

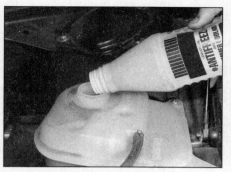

4.2 Påfyllning av kylsystemet

typen har en krage, den andra utan krage. I och med detta finns det två typer av gummipackningar, en för klackar med och en för klackar utan krage. Kontrollera att rätt packning köps och monteras.
27 Första gången som en gummipackning monteras måste även en ny ventilkåpa monteras.
28 Observera trestegsåtdragningen av ventilkåpans muttrar när ventilkåpan monteras.

Ventilkåpa (femcylindriga motorer, 1989 och senare) – demontering och montering

29 Innan ventilkåpan på modeller från 1989 och senare med modifierat insug kan demonteras måste den övre delen av insugsröret demonteras enligt beskrivningen i avsnitt 5.

Topplock (samtliga motorer) – montering

30 Innan topplocket monteras enligt beskrivning i avsnitten 16 och 44 i kapitel 1 ska vevaxeln vridas så att kolven i cylinder 1 finns vid ÖD, backa sedan vevaxeln så att samtliga kolvar finns på samma avstånd från loppens överkanter.

Storändens lageröverfall (femcylindriga motorer) – kontroll

31 Vid kontroll av radialspelet i storändens lageröverfall, i de fall där överfallsmuttrarna har urtag, ska muttrarna dras till angivet moment, men INTE med ett kvarts varv extra (90°).

Vevaxel och nållager (femcylindriga motorer) – byte

32 Utbytes vevaxlar levereras med monterat nållager på svänghjulssidan.
33 Nållagret används inte på bilar med automatlåda och måste därför demonteras enligt anvisningarna i kapitel 1, avsnitt 27.
34 Om nållagret byts på modeller med manuell växellåda, se kapitel 12, avsnitt 27,

men notera monteringsdjupet i avsnitt 55 i samma kapitel.

Modifierad motor (2,2 liter, kod MC) – märkning

35 I oktober 1988 introducerades en modifierad version av 2.2 liters motorn som fortfarande hade MC som motorkod. Den modifierade versionen känns igen på att den har två knacksensorer, istället för en på den ursprungliga versionen.

4 Kylsystem

Kylvätska (samtliga modeller) – allmänt

1 När ett nytt eller utbytes topplock monteras eller om motorn renoverats rekommenderar tillverkaren att all kylvätska byts ut.
2 Använd alltid ett etylenglykolbaserat frostskydd, inte ett metanolbaserat. Se till att rätt koncentration av frostskydd används och fyll på systemet med samma koncentration när jobbet är klart (foto).

5 Bränsle- och avgassystem

Körning med blyfritt bränsle – allmänt

1 Samtliga modeller med katalysator **får endast köras på blyfritt bränsle.** Blyad bensin förstör katalysatorns element så att den blir ineffektiv.
2 För samtliga andra modeller, rådfråga en Audi återförsäljare om lämpligheten och om eventuellt en justering av tändläget krävs.

Gasvajer (fyrcylindriga motorer, kod DR och DS, senare modeller) – justering

3 Arbetssättet är i princip det som beskrivs i kapitel 3, del A, avsnitt 8, men justering utförs genom att man flyttar clipset upp eller ned på den tandade vajeränden så att specificerat avstånd mellan trottelarmen och stoppet uppkommer.

Bränsletank (1988 och senare) – demontering och montering

4 Från och med årsmodell 1988 är bränsletank och sammanhörande delar modifierade, Proceduren för demontering och montering är i princip samma som beskrivs i kapitel 3, avsnitt 18 men vakuumslangen till kolkanistern på modeller med katalysator ska kopplas ur.

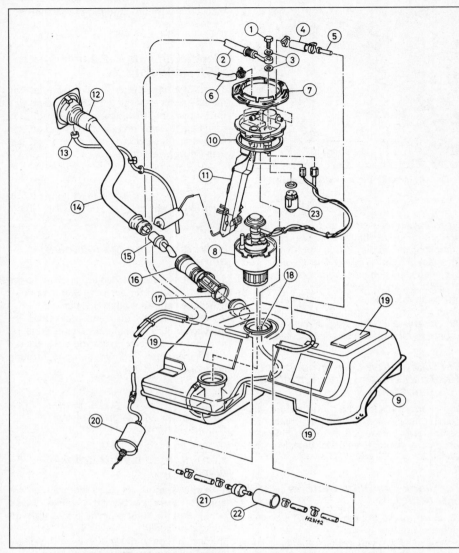

Fig. 13.6 Sprängskiss över bränsletank från och med 1988 års modell (avsnitt 5)

1 Banjobult	8 Bränslepump	16 Påfyllningsslang
2 Bränslematningsrör	9 Bränsletank	17 Clips
3 Tätningsringar	10 Tätningsring	18 Returledning
4 Anslutning för ventilationsrör	11 Bränslemätarens givare	19 Inpackningsmaterial
5 Ventilationsrör till kolkanister (om monterad)	12 Påfyllningsrörets hals	20 Bränslefilter
6 Bränslereturledning	13 Spillslang	21 Ventilationsventil
7 Fästring	14 Påfyllningsrör	22 Stödslang
	15 Insats i påfyllningsrör	23 Gravitationsventil

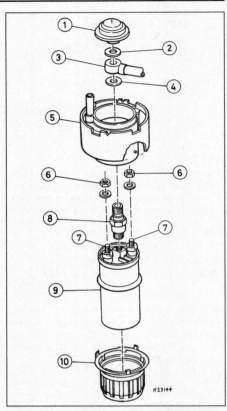

Fig. 13.7 Sprängskiss av bränslepump från och med 1988 års modell (avsnitt 5)

1 Ljuddämpare	7 Elektriska
2 Tätning	anslutningar
3 Matningsledning	M6 spänning (+),
4 Tätning	M5 jord (-)
5 Övre hus	8 Envägsventil
6 Muttrar och brickor	9 Pumphus
	10 Sil

5 En skiss av montaget visas i fig. 13.6.

Bränslemätarens sändare (1988 och senare) – demontering och montering

6 Från årsmodell 1988 och senare är bränslemätarens sändare modifierad jämfört med tidigare modeller. Arbetssättet för demontering, beskrivet i kapitel 3, avsnitt 7 gäller dock fortfarande.

7 Försiktighet skall iakttagas vid demontering av sändaren så att inte flottörarmen böjs när sändaren dras ut ur tanken.

Bränslepump (1988 och senare) – demontering och montering

8 Bränslepumpen på 1988 och senare modeller är även den modifierad. Proceduren för demontering och montering i kapitel 3, avsnitt 31 är i princip densamma men notera följande:

9 Ett specialverktyg (VAG 3214) krävs för att vrida pumpen cirka 15 mm till vänster så att pumpen lossnar från huset i tanken. Det är dock möjligt att använda två kryssmejslar om verktyget saknas.

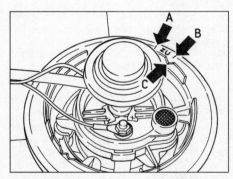

Fig. 13.8 Bränslepumpens uppriktningsmärkning från och med 1988 års modell (avsnitt 5)

A Första märket   C Urtag på låsringen
B Andra märket

10 Vid montering, stick in pumpen i huset så att uttaget i pumpens låsring är i linje med det första märket på huskransen. Vrid pumpen åt höger så att urtaget är i linje med det andra märket (se fig. 13.8).

K/KE-Jetronic bränsleinsprutning – modifieringar

11 Från och med juli 1986 finns smärre modifieringar av K/KE bränsleinsprutning. Dessa är:

(a) Högre systemtryck och öppningstryck för injektorerna

(b) Stel i stället för flexibel bränsleledning till injektorerna

(c) Bränsleledningsanslutningar av typen koniskt säte i stället för banjobultar

(d) Modifierad tryckackumulator och termotidsbrytare

(e) Modifierad funktion av kallstartsventilen

12 Med undantag för vad som anges i specifikationerna och på annan plats i detta avsnitt är procedurerna för testning och reparationer oförändrade.

Termotidsbrytare (K/KE-Jetronic, senare modeller) – kontroll

13 För modeller tillverkade från och med juli 1986 visas driftsdiagrammet för termotidsbrytaren i fig. 13.9. I övrigt som beskrivning i kapitel 3, avsnitt 27.

Kallstartsventil (K/KE-Jetronic, senare modeller) – kontroll)

14 På modeller med den modifierade termotidsbrytaren kommer kallstartsventilen att avge korta bränslesprut så länge som startmotorn går, följt av en period med kontinuerlig insprutning styrd av termotidsbrytaren. I övrigt är proceduren som i kapitel 3, avsnitt 28.

Membrantryckkontakt (K/KE-Jetronic, senare modeller) – allmänt

15 Denna finns på senare modeller och är placerad bredvid tändspolen (foto). Den ingår i styrningen av accelerationsberikningen och ska inte förväxlas med membrantryckkontakten i avgasreningen.

16 I likhet med andra komponenter i bränsleinsprutningen ska testning överlämnas till en Audiverkstad.

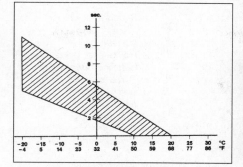

Fig. 13.9 Funktionsdiagram för termotidsbrytaren på senare modeller (avsnitt 5)

Bränsleinjektorer (K/KE-Jetronic, senare modeller) – demontering och montering

17 Släpp ur trycket ur bränsleledningarna (kapitel 3, avsnitt 15, paragraferna 3 till 5).

18 Demontera injektorröret som fästs med två insexskruvar (foto).

19 Lossa bränsleledningarna från hållaren på insugsröret.

20 Rengör injektorernas anslutningar innan muttrarna skruvas ur (foto).

21 Dra ut injektorerna ur topplocket. Ta tag i dem i den sexkantiga delen, inte gängorna (foto).

22 Montering sker med omvänd arbetsordning, använd nya O-ringar smorda med bränsle.

Problem med varmstart (K/KE-Jetronic)

23 Om problem uppstår vid start av varm motor ska först av allt tändningen kontrolleras. Kontrollera att rätt typ av tändstift är monterade och att de är i gott skick, samt att tändningen är korrekt inställd.

24 Därefter ska bränsleinsprutningen kontrolleras. Förutom de kontroller som beskrivs i kapitel 3 måste detta arbete utföras av en Audiverkstad.

25 Om tändning och bränsleinsprutning fungerar korrekt måste åtgärder vidtas för att minska temperaturen under motorhuven.

5.15 Bränsleinsprutningens membrantryckskontakt

Dessa inkluderar modifiering av kretsarna till den elektriska kylfläkten så att den fortsätter att gå efter det att tändningen slagits av, samt installation av en extra kylfläkt med trumma för kylning av injektorerna. Rådfråga en Audiverkstad.

K/KE-Jetronic Lambdasond (Motorkoder MC och RT, 1989 och senare)

Allmän beskrivning

26 Fler delar har byggts in i bränsleinsprutningssystemen K/KE-Jetronic så att de kan fungera tillsammans med en Lambdasondkrets.

27 Dessa är Lambdasonden, som är inskruvad i grenröret före katalysatorn, en frekvensventil (som i praktiken är en variabel strypning) monterad i returbränsleledningen från bränslefördelningen, och modifierade delar i bränslefördelningen.

28 Styrenheten till den helelektroniska tändningen får signaler från Lambdasonden och skickar i sin tur styrsignaler till frekvensventilen som styr returbränsleflödet från bränslefördelningen vilket i sin tur styr blandningsförhållandet mellan bränsle och luft i injektorerna.

Test

29 Test av Lambdasondkretsen kräver speciell utrustning och ska därför utföras av en Audiverkstad.

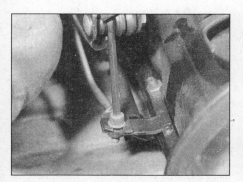

5.18 Demontering av injektorrörets fästbult

5.20 Lossa bränsleröret från injektorn

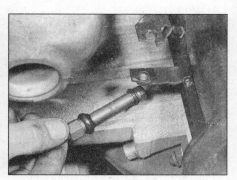

5.21 Dra ut injektorn

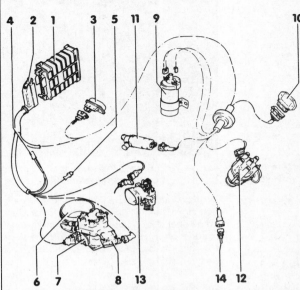

1 Styrenhet för KE-Jetronic
2 Kontakt
3 Höjdsensor (ej på brittiska modeller)
4 Testanslutning
5 Anslutning för Lambdasond
6 Bränslefördelning
7 Potentiometer G7
8 Differentialtrycks-regulator
9 Tändspole
10 TCI-H brytare (ej på brittiska modeller)
11 Tomgångs-stabiliseringens ventil
12 Fördelardosa med Hall-sändare
13 Trottelventilens hus
14 Temperaturgivare för kylvätska

Fig. 13.10 Elektronisk motorstyrning, motorkod RT med Lambdasond och helelektronisk tändning (avsnitt 5)

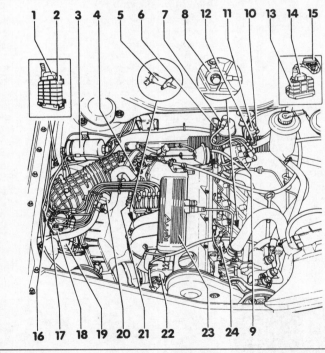

Fig. 13.11
Layout för bränsle-insprutnings-systemet KE III Jetronic, monterat från och med 1989 års modell, motorkod NF (avsnitt 5)

1 Kontakt
2 Styrenhet (höger A-stolpe)
3 Bränslefilter
4 Trottelventilens hus
5 Kallstartsventil
6 Slutsteg (tändspole)
7 Tändspole
8 Knacksensor
9 Fördelardosa
10 Kontakt (knacksensor)

11 Kontakt (Lambdasondens värmare)
12 Kontakt (Lambdasond)
13 Styrenhet, helelektronisk tändning (vänster A-stolpe)
14 Kontakt
15 Höjdsensor
16 Tryckregulator (tidiga versioner)
17 Potentiometer

18 Bränslefördelning
19 Differentialtryckregulator
20 Kolkanisterns solenoidventil
21 Tätningshuv
22 Tomgångsstabiliseringens ventil
23 Insugsrör
24 Temperaturgivare för kylvätska

Underhåll

30 Se följande paragrafer om KE III-Jetronic bränsleinsprutning.

KE III-Jetronic bränsleinsprutning – allmän beskrivning

31 Bränsleinsprutning modell KE III-Jetronic finns på samtliga 2.3E modeller (motorkod NF) från 1989 och senare. Systemet liknar i princip de tidigare systemen, beskrivna i kapitel 3, med tillägg i form av ett integrerat elektroniskt system för motorstyrning, Lambdasond-försedd katalysator samt helelektronisk tändning som beskrivs i sin helhet i avsnitt 6. En kolkanister och en solenoidventil finns för att reglera utsläpp av bränsleångor från tanken. Systemets layout visas i fig. 13.11.

32 Styrenheten får signaler från ett antal olika givare och styr, i samverkan med tändnings-elektroniken, bränsle-luftblandningen till optimal nivå för motorns belastning och varvtal.

33 Lambdasonden i katalysatorsystemet finns inskruvad i grenröret framför kata-lysatorn och känner av syrehalten i avgaserna. Sonden är konstruerad så att en spänning produceras över sonden som är proportionell mot syreinnehållet. På så vis skickas en signal till styrenheten som då justerar bränsle-luftblandningen så att avgaserna hålls på sin "renaste" nivå.

34 Tändningselektroniken, som får signaler från olika givare, styr samtidigt tändläget till optimal nivå för samtliga driftsförhållanden.

KE III-Jetronic bränsleinsprutning – test

35 Styrenheten till KE III-Jetronic har ett självdiagnostiskt minne vars utfrågning kräver specialutrustning. I och med detta ska fel-sökning och korrigeringar utföras av en Audiverkstad, såvida inte speciell utbildning och utrustning redan finns tillgänglig.

36 De följande delbytesmomenten beskrivs så att ett byte av en defekt del mot en korrekt kan göras, och så att annat underhålls-arbete kan utföras.

37 Det ska dock påpekas att korrekt justering av systemet för optimal funktion endast kan utföras med specialutrustning och att sys-temet måste kontrolleras av en Audiverkstad efter komponentbyte.

KE III-Jetronic Bränsle-insprutning – tomgångshastighet och CO-justering

38 CO-justering kräver speciell testutrustning och justeringsskruven för CO-halten är plomberad. Tomgångsvarvtalet styrs av motorelektroniken.

5.43 Kallstartsventilens placering på KE III Jetronic (pil)

5.52 Placeringen av tomgångs-stabiliseringens ventil på KE III Jetronic

5.61 Insugsrör på modeller fr o m 1989

KE III-Jetronic bränsleinsprutning – komponentbyte

Notera: *Endast de moment som skiljer sig från tidigare system, beskrivna i kapitel 3, tas upp här. Om en del inte specifikt tas upp här, är proceduren helt eller nästan helt identisk med den som beskrivs i kapitel 3.*

Styrenhet

39 Demontera dekorpanelen från den nedre delen av A-panelens klädsel på förarsidans fotbrunn.
40 Skruva ut styrenhetens fästskruv och dra ut styrenheten.
41 Dra ur kontakten och lyft ut styrenheten.
42 Montera i omvänd ordning.

Kallstartsventil

43 Se kapitel 3, notera att ventilen finns placerad mellan insugsrörets två passager (foto).

Höjdsensor (om befintlig)

44 Höjdsensorn finns placerad ovanför styrenheten i A-stolpen.
45 Demontering och montering är självklar efter styrenhetens demontering.

Kolkanisterns solenoidventil

46 Ventilen är placerad vid luftintagstrumman.
47 Demontera den genom att lossa el-ledningarnas och slangarnas anslutningar.
48 Montering sker med omvänd arbetsordning.

Kolkanister

49 Kolkanistern finns monterad i höger innerskärm.
50 Demontera den genom att lossa slangen, skruva ur fästena och dra ut kanistern.
51 Montering sker med omvänd arbetsordning.

Tomgångens stabiliseringsventil

52 Ventilen är placerad på topplockets främre högra sida (foto).
53 Demontera den genom att lossa el-ledningar och luftslangar.
54 Skruva ur bulten ur gummifästet och dra ut ventilen.
55 Montering sker med omvänd arbetsordning.

Bränsleinjektorer

56 Grundproceduren beskrivs i kapitel 3, men den övre delen av insugsröret måste först demonteras så att injektorerna blir åtkomliga, vilket beskrivs i detta avsnitt. I förekommande fall ska lufthuven över injektorerna demonteras.

Lambdasond

57 Dra ut den elektriska kontakten vid fästet på torpedplåten.
58 Skruva ur Lambdasonden från grenröret.
59 Medan sonden är urskruvad ska stor försiktighet iakttagas så att den inte skadas eller kommer i kontakt med olja, fett eller smuts.
60 Montering sker med omvänd arbetsordning, smörj in gängorna med lite G5-fett.

Insugsrör (bränsleinsprutade modeller 1989 och senare) – demontering och montering

61 Från 1989 och senare är insugsröret omkonstruerat och böjer sig upp över ventilkåpan (foto).
62 Demontera insugsröret genom att först lossa alla vakuumslangar (dessa varierar med modell).
63 Lossa luftintagstrumman från trottelhuset.
64 Lossa gasvajern (manuell växellåda) eller dragstången (automatlåda).
65 Lossa EGR-ventilen.
66 Lossa trottelventilkontakten och vakuumslangen från trottelventilhuset.
67 Lossa eventuella jordledningar som

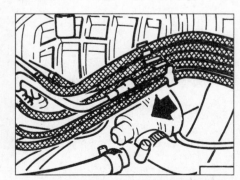

Fig. 13.12 Placeringen av kolkanisterns solenoidventil, vid pilen (avsnitt 5)

bultats på insugsröret.
68 Lossa antingen på de två bränsleledningarna från uppvärmingsregulatorn eller skruva loss regulatorn från topplocket med anslutna slangar och lägg det åt sidan.
69 Skruva ur de bultar som fäster övre delen av insugsröret vid den nedre. Sära på delarna och lyft försiktigt upp den övre. Hållaren som fäster bränsleledningarna till injektorerna har lossats så att ledningarna kan flyttas till en plats där övre insugsröret kan lyftas bort.
70 Demontera tomgångsstabiliseringsventilen.
71 Koppla ur och skruva ur injektorerna.
72 Om så krävs för åtkomlighet kan luftfiltrets lock och luftfiltret demonteras.
73 Koppla ur eller demontera kallstartsventilen.
74 Skruva loss den nedre delen av insugsröret från motorblocket.
75 Montering sker med omvänd arbetsordning, använd nya packningar i alla fogytor.

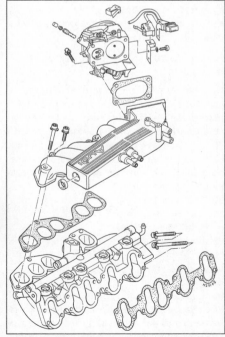

Fig. 13.13 Sprängskiss över insugsrör, från och med 1989 års modell (avsnitt 5)

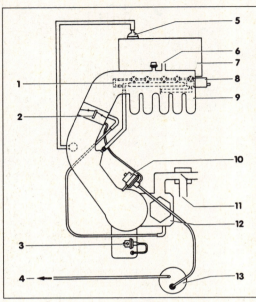

Fig. 13.14 Skiss över typiska vakuumslangar på senare modeller av avgasrening – 1990 års modell visad (avsnitt 5)

1 Luftridåförsedda injektorer
2 Trottelventilens hus
3 Membrantryckregulator
4 Till bränsletanken
5 Vevhusventilation
6 Till luftkonditionering och differentiallås (om befintliga)
7 Topplock
8 Tomgångsstabiliseringens ventil
9 Insugsrör
10 Kolkanisterns solenoidventil
11 Förvärmning av insugsluften
12 Bränslefördelning
13 Kolkanister

5.77 Membrantryckregulator monterad på senare versioner av vevhusventilation

Avgasrening (senare modeller) – allmänt

76 Layout för vevhusventilationen på senare modeller visas i fig. 13.14.

77 Membrantryckregulatorn finns monterad på luftintagskröken (foto).

Avgasgrenrör (1989 och senare) – demontering och montering

78 Proceduren för demontering av grenröret på 1989 års och senare modeller med Lambdasond följer beskrivningen i kapitel 3, avsnitt 40 med undantag för att Lambdasonden måste demonteras. Montera sonden efter det att grenröret monterats.

Katalysator – demontering och montering

Varning: Katalysatorer innehåller en keramisk kärna som, om den tappas eller utsätts för andra skarpa stötar, kan skadas bortom reparationsmöjligheter.

79 En sprängskiss över avgassystem med katalysator visas i fig. 3.60 i kapitel 3. Vissa detaljskillnader kan förekomma beroende på modell och marknad.

80 Ställ bilen på ramp eller pallbockar.

81 Stötta katalysatorn ordentligt med en domkraft eller träklossar.

82 Lossa bakre anslutningsflänsen och dra bakre delen av avgassystemet ett par centimeter bakåt, haka av från gummifästena efter behov.

83 Lossa katalysatorns främre fläns och lossa katalysatorn från det nedåtgående röret och dra försiktigt ut den från bilens undersida.

84 Montering sker med omvänd arbetsordning, använd nya packningar och självlåsande muttrar.

6 Tändningssystem

Tändstift (samtliga modeller) – byte

1 Slå av tändningen och öppna motorhuven.

2 Flytta undan lufttrummor och annat som begränsar tillträdet till tändstiften och tändkablarna.

3 Lossa tändkabeln från ett stift i taget genom att dra i hatten eller metallhöljet. Dra inte i själva tändkabeln. Använd en tång om hatten sitter fast.

4 Borsta eller blås bort allt skräp runt hålet så att inget kommer in i cylindern när stiftet skruvas ut.

5 Skruva ut tändstiftet med lämpligt verktyg i rätt storlek eller den längre änden av hjulbultsnyckeln i bilens verktygslåda (foto).

6 Inled monteringen av ett tändstift genom att skruva in det i gängen för hand så att snedgäng undviks (foto). Om motstånd märks ska stiftet inte tvingas in, skruva istället ut och börja om. Om ett stift tar snedgäng och dras åt med en nyckel är det topplocket som skadas, inte tändstiftet.

7 Slutdra stiftet med en tändstiftsnyckel.

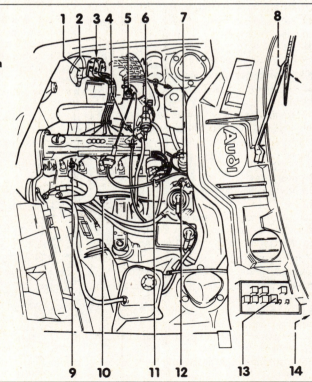

Fig. 13.15 Placering av komponenterna i det helelektroniska tändsystemet, som monterat på motorer kod NF, tidiga versioner (avsnitt 5)

1 Tryckregulator
2 Kolkanisterns solenoidventil (tidiga versioner)
3 Potentiometer
4 Kallstartsventil (tidiga versioner)
5 Trottelventilens hus
6 Tomgångsstabiliseringens ventil (tidig placering)
7 Tändspole med slutsteg
8 Styrenhet för KE III Jetronic
9 Temperaturgivare för kylvätska
10 Knacksensor
11 Fördelardosa
12 Hållare för anslutning
13 Bränslepumpens relä
14 Styrenhet för tändning

6.5 Urskruvande av tändstift med medföljande nyckel

6.6 Montering av tändstift, till att börja med för hand

Användning av momentnyckel rekommenderas starkt – se kapitel 4, Specifikationer för korrekt åtdragningsmoment. Om en momentnyckel saknas ska stiftet inte dras mer än ett kvarts varv efter det att brickan får kontakt med sätet i topplocket.

8 Anslut tändkabeln, tryck ned hatten ordentligt över stiftet.

9 Upprepa ovanstående med resterande tändstift eller efter behov.

10 Sätt tillbaka eventuellt flyttade detaljer, starta motorn och kontrollera att arbetet utförts med framgång.

Helelektronisk tändning (FEI) (senare modeller) – allmän beskrivning

11 På senare modeller finns ett helelektroniskt tändsystem (FEI) som i grunden liknar det som är beskrivet i kapitel 4 även om vissa delar kan ha modifierats eller omplacerats.

12 Systemet är försett med ett elektroniskt minne där fel av olika typer sparas. Av detta skäl och därför att speciell utrustning krävs ska tester, felsökning och reparationer överlämnas till en Audiverkstad.

13 Lägg märke till att senare versioner av motorer kod MC har två knacksensorer i motorblocket, inte en.

Fig. 13.16 Helelektroniskt tändsystem som monterat på motorkod RT från och med 1989 (avsnitt 6)

1 Tändkabel
2 Avstörningskontakt
3 Skärm
4 Fördelarlock
5 Kolborste med huv
6 Tändstiftshatt
7 Tändstift
8 Skyddshuv
9 Kontakt 4
10 Kontakt 1 (-)
11 Kontakt 15 (+)
12 Tändspole
13 Rotorarm
14 Kontaktring
15 Fördelare
16 O-ring
17 Kabelhärva
18 Klammer
19 Bult
20 Kontakt
21 Vakuumrör från trottelventilhuset
22 Ventilhus
23 Bult
24 Knacksensor
25 Tändspolens slutsteg
26 Självdiagnostikens varningslampa för fel

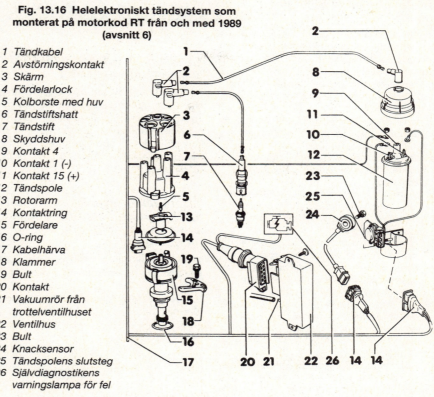

Fig. 13.17 Helelektroniskt tändsystem med Lambdasond som monterat på motorer kod MC med en knacksensor (avsnitt 6)

1 Styrenhet för tändningen
2 Kontakt
3 Vakuumslang
4 Kontakt (svart) för tändlägesgivare
5 Kontakt (grå) för varvtalsgivare
6 Kontakt (röd) för knacksensor
7 Kontakt (svart) för uppvärmning av Lambdasond (placerad på blandningsregulatorn på motorer med en knacksensor)
8 Kontakt – Lambdasond
9 Kontakthållare
10 Tändlägesgivare
11 Varvtalsgivare
12 Knacksensor
13 Lambdasond
14 Frekvensventil (Lambdastyrning)

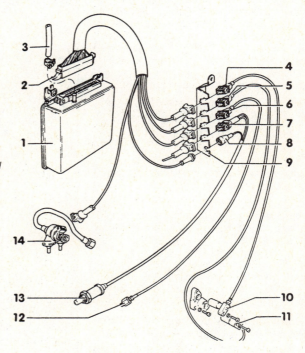

Helelektronisk tändning – säkerhetsföreskrifter

14 För undvikande av personskador och icke reparerbara skador på tändningssystemet måste följande föreskrifter efterlevas vid arbete med systemet:

(a) *Tändkablar ska inte beröras eller dras ur medan motorn går eller dras runt på startmotorn*

(b) *Innan någon ledning i systemet kopplas in eller från (inklusive testutrustning) måste tändningen vara avslagen*

(c) *Om motorn ska dras runt på startmotorn måste kontakten dras ur från spolens kraftsteg*

(d) *Starthjälp med snabbladdare tillåts under max 15 sekunder med max 16,5 volt*

(e) *Motortvätt får endast utföras med avslagen tändning*

(f) *Under varje form av svetsningsarbete måste batteriet vara helt urkopplat*

(g) *Om fordonet värms upp till över 80°C, exempelvis vid torkning av lack måste motorn svalna innan den startas*

(h) *Om tändsystemet är, eller misstänks vara, defekt måste kontakten på tändspolens kraftsteg dras ur innan bogsering sker*

(i) *Anslut inte en kondensator till stift 1 (–) på tändspolen*

(j) *Rotorarmen på 1 kohm (märkt R1) får inte bytas ut mot någon annan typ, inte ens för att förhindra radiostörningar*

(k) *För undertryckande av radiostörningar ska kondensatorer på 1 kohm och tändhattar med 5 kohm motstånd användas*

Tändinställning (FEI) – justering

15 Tändinställningen styrs hela tiden av systemets styrenhet. Förutom justering av grundtändläget (se specifikationerna) genom att rucka på fördelaren enligt beskrivning i kapitel 4 kan grundtändläget kontrolleras med stroboskop enligt beskrivning i kapitel 4, avsnitt 7. Kom ihåg att koppla ur vakuumslangen till styrenheten under kontrollen.

7 Koppling

Kopplingspedal (samtliga modeller med hydraulisk koppling) – pedalen går inte tillbaka

1 Om kopplingspedalen inte automatiskt går tillbaka när den släpps upp och justeringen är korrekt kan detta orsakas av någon av följande orsaker:

(a) *Luft i hydrauliken*

(b) *Centrumfjädern kärvar*

(c) *Pedalens pivåtapp kärvar*

2 Korrigera felet omedelbart. I annat fall kan kopplingen snabbt slitas ut.

Kopplingens slavcylinder (växellåda 016, 1988 och senare) – modifiering

3 Efter januari 1988 är kopplingens slavcylinder fäst på växellådan med en bult, inte ett stift.

8 Manuell växellåda

Växelspak (växellåda 016, 1988 och senare) – justering

1 Vid justering av den bakre tryckstångens läge i den främre på senare modeller, enligt beskrivning i kapitel 6, avsnitt 9 kan, i och med det modifierade främre fästet till mittkonsolen, det bli nödvändigt att demontera det bakre fästet. Stiftets utstick är dock oförändrat.

Givare till elektronisk hastighetsmätare (växellåda 016, 1988 och senare) – demontering och montering

2 Givaren till den elektroniska hastighetsmätaren kan demonteras med växellådan *på plats*.

3 Tryck ned fästclipset och vrid givaren försiktigt utåt.

4 På liknande sätt kan hastighetsmätarens drev demonteras med växellådan *på plats*.

5 Demontera drivflänsaxeln och packboxen enligt beskrivning i kapitel 6.

6 Demontera den elektroniska hastighetsmätarens givare enligt ovanstående beskrivning.

7 Arbeta genom drivflänsöppningen och peta försiktigt ut drivet med en skruvmejsel.

8 Montering av drev och givare sker med omvänd arbetsordning, använd alltid ny packbox.

Främre växlingsstag (modeller med Procon-ten) – demontering och montering

9 På modeller med Procon-ten är vajerspännaren bultad till växellådan ovanför främre staget.

10 Demontera främre växelstaget genom att lossa klammerbulten och sära främre staget från bakre.

11 Vrid främre staget från växelspaken och justerstången, dra staget framåt från vajerfästet.

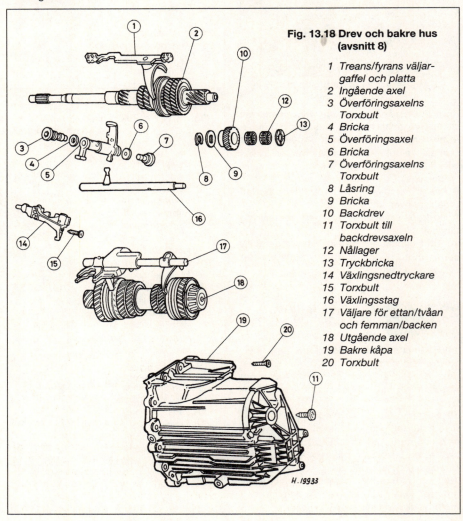

Fig. 13.18 Drev och bakre hus (avsnitt 8)

1 Treans/fyrans väljargaffel och platta
2 Ingående axel
3 Överföringsaxelns Torxbult
4 Bricka
5 Överföringsaxel
6 Bricka
7 Överföringsaxelns Torxbult
8 Låsring
9 Bricka
10 Backdrev
11 Torxbult till backdrevsaxeln
12 Nållager
13 Tryckbricka
14 Växlingsnedtryckare
15 Torxbult
16 Växlingsstag
17 Väljare för ettan/tvåan och femman/backen
18 Utgående axel
19 Bakre kåpa
20 Torxbult

H.19933

12 Montera i omvänd ordning, koppla främre staget först till växelspaken och sedan till bakre staget.
13 Efter arbetet ska växlingslänkaget justeras enligt beskrivning i kapitel 6.

Säkerhetssystemet Procon-ten

14 Se avsnitt 13 för detaljer.

Manuell växellåda (012) – allmän beskrivning

15 De allmänna kommentarerna i avsnitt 1, kapitel 6, gäller. Växellåda 012 har fem växlar framåt och backväxel med helsynkronisering på alla växlar. Till skillnad mot konventionella växellådor är backdrev och mellanaxel i konstant ingrepp.
16 Växellåda och slutväxel har gemensam oljeförsörjning av "livstidstyp". Oljebyte specificeras inte.

Manuell växellåda (012) – demontering och montering

17 Ställ upp framvagnen på pallbockar eller ramp.
18 Lossa batteriets jordledning.
19 Skruva ur de övre bultarna mellan växellådan och motorn, åtkomliga från översidan.
20 Lossa den elektroniska hastighetsmätaren genom att trycka ihop fjäderclipsen på kontakten, i förekommande fall ska även multikontakten lossas.
21 I förekommande fall ska även motorns stänkskydd demonteras.
22 Stötta motorns vikt med en domkraft med inklädd belastningsyta.
23 Lossa det nedåtgående avgasröret från grenröret, sänk med avgasröret och ta reda på packningen.
24 Lossa det nedåtgående avgasröret från växellådan, sära på avgassystemet framför katalysatorn och demontera det nedåtgående avgasröret.
25 I förekommande fall, se avsnitt 13 och lossa vajrarna till Procon-ten-system från växellådan.
26 Skruva ur låsbulten och dra av växlings-anslutningen från staget.
27 Skruva loss och dra ut inre högra universalknutens värmesköld.
28 Lossa innerändarna på bägge drivaxlarna enligt beskrivning i kapitel 8.
29 Skruva loss och dra ut värmeskölden från höger gummifäste.
30 Stötta växellådan på en inklädd domkraft.
31 Demontera bakre växellådsfästena.
32 Se kapitel 5 och skruva loss kopplingens slavcylinder. Hydraulröret behöver inte lossas.
33 Skruva loss startmotorn och häng den åt sidan, skruva ur resterande bultar mellan motor och låda.
34 Dra växellådan bakåt, av från styrstiften. Se till att inte tappa den på ingående axel och sänk ned lådan på golvet.
35 Montering sker med omvänd arbetsordning. Kontrollera först att styrstiften sitter på plats och smörj den ingående axelns

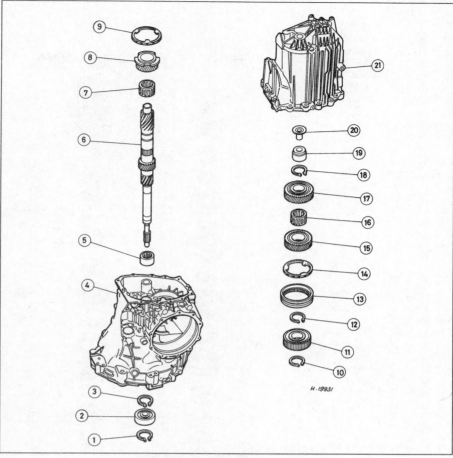

Fig. 13.19 Ingående växellådsaxeln (avsnitt 8)

1 Låsring (yttre)	8 Treans drev	15 Fyrans drev
2 Lager	9 Treans synkring	16 Nållager
3 Låsring (inre)	10 Låsring	17 Femmans drev
4 Huvudkåpa	11 Treans/fyrans synknav	18 Låsring
5 Nållager	12 Låsring	19 Nållager
6 Ingående axel	13 Treans/fyrans synkhylsa	20 Plasthylsa
7 Nållager	14 Fyrans synkring	21 Bakre kåpa

splines med lite högtemperaturfett.
36 Efter avslutat arbete ska växellådans och motorns fästen kontrolleras och vid behov justeras.
37 Dra åt samtliga bultar till angivet moment, använd gänglåsvätska på växelspakens låsbult.

Växelspak (växellåda 012) – demontering, renovering och montering

38 Ställ upp framvagnen på pallbockar.
39 Dra tillbaka gummidamasken och skruva ur bulten mellan växelspaken och bakre staget.
40 Demontera mittkonsolen enligt beskrivning i avsnitt 13.
41 Skruva ur de två muttrarna, lyft undan bladfjädrarna och länkarna och dra ut växelspaken genom växlingslänkagets kåpa.
42 Ta ut låsringen från växelspaken och ta bort distans och fjäder.
43 Peta ut låsringen som håller kulan till

huset, ta ut kulstoppet och dra ut växelspaken från huset.
44 Rengör samtliga delar och undersök om de är slitna eller skadade. Byt efter behov.
45 Ihopsättning och montering sker med omvänd arbetsordning. Lägg märke till följande.
46 Lägg på lite universalfett på samtliga rörliga kontaktytor.
47 Bussningen och fjädern finns på kulstoppets högra sida och bussningens runda ände ska vändas mot växelspaken.
48 Växelspaken kan bara monteras på ett sätt.
49 Använd alltid en ny bult mellan växelspaken och staget.
50 Den runda sidan på kulstoppslåsringen vänds mot lagret med det omvända intrycket åt vänster.
51 Efter monteringen ska växlingslänkaget justeras enligt följande beskrivning.

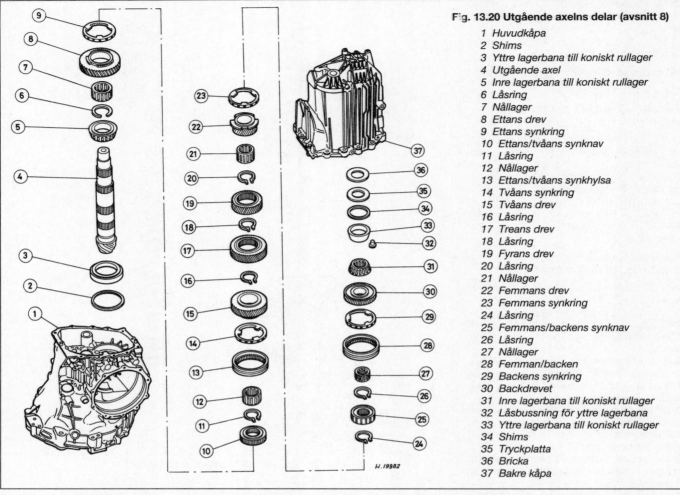

Fig. 13.20 Utgående axelns delar (avsnitt 8)

1 Huvudkåpa
2 Shims
3 Yttre lagerbana till koniskt rullager
4 Utgående axel
5 Inre lagerbana till koniskt rullager
6 Låsring
7 Nållager
8 Ettans drev
9 Ettans synkring
10 Ettans/tvåans synknav
11 Låsring
12 Nållager
13 Ettans/tvåans synkhylsa
14 Tvåans synkring
15 Tvåans drev
16 Låsring
17 Treans drev
18 Låsring
19 Fyrans drev
20 Låsring
21 Nållager
22 Femmans drev
23 Femmans synkring
24 Låsring
25 Femmans/backens synknav
26 Låsring
27 Nållager
28 Femman/backen
29 Backens synkring
30 Backdrevet
31 Inre lagerbana till koniskt rullager
32 Låsbussning för yttre lagerbana
33 Yttre lagerbana till koniskt rullager
34 Shims
35 Tryckplatta
36 Bricka
37 Bakre kåpa

H.19982

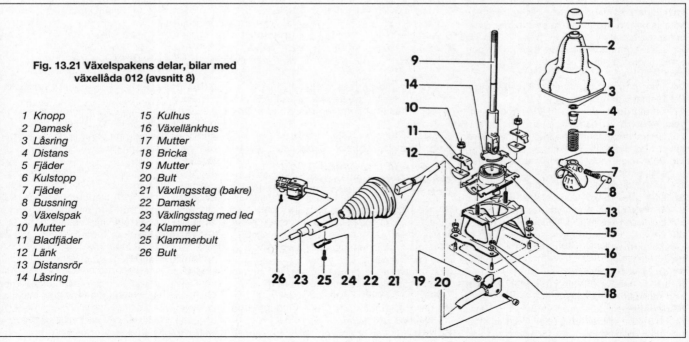

Fig. 13.21 Växelspakens delar, bilar med växellåda 012 (avsnitt 8)

1 Knopp
2 Damask
3 Låsring
4 Distans
5 Fjäder
6 Kulstopp
7 Fjäder
8 Bussning
9 Växelspak
10 Mutter
11 Bladfjäder
12 Länk
13 Distansrör
14 Låsring
15 Kulhus
16 Växellänkhus
17 Mutter
18 Bricka
19 Mutter
20 Bult
21 Växlingsstag (bakre)
22 Damask
23 Växlingsstag med led
24 Klammer
25 Klammerbult
26 Bult

Växlingslänkage (växellåda 012) – justering

52 Lägg in neutralläge.

53 Lossa växlingsstagets klammerbult.

54 Placera växelspaken vertikalt.

55 Kontrollera att avståndet mellan kulstoppets klackar och kåpan är lika stort på båda sidor. Om inte, lossa fästmuttrarna och justera läget så att korrekt spel uppstår.

56 Dra åt stagets klammermutter utan att röra växelspaken och kontrollera kulstoppklackarnas spel.

57 Kontrollera att alla växlar kan läggas i problemfritt och att backspärren är effektiv. Vid behov, lossa kulhusets monteringsmuttrar och vrid huset något och dra åt muttrarna.

58 I neutralläge ska växelspaken stå i planet mellan trean och fyran.

59 Montera mittkonsolen och ställ ned bilen.

9 Automatlåda

Modifiering av växelväljare (1987 års modeller)

1 Under 1987 modifierades växelväljarens mekanism så att det blev omöjligt att lämna "P"-läget utan att fotbromsen trycktes ned. Denna modifiering kan även göras på bilar före 1987 års modell.

2 Delar som ingår i modifieringen visas i fig. 13.22. Solenoiden spänningsläggs via bromsljuskontakten.

3 Om systemet upphör att fungera, demontera mittkonsolen (kapitel 11, avsnitt 24). Med påslagen tändning och nedtryckt fotbroms samt växelväljaren i "P"-läget ska solenoiden dras tillbaka till det läge som visas i fig. 13.23. När bromspedalen släpps upp ska solenoiden sträckas ut så att haken låser det gängade stiftet (fig. 13.24). Justera vid behov inom gränserna för solenoidens fäste.

Modifiering av växelväljare augusti 1988 och senare – justering

4 Från och med augusti 1988 och senare finns en ny växelväljarmekanism som gör det omöjligt att lägga i ett körläge från "P" eller "N" såvida inte fotbromsen samtidigt trycks ned. Justera enligt följande.

Solenoid

5 Demontera mittkonsolen, se avsnitt 13.

6 Välj "R".

7 Skruva loss växelväljarens styrhus och lyft upp det.

8 Lossa solenoidens bultar.

9 Placera ett 1,0 mm bladmått mellan solenoiden och växelväljaren.

10 Tryck solenoiden mot bladmåttet och växelväljaren, dra åt solenoidens bultar. Dra ut bladmåttet.

11 Montera och justera växelväljarens styrhus enligt följande.

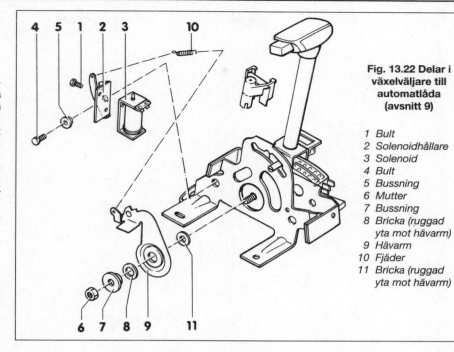

Fig. 13.22 Delar i växelväljare till automatlåda (avsnitt 9)

1 Bult
2 Solenoidhållare
3 Solenoid
4 Bult
5 Bussning
6 Mutter
7 Bussning
8 Bricka (ruggad yta mot hävarm)
9 Hävarm
10 Fjäder
11 Bricka (ruggad yta mot hävarm)

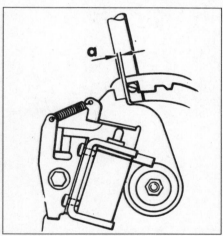

Fig. 13.23 Växelväljarspärren lossad (avsnitt 9)

a = 0 till 1,0 mm

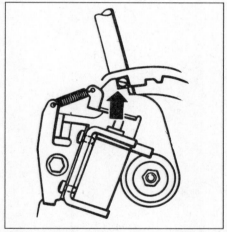

Fig. 13.24 Med uppsläppt bromspedal låser tungan det gängade stiftet – vid pil (avsnitt 9)

Växelväljarens styrhus

12 Innan växelväljarens styrhus monteras, placera växelväljarspakens gaffel centralt. Detta gör att när solenoiden beläggs med spänning, kommer solenoidens stift att låsa gaffeln.

13 Montera växelväljarens styrhus så att väjerväljarspaken är i läge "N".

14 Växelväljarspakens slag mellan "N" och "R" ska vara lika långt som mellan "N" och "D". Dra åt fästbultarna till växelväljarens styrhus.

Växelväljarens kontakt

15 Tryck in en 4,0 mm spiralborr genom kontakthuset och in i hålet i kontaktarmen.

16 Välj "N".

17 Montera växelväljarens kontakt så att medbringaren greppar in spakens axel.

18 Dra åt kontaktens bultar och dra ut spiralborren.

Funktionskontroll

19 Efter montering av det kompletta styrhuset till växelväljaren ska följande funktionskontroll utföras.

20 Kontrollera att motorn endast kan startas i lägena "N" eller "P".

21 Välj "R" och kontrollera att backlamporna tänds.

22 Om växelväljarens lägen inte är synkroniserade, vrid något på växelväljarens kontakt i de urtagna hålen och upprepa funktionskontrollen.

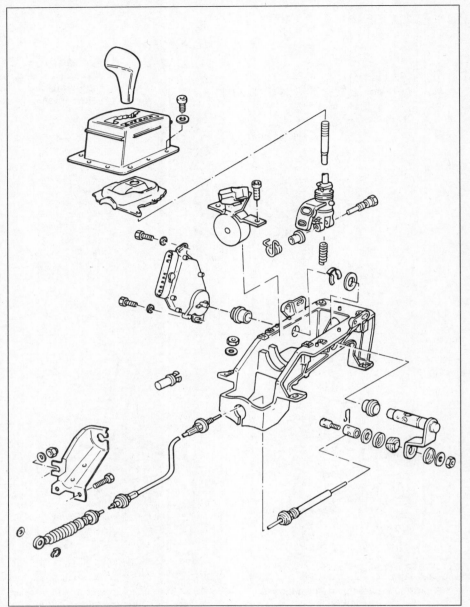

Fig. 13.25 Sprängskiss över väljarmekanismen från och med 1988 års modell (avsnitt 9)

9.23 Placeringen av glödlampan till växel-väljarens belysning – pil (1988 och senare)

9.24 Dra ut glödlampshållaren ur huset

Väljarspakens glödlampa (1988 och senare) – byte

23 Glödlampan är placerad på sidan om växelväljaren (foto). Åtkomst av glödlampan sker genom att mittkonsolen demonteras enligt beskrivning i avsnitt 13.

24 Dra ut glödlampshållaren (foto). Glödlampan är fasttryckt i hållaren.

25 Montering sker med omvänd arbetsordning.

10 Drivaxlar

Drivaxlar (motorkod NF med automatlåda, 1989 och senare) – demontering, montering och renovering

1 Från och med 1989 är bilar med den nya fyrstegs automatlådan och motorn på 100 kW (130 hkr) (kod NF) försedda med modifierade drivaxlar.

2 Procedurerna för demontering och montering är identiska med de som beskrivs i kapitel 8.

3 De inre och yttre knutarna kan inte renoveras även om de yttre knutarna kan bytas separat.

4 Innerknutar levereras endast komplett med nya drivaxlar.

5 Om omfettning av drivknutar är nödvändig måste innerknutarna fyllas med 250 g fett med artikelnummer G 000 604, och extra fett i damaskerna efter behov. Ytterknutar måste fyllas med 90 g fett med artikelnummer G 6. Universalknuten ska fyllas med 40 g fett och drivaxeldamasken ska fyllas med 50 g fett.

11 Bromsar

Främre dubbelkolvsok – allmänt

1 Från och med början av 1986 är vissa modeller utrustade med dubbelkolvsok till de främre skivbromsarna. Procedurerna för demontering, renovering och montering liknar de som beskrivs i kapitel 9 för Girling-ok.

Bromsklossbyte (modeller med främre dubbelkolvsok)

2 Gör som i kapitel 9, avsnitt 3. Lägg även märke till att om två av de nya klossarna har hållarfjädrar (fig. 13.27) måste dessa monteras i de yttre positionerna.

Bakre bromsok (1989 och senare) – renovering

3 Proceduren är nästan densamma som beskrivs i kapitel 9, avsnitt 12 men lägg märke

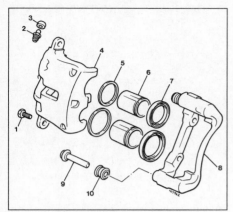

Fig. 13.26 Främre dubbelkolvsok (avsnitt 11)

1 Styrstiftsbult	6 Kolv
2 Avluftningsnippel	7 Dammskydd
3 Dammskydd	8 Hållare
4 Ok	9 Styrstift
5 Kolvpackning	10 Dammskydd

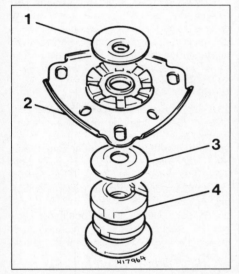

Fig. 13.29 Fjäderbensfäste – modifierade delar (avsnitt 12)

1 Bricka	3 Tallriksbricka
2 Fjäderbenets fäst-platta	4 Stopp

till att kolven har ett spår i stället för ett insexurtag så att kolven kan skruvas in i eller ut ur oket.

4 Ett specialverktyg används för detta av Audiverkstäder, men en lämplig bit plattjärn kan användas.

Bakre bromsok (samtliga modeller med bakre skivbromsar) – montering

5 Det rekommenderas att oket fylls med bromsolja innan monteringen. Placera oket med kolven nedåt och för in färsk bromsolja i det via avluftningsnippeln till dess att det sippar ut genom bromsslangens öppning.

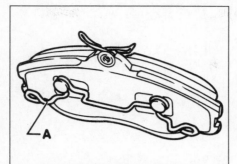

Fig. 13.27 Fjädrar (A) på yttre bromsklossarna (avsnitt 11)

Plugga öppningen tillfälligt och dra åt avluftningsnippeln.

6 Nya ok levereras fyllda med bromsolja.

Vakuumservo – justering av tryckstång

7 Senare vakuumservoenheter har en justerbar gaffel. Innan en sådan monteras ska gaffeln skruvas in eller ut på tryckstången så att önskat mått erhålles (fig. 13.28).

Reläer till låsningsfria bromssystemet – allmänt

8 Förutom de två reläerna på hydraulmodulatorn (kapitel 9, avsnitt 29) finns det andra reläer i systemet. De är följande:

9 På modeller fram till och med 1984 finns ett ABS stegrelä i position 7 eller 8 på den extra relähållaren och det styr av- och påslagning av systemet. Ett spänningsskyddsrelä i position 11 eller 7 skyddar styrenheten från spänningsvariationer.

10 Från och med år 1985 fyller ett kombinationsrelä i position 5 bägge ovanstående funktioner.

11 Slå av tändningen innan något av ovanstående reläer demonteras eller monteras.

Bromsljuskontakt (samtliga modeller) – demontering och montering

12 Demontera bagagehyllan på förarsidan.
13 Dra ut kontakten från bromsljuskontakten (foto).

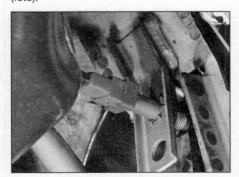

11.13 Inkopplad bromsljuskontakt

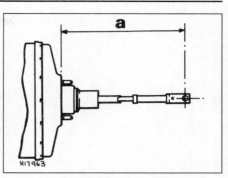

Fig. 13.28 Justering av vakuumtryckstångens längd (avsnitt 11)

a = 249,0 mm

14 Skruva loss bromsljuskontakten från fästclipset och ta bort den.
15 Vid montering ska kontakten skruvas in så djupt att kolven trycks ned när pedalen trycks ned.
16 Stick in kontakten och kontrollera att allt fungerar korrekt. Justera vid behov genom att skruva bromsljuskontakten in eller ut. När funktionen är tillfredsställande ska bagagehyllan monteras.

12 Fjädring och styrning

Modifierat fäste för främre fjäderben

1 På Audi 100 från och med chassinummer 44 DA 140 640 (sedan) och 44 EA 011 838 (Avant) är de övre fjäderbensfästena modifierade. Vid byte av övre fjäderbensfäste på tidigare modeller måste hela satsen med modifierade delar (fig. 13.29) användas. Det är tillåtet att modifiera enbart ena fästet.
2 Kontrollera alltid cambervinkeln efter byte av delar i främre fjäderben.

Främre stötdämpare (samtliga modeller) – demontering och montering

3 De främre stötdämparna kan demonteras antingen som en del av fjädringen (kapitel 10, avsnitt 4) eller oberoende enligt följande beskrivning. I bägge fallen krävs specialverktyget VAG 2069 (eller likvärdigt). Detta verktyg behövs för att lossa och dra åt det

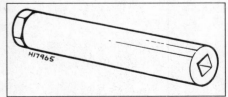

Fig. 13.30 Specialverktyg 2069 för användning på stötdämparens skruvlock. Sexkanten är cirka 34 mm över tvärytorna (avsnitt 12)

12.5 Demontering av fjäderbenets övre kåpa

12.6 Lossande av kolvstångsmuttern

12.7 Demontering av fjäderbenets fästplatta

skruvlock som fäster stötdämparen i fjäderbenet. Skruvlocket är mycket hårt åtdraget och verktyget måste ha god passform. Försök med improviseringar i form av blocknycklar och tillplattade rör misslyckades i verkstaden.

4 Demontera stötdämpare utan att ta isär eller demontera fjäderbenet enligt följande.

5 Bilens vikt ska vila på hjulen, demontera kåpan från fjäderbenets övre fäste (foto).

6 Håll fast kolvstången med en 7 mm insexnyckel och lossa kolvstångsmuttern. Ta bort mutter och bricka (foto).

7 Gör uppriktningsmärken mellan fjäderbenets fästplatta och lagerplatta. Skruva ur de tre muttrar som fäster fästplattan och lyft undan plattan (foto).

8 Vrid på ratten så att kolvstången centreras i fjädersätet.

9 Demontera tallriksbrickan och stoppet från kolvstången (foton).

10 Kila fast fjädern mot hjulhuset med en träkloss så att den inte rör sig under efterföljande arbeten.

11 Använd verktyg VAG 2069 och lossa skruvlocket som fäster stötdämparen i fjäderbenet (foto).

12 Lyft ut stötdämparen.

13 Inled monteringen genom att sticka in stötdämparen i fjäderbenet.

14 Montera skruvlock och hölje. Dra åt skruvlocket till angivet moment (kapitel 10, Specifikationer). Ta bort träklossen.

15 Montera stoppet. Arbeta genom fjädern och justera damaskens läge så att den täcker det gängade locket.

16 Sätt tillbaka tallriksbrickan och fjäderbenets fästplatta. Fäst plattan med tre nya muttrar åtdragna till angivet moment (kapitel 10). Följ uppriktningsmarkeringarna från isärtagningen, i annat fall blir cambervinkeln inte korrekt.

17 Montera brickan och en ny kolvstångsmutter. Håll emot kolvstången och dra muttern till angivet moment (kapitel 10).

18 Montera övre kåpan till fjäderbenet.

Bakre krängningshämmare – allmänt

19 En bakre krängningshämmare finns i bilar med självutjämnande fjädring och i samtliga Audi 200.

20 Inga monteringsdetaljer eller åtdragningsmoment fanns tillgängliga i skrivande stund.

Servostyrningsolja (modeller med självutjämnande fjädring) – nivåkontroll

21 I de fall en självutjämnande fjädring finns monterad kommer nivån i behållaren att variera med belastningen av fordonet. Av detta skäl finns två nivåmarkeringar.

22 Använd den övre markeringen med olastat fordon och den undre med fullastat.

Krockkudde – allmän beskrivning

23 Bilar utrustade med krockkuddar har "AIRBAG" på rattcentrum och på en etikett i handskfacket.

24 Systemet med krockkuddar samarbetar med Procon-ten-systemet för att ge föraren extra skydd i händelse av en allvarlig frontalkrock, under förutsättning att säkerhetsbältet används.

25 Systemet består av en uppblåsbar säck och en gasgenerator i rattcentrum, en elektronisk styr-/övervakningsenhet samt en varningslampa.

26 Systemet är konstruerat så att det utlöses i händelse av en allvarlig frontalkrock vars riktning ligger inom 30° från rakt fram. Systemet löser inte ut vid smärre frontal-

12.9A Demontering av tallriksbrickan . . .

12.9B . . . och stoppet

12.11 Skruvlocket (pil) måste nu demonteras med specialverktyget

Fig. 13.31 Oljebehållaren till servostyrningen har två uppsättningar nivåmarkeringar om självutjämnande fjädring finns monterad (avsnitt 12)

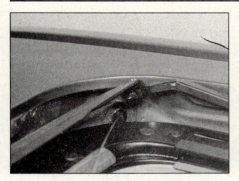

13.2 Sondering av takluckans dräneringshål

13.7A Främre bältesrulle (B-stolpens klädsel demonterad)

13.7B Demontering av främre säkerhetsbältets övre fäste

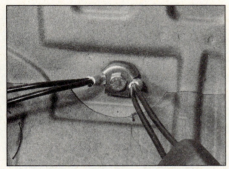

13.7C Förankringspunkt för bakre säkerhetsbältens spännen under baksätets sits

krockar, sidokrockar eller påkörningar baki-från, ej heller om fordonet rullar eller i andra olyckor där inte markanta krafter läggs över bilens främre del.

Krockkudde – test

27 Varningslampan för krockkudden ska tändas i ca. 10 sekunder varje gång tänd-ningen slås på.
28 Om lampan inte tänds när tändningen slås på eller om den inte slocknar efter ca. 10 sekunder, eller om den tänds eller börjar blinka under färd, finns det ett fel i systemet som omedelbart måste undersökas av en Audiverkstad.
29 Under inga som helst omständigheter ska någon annan än auktoriserad VAG-personal arbeta med någon del av systemet eftersom personskador eller fordonsskador kan uppstå av felaktigt utfört arbete.

Krockkudde – föreskrifter

(a) Fäst inte någonting på rattcentrum, hindra inte eller modifiera inte systemet på något sätt
(b) Använd endast torr trasa och rent vatten vid rengöring av ratten
(c) Krockkudde och delarna i systemet måste bytas tio år efter tillverkningsdatum. Utbytesdatum finns på en etikett på handskfackslockets insida
(d) Allt arbete med systemet, inklusive byte av delar och andra reparationer får endast utföras av en Audiverkstad. Detta

inkluderar demontering av ratten
(e) Systemet kan endast fungera en gång och måste bytas om det utlösts
(f) Sluthantering av systemets komponenter omfattas av speciella regler, rådfråga en Audiverkstad innan någon del av systemet skrotas

13 Kaross och detaljer

Dräneringsslangar till tacklucka (samtliga modeller)

1 Om tacklucka är monterad har den fyra dräneringsslangar, en i vart hörn. De främre slangarna löper inne i A-stolparna och slutar ovanför framdörrarnas nedre gångjärn. De bakre slangarna löper genom C-stolparna (sedan) eller D-stolparna (Avant) till bakre hjulhusens insidor.
2 Rensa slangarna med jämna mellanrum med hjälp av en tråd (foto). Om dessa slangar sätts igen kan vatten läcka in i bilen.

Säkerhetsbälten (samtliga modeller) – allmän vård och underhåll

3 Underhållet begränsas till kontroll av funktionen för spännen och rulle samt inspektion av själva bältena. De får inte vara fransiga eller ha andra skador. I händelse av defekter eller felfunktioner ska hela bältet bytas. Bälten som utsatts för kollision måste också bytas ut i sin helhet.
4 Säkerhetsbälten ska inte färgas eller blekas. De ska heller inte rengöras med lösnings-medel eller starka tvättmedel, Rengör bältena med jämna mellanrum med milt tvålvatten. Efter rengöringen ska bältena självtorka utdragna.

Säkerhetsbälten (samtliga modeller) – demontering och montering

5 Detaljer varierar med inredning och utrust-ning men följande gäller generellt.
6 Demontera säten och inredning efter vad som krävs för åtkomst av fästen till bälte och rulle.
7 Skruva ur bultar eller muttrar och notera

monteringslägena för alla distanser och brickor (foton).
8 Montering sker med omvänd arbetsordning, dra åt samtliga bultar till angivet moment.
9 En sprängskiss över senare typer som kan justeras i höjdled visas i figurerna 13.32 och 13.33.

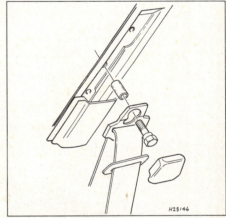

Fig. 13.32 Sprängskiss över höjdjusterbart övre fäste för säkerhetsbälte på B-stolpen – tidig modell (avsnitt 13)

Fig. 13.33 Sprängskiss över höjdjusterbart övre fäste för säkerhetsbälte på B-stolpen – senare modell (avsnitt 13)

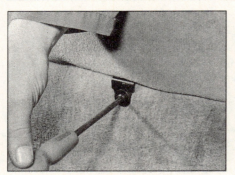

13.10 Demontering av sätesskruv

13.11 Låsbleck till ryggstödet rätas ut

13.13 Lossande av nackskyddets styrtunga inifrån bagageutrymmet

Baksäte (sedan med nackskydd) – demontering och montering

10 Skruva ur de två skruvar som fäster sätet (foto). Lyft sitsen, dra den framåt och ta ut den.
11 Bänd upp de två låsflikar som fäster ryggstödets botten (foto).
12 Demontera nackskydden enligt beskrivningen längre fram i detta avsnitt.
13 Arbeta från bagageutrymmet och lossa tungorna i nackskyddens styrningar genom att trycka på dem med en skruvmejsel medan en medhjälpare drar upp dem ur styrningarna (foto).
14 När styrningarna lossats, lyft ut rygg-

13.15 Nackskyddets styrning sätts på plats

stödet. Demontera styrningarna.
15 Vid montering, sätt ryggstödet i läge och tryck fast styrningarna (foto).
16 Bänd de två låsflikarna i ryggstödets botten i läge genom att knacka på dem med en hammare. Se till att säkerhetsbältenas spännen inte fastnar bakom ryggstödet.
17 Montera sits och nackskydd.

Nackskydd (samtliga modeller) – demontering och montering

18 Demontera clipsen från nackskyddens styrningar med en liten skruvmejsel (foto).
19 Lyft ut nackskydden ur styrningarna.
20 Montera genom att sticka in nackskydden i sina styrningar. Stick in clipsen och tryck fast dem.

Innerbackspegel (samtliga modeller) – demontering och montering

21 Skruva ut låsskruven (om befintlig) från sidan av spegelns kulled.
22 Dra ut spegeln ur fästet (foto).
23 Spegelfästet är fastlimmat på vindrutan med ett speciallim. Försök inte demontera det. Om fästet lossnat ska det sättas tillbaka med lämpligt lim.

24 Montera spegeln i fästet genom att smörja kulleden med lite silikonfett och tryck fast spegeln i kulleden, knacka vid behov fast den med en gummiklubba.
25 I förekommande fall, skruva fast låsskruven.

Glas till ytterbackspegel (samtliga modeller) – byte

Manuellt justerad typ

26 Peta försiktigt ut glaset med en kil av trä eller plast, instucken från undersidan. Skydda lacken på spegelkåpan med en trasa eller en tejpbit.
27 När glaset lossnat från kulleden ska justerlänken och fjädern hakas av från insidan. Ta bort glaset.
28 Montera genom att haka på länk och fjäder. Placera glaset på kulleden och tryck mitt på glaset till dess att det snäpper i läge. Använd tjocka handskar som skydd ifall glaset spricker.

Eljusterad typ

29 Glaset hålls av en bajonettfattning. En vridbar ring på glasets baksida greppar in i spegelns inre delar (foto).
30 Glaset lossas från spegeln genom att en liten skruvmejsel sticks in genom hålet på spegelns undersida så att den kan vrida

13.18 Demontering av nackskyddets fästclips

13.22 Demontering av innerbackspegeln. Visad spegel saknar låsskruv vid kulleden

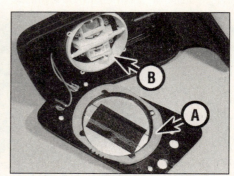

13.29 Spegel med demonterat glas. Den vridbara ringen (A) greppar in i de inre delarna (B)

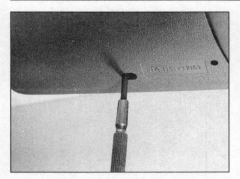

13.30 Vrid låsringen med hjälp av en liten skruvmejsel

13.33A Klacken (A) på glasets baksida . . .

13.33B . . . måste greppa in i uttaget (B)

låsringen (foto). Låsringen är tandad för att möjliggöra detta.

31 Om spegelglaset har elvärme, dra ut kontakterna och notera deras lägen.

32 Vid montering av spegelglaset ska kontakterna (om tillämpligt) först anslutas.

33 Vid montering av glaset i spegelhuset är det viktigt att alla klackarna på glasets baksida greppar in i sina urtag i de interna delarna (foto). Det går inte att kontrollera ingreppen genom att vinkla spegeln och titta på insidan.

34 Fäst glaset genom att vrida på ringen med hjälp av en liten skruvmejsel genom hålet på undersidan.

Ytterbackspegel (manuellt justerad) – demontering och montering

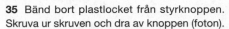

35 Bänd bort plastlocket från styrknoppen. Skruva ur skruven och dra av knoppen (foton).

36 Demontera dekorplattan så att spegelns fästskruvar blottas (foto). Dekorplattan kan vara fastskruvad eller fäst med clips.

37 Stötta spegeln och skruva ur de tre fästskruvarna. Dra ut spegeln och skala av gummidamasken från dörren. Se till att inte tappa ned skruvar eller brickor i dörrhåligheten (foto).

38 Montering sker med omvänd arbetsordning. Använd flytande tvål eller liknande på

kanterna av damasken så att den blir lättare att montera.

Ytterbackspegel (eljusterad) – demontering och montering

39 Skruva ur dekorplattans fästskruv(ar) och lyft bort plattan (foto).

40 Skruva ur de stjärnskruvar som fäster spegeln.

41 Hissa ned fönstret och dra av spegeln från dörren, var försiktig så att inte damasken skadas.

42 Stötta spegeln.

43 Hissa upp fönstret.

44 Lossa batteriets jordledning.

13.35A Bänd ut plastlocket . . .

13.35B . . . och skruva ut skruven

13.36 Spegelns skruvar blottade genom att dekorplattan demonterats

13.37 Demontering av ytterbackspegeln

13.39 Demontering av dekorplattan (eljusterad spegel)

13.48 Kontakten i fotbrunnen till förarsidans ytterbackspegel

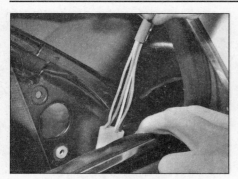

13.50 Dra ut kontakten från dörren

13.52 Passagerarsidans kontakt till ytterbackspegeln

13.53 Dörrdamasken tillbakadragen för att underlätta dragningen av kontakt och ledning

45 Demontera dörrens innerpanel enligt beskrivningen längre fram i detta avsnitt. Dra ur kontakterna.

Förarsidans ytterbackspegel

46 Demontera bagagehyllan och undre panelen på instrumentbrädan, dra ur kontakterna efter behov.
47 Skruva ut de skruvar som fäster huvlåshandtaget och fotbrunnens dekorpanel och lyft ut panelen.
48 Multikontakten till spegeln blir då åtkomlig i det övre hörnet av fotbrunnen (foto).
49 Dra ur kontakten och för den genom damasken mellan karossen och dörren, ta bort alla clips.
50 Dra loss dörrens dekorpanel och tryck ut kontakten genom den förstorade öppningen (foto). Spegeln är nu helt demonterad.

Passagerarsidans ytterbackspegel

51 Proceduren liknar den för förarsidan, med undantag för följande.
52 Det är endast nödvändigt att demontera fotbrunnens klädsel och lyfta ut tändningens styrenhet från sin hållare för åtkomst av kontakten (foto).

Bägge ytterbackspeglarna

53 Montering sker med omvänd arbetsordning. Se till att använda clips för att hålla fast ledningen i dörren. Att föra kontakten genom damasken blir enklare om en damaskände dras ur sitt fäste (foto).
54 Koppla in batteriet och kontrollera att spegeln fungerar innan dekoren monteras på dörr och fotbrunn.

Luftkonditionering – ytterligare föreskrifter och underhåll

55 Följande punkter är tillägg till de som ges i kapitel 11, avsnitt 31.
56 Kör luftkonditioneringen i minst fem minuter varje månad, även vid kall väderlek. Detta ser till att smörjning sker i hela systemet och förhindrar att packningar torkar ut.
57 Kör inte luftkonditioneringen om en kyl-

medialäcka är uppenbar eller om systemet tömts. Demontera kompressordrivremmen för att förhindra skador i dessa situationer.
58 Kontrollera kylmedialaddningen med jämna mellanrum och fyll på vid behov. Ett visst läckage uppstår under längre perioder även vid normal användning.

Helautomatisk luftkonditionering – allmänt

59 Senare modeller kan vara utrustade med helautomatisk luftkonditionering. Med detta system ställs en temperatur in som sedan hålls av styrenheten för systemet genom att klaffen manövreras och att fläkthastigheten varieras. Manuell förbikoppling av systemet är möjlig.

60 Om systemet inte fungerar korrekt, kontrollera att vajern från styrenheten till temperaturklaffen inte kärvar eller är klämd. Kontrollera även att klaffen rör sig fritt.
61 Ytterligare felsökning ska utföras av en Audiverkstad. Olika modifieringar har gjorts av systemet på senare modeller.

Säkerhetssystemet Procon-ten – allmän beskrivning

62 Säkerhetssystemet kallat Procon-ten (Programmed Contraction and Tension) består av en serie vajrar anslutna till bägge främre säkerhetsbältenas rullar och till rattstången. Vajrarna är dragna runt ankarfästet på höger chassidel, en styrning på

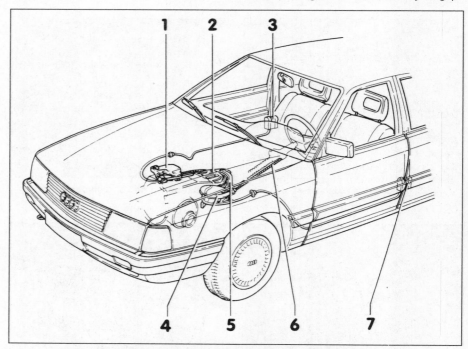

Fig. 13.34 Säkerhetssystemet Procon-ten (avsnitt 13)

1 Ankarfäste
2 Vajerspännare
3 Säkerhetsbältets rulle och vajer
4 Styrning

5 Vajerhållare
6 Rattstångsvajer
7 Säkerhetsbältets rulle och vajer

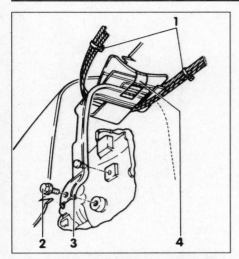

Fig. 13.35 Vajerhållare på växellåda 016 (avsnitt 13)

1 Kabelband   3 Vajerhållare
2 Bult   4 Tejp

vänster chassidel och en spännare på växellådshuset.

63 I händelse av en frontalkrock där motorn/växellådan trycks bakåt kommer vajrarna automatiskt att spännas av rörelsen i motorn/växellådan vilket leder till att rattstången trycks ihop och att säkerhetsbältena dras bakåt.

64 Säkerhetssystemet Procon-ten finns som tillvalsutrustning.

Säkerhetssystemet Procon-ten – inspektion

65 Om någon del av Procon-ten-systemet aktiverats vid en olycka måste hela systemet bytas, inklusive rattstångsröret. Det ska noteras att bältesrullen och spännarvajern är sammanfogade till en enhet och de kan inte bytas separat.

66 Om en lätt rörelse uppstått vid styrningen på rattstångsröret har hoptryckningsmekanismen för detta aktiverats. En punkt med plomberingsfärg finns på röret som hjälp att

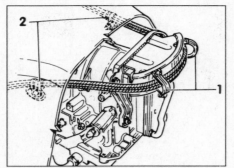

Fig. 13.36 Vajerhållare på automatlådans hus (avsnitt 13)

1 Fästclips
2 Vajerclips på tunnel

upptäcka rörelser. Denna plombering bryts om någon rörelse uppstår.

67 Om något av bältena inte kan dras ut, eller inte dras tillbaka, har bältesspänningen aktiverats.

68 Om någon enstaka del av Procon-ten-systemet blivit defekt av annan orsak än en krock, kan den delen bytas separat.

Säkerhetssystemet Procon-ten, komponenter – demontering och montering

Rattstångsvajer

69 På bilar med manuell växellåda ska vajerhållaren skruvas loss från växellådan.

70 Skär av de kabelband av plast som håller ihop vajrarna.

71 Ta bort tejpen från vajerhållaren (det finns ingen orsak att förnya den, den är en monteringshjälp).

72 På bilar med automatlåda, peta upp clipsen på vajerspännaren och lossa vajerklammrarna på tunneln.

73 På samtliga bilar, dra ut clipsen från ankarfästet på högra sidan och från styrningen på den vänstra.

Fig. 13.37 Rattstångsvajerns fäste – pil (avsnitt 13)

74 Lossa rattstångsrörets vajer från ankarfästet. Driv ut med dorn om det sitter fast. Det är inte nödvändigt att lossa säkerhetsbältesspänningens vajrar.

75 Demontera bagagehylla och klädsel på förarsidan enligt beskrivning i kapitel 11, avsnitt 23.

76 Peta in gummigenomföringen för vajern på torpedplåten i bilen.

77 Tryck ut rattstångsvajern från hållaren, lossa den från rattstångsfästet och dra in vajern i bilen.

78 Innan monteringen, sätt en ny plasthållare på vajeränden och nya clips på ankarfäste och styrning.

79 Om en ny vajer monteras, se till att det är rätt vajer för aktuell växellåda, i och med att vajrarna är olika för olika växellådor.

80 Håll ändarna på vajern och insidorna av plasthållarna och vajerfästena fria från fett och olja. Använd inga smörjmedel på dem.

81 Smörj gummigenomföringen och vajerhöljet helt lätt som monteringshjälp.

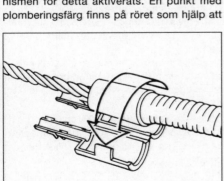

Fig. 13.38 Plasthållare på yttervajer (avsnitt 13)

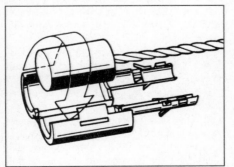

Fig. 13.39 Plasthållare på vajerkärna (avsnitt 13)

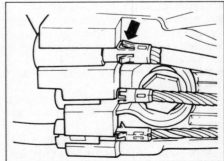

Fig. 13. 40 Vajrar korrekt monterade i fästen (avsnitt 13)

82 Arbeta från bilens insida och tryck vajern genom torpedplåten så långt som till genomföringen. Tryck in genomföringen i hålet i torpedplåten och se till att den sluter tätt, så att läckor undviks.

83 Dra vajern under ventilationstrumman och stick sedan in vajeränden i fästet på rattstången, centrera plasthållaren i fästet.

84 Hållaren är korrekt monterad när klackarna är tryckta mot fästet.

85 Tryck in vajer i hållaren på pedalfästet.

86 Haka fast rattstångsvajern i ankarfästet, se till att plasthållaren är centrerad och att klackarna är tryckta mot ankarfästet.

87 Dra vajern runt spännaren på växellådan och styrningen på vänster sida.

88 Se till att vajern är korrekt dragen, den ska vara överst utmed hela vägen. Montera nya clips på ankaret och styrningen.

Varning: Procon-ten-systemet kanske inte fungerar korrekt om fästclips utesluts eller monteras fel.

89 På fordon med manuell växellåda ska vajerhållaren tryckas fram över alla tre vajrarna, så långt som den kan löpa på vajerspännaren.

90 Montera hållaren över styrklacken på växellådan och dra åt fästbulten till angivet moment.

91 Använd nya kabelband av plast till att binda ihop vajrarna halvvägs mellan vajerspännaren på växellådan och styrningen på ena samt ankarfästet på andra sidan.

Spännarvajer till säkerhetsbälte

92 Åtkomsten underlättas om framsätena först demonteras enligt beskrivning i kapitel 11.

93 Lossa främre och bakre dörrtätningar från området runt B-stolpens dekorpaneler.

94 Demontera B-stolpens dekorpaneler.

95 Lossa dörrtätningarna runt den nedre delen av A-stolparnas dekorpaneler.

96 Dra av trösklarnas klädsel.

97 Demontera bagagehyllan på förarsidan.

98 Demontera innerpanelen under bagagehyllan.

99 Demontera A-stolpens nedre dekorpanel och huvlåshandtaget.

100 I förekommande fall, demontera tändningens styrenhet.

101 Dra upp mattan och isoleringen och rulla den mot mitten av bilen så att de inte är i vägen.

102 Skär av det undre kabelbandet som håller ihop säkerhetsbältets spänningsvajer och kabelhärvan och lossa resten av vajern från tröskeln.

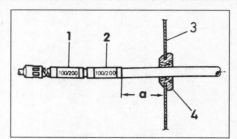

Fig. 13.41 Märkning på vajer till säkerhetsbälte (avsnitt 13)

1 Etikett – endast på högerstyrda fordon
2 Etikett - på samtliga fordon (märkt vänster eller höger)
3 Torpedplåt
4 Genomföring
Mått a = 60 till 70 mm
Etikettfärger:
Vit . . . . . .Växellåda 012
Brun . . . . .Manuell växellåda 016
Grön . . . .Automatlåda 087/089

103 På passagerarsidan, demontera A-stolpens nedre dekorpanel och i förekommande fall bränsleinsprutningens styrenhet.

104 Demontera de två panelerna under instrumentbrädan.

105 Skär av de kabelband som fäster vajern och kabelhärvan och lossa resten av vajern från tröskeln.

106 På bilar med manuell växellåda, skruva loss vajerhållaren från växellådan och skär av de kabelband som håller ihop de tre vajrarna. Ta bort tejpen från vajerhållaren. Den är en fabriksmonteringshjälp och behöver inte ersättas.

107 På bilar med automatlåda, böj upp clipset på vajerspännaren och lossa klamrarna i tunneln.

108 På samtliga, dra ur clipsen från ankaret på höger och styrningen på vänster sida.

109 Lossa spännarvajern och styrvajern från ankaret och styrningen. Om styrvajerns hölje eller ände är svåra att lösgöra kan de drivas ut med dorn. Det är inte nödvändigt att lossa rattstångsvajern eller den andra spännarvajern.

110 Peta in gummigenomföringen i torpedplåten i bilen och dra in vajern i bilen genom hålet.

111 Demontera säkerhetsbälte och rulle enligt tidigare beskrivning.

112 Innan vajern monteras, byt plasthållare på vajerändarna. Plasthållare och ankringar för vajerändar på ankare och styrning ska hållas rena och fria från fett och olja. Smörj inte dessa delar.

113 Avståndet mellan etiketten på styrvajerns

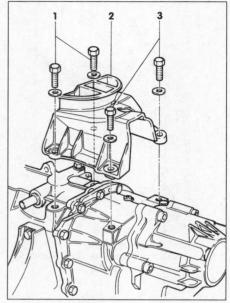

Fig. 13.42 Vajerspännare på manuell växellåda 016 (avsnitt 13)

1 Främre bultar 2 Spännare
3 Bakre bultar

hölje och torpedplåten (inte genomföringen) ska vara det som visas i fig. 13.41. Se även vajerns märkning.

Viktigt: Efter montering av någon vajer eller vajerspännaren måste det finnas ett spel på 20 till 30 mm mellan de tre vajrarna och vajerspännaren på växellådan, mätt från mitten. Om detta spel inte är korrekt, kontrollera att plasthållarna är korrekt monterade i fästena och att rätta vajrar är monterade.

Vajerspännare

Notera: på bilar med växellåda 012 är vajerspännaren en del av växellådshuset och kan inte demonteras.

Bilar med manuell växellåda 016

114 Lossa rattstångs- och bältesspännarvajrarna från vajerspännaren enligt tidigare beskrivning.

115 Skruva loss spännaren från växellådan.

116 Montering sker i omvänd ordningsföljd mot demonteringen, dra åt bultarna till angivet moment.

Bilar med automatlåda 087 och 089

117 Lossa rattstångs- och bältesspännarvajrarna från vajerspännaren enligt tidigare beskrivning.

118 Skruva loss spännaren från växellådan.

119 Montering sker med omvänd arbetsordning. Byt alltid clips på spännaren och dra åt bultarna till angivet moment.

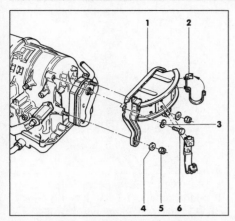

Fig. 13.43 Vajerspännare på automatlåda (avsnitt 13)

| 1 Spännare | 3 Fjäderbricka | 5 Mutter |
| 2 Fästclips | 4 Plan bricka | 6 Bult |

Styrning

120 Lossa rattstångs- och bältesspännarvajrarna från styrningen enligt tidigare beskrivning.

121 Skruva loss styrningen från chassit.

122 Montering sker med omvänd arbetsordning, dra åt bultarna till angivet moment.

Ankarfäste

123 Lossa rattstångs- och bältesspännarvajrarna från fästet.

124 Skruva loss ankarfästet från chassit.

125 Montering sker med omvänd arbetsordning, dra åt bultarna till angivet moment.

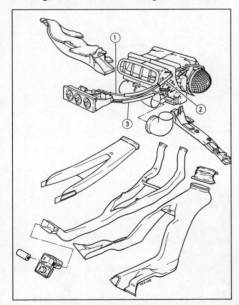

Fig. 13.46 Sprängskiss över värmare med vridreglage (avsnitt 13)

1 Temperaturregleringens styrvajer
2 Friskluftsklaffens styrvajer
3 Fördelningsklaffens styrvajer

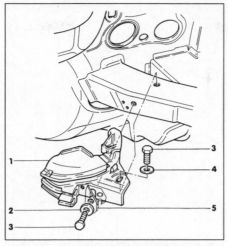

Fig. 13.44 Styrning på växellådsbalk (avsnitt 13)

1 Styrning
2 Bricka (endast på fordon med automatlåda utan luftkonditionering eller självutjämnande fjädring)
3 Bult
4 Bricka
5 Hållare (endast på bilar med manuell växellåda och bilar med automatlåda och luftkonditionering)

Värmereglage (vridbara, 1988 och senare) – demontering och montering 🔧⁄⁄⁄⁄⁄

126 Proceduren täcks av beskrivningen för mittkonsolens demontering.

Värmereglage och vajrar (vridbara 1988 och senare) demontering och montering 🔧⁄⁄⁄⁄⁄

127 Demontera värmereglagen och lossa styrenheten från mittkonsolen enligt tidigare beskrivning. Beroende på vad arbete som ska utföras, kan det vara möjligt att lämna mittkonsolen på plats och arbeta genom sidoöppningarna sedan dessa paneler demonterats.

13.128 Dra ur kontakten på enhetens baksida

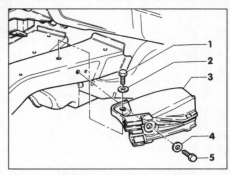

Fig. 13.45 Ankarfäste på växellådsbalk (avsnitt 13)

1 Bult	4 Bricka
2 Bricka	5 Bult
3 Ankarfäste	

128 Dra ur kontakten på enhetens baksida (foto).

129 Lossa styrvajrarna från enheten och haka av dem från reglagen (foto).

130 Vajerändarna på värmaren hakas av på liknande sätt. Lägg märke till att temperaturvajern och friskluftsvajern är åtkomliga från utjämningskammaren i motorrummet.

131 Vid montering av vajrar måste reglage och klaffar ställas enligt följande innan låsclipsen monteras:

Temperaturregleringsvajer – temperaturknoppen till hett, klaffens styrarm tryckt in mot torpedplåten.

Fördelningsklaff – fördelningsknoppen till "luftutsläpp på instrumentpanel", fördelningsklaffen på max avstånd från torpedplåten.

Friskluftsvajer – fläktreglage till "O", klaffen stängd.

132 Resterande montering utförs i omvänd ordning mot demonteringen.

Dörrens innerpanel (1988 och senare) – demontering och montering 🔧⁄⁄⁄⁄⁄

Framdörr

133 På senare modeller, demontera höljet över ytterbackspegelns fot.

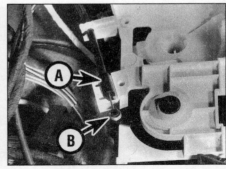

13.129 Styrvajerns clips (A) och fäste vid armen (B)

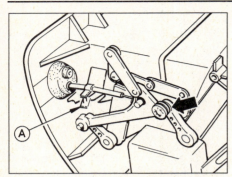

Fig. 13.47 Clips (A) på styrvajern till temperaturregleringens klaff. Tryck armen i pilens riktning innan clipset monteras (avsnitt 13)

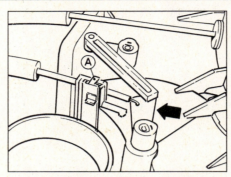

Fig. 13.48 Clips (A) på styrvajern till fördelningsklaffen. Tryck armen i pilens riktning innan clipset monteras (avsnitt 13)

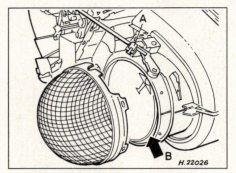

Fig. 13.49 Clips (A) på styrvajern till friskluftsklaffen. Se till att klaff (B) är helt stängd innan clipset monteras (avsnitt 13)

13.134 Skruva ut skruven ur låshandtaget

134 Dra ut dörrens inre låshandtag, skruva ut den skruv som då blottas och tryck montaget framåt så att det lossnar från innerpanelen (foto).

135 Haka av montaget från manövervajern, lossa först fjäderclipset (foto).

136 Ta bort skruven under låshandtaget (foto).

137 Skruva ur de skruvar som fäster armstödet och ta bort stödet (foto).

138 Om befintlig ska brytarplattan dras ut ur armstödet, dra ur kontakten (foton).

139 Skruva ur skruven i överkant på vardera panelen (foto).

140 Om fönsterhissarna är manuella ska vevhandtagets dekorlock lossas genom att en skruvmejsel sticks in i underkanten av knappen (foto).

141 Skruva ut vevhandtagets fästskruv och dra ut handtaget (foto).

142 Om befintlig ska dörrens bekvämlighetslampa bändas ut och ledningarna kopplas ur.

143 Bänd försiktigt ut dekorpanelen från dörren med en flat gaffel som sticks in under styrclipsen av plast så att gaffelpinnarna placeras på var sida om clipset. Clips kan nu försiktigt dras ut ur sina fästen. Med denna metod bör clips och dörrpanel förbli oskadda.

13.135 Lossa fjäderclipset och haka av styrvajern

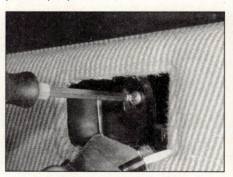

13.136 Skruva ut skruven under låshandtaget

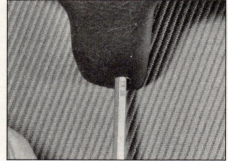

13.137 Skruv till armstöd skruvas ur

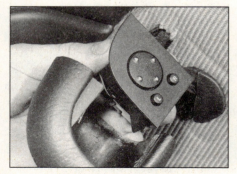

13.138A Dra ut brytarplattan . . .

13.138B . . . och dra ut kontakten

13.139 Fästskruv på dekorpanelens översida

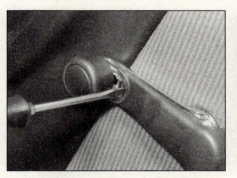

13.140 Bänd upp locket på vevhandtaget

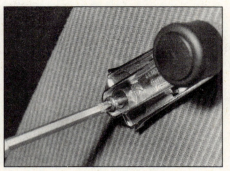

13.141 Skruva ut vevarmens fästskruv

Bakdörr

144 Proceduren liknar den för framdörr men armstödet är något annorlunda. På Avant-modeller måste den bakre högtalaren kopplas ur eller demonteras efter behov.

Bagageluckans lås (1988 och senare) – allmänt

145 Från och med 1988 är bagageluckans lås flyttat till den bakre panelen bredvid baklyktan men det generella arrangemanget av låset liknar tidigare modeller.

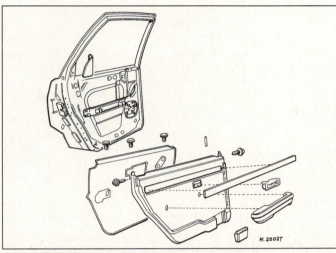

Fig. 13.50 Sprängskiss över bakdörrens innerpanel och fästen – från och med 1988 (avsnitt 13)

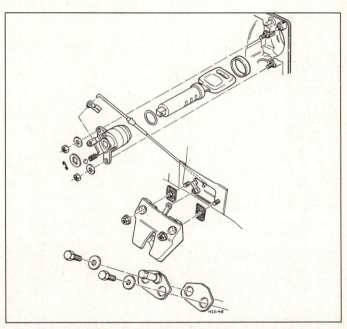

Fig. 13.51 Sprängskiss över bagageluckans lås – från och med 1988 (avsnitt 13)

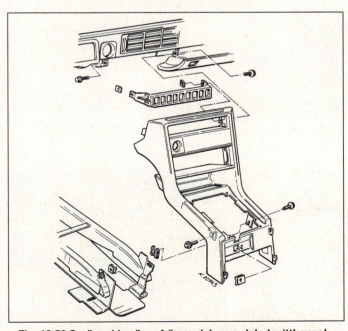

Fig. 13.52 Sprängskiss över främre delen av delad mittkonsol – från och med 1988 (avsnitt 13)

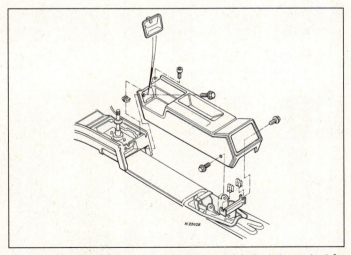

Fig. 13.53 Sprängskiss över bakre delen av delad mittkonsol – från och med 1988 (avsnitt 13)

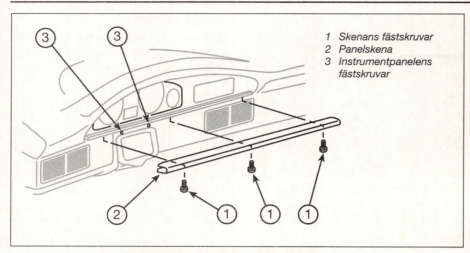

1 Skenans fästskruvar
2 Panelskena
3 Instrumentpanelens fästskruvar

Fig. 13.54 Demontering av instrumentpanelen

13.154A Lossa bultarna som håller bagagehyllan . . .

Instrumentpanel (1988 och senare) – demontering och montering 🔧🔧🔧🔧

146 Lossa batteriets jordledning.
147 Demontera signalhornsplattan och ratten enligt beskrivning i kapitel 10. Demontera sedan rattstångens kombinationsbrytare enligt beskrivning i kapitel 12.
148 Skruva loss skruvarna (1 i fig. 13.54) och ta bort panelskenan (2 i fig.13.54).
149 Skruva loss fästskruvarna (3 i fig. 13.54) och dra försiktigt ut instrumentpanelen ur instrumentbrädan.

150 Koppla loss kontaktdonen och ta bort panelen.
151 Montering sker i omvänd ordning.

Mittkonsol (1988 och senare) – demontering och montering 🔧🔧🔧🔧

Notera: flera typer av mittkonsol förekommer beroende på modell och utrustningsnivå. Den procedur som beskrivs här är avsedd att användas tillsammans med de som beskrivs i kapitel 11, som tillsammans med de illustrationer som medföljer denna text, bör göra samtliga versioner hanterbara. På senare

13.154B . . . och dra ut hyllan

modeller är konsolen i två stycken där den bakre sektionen demonteras först.
152 Lossa batteriets jordledning.
153 Förenkla åtkomsten genom att demontera framsätena eller skjut dem helt framåt eller bakåt.
154 Skruva ur skruvarna och lyft ut bagage-hyllan på förarsidan (foton).
155 Skruva ur bultarna från övre vänstra och högra sidorna av konsolen. Höger bult är åtkomlig när handskfacket öppnas.
156 Skruva loss skruvarna och demontera de två sidopanelerna (foto).
157 Peta ut sargen runt den bakre cigarett-tändaren, skruva ur skruvarna och lyft ut ventilationsgaller och tändare. Dra ur kon-takterna till tändaren och lampan (foton).

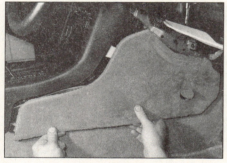

13.156 Skruva loss skruvarna och dra undan sidopanelerna

13.157A Peta ut sargen . . .

13.157B . . . och skruva ut skruvarna . . .

13.157C . . . lyft ut ventilationsgaller och cigarettändare . . .

13.157D . . . och dra ut kontakterna till tändaren och glödlampan

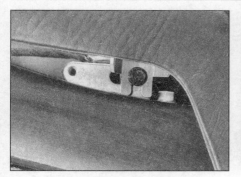

13.159A Lossa bultarna . . .

13.159B . . . och lyft ut sargen

13.161 Kontakter på baksidan av brytarhuset

158 Skruva ur bultarna baktill på konsolens sidor.

159 Skruva ur de bultar som fäster sargen runt växelspaken/växelväljaren och lyft undan sargen (foton). Det kan bli nödvändigt att skruva loss växelspaksknoppen för att ta bort sargen.

160 Demontera radion enligt beskrivning i avsnitt 14.

161 Tryck ut det övre brytarhuset bakåt från mittkonsolen. Om huset eller kontakterna ska demonteras, koppla då ur kontakterna och den digitala klockan (foto).

162 Dra av värmereglagens knoppar (foto).

163 Skruva ur skruvarna i värmarpanelens sarg och lyft ut sargen (foton).

164 Skruva loss värmereglageenheten från konsolen (foto).

165 Dra ut det främre askfatet och koppla loss askfatsbelysningens glödlampa (foton).

13.162 Dra ut värmarreglagens knoppar

166 Gå in på konsolens baksida och koppla ur den främre cigarettändaren.

167 Dra åt handbromsen och lossa plastgreppet genom att trycka in klacken på undersidan. Dra av greppet från spaken (foton).

13.163A Skruva ut skruvarna . . .

168 Lyft upp konsolen över handbromsspaken och ta ut den ur bilen (foto).

169 Montering sker i omvänd arbetsordning.

13.163B . . . och lyft undan sargen

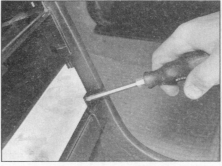

13.164 Skruva ur värmereglagenheten

13.165A Dra ut askfatet . . .

13.165B . . . och koppla loss glödlampan

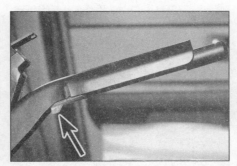

13.167A Tryck ned klacken – pil (handtaget demonterat för tydlighetens skull). . .

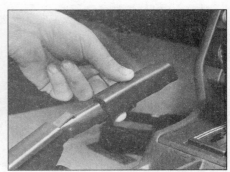

13.167B . . . och dra av greppet

13.168 Dra av konsolen från handbroms-spaken och lyft ut den ur bilen

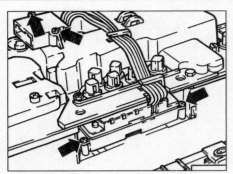

Fig. 13.55 Kontakten för ytterluft-temperaturmätaren och fästskruvarna till temperaturindikatorn – pilar (avsnitt 14)

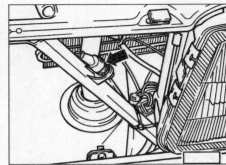

Fig. 13.56 Givarkontakten till ytterluft-temperaturmätaren – pil (avsnitt 14)

14 Elsystem

Startmotor (1,1 kW med backväxel) – renovering

1 Startmotorn på 1,1 kW saknar fält-lindningar, den har istället permanenta mag-neter. Dessa är sköra. Tappa inte ned eller knacka på startmotorn, spänn heller inte fast magnethuset i ett skruvstycke.

Glödlampsvakt – allmänt

2 De yttre lamporna på många modeller är försedda med en glödlampsvakt. En defekt glödlampa upptäcks av att den ström paret drar övervakas för balans. Om en glödlampa går sönder utlöses varningen.
3 Om bägge glödlamporna går sönder samtidigt utlöses givetvis ingen varning. Montering av utbytesglödlampor av olika styrka, och ibland bara olika fabrikat, kan utlösa falska varningar.
4 Om en dragkrok ska monteras måste en Audiverkstad eller annan specialist rådfrågas vad gäller placeringen av uttaget till släp-vagnens elsystem. Den extra ström som dras av släpvagnsbelysningen kan skada glöd-lampsvakten om extraströmmen leds genom den.

Varselljus – beskrivning

5 Från och med årsmodell 1987 är led-ningarna för belysning dragna så att det inte går att köra med enbart parkeringsljuset på. Om både tändning och parkeringsljus är påslagna tänds halvljuset automatiskt med reducerad styrka.
6 Huvuddelarna i systemet består av ett relä och ett motstånd. Kopplingsschema finns i slutet av tillägget.

Indikator för ytterlufttemperatur – demontering och montering 🔧🔧🔧🔧🔧

7 Demontera instrumentpanelen enligt be-skrivning i kapitlen 12, avsnitt 17.
8 Dra ur kontakten till temperaturindikatorn.
9 Skruva ur fästskruvarna till anslutning och indikator vid instrumentpanelen och dra ut enheten.
10 Montering sker med omvänd arbets-ordning.

Givare för ytterlufttemperatur – demontering och montering 🔧🔧🔧🔧🔧

11 Demontera kylargrillen enligt beskrivning i kapitel 11, avsnitt 22.
12 Dra ut givarens kontakt, placerad nära vänster strålkastare.

13 Lossa och dra ut temperaturgivaren från frontpanelen.
14 Montering sker med omvänd arbets-ordning.

Alternatordrivremmens spänning (motorkod DR och DS) justering

15 Vid justering av spänningen på alternator-drivremmen för motorer kod DR eller DS med den senare typen av tandad justerings-arm/mutter ska muttern ("B" i fig. 12.4) dras till angivet moment med en momentnyckel.

Sidoblinkers – glödlampsbyte 🔧🔧🔧🔧🔧

16 Bänd försiktigt, så att lacken inte skadas, upp baksidan av lampan och dra den sedan bakåt så att den lossnar från den främre fästklacken (foto).
17 Dra ut glödlampshållaren från linsen (foto).
18 Glödlampan är fasttryckt i hållaren.
19 Montering sker med omvänd arbets-ordning.

Värmereglagebelysningens glödlampa (1988 och senare) – byte 🔧🔧🔧🔧🔧

20 Demontera vridreglage och panel enligt beskrivning i avsnitt 13.
21 Glödlampan är fasttryckt i hållaren (foto).
22 Montera panel och reglage.

14.16 Ta upp baksidan av lampan

14.17 Dra ut glödlampshållaren ur linsen

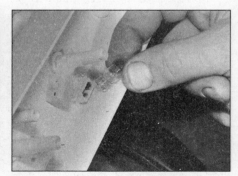

14.21 Ta ut glödlampan till värmereglagepanelens belysning

Strålkastarjustering (mekanisk) – allmänt

23 På vissa modeller kan strålkastarens höjdläge justeras som kompensation för olika laster.

24 Mekanisk justering utförs genom att man höjer eller sänker en knapp ovanför vardera strålkastaren. Knappen är åtkomlig när motorhuven är öppen. Se foto 20.8A i kapitel 12.

25 Knapparna ska höjas för normal last och sänkas för tung last. Kom ihåg att felställd strålkastarhöjd kan irritera andra trafikanter och framkalla fara genom att blända mötande trafikanter.

Strålkastarjustering (elektrisk) – allmänt

26 Vissa modeller från och med mitten av 1989 har elektrisk strålkastarhöjdjustering som standard.

27 Justeringen kan endast påverka halvljuset.

28 När strålkastarhöjdjustering utförs (kapitel 12, avsnitt 21) måste elreglaget vara nollställt.

29 Se paragraf 28 ovan.

Strålkastarjustering (elektrisk) – underhåll

Justeringsreglage

30 Justeringsreglaget finns på mittkonsolen. Demontera det genom att bända ut det och dra ut kontakten. Montering sker i omvänd ordning.

Servomotor

31 På både Audi 100 och 200 ska relevant strålkastare demonteras enligt beskrivning i kapitel 12, avsnitt 20. Koppla även ur servomotorn.

32 På Audi 100 ska servomotorerna lossas från strålkastarhusen genom att de vrids medsols på höger och motsols på vänster strålkastare.

33 Lyft något på motorn och stick in en liten skruvmejsel genom öppningen så att spärren kan lossas genom att den trycks mot drivaxeln, dra samtidigt motorn bakåt.

34 På Audi 200 är metoden densamma som för Audi 100 men spärren saknas.

35 Montera motorn på Audi 100 genom att ta bort höljet över strålkastarens glödlampa.

36 Tryck in motorn i hållaren så att den greppar in helt, håll stadigt i reflektorn genom glödlampsöppningen (rör inte reflektorytan med fingrarna). Lås motorn i läge genom att vrida den tillbaka i läge.

37 Monteringen är densamma på Audi 200 med undantag för att spärren saknas.

38 Montera strålkastarna på både Audi 100 och 200.

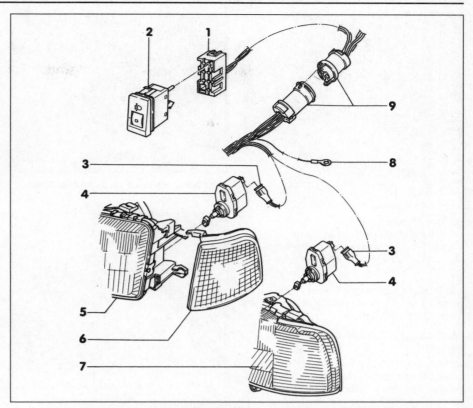

Fig. 13.57 Delar i den elektriska justeringen av strålkastarhöjden (avsnitt 14)

1 Kontakt (i instrumentpanelens kabelhärva)
2 Justeringsbrytare (på instrumentbrädan)
3 Servomotorns kontakt
4 Servomotor
5 Strålkastare (Audi 100)
6 Blinkers
7 Strålkastare (Audi 200)
8 Jordningspunkt (under instrumentpanelens vänstra sida)
9 Kontakt (i kabelhärvan bakom instrumentpanelen)

Radio/bandspelare (DIN-fäste) – demontering och montering

39 Senare modeller är försedda med en radio/bandspelare som är fäst i mittkonsolen med standard DIN-fästen. För demontering av enheten krävs två DIN-utdragare. Dessa levereras tillsammans med radion men om de tappats bort kan nya erhållas från en bilradiohandlare.

40 Stick in utdragarna i hålen på var sida till dess att de hörbart klickar i läge. Dra dem isär och utåt så att radion dras ut. Beroende på ledningsdragningen på baksidan kan det vara nödvändigt att demontera mittkonsolens sidopaneler så att ledningarna kan kopplas ur innan radion kan dras ut helt. Lossa ledningarna på radions baksida (foton).

41 Lossa utdragarna genom att trycka ned fjäderclipsen med en skruvmejsel.

14.40A Radio/bandspelare delvis utdragen, visande användning av DIN monteringsverktyg

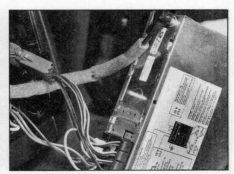

14.40B Kontakter på baksidan av radion/bandspelaren

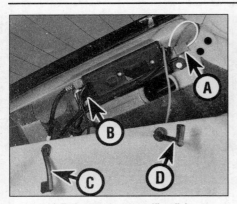

14.43 Bakrutans antennförstärkare

A Förstärkarens matnings
B Matning till elvärmen på bakrutan
C Kontakt till värmeelement/VHF-antenn
D Kontakt till mellanvågsantennen

42 Montera radion genom att koppla ledningarna och trycka in den i konsolen så att fjäderclipsen greppar.

Radioantenn (1987 och senare) – allmänt

43 Från och med årsmodell 1987 är radioantennen integrerad i den eluppvärmda bakrutans element. Detta möjliggörs av en antennförstärkare monterad under vänstra D-stolpens dekor (foto).
44 Om antennen inte fungerar, kontrollera att ledningsanslutningarna är fasta och att säkring 16 är intakt. Kontrollera även att batterispänning finns vid förstärkarens stift när radion slås på och vid värmeelementets matningsstift när detta slås på (med påslagen tändning).
45 Ytterligare kontroller ska lämnas till en Audiverkstad eller annan specialist.

14.46A Skruva ur en skruv på översidan . . .

14.46B . . . och en skruv på framsidan . . .

14.46C . . . samt ta bort bagagehyllans klädsel

Bakre högtalare och ljudkontroller (sedan) – demontering och montering

46 Demontera baksätet (avsnitt 13) demontera sedan klädselpanelerna på vardera änden av den bakre bagagehyllan. Dessa paneler är fästa med vardera två skruvar (foton).

14.49 Lossa ljudkontrollblocket

47 Lyft ut bagagehyllan och dra samtidigt ut kontakten från ljudkontrollenheten.
48 Högtalarna kan demonteras från bagagehyllan sedan skruvar eller clips avlägsnats och kontakterna dragits ut. Ledningarna är åtkomliga via bagageutrymmet.
49 Demontera ljudkontrollenheten genom att lossa den från bagagehyllan (foto).
50 Montering sker i omvänd arbetsordning.

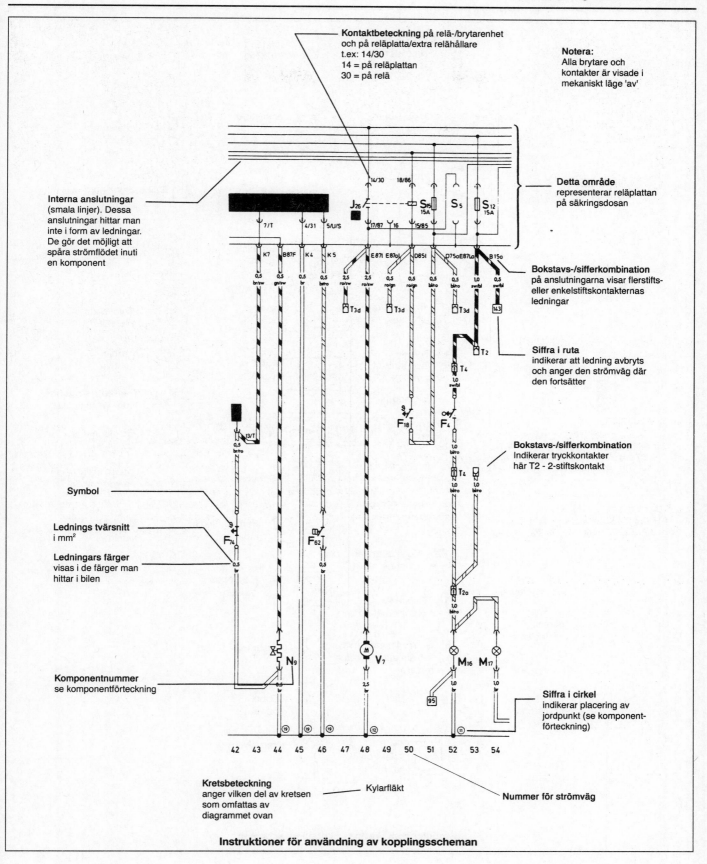

Kontaktbeteckning på relä-/brytarenhet
och på reläplatta/extra relähållare
t.ex: 14/30
14 = på reläplattan
30 = på relä

Notera:
Alla brytare och
kontakter är visade i
mekaniskt läge 'av'

Interna anslutningar
(smala linjer). Dessa
anslutningar hittar man
inte i form av ledningar.
De gör det möjligt att
spåra strömflödet inuti
en komponent

Detta område
representerar reläplattan
på säkringsdosan

Bokstavs-/sifferkombination
på anslutningarna visar flerstifts-
eller enkelstiftskontakternas
ledningar

Siffra i ruta
indikerar att ledning avbryts
och anger den strömväg där
den fortsätter

Bokstavs-/sifferkombination
Indikerar tryckkontakter
här T2 - 2-stiftskontakt

Symbol

Lednings tvärsnitt
i mm²

Ledningars färger
visas i de färger man
hittar i bilen

Komponentnummer
se komponentförteckning

Siffra i cirkel
indikerar placering av
jordpunkt (se komponent-
förteckning)

Kretsbeteckning
anger vilken del av kretsen
som omfattas av
diagrammet ovan

Kylarfläkt

Nummer för strömväg

Instruktioner för användning av kopplingsscheman

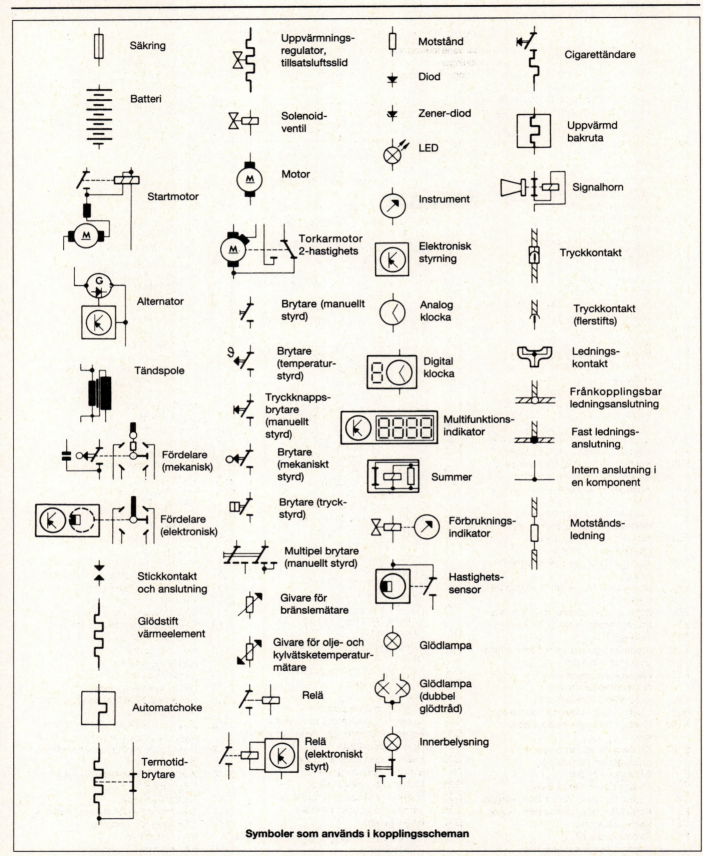

Symboler som används i kopplingsscheman

Komponentförteckning till samtliga kopplingsscheman

Kopplingsscheman är av typen strömflöde där varje ledning visas i sin enklaste linjeform utan att de korsar andra ledningar.

Panelen med relän och säkringar visas högst upp på schemat och beteckningen (en kombination av bokstäver och siffror) på varje panelterminal syftar på kontaktens bokstav och terminalens nummer.

Interna anslutningar genom elektriska komponenter visas med en enkel linje.

Inringade nummer längs med schemats underkant anger jordanslutningspunkter enligt förteckningen.

Utrymmesbegränsningar innebär att bara ett representativt urval av kopplingsscheman kan inkluderas.

Alla detaljer är inte monterade på alla modeller

Nr	Beskrivning
A	Batteri
B	Startmotor
C	Alternator
C1	Spänningsregulator
D	Tändningslås/startkontakt
E1	Belysningsströmbrytare
E2	Indikatorbrytare
E3	Brytare till varningsblinkers
E4	Helljuskontakt
E7	Dimljusbrytare
E8	Kontakt till taklucka
E9	Kontakt till friskluftsfläkt
E13	Kontakt till friskluftsfläkt (undre arm) eller värmare
E15	Kontakt till uppvärmd bakruta
E17	Startspärr och backljusbrytare
E18	Kontakt till bakre dimljus
E19	Parkeringsljuskontakt
E20	Reglage till instrumentpanelbelysning
E22	Kontakt för intervalltorkare
E23	Brytare för dimljus och bakre dimljus
E26	Kontakt för handskfacksbelysning
E39	Kontakt för elektrisk fönsterhiss
E40	Kontakt för vänster fönsterhiss
E41	Kontakt för höger fönsterhiss
E45	Kontakt för farthållare
E46	Kontakt för farthållare
E52	Kontakt för vänster bakre fönsterhiss (i dörr)
E53	Kontakt för vänster bakre fönsterhiss (i konsol)
E54	Kontakt för höger bakre fönsterhiss (i dörr)
E55	Kontakt för höger bakre fönsterhiss (i konsol)
E56	Strömbrytare till taklucka (stängd)
E57	Strömbrytare till taklucka (öppen)
E83	ABS-kontakt
E86	Återkallningsknapp för flerfunktions-indikatorns minne
E87	Reglage och textskärm för luftkonditionering
E93	Knapp till självdiagnostik
E99	Ljusreglering, instrumentpanelen
E103	Kontakt för uppvärmda säten, steg 1
E107	Kontakt för fönsterhiss (i passagerarsidans dörr)
F	Bromsljuskontakt
F1	Oljetryckskontakt (1,8 bar)
F2	Kontaktbrytare, främre dörr, vänster
F3	Kontaktbrytare, främre dörr, höger
F4	Backljuskontakt
F5	Strömbrytare till bagageutrymmesbelysning

Nr	Beskrivning
F9	Kontakt till handbromsvarning
F10	Kontaktbrytare, bakre dörr, vänster
F11	Kontaktbrytare, bakre dörr, höger
F14	Varningskontakt för kylvätsketemperatur (överhettning)
F15	Växellådskontakt (1:a växeln i en 5-växlad låda)
F18	Termobrytare till kylarfläkt
F21	Varningskontakt till hydraulservoenheten
F22	Oljetryckskontakt (0,3 bar)
F26	Termotidsbrytare
F34	Nivåvakt för bromsolja
F36	Kopplingspedalens brytare i farthållaren
F47	Bromspedalens brytare i farthållaren
F51	Överhettningssäkring (i motståndshållare)
F52	Varningskontakt för kylvätsketemperatur (överhettning)
F54	Termobrytare till kylarfläkt
F59	Centrallåskontakt
F60	Tomgångskontakt
F61	Termobrytare till V38
F62	Vakuumbrytare till växlingsindikator
F66	Nivåvakt för kylvätska
F68	Växelbrytare till växlingsindikator
F74	Termobrytare till tomgångsstabiliseringen
F75	Varningskontakt för hydraulolja
F76	Elektronisk termobrytare
F77	Varningskontakt för vindrutespolarvätska
F81	Fullgaskontakt
F87	Termobrytare för fläkt efter tändningens avstängning
F96	Höjdsensor
G	Bränslemätarens sändare
G1	Bränslemätare
G2	Kylvätsketemperaturmätarens sändare
G3	Kylvätsketemperaturmätare
G4	Tändlägesgivare
G5	Varvräknare
G6	Elektrisk bränslepump
G17	Givare för ytterluftens temperatur
G19	Potentiometer för luftflödesmätaren
G21	Hastighetsmätare
G22	Hastighetsmätarens givare
G27	Motortemperaturgivare
G28	Motorhastighetsgivare
G38	Induktionssändare till farthållare
G39	Lambdasond med värmare
G40	Hall-sändare
G42	Sändare för insugsluftens temperatur

Nr	Beskrivning
G43	Blinkande sändare till varningslampa K28 och K33
G51	Förbrukningsindikator
G58	Sändare för förbrukningsindikator
G61	Knacksensor
G62	Sändare för kylvätsketemperatur
H	Signalhornsknapp
H1	Signalhorn
H2	Hög- och lågtons signalhorn
J2	Blinkersrelä
J4	Signalhornsrelä
J5	Dimljusrelä
J6	Spänningsstabilisator
J17	Bränslepumpsrelä
J21	Styrenhet till elektronsik bränsleinsprutning
J26	Kylarfläktrelä
J31	Intervallrelä för torkning/spolning
J39	Strålkastarspolningens relä
J43	K-Jetronic relä (diod)
J51	Fönsterhissrelä
J52	Glödstiftsrelä
J59	Avlastningsrelä (till X-kontakt)
J60	Automatlådorelä
J72	Takluckerelä
J81	Relä till insugsrörets förvärmning (1)
J85	Styrenhet till larmsystem
J87	Brytarenhet till tomgångens stabilisering
J88	Styrenhet för elektronisk tändning
J90	Varselljusrelä
J95	Kallstartsventilcykelns relä
J97	Relä till V38
J98	Styrenhet till växlingsindikator (3)
J101	Relä till kylarfläktens andra steg
J104	Styrenhet för låsningsfria bromsar
J114	Kontaktenhet för oljetrycksövervakningen
J118	Relä till slitageindikator för bromsklossar
J122	Huvudstyrenhet för självdiagnostiken
J123	Glödlampsvakt, främre
J124	Glödlampsvakt, bakre
J136	Styrenhet för sätesjustering, med minne
J138	Styrenhet för kylarfläktens körning med avslagen tändning
J139	Brytaruppsättning för fönsterhissar och taklucka
J140	Kontakt för innerbelysningens fördröjning
J141	Relä för ljusbyte
J152	Summer för sidobelysning/radio
J154	Styrenhet för tändning (knackstyrning)
J190	Växlingsrelä för varselljus

Komponentförteckning till samtliga kopplingsscheman (forts.)

Nr	Beskrivning
J222	Huvudstyrenhet för självdiagnostiken
K1	Varningslampa för helljus
K2	Laddningslampa
K3	Oljetryckslampa
K5	Varningslampa för blinkers
K6	Varningslampa för varningsblinkers
K10	Varningslampa för uppvärmd bakruta
K13	Varningslampa för bakre dimljus
K14	Varningslampa för åtdragen handbroms
K16	Varningslampa för bränslereserv
K20	Varningslampa för stängda dörrar
K28	Varningslampa för kylvätsketemperatur
K30	Varningslampa bakre/främre dimljus
K32	Varningslampa för slitna bromsklossar
K33	Varningslampa för bromsoljenivå
K34	Varningslampa för bromsljus
K35	Varningslampa för bakljus
K37	Varningslampa för låg nivå av vindrutespolarvätska
K43	Varningslampa för kylvätsketemperatur (för låg)
K47	Varningslampa för låsningsfria bromsar
K48	Varningslampa för växlingsindikator
K49	Varningslampa för "Röd triangel"-symbolen
K50	Varningslampa för "OK"-symbolen
K52	Varningslampa för batteriets laddningstillstånd
K64	Varningslampa för varningsblinkers och höger blinkers
K65	Varningslampa för vänster blinkers
K65	Varningslampa för höger blinkers
K66	Varningslampa för helelektronisk tändning
L1	Tvåtråds strålkastarglödlampa, vänster
L2	Tvåtråds strålkastarglödlampa, höger
L8	Klockans glödlampa
L10	Instrumentpanelbelysningens glödlampor
L13	Helljusstrålkastarens glödlampa, vänster
L14	Helljusstrålkastarens glödlampa, höger
L15	Askkoppens glödlampa
L16	Friskluftsreglagens glödlampa
L19	Växellägesbelysningen
L20	Bakre dimljusets glödlampa
L21	Värmereglagebelysningens glödlampa
L22	Dimljusets glödlampa, vänster
L23	Dimljusets glödlampa, höger
L28	Motorrumsbelysningens glödlampa eller cigarettändarbelysningens glödlampa

Nr	Beskrivning
L29	Motorrumsbelysningens glödlampa
L32	Bakre cigarettändarbelysningens glödlampa
L37	Glödlampa för cigarettändare, vänster bak
L38	Glödlampa för cigarettändare, höger bak
L40	Främre och bakre dimljuskontaktens glödlampa
L46	Bakre dimljusglödlampa, vänster
L47	Bakre dimljusglödlampa, höger
L48	Askkoppsbelysningens glödlampa, bakre vänster
L49	Askkoppsbelysningens glödlampa, bakre höger
M1	Parkeringsljusets glödlampa, vänster
M2	Bakljusets glödlampa, höger
M3	Parkeringsljusets glödlampa, höger
M4	Bakljusets glödlampa, vänster
M5	Blinkersglödlampa, främre vänster
M6	Blinkersglödlampa, bakre vänster
M7	Blinkersglödlampa, främre höger
M8	Blinkersglödlampa, bakre höger
M9	Glödlampa till bromsljus och baklykta, vänster
M10	Glödlampa till bromsljus och baklykta, höger
M16	Vänster backljus
M17	Höger backljus
N	Tändspole
N1	Automatchoke
N9	Uppvärmningsventil
N12	Indikator för bromsklosslitage, höger
N13	Indikator för bromsklosslitage, vänster
N16	Tvåvägsventil för höjning av tomgångsvarvtal
N17	Indikator för bromsklosslitage, höger eller kallstartsventil
N18	EGR-ventil
N23	Seriemotstånd för friskluftsfläkt
N24	Seriemotstånd för friskluftsfläkt med säkring för överhettning
N41	Styrenhet för transistoriserad tändspole
N51	Värmemotstånd för insugsrörets förvärmning
N52	Värmemotstånd (delgaskanalens värme/förgasare)
N54	Tvåvägsventil för fullgasberikning
N55	Hydraulisk modulator för låsningsfria bromsar
N60	Solenoidventil för förbrukningsindikator
N62	Tomgångsvarv – accelerationsventil
N65	Solenoidventil för bränsleavstängning vid motorbroms
N70	Tändspole med slutsteg
N71	Styrventil för tomgångsstabilisering
N73	Differentialtryckregulator
N74	Motståndstråd

Nr	Beskrivning
N80	Solenoidventil, aktiverad kolkanister
O	Fördelare
P	Tändstiftshatt
Q	Tändstift
R	Radioanslutning
R1	Antennanslutning
S1till	Säkringar i
S22	reläplattan/säkringsdosan
S24	Säkring för tacklucka (extra säkringsdosa)
S26	Separat säkring för instrumentgruppen
S27	Separat säkring för knackkontroll-enheten
S28	Separat säkring för styrenheten till KE III-Jetronic
S43	Termoavstängare
T1	Enkel kontakt, olika platser
T1a	Enkel kontakt, olika platser
T1b	Enkel kontakt, olika platser
T1c	Enkel kontakt, bakom instrumentbrädan, släpringskontakt
T1d	Enkel kontakt, bakom instrumentbrädan
T1e	Enkel kontakt, bakom instrumentbrädan
T1f	Enkel kontakt, bakom instrumentbrädan
T1g	Enkel kontakt, bakom instrumentbrädan
T1h	Enkel kontakt, bakom instrumentbrädan
T1j	Enkel kontakt, bakom instrumentbrädan
T2	2-stifts kontakt, olika platser
T2a	2-stifts kontakt, olika platser eller 4-stifts kontakt, motorrummet höger
T2b	2-stifts kontakt, bakom instrumentbrädan
T2c	2-stifts kontakt, motorrummet, vänster
T2d	2-stifts kontakt, motorrummet
T2e	2-stifts kontakt, olika platser
T2f	2-stifts kontakt, olika platser
T2g	2-stifts kontakt, motorrummet, höger
T2h	2-stifts kontakt, olika platser
T2i	2-stifts kontakt, höger fjäderben
T2j	2-stifts kontakt, bakom instrumentbrädan, fader-anslutning
T2k	2-stifts kontakt, vänster bakdörr
T2l	2-stifts kontakt, höger bakdörr
T2m	2-stifts kontakt, bakom instrumentbrädan, motorantennanslutning
T2u	2-stifts kontakt, bakom konsol, elektrisk antenn
T2x	2-stifts kontakt, bakom instrumentbrädan
T2y	2-stifts kontakt, bakom instrumentbrädan, diagnostikkontakt
T3	3-stifts kontakt, olika platser

Komponentförteckning till samtliga kopplingsscheman (forts.)

Nr	Beskrivning
T3a	3-stifts kontakt, olika platser
T3b	3-stifts kontakt, olika platser
T3c	3-stifts kontakt, olika platser
T3d	3-stifts kontakt, olika platser
T3e	3-stifts kontakt, bakom instrumentbrädan
T3f	3-stifts kontakt, bakom instrumentbrädan, anslutning för justering av strålkastarhöjden
T3g	3-stifts kontakt, bakom instrumentbrädan
T3h	3-stifts kontakt, bakom instrumentbrädan
T3r	3-stifts kontakt, bakom instrumentbrädan
T4	4-stifts kontakt, olika platser
T4a	4-stifts kontakt, olika platser
T4b	4-stifts kontakt, olika platser
T4c	4-stifts kontakt, olika platser
T4d	4-stifts kontakt, på instrumentbrädan
T4e	4-stifts kontakt, bakom instrumentbrädan
T5	5-stifts kontakt, bakom instrumentbrädan
T5a	5-stifts kontakt, bakom instrumentbrädan
T5j	5-stifts kontakt, bakom konsolen
T6	6-stifts kontakt, bakom instrumentbrädan
T6a	6-stifts kontakt, bakom instrumentbrädan
T6b	6-stifts kontakt, bakom instrumentbrädan
T6c	6-stifts kontakt, bakom instrumentbrädan
T6d	6-stifts kontakt, bakom instrumentbrädan
T6g	6-stifts kontakt, bakom instrumentbrädan
T6h	6-stifts kontakt, bakom instrumentbrädan
T6k	6-stifts kontakt, bakom instrumentbrädan
T8	8-stifts kontakt, bakom instrumentbrädan
T8a	8-stifts kontakt, bakom instrumentbrädan, kodningskontakt
T9	9-stifts kontakt, bakom instrumentbrädan
T9a	9-stifts kontakt, bakom instrumentbrädan
T10	10-stifts kontakt, bakom instrumentbrädan
T10a	10-stifts kontakt, bakom instrumentbrädan
T10b	10-stifts kontakt, bakom instrumentbrädan
T10d	10-stifts kontakt, bakom instrumentbrädan
T10f	10-stifts kontakt, bakom instrumentbrädan
T12	12-stifts kontakt, på instrumentbrädan

Nr	Beskrivning
T14	14-stifts kontakt, på instrumentbrädan
T14a	14-stifts kontakt, instrumentgruppen
T26	26-stifts kontakt, på instrumentbrädan
T26a	26-stifts kontakt, på instrumentbrädan
T35	Anslutning för plint 15
T36	Anslutning för plint 30
T37	Anslutning för plint 58
U1	Cigarettändare
U10	Släpvagnskontakt
U9	Cigarettändare, bakre
V	Vindrutetorkarmotor
V1	Taklucksmotor
V2	Friskluftsfläkt
V5	Vindrutespolarpump
V7	Kylarfläkt
V11	Strålkastarspolarpump
V14	Fönsterhissmotor, vänster
V15	Fönsterhissmotor, höger
V18	Farthållarens styrenhet
V26	Fönsterhissmotor, bakre vänster
V27	Fönsterhissmotor, bakre höger
V34	Extra spolpumpmotor
V37	Centrallåsmotor, tvåtrycks pump
V38	Injektorkylningens fläktmotor
W	Innerbelysning
W3	Bagagerumsbelysning
W6	Handskfacksbelysning
W11	Läslampa, bakre vänster
W12	Läslampa, bakre höger
X	Nummerskyltsbelysning
Y2	Digital klocka
Z	Uppvärmd bakruta
Z1	Uppvärmd bakruta
*	Endast på vissa modeller
**	Endast på vissa modeller
***	Endast på vissa modeller
****	Endast på vissa modeller
*****	Endast på vissa modeller

Färgkoder
BK	Svart
sw	Svart
bl	Blå
BL	Blå
br	Brun
BR	Brun
G	Grön
ge	Gul
gn	Grön
gr	Grå
GY	Grå
li	Lila
R	Röd
ro	Röd
V	Lila
W	Vit
ws	Vit
Y	Gul

Jordningspunkter
Nr	Beskrivning
1	Batteriets jordledning
6	Alternatorns jordledning
7	Alternator – motor
8	Bakom instrumentbrädan
9	Motorrummet, vänster
11	Bagageutrymmet
12	I främre vänstra kabelhärvan
13	I instrumentbrädans kabelhärva
14	Nära handbromsen
15	Under bagagehyllan
16	Under baksätet eller nära handbromsen
17	På insugsröret
18	Bakom huvudfodret
23	I kabelhärvan för den helelektroniska tändningen
25	Insugsröret
32	Bakom instrumentbrädan
41	Under bakre hyllan
44	A-stolen, nere till vänster
50	Till vänster i bagageutrymmet
81	Instrumentkabelhärva
82	Främre vänstra kabelhärva
83	Främre högra kabelhärva
84	Motorblock, främre högra kabelhärva
86	Bakre kabelhärva
87	Bakre kabelhärva
89	Elektrisk fönsterhiss, kabelhärva
99	Konsol, kabelhärva
124	Motorrummet, kabelhärva, höger
144	På instrumentbrädan för Motronics kabelhärva
A2	Positiv (+) anslutning i instrumentkabelhärva
A19	Instrumentbrädans kabelhärva, 58d
A20	Instrumentbrädans kabelhärva, 15a
A23	Instrumentbrädans kabelhärva
C4	I främre vänstra kabelhärvan
C5	Anslutning 1, slitageövervakning för bromskloss
C6	Anslutning 2, slitageövervakning för bromskloss
C7	Anslutning 3, slitageövervakning för bromskloss
C8	Anslutning 4, slitageövervakning för bromskloss

Kablagets lödningspunkt
| B | I främre vänstra kabelhärvan |

Kopplingsschema för Audi 100, 1,9 liter 1983 års modell

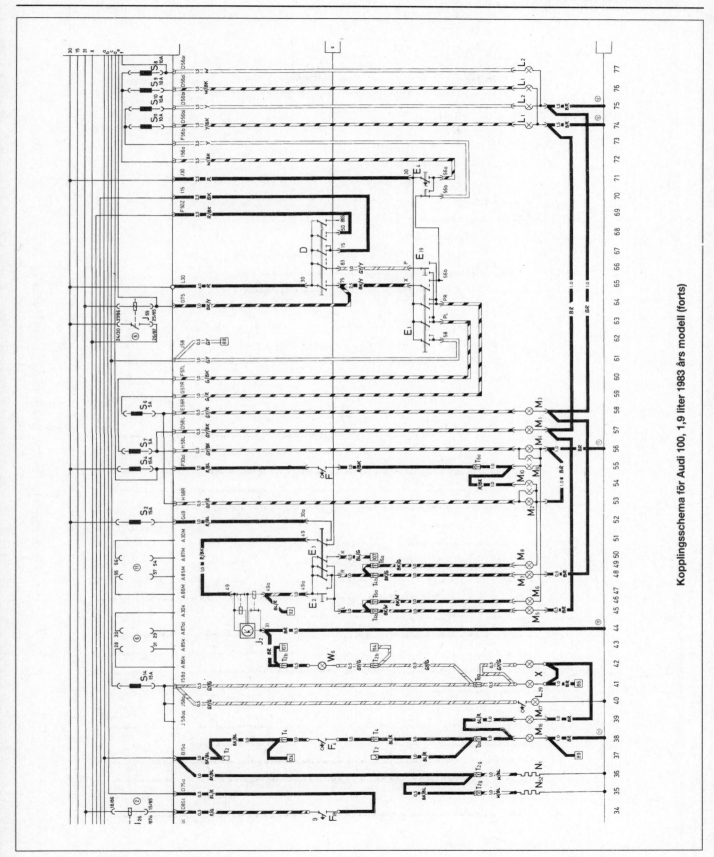

Kopplingsschema för Audi 100, 1,9 liter 1983 års modell (forts)

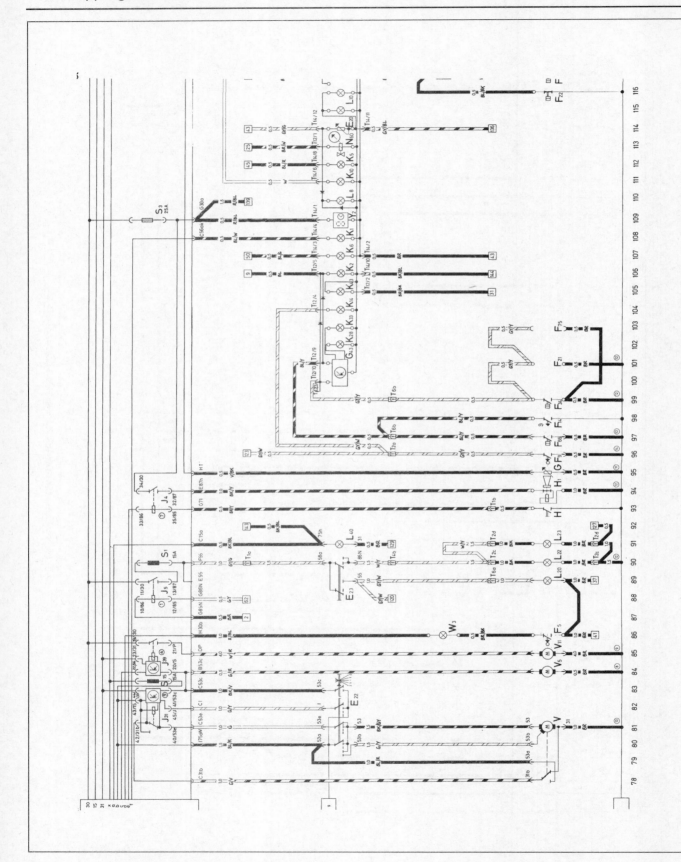

Kopplingsschema för Audi 100, 1,9 liter 1983 års modell (forts)

Kopplingsschema för Audi 100, 1,9 liter 1983 års modell (forts)

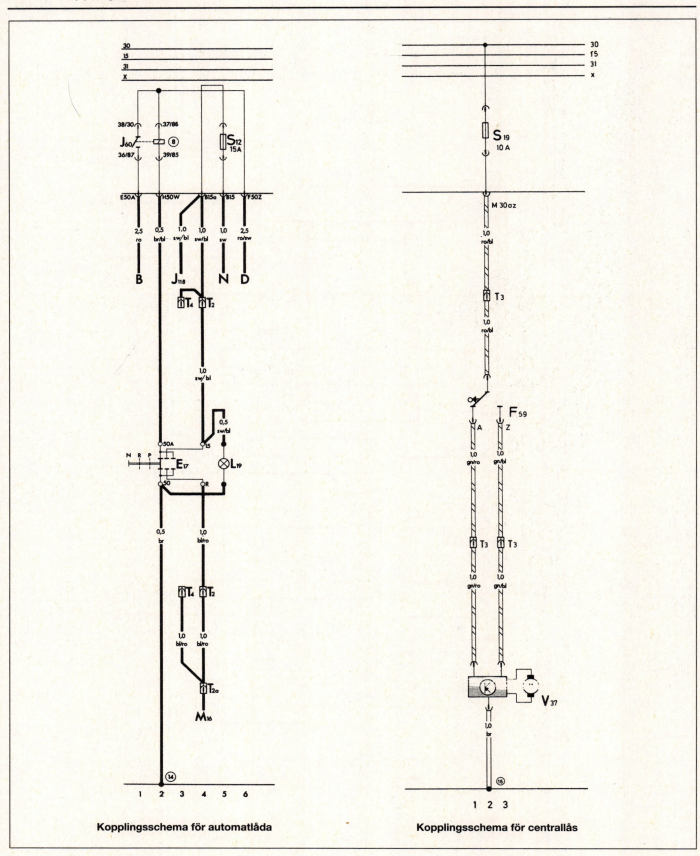

Kopplingsschema för automatlåda

Kopplingsschema för centrallås

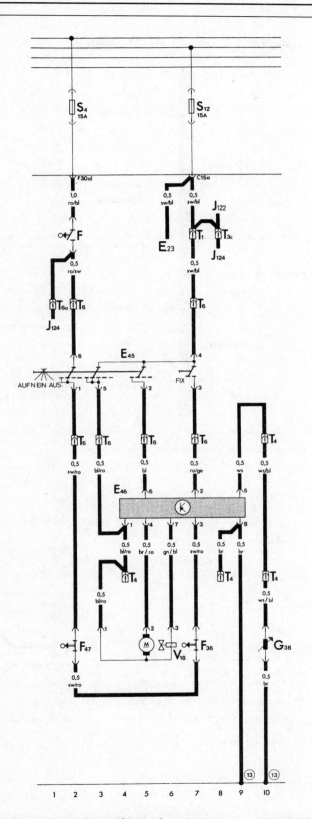

Kopplingsschema för farthållare på modeller med manuell växellåda

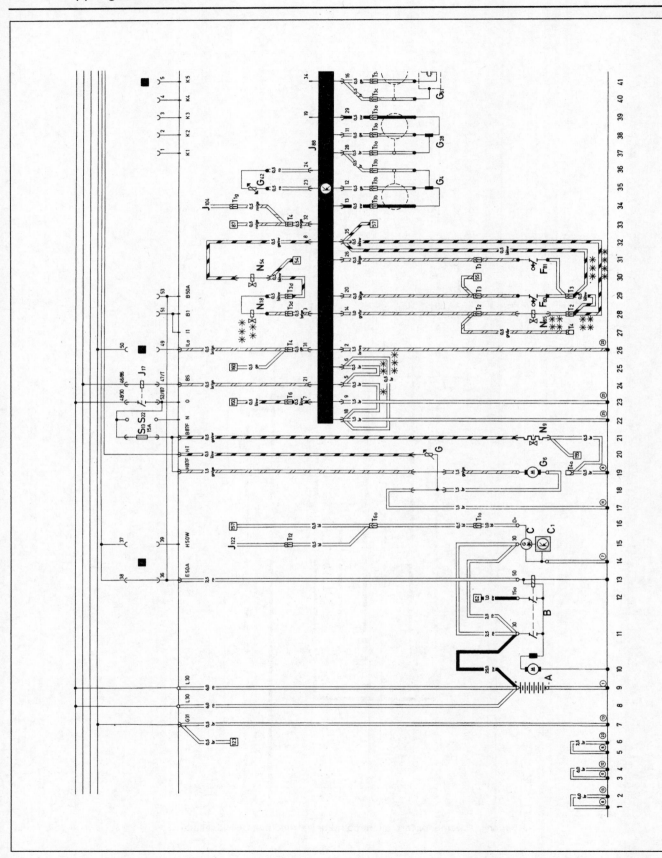

Kopplingsschema för Audi 200 Turbo 1984 års modell

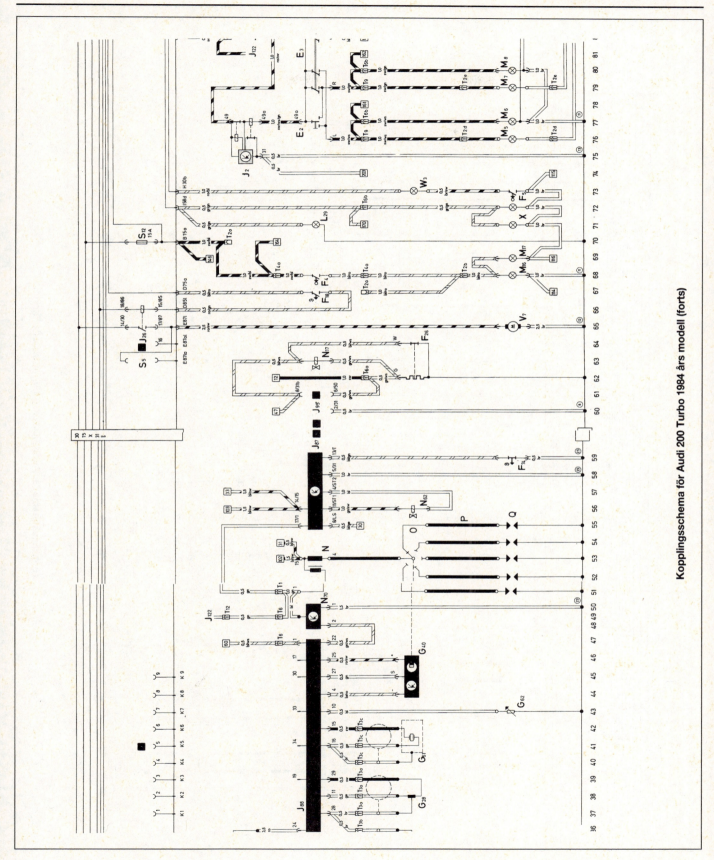

Kopplingsschema för Audi 200 Turbo 1984 års modell (forts)

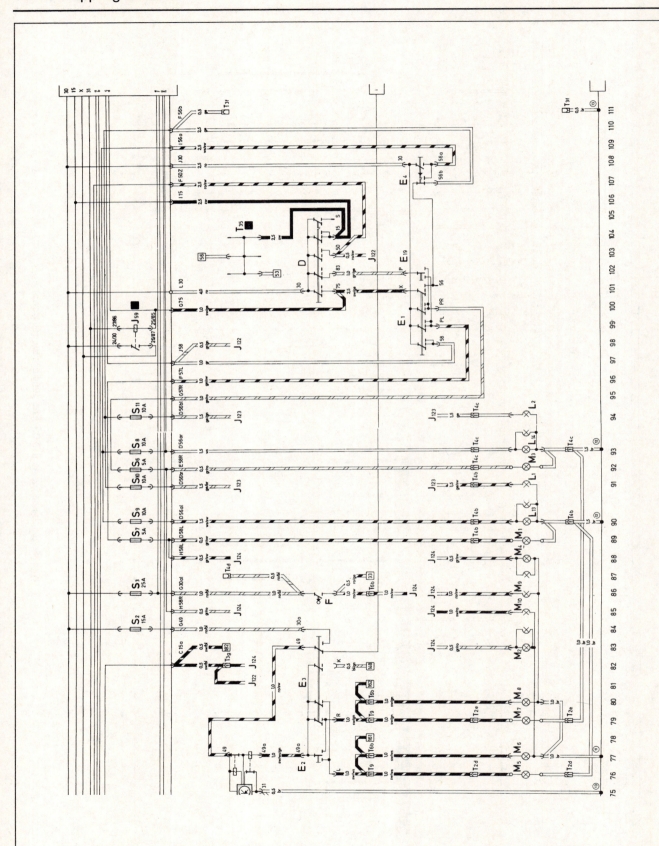

Kopplingsschema för Audi 200 Turbo 1984 års modell (forts)

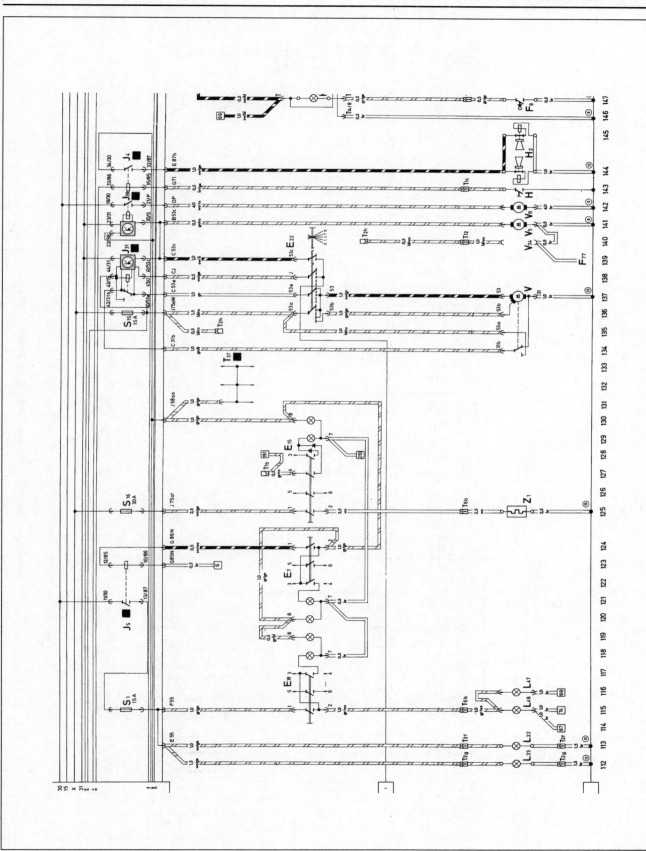

Kopplingsschema för Audi 200 Turbo 1984 års modell (forts)

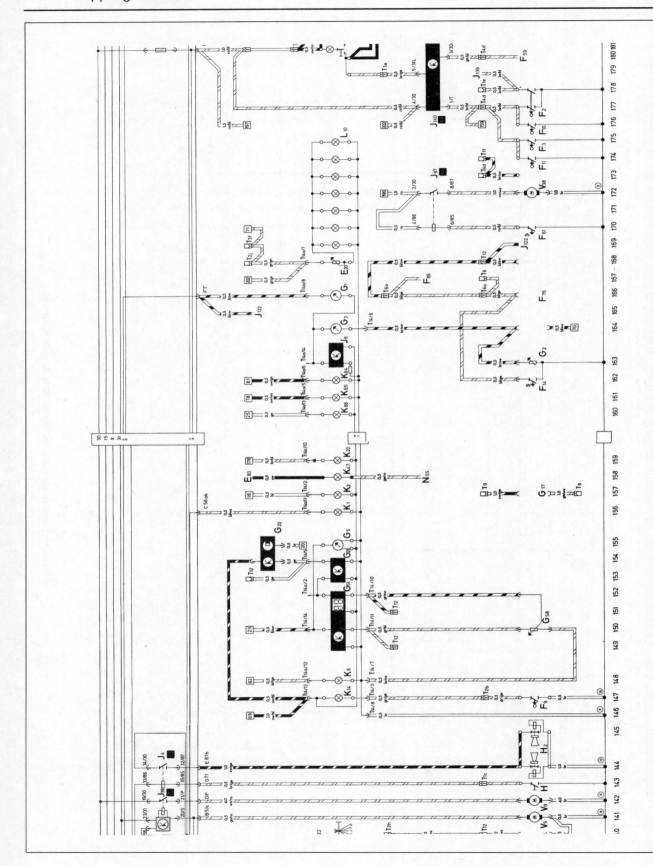

Kopplingsschema för Audi 200 Turbo 1984 års modell (forts)

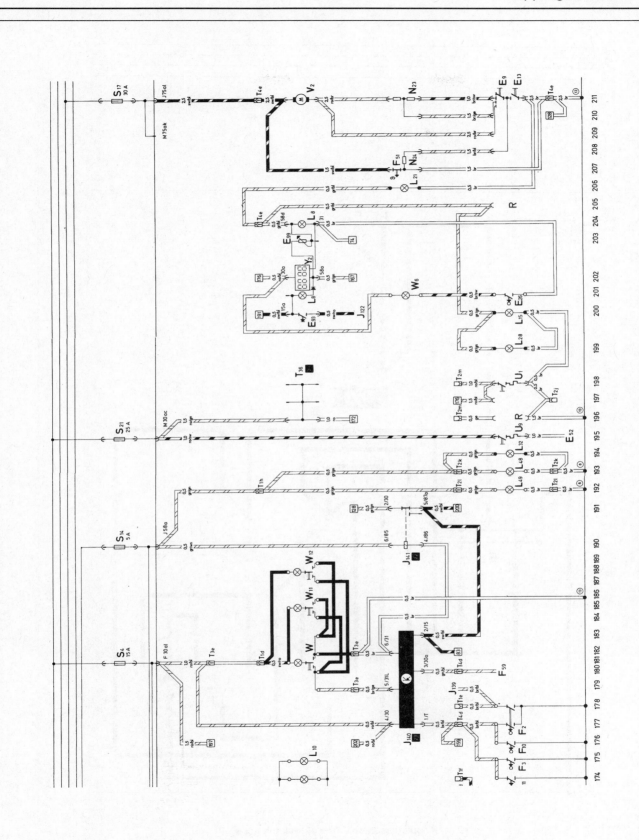

Kopplingsschema för Audi 200 Turbo 1984 års modell (forts)

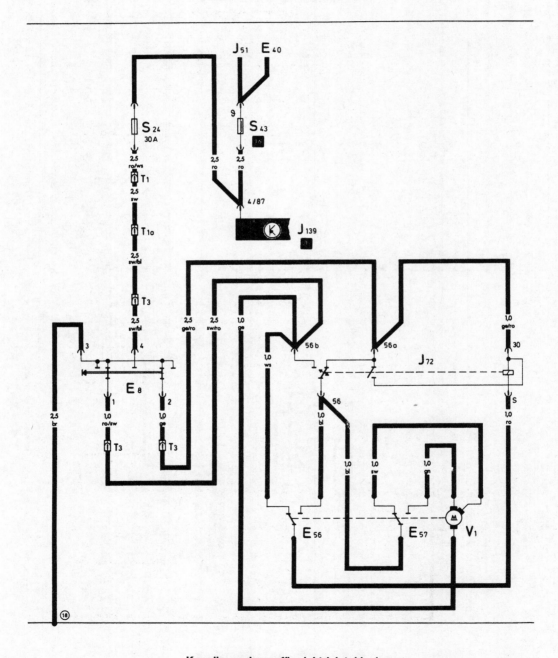

Kopplingsschema för elektrisk taklucka

Kopplingsschema för elektriska fönsterhissar

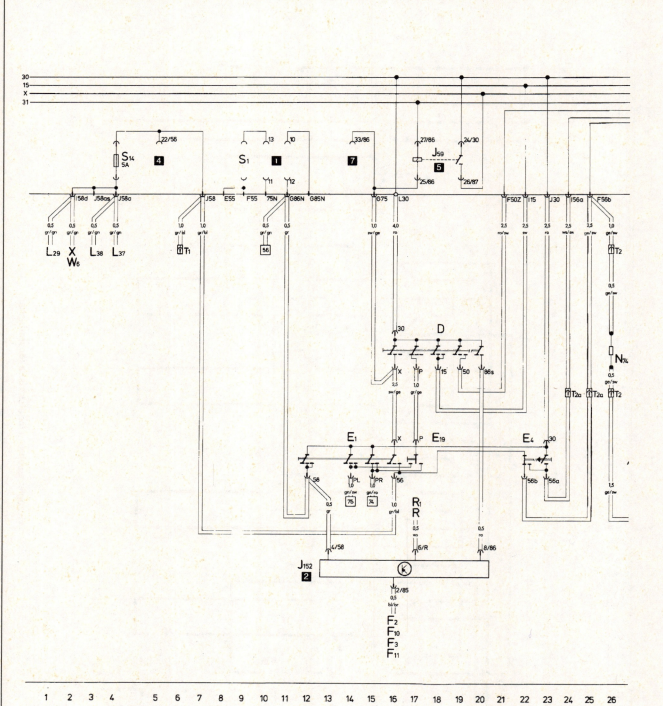

Kopplingsschema för självdiagnostik

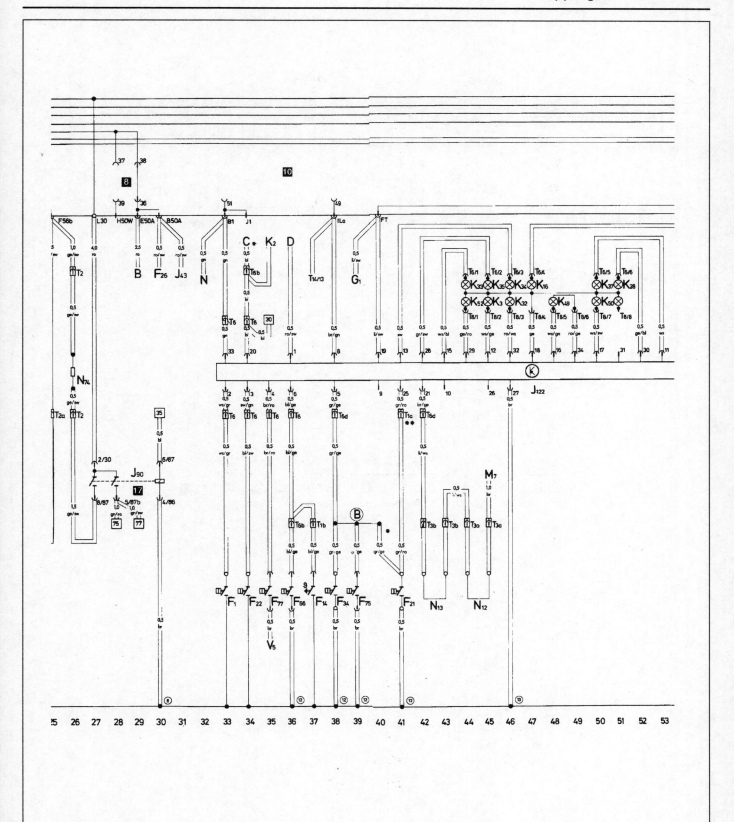

Kopplingsschema för självdiagnostik (forts)

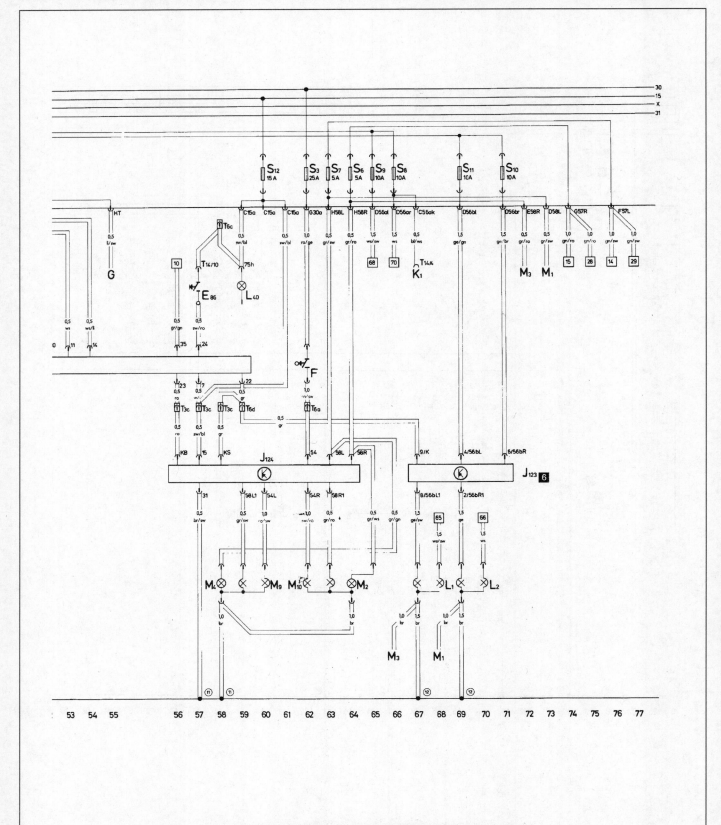

Kopplingsschema för självdiagnostik (forts)

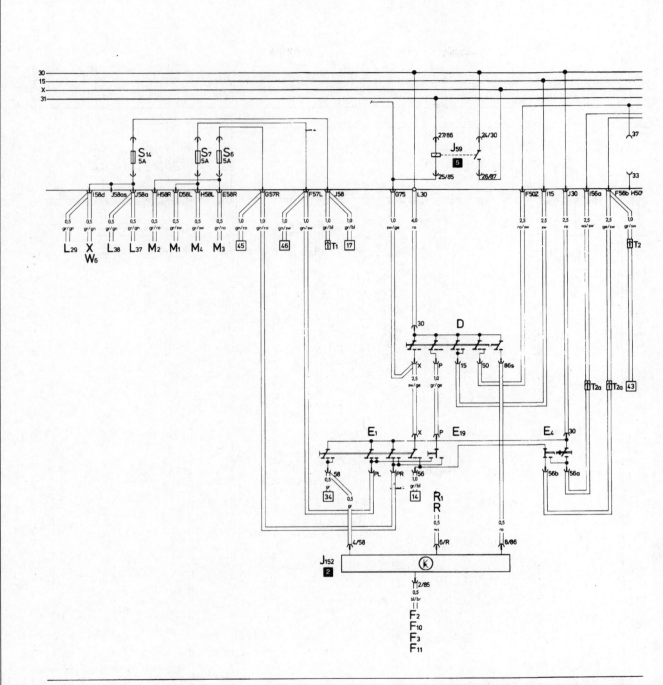

Kopplingsschema för varselljus och främre och bakre dimljus

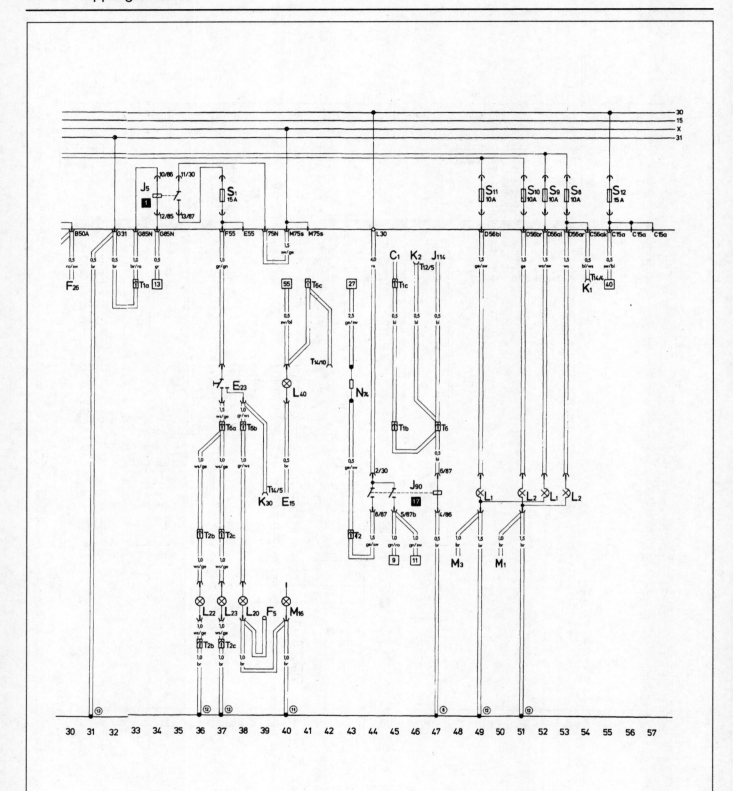

Kopplingsschema för varselljus och främre och bakre dimljus (forts)

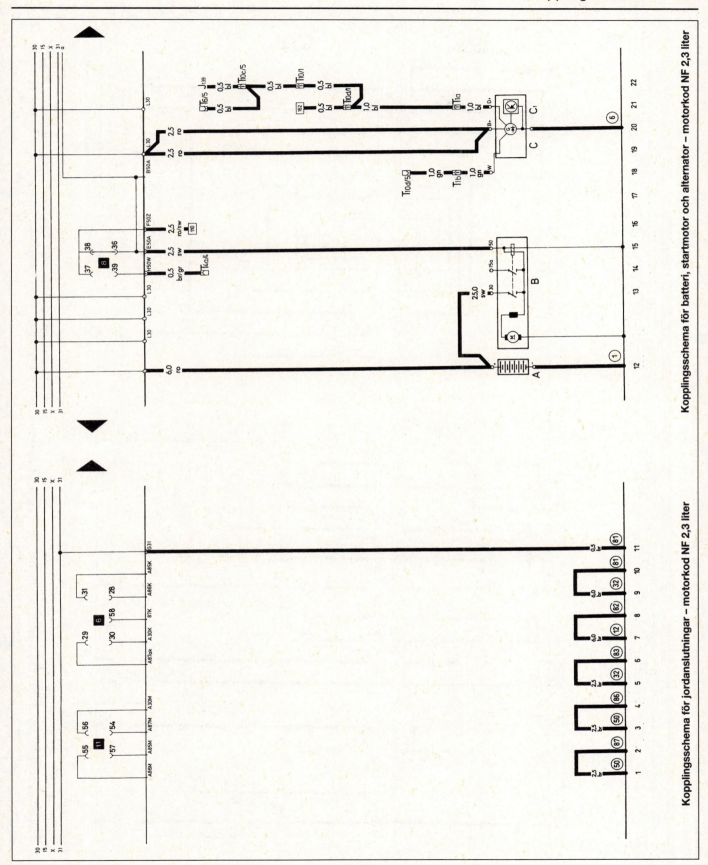

Kopplingsschema för batteri, startmotor och alternator – motorkod NF 2,3 liter

Kopplingsschema för jordanslutningar – motorkod NF 2,3 liter

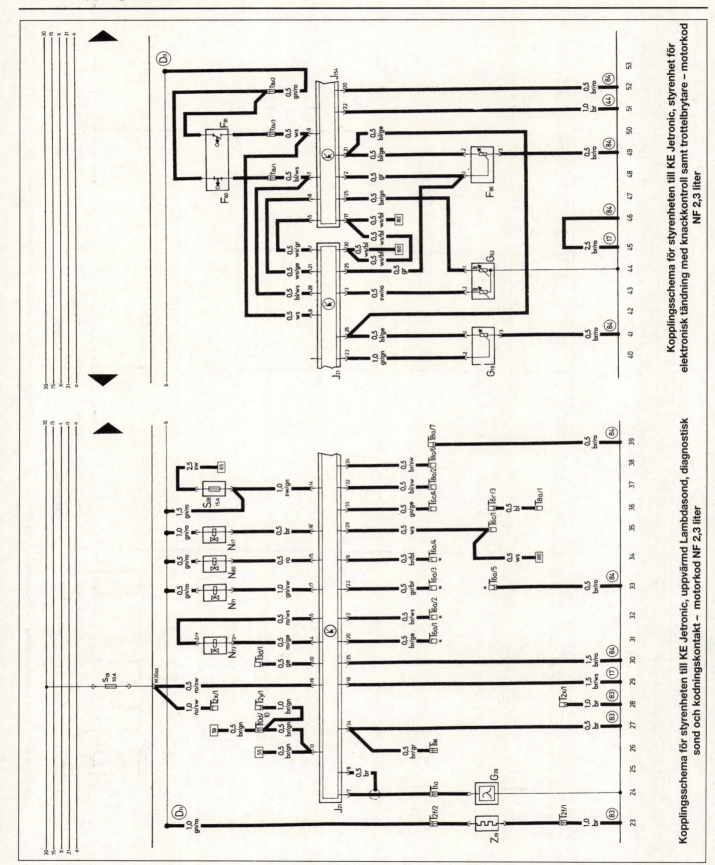

Kopplingsschema för styrenheten till **KE Jetronic**, styrenhet för elektronisk tändning med knackkontroll samt trottelbrytare – motorkod NF 2,3 liter

Kopplingsschema för styrenheten till **KE Jetronic**, uppvärmd Lambdasond, diagnostisk sond och kodningskontakt – motorkod NF 2,3 liter

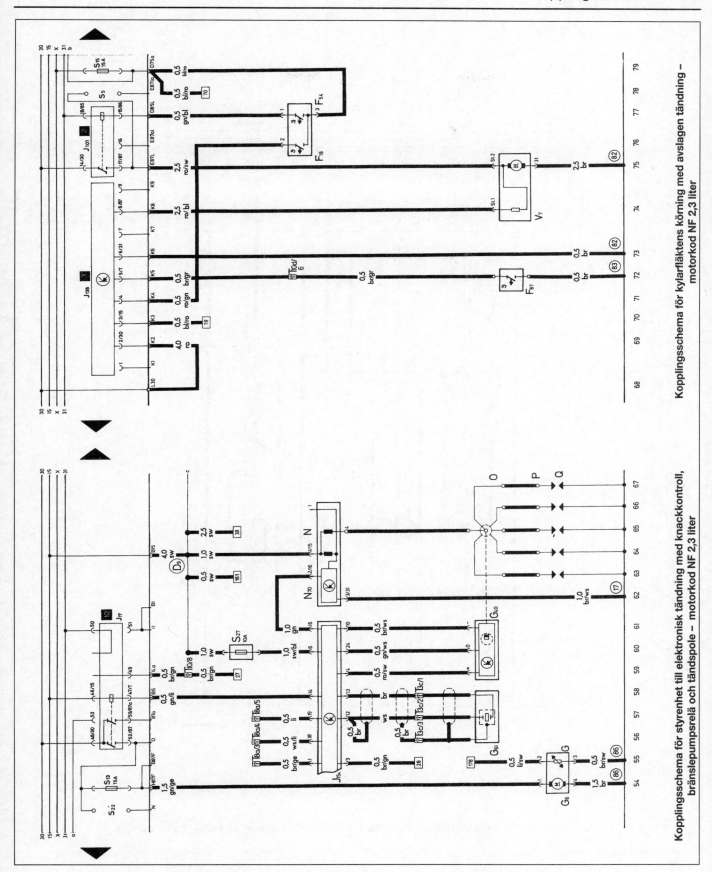

Kopplingsschema för kylarfläktens körning med avslagen tändning – motorkod NF 2,3 liter

Kopplingsschema för styrenhet till elektronisk tändning med knackkontroll, bränslepumpsrelä och tändspole – motorkod NF 2,3 liter

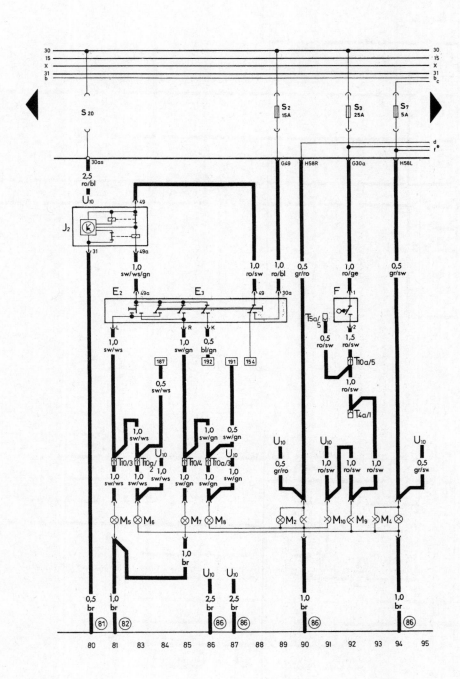

Kopplingsschema för blinkers och varningsljus, baklykta och bromsljus – motorkod NF 2,3 liter

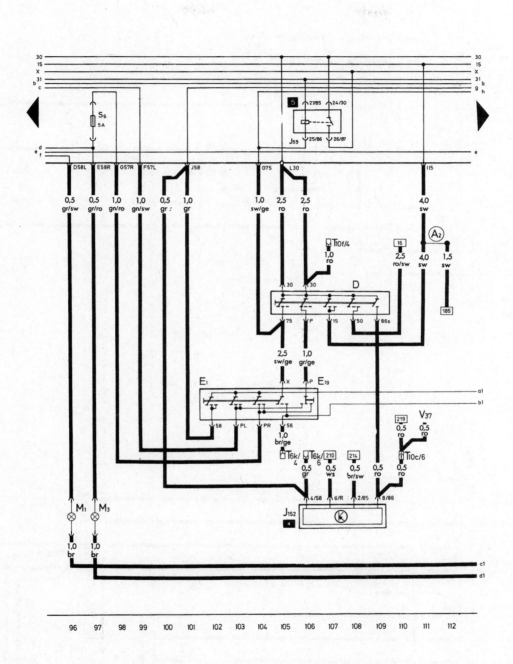

Kopplingsschema för tändningslås, ljuskontakt, summer för parkeringsljus, radio samt parkeringsljus – motorkod NF 2,3 liter

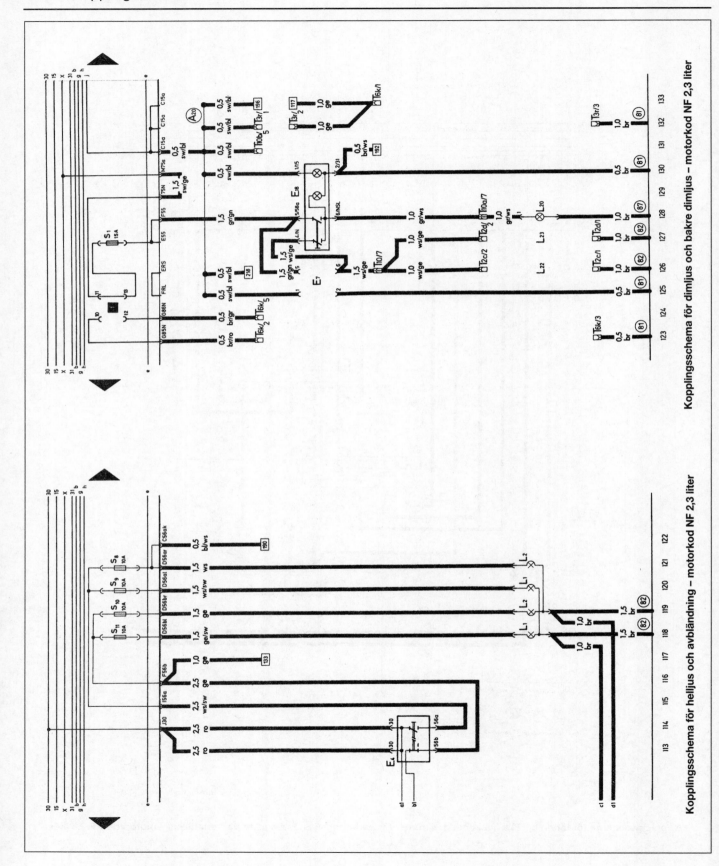

Kopplingsschema för dimljus och bakre dimljus – motorkod NF 2,3 liter

Kopplingsschema för helljus och avbländning – motorkod NF 2,3 liter

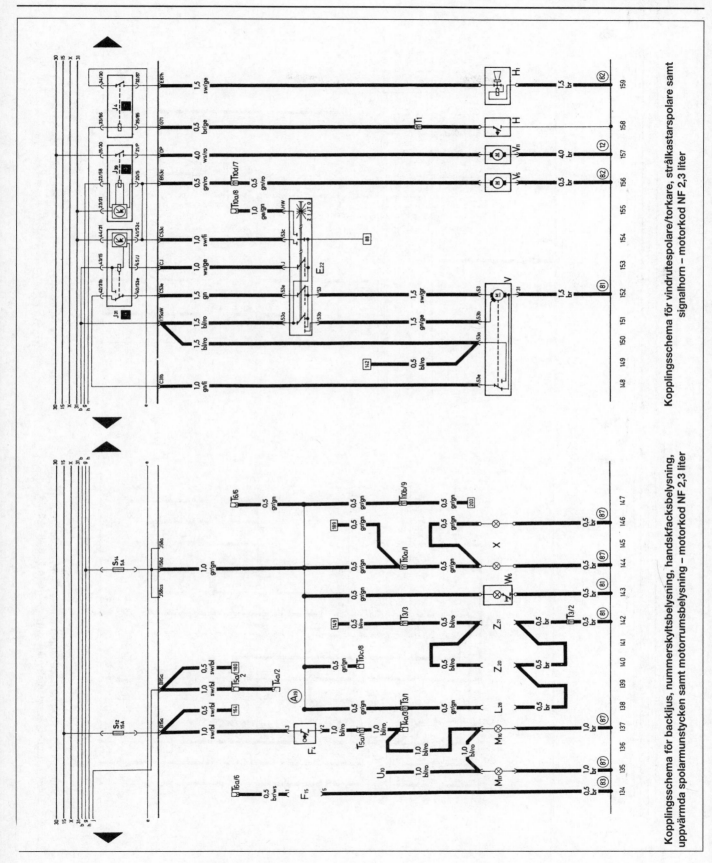

Kopplingsschema för vindrutespolare/torkare, strålkastarspolare samt signalhorn – motorkod NF 2,3 liter

Kopplingsschema för backljus, nummerskyltsbelysning, handskfacksbelysning, uppvärmda spolarmunstycken samt motorrumsbelysning – motorkod NF 2,3 liter

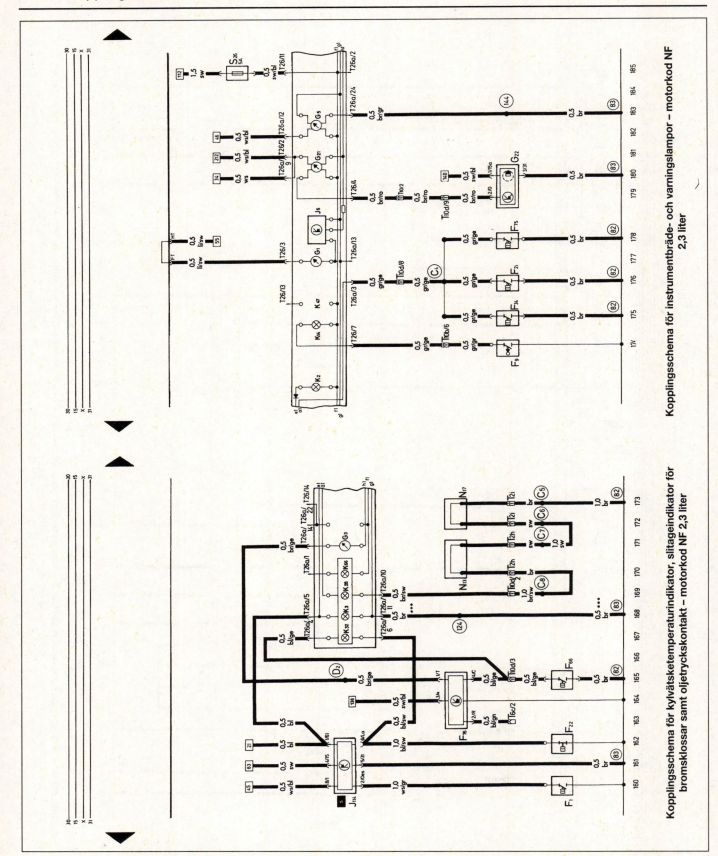

Kopplingsschema för instrumentbräde- och varningslampor – motorkod NF 2,3 liter

Kopplingsschema för kylvätsketemperaturindikator, slitageindikator för bromsklossar samt oljetryckskontakt – motorkod NF 2,3 liter

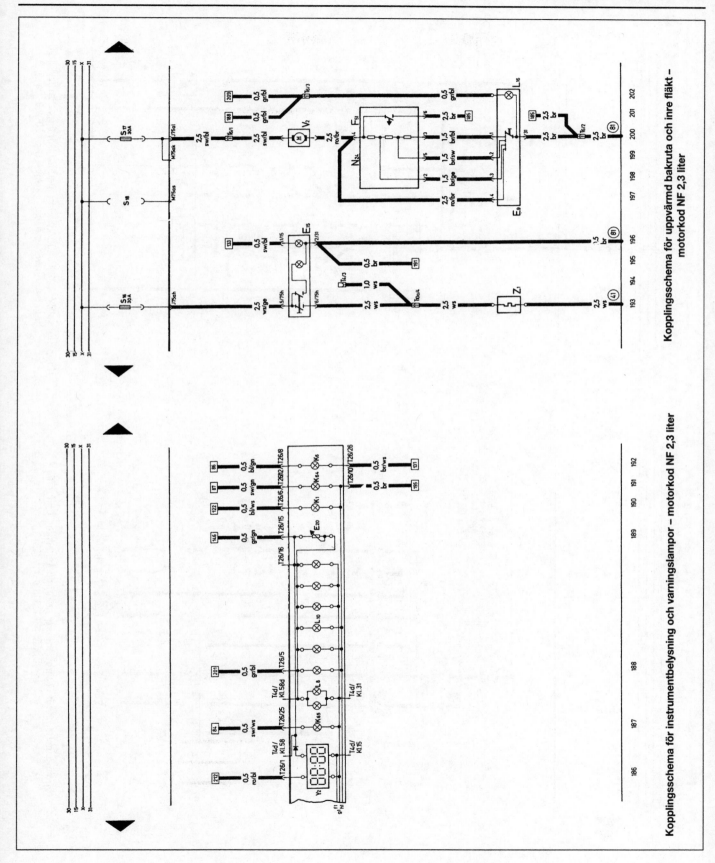

Kopplingsschema för uppvärmd bakruta och inre fläkt – motorkod NF 2,3 liter

Kopplingsschema för instrumentbelysning och varningslampor – motorkod NF 2,3 liter

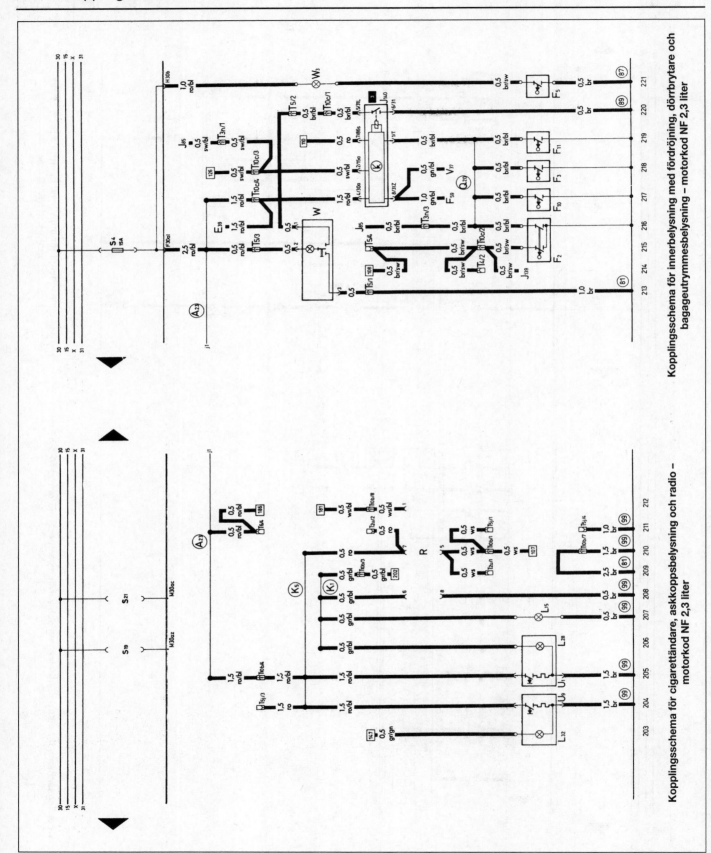

Kopplingsschema för innerbelysning med fördröjning, dörrbrytare och bagageutrymmesbelysning – motorkod NF 2,3 liter

Kopplingsschema för cigarettändare, askkoppsbelysning och radio – motorkod NF 2,3 liter

Inledning

Ett sortiment av bra verktyg är ett grundläggande behov för den som överväger underhålls- och reparationsarbeten på ett fordon. För den som saknar sådana kommer inköp av dessa att bli en betydande utgift, som dock uppvägs till en del av vinsten med eget arbete. Om verktygen som anskaffas uppfyller grundläggande säkerhets- och kvalitetskrav, kommer dessa att hålla i många år och visa sig vara en värdefull investering.

För att hjälpa bilägaren att välja de verktyg som krävs för att utföra de olika arbetena i denna handbok, har vi sammanställt tre sortiment under följande rubriker: *Underhålls- och mindre reparationsarbeten, Reparation och renovering,* samt *Special*. Nybörjaren bör starta med det första sortimentet och begränsa sig till mindre arbeten på fordonet. Allt eftersom erfarenhet och självförtroende växer, kan man sedan prova svårare uppgifter och köpa fler verktyg när och om det behövs. På detta sätt kan ett sortiment för underhålls- och mindre reparationsarbeten byggas upp till en reparations- och renoveringssats under en längre tidsperiod utan några större kontantutlägg. Den erfarne gör-det-självaren har redan en verktygssats lämplig för de flesta reparationer, och kommer att välja verktyg från specialkategorin när han känner att utgiften är berättigad för den användning verktyget kan ha.

Underhålls- och mindre reparationsarbeten

Verktygen i den här listan kan anses vara ett minimum av vad som behövs för att utföra rutinmässigt underhåll, service- och mindre reparationsarbeten. Vi rekommenderar att man köper U-ringnycklar (ena änden öppen, den andra sluten), även om de är dyrare än enbart öppna nycklar, eftersom man får båda sorternas fördelar.

- U-ringnycklar – 8, 9, 10, 11, 12, 13, 14, 15, 17, 19, 21, 22, 24 & 26 mm
- Skiftnyckel – 35 mm gap (ca)
- En sats bladmått
- Tändstiftsnyckel (med gummiinlägg)
- Verktyg för justering av tändstiftens elektrodavstånd
- Nyckel för bromsluftningsnipplar
- Skruvmejslar:
  Spårmejsel – ca 100 mm lång x 6 mm dia
  Stjärnmejsel – ca 100 mm lång x 6 mm dia
- Kombinationstång
- Bågfil (liten)
- Däckpump
- Däcktrycksmätare
- Oljekanna
- Verktyg för demontering av oljefilter
- Fin slipduk
- Stålborste (liten)
- Tratt (medelstor)

Reparation och renovering

Dessa verktyg är ovärderliga för alla som tar itu med något större reparationsarbete på motorfordon och tillkommer till de verktyg som angivits för Underhålls- och mindre reparationsarbeten. Denna lista inkluderar en grundläggande sats hylsor. Dessa kan vara dyra, men de kan också visa sig vara ovärderliga eftersom de är så användbara – särskilt om olika drivenheter inkluderas i satsen. Vi rekommenderar hylsor för halvtums fyrkant eftersom dessa kan användas med de flesta momentnycklar. Om du inte tycker att du har råd med en hylssats, även om de inköps i omgångar, så kan de billigare ringnycklarna användas.

Verktygen i denna lista kan ibland behöva kompletteras med verktyg från listan för Specialverktyg.

- Hylsor (eller ringnycklar), dimensioner enligt föregående lista
- Spärrskaft (för användning med hylsor) *(se bild)*
- Förlängning, 250 mm (för användning med hylsor)
- Universalknut (för användning med hylsor)
- Momentnyckel (för användning med hylsor)
- Självlåsande tång
- Kulhammare
- Klubba med mjukt anslag (plast eller gummi)
- Skruvmejslar:
  Spårmejsel - en lång och kraftig, en kort (knubbig), och en smal (elektrikermejsel)
  Stjärnmejsel - en lång och kraftig, en kort (knubbig)
- Tänger:
  Spetsnostång
  Sidavbitare (elektrikertyp)
  Låsringstång (in- och utvändig)
- Huggmejsel - 25 mm
- Ritspets
- Skrapa
- Körnare
- Purr
- Bågfil
- Bromsslangklamma
- Sats för luftning av bromsar

- Urval av spiralborrar
- Stålskala/linjal
- Insexnycklar (inkl Torxtyp/med splines) *(se bilder)*
- Diverse filar
- Stålborste
- Pallbockar
- Domkraft (garagedomkraft eller stabil pelarmodell)
- Arbetslampa med förlängningssladd

Specialverktyg

Verktygen i denna lista är sådana som inte används regelbundet, är dyra i inköp, eller vilka måste användas enligt tillverkarens anvisningar. Inköp av dessa verktyg är inte ekonomiskt försvarbart om inte svårare mekaniska arbeten utförs med viss regelbundenhet. Du kan också överväga att gå samman med någon vän (eller gå med i en motorklubb) och göra ett gemensamt inköp, hyra eller låna verktyg om så är möjligt.

Listan upptar endast verktyg och mätinstrument som är allmänt tillgängliga och inte sådana som specialtillverkas av bilfabrikanter för auktoriserade återförsäljare. Ibland nämns dock sådana verktyg i texten, men i allmänhet anges en alternativ metod att utföra arbetet utan specialverktygen. Ibland finns emellertid inget alternativ annat än att använda dem. När så är fallet, då verktyget inte kan köpas eller lånas, har du inget annat val än att lämna bilen till en auktoriserad verkstad.

- Ventilfjäderkompressor (ventilbåge) *(se bild)*
- Ventilslipningsverktyg
- Kolvringskompressor (-hoptryckare) *(se bild)*
- Verktyg för demontering/montering av kolvringar *(se bild)*
- Honingsverktyg *(se bild)*
- Kulledsavdragare
- Universalavdragare (nav/lageravdragare) *(se bild)*
- Slagskruvmejsel
- Mikrometer och/eller skjutmått *(se bilder)*
- Indikatorklocka *(se bild)*
- Multimeter

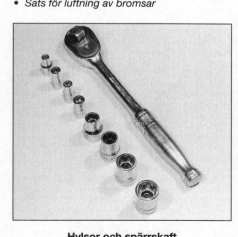

Hylsor och spärrskaft

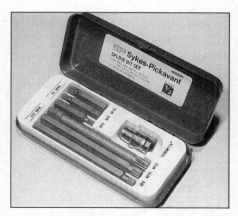

Bits för invändigt tolvkantsspår (splines)

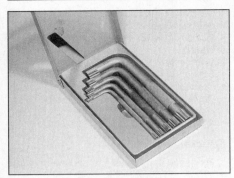

Nycklar med splines

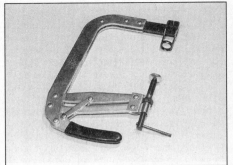

Ventilfjäderkompressor (ventilbåge)

Kolvringskompressor

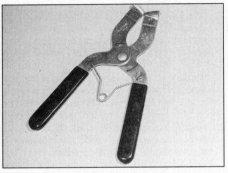

Verktyg för demontering och montering av kolvringar

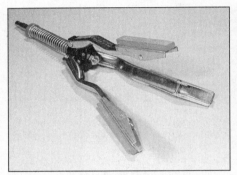

Honingsverktyg

Trebent avdragare för nav och lager

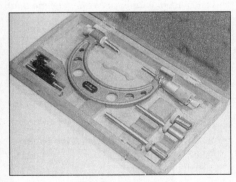

Mikrometerset

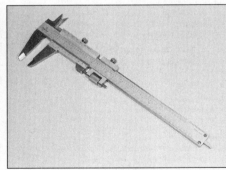

Skjutmått

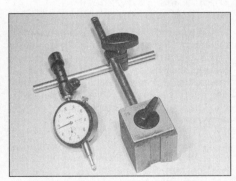

Indikatorklocka med magnetstativ

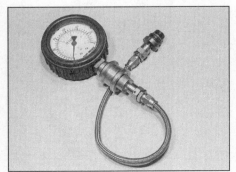

Kompressionsprovare

Centreringsverktyg för koppling

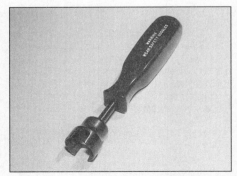

Demonteringsverktyg för bromsbackarnas fjäderskålar

- *Kompressionsprovare (se bild)*
- *Centreringsverktyg för koppling (se bild)*
- *Verktyg för demontering av broms-backarnas fjäderskålar (se bild)*
- *Sats för demontering/montering av lager och bussningar (se bild)*
- *Pinnskruvutdragare (se bild)*
- *Gängverktygssats (se bild)*
- *Lyftblock*
- *Garagedomkraft*

Inköp av verktyg

När det gäller inköp av verktyg är det i regel bättre att vända sig till en specialist som har ett större sortiment än t ex tillbehörsaffärer och bensinmackar. Emellertid kan tillbehörsbutiker och andra försäljningsställen erbjuda utmärkta verktyg till låga priser, så det kan löna sig att söka.

Det finns gott om bra verktyg till låga priser, men se till att verktygen uppfyller elementära krav på funktion och säkerhet. Fråga gärna någon kunnig person om råd före inköpet.

Vård och underhåll av verktyg

Då du skaffat ett antal verktyg är det nödvändigt att hålla dessa rena och i fullgott skick. Efter användning, torka alltid bort smuts, fett och metallpartiklar med en ren, torr trasa innan verktygen läggs undan. Låt dem inte ligga framme sedan de använts. En enkel upphängningsanordning på väggen för t ex skruvmejslar och tänger är en god idé. Förvara alla skruvnycklar och hylsor i en metallåda. Mätinstrument av alla slag måste förvaras väl skyddade mot skador och rostangrepp.

Lägg ner lite omsorg på de verktyg som används. Anslag på hammare kommer att få märken och skruvmejslar slits i spetsen efter någon tids användning. En slipduk eller en fil kan då återställa verktygen till fullt användbart skick.

Arbetsutrymmen

När man diskuterar verktyg får man inte glömma själva arbetsplatsen. Skall någonting annat än rent rutinmässigt underhåll utföras, måste man skaffa en lämplig arbetsplats.

Ibland händer det att man är tvungen att lyfta ur en motor eller andra större detaljer, utan tillgång till garage eller verkstad. När så är fallet skall alla reparationer på enheten utföras under tak.

När så är möjligt skall all isärtagning ske på en ren, plan arbetsyta, t ex en arbetsbänk med lämplig arbetshöjd.

En riktig arbetsbänk behöver ett skruvstycke: ett kraftigt skruvstycke med en öppning på 100 mm är lämpligt för de flesta arbeten. Som tidigare påpekats är torra förvaringsutrymmen för verktyg, smörjmedel, rengöringsmedel och bättringsfärg (som också måste förvaras frostfritt) nödvändiga.

Ett annat verktyg som kan behövas och som har mycket stort användningsområde rent allmänt, är en elektrisk borrmaskin med en kapacitet på minst 8 mm. En borrmaskin och ett bra sortiment spiralborrar är oumbärliga vid montering av tillbehör som speglar och backljus.

Sist men inte minst, se till att du har tillgång till gamla tidningar och rena, luddfria trasor, och försök hålla arbetsplatsen så ren som möjligt.

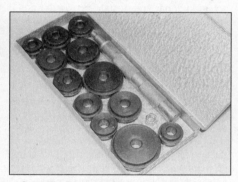

Sats för demontering och montering av lager och bussningar

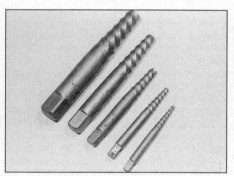

Pinnskruvutdragare

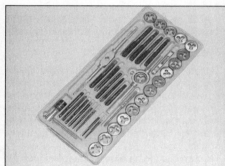

Gängverktygssats

När service-, reparationsarbeten eller renovering av detaljer utförs, är det viktigt att observera följande instruktioner. Detta för att reparationen ska utföras så effektivt och fackmannamässigt som möjligt.

Tätningsytor och packningar

När man separerar två komponenter vid anliggningsytorna får man aldrig pressa in skruvmejslar eller liknande verktyg mellan ytorna för att ta isär dem. Detta kan orsaka allvarliga skador som kan leda till oljeläckage, kylvätskeläckage etc efter montering. Man separerar komponenter genom att knacka längs fogen med en mjuk hammare. Notera att detta ibland inte är lämpligt när komponenterna är sammanfogade med styrhylsor.

När en packning används mellan två ytor, se till att den byts vid ihopsättning. Montera den torrt om inte annat anges. Se till att ytorna är rena och torra och att gammal packning är helt borttagen. Vid rengöring av en tätningsyta, använd ett verktyg som inte skadar ytan och ta bort grader och ojämnheter med bryne eller en fin fil.

Rengör gängade hål med borste och håll dem fria från tätningsmedel då sådant används, om inte annat anges.

Se till att alla öppningar, kanaler och rör är fria och blås igenom dem, helst med tryckluft.

Oljetätningar

Oljetätningar kan demonteras genom att man bänder ut dem med en bred spårskruvmejsel eller liknande verktyg. Alternativt kan man skruva in ett antal självgängande skruvar i tätningen och använda dessa som hållare för tänger eller liknande avdragningsverktyg.

När en oljetätning demonteras, antingen för sig eller som en del av en enhet, bör den bytas.

Den mycket fina tätningsläppen skadas lätt och kan inte täta om ytan den vidrör inte är helt ren och fri från grader, spår och gropar.

Skydda tätningsläppen från ytor och kanter som kan skada den under montering. Använd tejp eller en konisk hylsa, om möjligt. Smörj tätningsläppen med olja före montering och för dubbla tätningsläppar, fyll utrymmet mellan läpparna med fett.

Om inte annat anges måste tätningarna monteras med tätningsläppen mot smörjmedlet.

Använd en rörformad dorn eller ett trästycke av lämplig storlek för att montera tätningen. Om hållaren är försedd med skuldra, driv tätningen mot den. Om hållaren

saknar skuldra bör tätningen monteras så att den går jäms med hållarens yta (om inte annat anges).

Skruvgängor och infästningar

Muttrar, bultar och skruvar som kärvar är ett vanligt problem när en komponent har börjat rosta. Om man använder krypsmörjmedel eller rostlösningsvätska kan dessa problem oftast lösas om man dränker in delen som kärvar en stund innan man försöker lossa den. Man kan också använda en slagskruvmejsel. Om ingen av dessa metoder hjälper kan man värma försiktigt eller använda en bågfil eller mutterspräckare.

Pinnbultar demonteras i allmänhet genom att man drar ihop två muttrar på den gängade delen, varefter man använder en nyckel på den nedre muttern för att skruva loss pinnbulten. Pinnbultar eller skruvar som har brutits av under fästytan kan ibland demonteras med en lämplig skruvutdragare. Se alltid till att alla gängade bottenhål är helt fria från olja, fett, vatten eller andra vätskor innan skruven eller pinnskruven monteras. I annat fall kan huset spricka p g a den hydrauleffekt som uppstår när skruven skruvas i.

När man drar åt en kronmutter för att montera en saxpinne måste man dra åt till angivet moment (när sådant finns angivet) varefter man drar åt tills nästa urtag för saxpinnen passar för hålet. Lossa aldrig muttern för att passa in saxpinnen om inte detta anges i instruktionen

Vid kontroll av åtdragningsmoment för en mutter eller skruv bör man lossa den omkring ett kvarts varv varefter man drar åt den med föreskrivet åtdragningsmoment. Denna metod gäller inte när man har vinkeldragit skruven.

För vissa skruvförband, i synnerhet topplockets skruvar och muttrar, specificeras inga åtdragningsmoment för de senare stegen av en åtdragning. Man använder istället vinkeldragning. Vanligtvis dras skruvarna/muttrarna åt med ett tämligen lågt åtdragningsmoment i rätt åtdragningsföljd, varefter de vinkeldras i de följande stegen.

Låsmuttrar, låsbleck och brickor

Alla fästelement som roterar mot en komponent eller ett hus under åtdragningen skall alltid ha en bricka mellan sig och komponenten.

Fjäder- och låsbrickor bör alltid bytas när de används på kritiska komponenter såsom lageröverfall. Låsbleck som viks över mutter eller bult ska alltid bytas.

Självlåsande muttrar kan återanvändas vid

mindre viktiga detaljer, under förutsättning att ett motstånd känns då låsdelen går över skruvgängan. Självlåsande muttrar tenderar dock att förlora sin effekt efter långvarig användning och de bör då bytas rutinmässigt.

Saxpinnar måste alltid bytas och rätt storlek i förhållande till hålet användas.

När man upptäcker gänglåsningsmedel på gängorna på en enhet som skall användas igen, bör man göra ren den med en stålborste och lösningsmedel. Applicera nytt gänglåsningsmedel vid montering.

Specialverktyg

Vissa arbeten i denna handbok förutsätter användning av specialverktyg, som en press, två- eller trebent avdragare, fjäderkompressor etc. När så är möjligt beskrivs och visas lämpliga lättåtkomliga alternativ till tillverkarens specialverktyg. I vissa fall är inga alternativ möjliga, och det har varit nödvändigt att använda tillverkarens verktyg. Detta har gjorts med tanke på säkerhet såväl som på resultatet av reparationen. Om du inte är mycket skicklig och har stora kunskaper om det moment som beskrivs, försök aldrig använda annat än specialverktyg när sådant anges i anvisningarna. Det föreligger inte bara risk för kroppsskada, utan kostbara skador kan också uppstå på komponenterna.

Hänsyn till omgivningen och miljön

När du gör dig av med använd motorolja, bromsvätska, frostskyddsvätska o s v, vidta nödvändiga åtgärder för att skydda miljön. Häll t ex inte någon av ovan nämnda vätskor i det vanliga avloppssystemet, eller helt enkelt på marken. Om du inte kan göra dig av med avfallet hos någon miljöstation med speciell hantering för dessa typer av vätskor, kontakta berörd myndighet i din kommun.

Det stiftas ständigt nya, strängare lagar gällande utsläpp av miljöfarliga ämnen från motorfordon. De mest nytillverkade bilarna har justersäkringar monterade över de mest avgörande justeringspunkterna för bränslesystemet. Dessa är monterade främst för att undvika att okvalificerade personer justerar bränsle/luftblandningen och därmed riskerar en ökning av giftiga utsläpp. Om sådana justersäkringar påträffas under reparationsarbete, ska de, där så är möjligt, sättas tillbaka eller förnyas enligt tillverkarens anvisningar eller aktuell lagstiftning.

Introduktion

De fordonsägare som själv utför service-arbetet enligt rekommenderat serviceschema ska inte behöva använda denna del av handboken ofta. Pålitligheten hos moderna bilar och bildelar är så god att, om de delar som slits eller bryts ned inspekteras eller byts med de angivna intervallerna, är plötsliga haverier tämligen sällsynta. Problem uppstår i regel inte utan förvarningar utan uppstår gradvis. I synnerhet större mekaniska haverier föregås vanligen av typiska symtom under hundra- eller tusentals kilometers körning. De komponenter som kan fallera utan förvarning är som regel små och kan enkelt medföras i bilen.

Med all felsökning är första steget att avgöra var undersökningen ska påbörjas. Detta är ibland självklart, men vid andra tillfällen kan lite detektivarbete behövas. Den ägare som gör ett halvdussin mer eller mindre slumpvisa justeringar och byten kanske lyckas med att rätta till ett fel (eller symtomen) men är inte klokare om felet uppträder på nytt och kommer i slutänden att ha spenderat mer tid och pengar än nödvändigt. En lugn och logisk metodik är mycket bättre i det långa loppet. Ta alltid hänsyn till förekommande varnings-signaler eller onormala funktioner som upp-trätt innan haveriet – effektförlust, höga eller låga mätaravläsningar, ovanliga lukter etc – och kom ihåg att brända säkringar och defekta tändstift kanske bara pekar på ett underliggande fel.

Följande sidor är avsedda att vara till hjälp i händelse av startproblem eller om något havererar under färd. Det finns även ett fel-diagnosavsnitt i slutet på varje kapitel som ska studeras i händelse av att preliminära kontroller inte ger resultat. Oavsett fel gäller dock vissa grundprinciper. Dessa är:

Bekräfta felet. Det är helt enkelt frågan om att vara säker på vilka symtomen är innan du börjar arbeta. Detta är speciellt viktigt om du undersöker ett fel åt någon annan som kanske inte beskrivit det med tillräcklig precision.

Bortse inte från det självklara. Om till exempel bilen inte startar, finns det verkligen bensin i tanken? Ta inte någon annans ord för givet och lita inte heller på bensinmätaren! Om ett elfel misstänks, leta först av allt efter lösa eller kapade ledningar innan mätutrustningen tas fram.

Korrigera orsaken, inte bara symptomen. Ett byte av urladdat batteri mot ett fulladdat tar dig från vägkanten men om det under-liggande felet inte korrigeras kommer det nya batteriet snart att vara lika urladdat. Eller, att byta nedoljade tändstift mot nya låter dig fortsätta resan, men om felet var något annat än felaktigt värmetal för stiften, måste orsaken fastställas och åtgärdas.

Ta inte något för givet. Glöm absolut inte bort att "nya" delar kan vara defekta (speciellt om de skakat runt i bagageutrymmet i några månader), utelämna inte komponenter vid felsökning bara därför att de nyligen satts på plats. När du till slut hittar ett svårt fel kommer du troligen att inse att alla ledtrådar fanns där hela tiden.

Elfel

Elfel kan vara mer mystifierande än rätt-framma mekaniska fel men de är inte mindre lösbara med hjälp av en logisk analys om man förstår grundprinciperna för funktionerna är.

Bilars elektriska system befinner sig i en extremt ovänlig miljö – värme, vibrationer och kemiska angrepp, så det första som ska letas efter är lösa eller korroderade kontakter samt avbrutna eller skavda ledningar, speciellt där de löper genom hål i karossen eller är utsatta för vibrationer.

Samtliga fordon med metallkaross som för närvarande finns i tillverkning har en batteripol jordad, dvs ansluten till fordonets kaross. I nästan samtliga moderna bilar är detta den negativa polen. De olika elektriska kompo-nenterna, motorer, glödlampshållare etc. är även de anslutna till jord, antingen via en ledning eller via fästet. Elektrisk ström flödar genom komponenten och tillbaka till batteriet via karossen. Om komponentens fäste är löst eller korroderat, eller om det inte finns en bra väg tillbaka till batteriet, är kretsen inte fullständig vilket leder till felfunktion. Motorn och/eller växellådan är även de jordade via flexibla metalledningar till karossen eller monteringsramen. Om dessa ledningar är lösa eller saknas kan problem uppstå med start-motor, alternator och tändning.

Under förutsättning att jordanslutningen är tillfredsställande beror elfel antingen på felfunktion i komponenten eller defekter i matningsspänningen. Individuella kompo-nenter tas upp i kapitel 12. Om matnings-ledningar är avbrutna eller internt spruckna resulterar det i en öppen krets. Det enklaste sättet att kontrollera detta är att tillfälligt koppla förbi den misstänkta ledningen med en krokodilklämmeförsedd ledning. Alternativt kan en 12 V testlampa användas till att bekräfta förekomsten av spänning utmed olika punkter i kretsen, så att avbrottet kan isoleras.

Om en naken del av en ledning kommer i kontakt med karossen eller annan jordad metalldel, kommer elektriciteten att följa det minsta motståndet tillbaka till batteriet. Detta kallas kortslutning. I bästa fall smälter en kortslutning säkringen till kretsen. I värsta fall kan den bränna igenom isoleringen (och orsaka fler kortslutningar) eller orsaka en brand. Av den orsaken är det inte att rekommendera att koppla förbi ofta brända säkringar med folie eller tråd.

Reservdelar och verktygslåda

De flesta fordon levereras med en verktygslåda som endast duger till hjulbyte. Den verktygssats för *underhåll och mindre reparationer* som beskrivs i *Verktyg och arbetsutrymmen*, plus en hammare, är troligtvis fullt tillräcklig för de reparationer som de flesta motorister skulle överväga att vidta vid vägkanten. Dessutom bör ett litet antal komponenter, som kan monteras utan för mycket problem, medföras vid färd, ifall ett haveri inträffar. Erfarenheter och utrymme kommer att modifiera nedanstående grundlista, men följande kan mycket väl hjälpa till att undvika att tillkalla professionell hjälp:

☐ *Tändstift, rena och med korrekt elektrodavstånd*
☐ *Tändkabel med hatt – lång nog att räcka till det stift som är längst bort från fördelaren*

☐ *Rotor till fördelardosan*
☐ *Drivrem(mar) — nödtyp kan vara fullt tillräcklig*
☐ *Reservsäkringar*
☐ *Uppsättning med de viktigaste glödlamporna*
☐ *Burk med kylartätning och slangbandage*
☐ *Avgasbandage*
☐ *Rulle med eltejp*
☐ *En bit mjuk järntråd*
☐ *En bit elkabel*
☐ *Ficklampa eller inspektionslampa (som även kan fungera som testlampa)*
☐ *Startkablar*
☐ *Bogserlina*
☐ *Fuktavvisande spray till tändsystemet*
☐ *En liter motorolja*
☐ *Förseglad burk hydraulolja*
☐ *Nödvindruta*
☐ *Slangklämmor*
☐ *Tub med spackelmassa*

Om extra bränsle medförs (vid färd utomlands, kontrollera vad nationella lagar anger om detta, förbjudet i en del länder, krav i andra) ska detta göras i en för ändamålet avsedd dunk så att risken för läckage och kollisionsskador minimeras. Förstahjälpensats och varningstriangel är självklara och vettiga föremål att ta med, varningstriangel krävs enligt svensk lag. Vid färd utomlands kan det även vara klokt att ta med extra reservdelar, även om du inte kan montera dem själv, som kan spara tid i händelse av reparationsbehov. Följande är värt att ta med:

☐ *Kopplings- och gasvajrar*
☐ *Topplockspackning*
☐ *Alternatorborstar*
☐ *Däckventiler*

Någon av motororganisationerna kan ge upplysningar om tillgång till bränsle med mera i olika länder.

Motorn startar inte

Motorn startar inte när startmotorn används

☐ Urladdat batteri (ladda upp, använd startkablar eller knuffstart)
☐ Batteripolskor lösa eller korroderade
☐ Defekt batterijordning
☐ Motorns jordledning lös eller avbruten
☐ Startmotor (eller solenoid) har lös eller avbruten ledning
☐ Automatlådans växelväljare i fel läge eller defekt startspärr
☐ Defekt tändningslås
☐ Större mekaniskt fel (motorn skuren)
☐ Internt fel i startmotor eller solenoid (se kapitel 12)

Startmotorn vrider runt motorn långsamt

☐ Delvis urladdat batteri (ladda upp, använd startkablar eller knuffstart)
☐ Batteripolskor lösa eller korroderade
☐ Defekt batterijordning
☐ Motorns jordledning lös eller avbruten

☐ Startmotor (eller solenoid) har lös eller avbruten ledning
☐ Internt fel i startmotor (se kapitel 12)

Startmotorn snurrar utan att dra runt motorn

☐ Kuggkransens tänder skadade eller utslitna
☐ Startmotorns fästbultar lösa

Motorn snurrar normalt men startar inte

☐ Fukt eller smuts i tändkablar och/eller fördelarlock (vrid runt motorn och kontrollera gnistan)
☐ Inget bränsle i tanken (kontrollera om bränsle kommer fram till förgasaren)

☐ Defekt automatchoke (förgasarmotor)
☐ Tändstiften smutsiga eller har fel elektrodavstånd (ta ut och rengör tändstiften och kontrollera elektrodavstånd)
☐ Annat fel i tändsystemet (se kapitel 4)
☐ Annat fel i bränslesystemet (se kapitel 3)
☐ Dålig kompression (se kapitel 1)
☐ Större mekaniskt fel (exempelvis kamaxeldrivning)

Motorn tänder men går inte

☐ Defekt automatchoke (förgasarmotor)
☐ Luftläckage i förgasare eller insugsrör
☐ För mager bränsleblandning (se kapitel 3)
☐ Defekt barlastmotstånd eller annat tändningsfel (se kapitel 4)

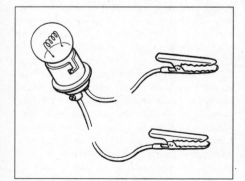

En enkel elektrisk testlampa är mycket användbar för kontroll av elektriska fel

Att medföra ett antal reservdelar kan bespara dig en lång promenad!

Motorn stannar och startar inte igen

Motorn stannar plötsligt – tändningsfel

- [ ] Lös eller urkopplad lågspänningsledning till tändspolen
- [ ] Blöta tändkablar eller blött fördelarlock (efter att ha kört över vatten)
- [ ] Defekt tändspole (kontrollera om det finns gnista)
- [ ] Annat tändningsfel (se kapitel 4)

Motorn misständer innan stopp – bränslefel

- [ ] Tom bränsletank
- [ ] Defekt bränslepump eller igensatt filter (kontrollera om det kommer fram bränsle till förgasaren)
- [ ] Bränsletankens påfyllningsventilation är blockerad (märkbart sug när tanklocket öppnas)
- [ ] Nålventilen i förgasaren fastnar
- [ ] Igensatta förgasarmunstycken (förorenat bränsle)
- [ ] Annat fel i bränslesystemet (se kapitel 3)

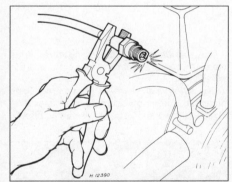

Dra runt motorn och kontrollera om det finns gnista. Observera användningen av ett isolerat verktyg

Motorn stannar – andra orsaker

- [ ] Allvarlig överhettning
- [ ] Större mekaniskt fel (exempelvis kamaxeldrivning)

Motorn överhettar

Laddningslampan tänds

- [ ] Slack eller brusten drivrem — spänn eller byt (kapitel 2)

Laddningslampan ej tänd

- [ ] Kylvätskeförlust p.g.a. intern eller extern läcka (se kapitel 2)
- [ ] Defekt termostat
- [ ] Låg oljenivå
- [ ] Kärvande bromsar
- [ ] Kylaren igensatt, extern eller internt
- [ ] Elektrisk kylfläkt fungerar inte korrekt
- [ ] Motorns vattenkanaler igensatta
- [ ] Felaktigt tändläge eller defekt tändförställning
- [ ] För mager bränsleblandning

Notera: *Fyll inte på kallt vatten i en överhettad motor eftersom detta kan orsaka allvarliga skador*

Lågt oljetryck

Notera: *Lågt oljetryck vid tomgång i en motor med högt miltal är inte nödvändigtvis en oroskälla. Plötsligt tryckfall vid körning är mycket mer allvarligt. Men kontrollera först givaren till lampan eller mätaren innan motorn döms ut.*

Låg mätaravläsning eller tänd varningslampa med motorn igång

- [ ] Låg oljenivå eller fel oljetyp
- [ ] Defekt mätare eller givare
- [ ] Ledningen till givaren jordad

- [ ] Motorn överhettar
- [ ] Igensatt oljefilter eller defekt förbikopplingsventil
- [ ] Defekt oljeövertrycksventil
- [ ] Oljeuppsugningssilen igensatt
- [ ] Oljepumpen sliten eller har lösa fästen
- [ ] Slitna ram- eller storändslager

Missljud i motorn

Förtida tändning (spikning) vid acceleration

- [ ] Fel oktantal
- [ ] Fel tändinställning
- [ ] Defekt eller sliten fördelare
- [ ] Sliten eller feljusterad förgasare
- [ ] För mycket sot i motorn

Visslande eller suckande ljud

- [ ] Läcka i vakuumslang
- [ ] Läcka i förgasar- eller insugspackning
- [ ] Trasig topplockspackning

Knack eller skaller

- [ ] Fel ventilspel (om tillämpligt)
- [ ] Slitna ventiler
- [ ] Sliten kamrem/kedja
- [ ] Brusten kolvring (tick)

Knackningar eller slag

- [ ] Oavsiktlig mekanisk kontakt (exempelvis fläktblad)
- [ ] Sliten drivrem
- [ ] Defekt hjälpaggregat (alternator, vattenpump, etc.)
- [ ] Slitna storändslager (regelbundna hårda knackningar, eventuellt minskande under belastning)
- [ ] Slitna ramlager (muller och knackningar, eventuellt förvärrat under belastning)
- [ ] Kolvslammer (mest märkbart med kall motor)

Inköp av reservdelar

Reservdelar finns att få från många håll. VAG har många auktoriserade återförsäljare i landet. Tillbehörsaffärer och motorspecialister har många Audidelar. Vårt råd angående inköpsställen för reservdelar är:

Auktoriserade återförsäljare: Det är den bästa källan till delar som är specifika för just din bil och som inte finns allmänt tillgängliga (exempelvis märken, klädsel/dekor, vissa plåtdelar, kompletta topplock, växellådsdelar och liknande). Det är dessutom den enda källan om fordonet fortfarande är under

garanti. För att vara säker på att få rätt del är det i regel nödvändigt att ange fordonets och motorns identitetsnummer, ta om möjligt med den gamla delen för säker identifiering. Kom ihåg att många delar finns som utbytes fabriksdelar – returnerade delar ska alltid vara rengjorda! Det är självklart bäst att gå direkt till specialister på ditt fordon för denna typ av reservdelar i och med att de har de största möjligheterna att hjälpa dig.

Andra återförsäljare och biltillbehörsbutiker – Dessa är mycket bra vad gäller underhålls-

och förbrukningsmaterial (olja, filter, tändstift, glödlampor, drivremmar, bättringslack med mera). De säljer även generella tillbehör, har vanligtvis bekväma öppettider, håller lägre priser och finns ofta på nära håll.

Motorspecialister – Bra motorspecialister har alla viktiga delar som snabbt slits ut i lager (kopplingsdelar, kolvar, ventiler, avgassystem, bromsdelar och liknande). De har ofta även nya eller renoverade delar på utbytesbasis - vilket kan spara märkbara summor.

Fordonets identitetsmärkning

Ändringar och modifieringar är en fortlöpande och opublicerad process inom fordonstillverkningen. Listor och kataloger över reservdelar sammanställs på numerisk bas vilket gör det individuella fordonsnumret nödvändigt för korrekt identifiering av den

reservdel som behövs.

Bilens identitetsplåt finns antingen på höger sida av motorrummets främre panel eller på insidan av bagageluckan.

Motornumret finns instansat på motorblockets vänstra sida.

Den manuella växellådans nummer finns instansat på växellådans högra sida, ovanför drivflänsen.

Den automatiska växellådans nummer finns instansat inne i momentomvandlarhuset men växellådstypen anges på ovansidan av huset.

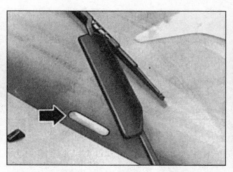

Fordonets identitetsnummer sett genom vindrutan (vissa modeller)

Motornummer

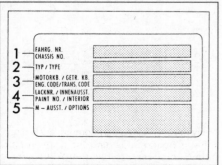

Två olika typer av identitetsplåt (märkplåt)

A

ABS (Anti-lock brake system) Låsningsfria bromsar. Ett system, vanligen elektroniskt styrt, som känner av påbörjande låsning av hjul vid inbromsning och lättar på hydraultrycket på hjul som ska till att låsa.

Air bag (krockkudde) En uppblåsbar kudde dold i ratten (på förarsidan) eller instrumentbrädan eller handskfacket (på passagerarsidan) Vid kollision blåses kuddarna upp vilket hindrar att förare och framsätespassagerare kastas in i ratt eller vindruta.

Ampere (A) En måttenhet för elektrisk ström. 1 A är den ström som produceras av 1 volt gående genom ett motstånd om 1 ohm.

Anaerobisk tätning En massa som används som gänglås. Anaerobisk innebär att den inte kräver syre för att fungera.

Antikärvningsmedel En pasta som minskar risk för kärvning i infästningar som utsätts för höga temperaturer, som t.ex. skruvar och muttrar till avgasrenrör. Kallas även gängskydd

Antikärvningsmedel

Asbest Ett naturligt fibröst material med stor värmetolerans som vanligen används i bromsbelägg. Asbest är en hälsorisk och damm som alstras i bromsar ska aldrig inandas eller sväljas.

Avgassamlarrör En del med flera passager genom vilka avgaserna lämnar förbränningskamrarna och går in i avgasröret.

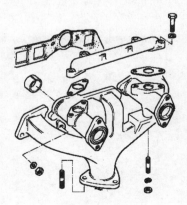
Avgassamlarrör

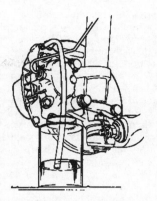
Avluftning av bromsarna

Avluftning av bromsar Avlägsnande av luft från hydrauliskt bromssystem.

Avluftningsnippel En ventil på ett bromsok, hydraulcylinder eller annan hydraulisk del som öppnas för att tappa ur luften i systemet.

Axel En stång som ett hjul roterar på, eller som roterar inuti ett hjul. Även en massiv balk som håller samman två hjul i bilens ena ände. En axel som även överför kraft till hjul kallas drivaxel.

Axel

Axialspel Rörelse i längdled mellan två delar. För vevaxeln är det den distans den kan röra sig framåt och bakåt i motorblocket.

B

Belastningskänslig fördelningsventil En styrventil i bromshydrauliken som fördelar bromseffekten, med hänsyn till bakaxelbelastningen.

Bladmått Ett tunt blad av härdat stål, slipat till exakt tjocklek, som används till att mäta spel mellan delar.

Bladmått

Bromsback Halvmåneformad hållare med fastsatt bromsbelägg som tvingar ut beläggen i kontakt med den roterande bromstrumman under inbromsning.

Bromsbelägg Det friktionsmaterial som kommer i kontakt med bromsskiva eller bromstrumma för att minska bilens hastighet. Beläggen är limmade eller nitade på bromsklossar eller bromsbackar.

Bromsklotsar Utbytbara friktionsklossar som nyper i bromsskivan när pedalen trycks ned. Bromsklotsar består av bromsbelägg som limmats eller nitats på en styv bottenplatta.

Bromsok Den icke roterande delen av en skivbromsanordning. Det grenslar skivan och håller bromsklossarna. Oket innehåller även de hydrauliska delar som tvingar klossarna att nypa skivan när pedalen trycks ned.

Bromsskiva Den del i en skivbromsanordning som roterar med hjulet.

Bromstrumma Den del i en trumbromsanordning som roterar med hjulet.

C

Caster I samband med hjulinställning, lutningen framåt eller bakåt av styrningens axialled. Caster är positiv när styrningens axialled lutar bakåt i överkanten.

CV-knut En typ av universalknut som upphäver vibrationer orsakade av att drivkraft förmedlas genom en vinkel.

D

Diagnostikkod Kodsiffror som kan tas fram genom att gå till diagnosläget i motorstyrningens centralenhet. Koden kan användas till att bestämma i vilken del av systemet en felfunktion kan förekomma.

Draghammare Ett speciellt verktyg som skruvas in i eller på annat sätt fästes vid en del som ska dras ut, exempelvis en axel. Ett tungt glidande handtag dras utmed verktygsaxeln mot ett stopp i änden vilket rycker avsedd del fri.

Drivaxel En roterande axel på endera sidan differentialen som ger kraft från slutväxeln till drivhjulen. Även varje axel som används att överföra rörelse.

Drivaxel

Drivrem(mar) Rem(mar) som används till att driva tillbehörsutrustning som generator, vattenpump, servostyrning, luftkonditioneringskompressor mm, från vevaxelns remskiva.

Ordlista över tekniska termer

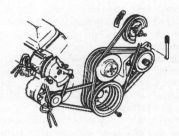

Drivremmar till extrautrustning

Dubbla överliggande kamaxlar (DOHC) En motor försedd med två överliggande kamaxlar, vanligen en för insugsventilerna och en för avgasventilerna.

E

EGR-ventil Avgasåtercirkulationsventil. En ventil som för in avgaser i insugsluften.

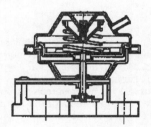

Ventil för avgasåtercirkulation (EGR)

Elektrodavstånd Den distans en gnista har att överbrygga från centrumelektroden till sidoelektroden i ett tändstift. (Även gnistgap)

Justering av elektrodavståndet

Elektronisk bränsleinsprutning (EFI) Ett datorstyrt system som fördelar bränsle till förbränningskamrarna via insprutare i varje insugsport i motorn.
Elektronisk styrenhet (ECU) En dator som exempelvis styr tändning, bränsleinsprutning eller låsningsfria bromsar.

F

Finjustering En process där noggranna justeringar och byten av delar optimerar en motors prestanda.

Fjäderben Se MacPherson-ben.
Fläktkoppling En viskös drivkoppling som medger variabel kylarfläkthastighet i förhållande till motorhastigheten.
Frostplugg En skiv- eller koppformad metallbricka som monterats i ett hål i en gjutning där kärnan avlägsnats.
Frostskydd Ett ämne, vanligen etylenglykol, som blandas med vatten och fylls i bilens kylsystem för att förhindra att kylvätskan fryser vintertid. Frostskyddet innehåller även kemikalier som förhindrar korrosion och rost och andra avlagringar som skulle kunna blockera kylare och kylkanaler och därmed minska effektiviteten.
Fördelningsventil En hydraulisk styrventil som begränsar trycket till bakbromsarna vid panikbromsning så att hjulen inte låser sig.
Förgasare En enhet som blandar bränsle med luft till korrekta proportioner för önskad effekt från en gnistantänd förbränningsmotor.

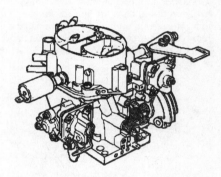

Förgasare

G

Generator En del i det elektriska systemet som förvandlar mekanisk energi från drivremmen till elektrisk energi som laddar batteriet, som i sin tur driver startsystem, tändning och elektrisk utrustning.

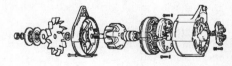

Generator (genomskärning)

Glidlager Den krökta ytan på en axel eller i ett lopp, eller den del monterad i endera, som medger rörelse mellan dem med ett minimum av slitage och friktion.
Gängskydd Ett täckmedel som minskar risken för gängskärning i bultförband som utsätts för stor hetta, exempelvis grenrörets bultar och muttrar. Kallas även antikärvningsmedel.

H

Handbroms Ett bromssystem som är oberoende av huvudbromsarnas hydraulikkrets. Kan användas till att stoppa bilen om huvudbromsarna slås ut, eller till att hålla bilen stilla utan att bromspedalen trycks ned. Den består vanligen av en spak som aktiverar främre eller bakre bromsar mekaniskt via vajrar och länkar. Kallas även parkeringsbroms.
Harmonibalanserare En enhet avsedd att minska fjädring eller vridande vibrationer i vevaxeln. Kan vara integrerad i vevaxelns remskiva. Även kallad vibrationsdämpare
Hjälpstart Start av motorn på en bil med urladdat eller svagt batteri genom koppling av startkablar mellan det svaga batteriet och ett laddat hjälpbatteri.
Honare Ett slipverktyg för korrigering av smärre ojämnheter eller diameterskillnader i ett cylinderlopp.
Hydraulisk ventiltryckare En mekanism som använder hydrauliskt tryck från motorns smörjsystem till att upprätthålla noll ventilspel (konstant kontakt med både kamlob och ventilskaft). Justeras automatiskt för variation i ventilskaftslängder. Minskar även ventilljudet.

I

Insexnyckel En sexkantig nyckel som passar i ett försänkt sexkantigt hål.
Insugsrör Rör eller kåpa med kanaler genom vilka bränsle/luftblandningen leds till insugsportarna.

K

Kamaxel En roterande axel på vilken en serie lober trycker ned ventilerna. En kamaxel kan drivas med drev, kedja eller tandrem med kugghjul.
Kamkedja En kedja som driver kamaxeln.
Kamrem En tandrem som driver kamaxeln. Allvarliga motorskador kan uppstå om kamremmen brister vid körning.
Kanister En behållare i avdunstningsbegränsningen, innehåller aktivt kol för att fånga upp bensinångor från bränslesystemet.

Kanister

Kardanaxel Ett långt rör med universalknutar i bägge ändar som överför kraft från växellådan till differentialen på bilar med motorn fram och drivande bakhjul.

Kast Hur mycket ett hjul eller drev slår i sidled vid rotering. Det spel en axel roterar med. Orundhet i en roterande del.

Katalysator En ljuddämparliknande enhet i avgassystemet som omvandlar vissa föroreningar till mindre hälsovådliga substanser.

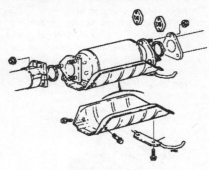

Katalysator

Kompression Minskning i volym och ökning av tryck och värme hos en gas, orsakas av att den kläms in i ett mindre utrymme.

Kompressionsförhållande Skillnaden i cylinderns volymer mellan kolvens ändlägen.

Kopplingsschema En ritning över komponenter och ledningar i ett fordons elsystem som använder standardiserade symboler.

Krockkudde (Airbag) En uppblåsbar kudde dold i ratten (på förarsidan) eller instrumentbrädan eller handskfacket (på passagerarsidan) Vid kollision blåses kuddarna upp vilket hindrar att förare och framsätespassagerare kastas in i ratt eller vindruta.

Krokodilklämma Ett långkäftat fjäderbelastat clips med ingreppande tänder som används till tillfälliga elektriska kopplingar.

Kronmutter En mutter som vagt liknar kreneleringen på en slottsmur. Används tillsammans med saxsprint för att låsa bultförband extra väl.

Kronmutter

Krysskruv Se Phillips-skruv
Kugghjul Ett hjul med tänder eller utskott på omkretsen, formade för att greppa in i en kedja eller rem.

Kuggstångsstyrning Ett styrsystem där en pinjong i rattstångens ände går i ingrepp med en kuggstång. När ratten vrids, vrids även pinjongen vilket flyttar kuggstången till höger eller vänster. Denna rörelse överförs via styrstagen till hjulets styrleder.

Kullager Ett friktionsmotverkande lager som består av härdade inner- och ytterbanor och har härdade stålkulor mellan banorna.

Kylare En värmeväxlare som använder flytande kylmedium, kylt av fartvinden/fläkten till att minska temperaturen på kylvätskan i en förbränningsmotors kylsystem.

Kylmedia Varje substans som används till värmeöverföring i en anläggning för luftkonditionering. R-12 har länge varit det huvudsakliga kylmediet men tillverkare har nyligen börjat använda R-134a, en CFC-fri substans som anses vara mindre skadlig för ozonet i den övre atmosfären.

L

Lager Den böjda ytan på en axel eller i ett lopp, eller den del som monterad i någon av dessa tillåter rörelse mellan dem med minimal slitage och friktion.

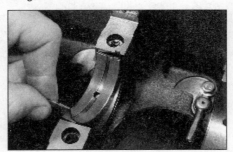

Lager

Lambdasond En enhet i motorns grenrör som känner av syrehalten i avgaserna och omvandlar denna information till elektricitet som bär information till styrelektroniken. Även kalla syresensor.

Luftfilter Filtret i luftrenaren, vanligen tillverkat av veckat papper. Kräver byte med regelbundna intervaller.

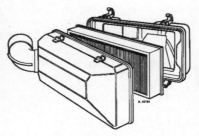

Luftfilter

Luftrenare En kåpa av plast eller metall, innehållande ett filter som tar undan damm och smuts från luft som sugs in i motorn.

Låsbricka En typ av bricka konstruerad för att förhindra att en ansluten mutter lossnar.

Låsmutter En mutter som låser en justermutter, eller annan gängad del, på plats. Exempelvis används låsmutter till att hålla justermuttern på vipparmen i läge.

Låsring Ett ringformat clips som förhindrar längsgående rörelser av cylindriska delar och axlar. En invändig låsring monteras i en skåra i ett hölje, en yttre låsring monteras i en utvändig skåra på en cylindrisk del som exempelvis en axel eller tapp.

M

MacPherson-ben Ett system för framhjulsfjädring uppfunnet av Earle MacPherson vid Ford i England. I sin ursprungliga version skapas den nedre bärarmen av en enkel lateral länk till krängningshämmaren. Ett fjäderben - en integrerad spiralfjäder och stötdämpare - finns monterad mellan karossen och styrknogen. Många moderna MacPherson-ben använder en vanlig nedre A-arm och inte krängningshämmaren som nedre fäste.

Markör En remsa med en andra färg i en ledningsisolering för att skilja ledningar åt.

Motor med överliggande kamaxel (OHC) En motor där kamaxeln finns i topplocket.

Motorstyrning Ett datorstyrt system som integrerat styr bränsle och tändning.

Multimätare Ett elektriskt testinstrument som mäter spänning, strömstyrka och motstånd.

Mätare En instrumentpanelvisare som används till att ange motortillstånd. En mätare med en rörlig pekare på en tavla eller skala är analog. En mätare som visar siffror är digital.

N

NOx Kväveoxider. En vanlig giftig förorening utsläppt av förbränningsmotorer vid högre temperaturer.

O

O-ring En typ av tätningsring gjord av ett speciellt gummiliknande material. O-ringen fungerar så att den trycks ihop i en skåra och därmed utgör tätningen.

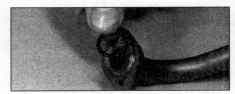

O-ring

Ohm Enhet för elektriskt motstånd. 1 volt genom ett motstånd av 1 ohm ger en strömstyrka om 1 ampere.

Ohmmätare Ett instrument för uppmätning av elektriskt motstånd.

P

Packning Mjukt material - vanligen kork, papp, asbest eller mjuk metall - som monteras mellan två metallytor för att erhålla god tätning. Exempelvis tätar topplockspackningen fogen mellan motorblocket och topplocket.

Packning

Phillips-skruv En typ av skruv med ett korsspår, istället för ett rakt, för motsvarande skruvmejsel. Vanligen kallad krysskruv.

Plastigage En tunn plasttråd, tillgänglig i olika storlekar, som används till att mäta toleranser. Exempelvis så läggs en remsa Plastigage tvärs över en lagertapp. Delarna sätts ihop och tas isär. Bredden på den klämda remsan anger spelrummet mellan lager och tapp.

Plastigage

R

Rotor I en fördelare, den roterande enhet inuti fördelardosan som kopplar samman centrumelektroden med de yttre kontakterna vartefter den roterar, så att högspänningen från tändspolens sekundärlindning leds till rätt tändstift. Även den del av generatorn som roterar inuti statorn. Även de roterande delarna av ett turboaggregat, inkluderande kompressorhjulet, axeln och turbinhjulet.

S

Sealed-beam strålkastare En äldre typ av strålkastare som integrerar reflektor, lins och glödtrådar till en hermetiskt försluten enhet.

När glödtråden går av eller linsen spricker byts hela enheten.

Shims Tunn distansbricka, vanligen använd till att justera inbördes lägen mellan två delar. Exempelvis sticks shims in i eller under ventiltryckarhylsor för att justera ventilspelet. Spelet justeras genom byte till shims av annan tjocklek.

Skivbroms En bromskonstruktion med en roterande skiva som kläms mellan bromsklossar. Den friktion som uppstår omvandlar bilens rörelseenergi till värme.

Skjutmått Ett precisionsmätinstrument som mäter inre och yttre dimensioner. Inte riktigt lika exakt som en mikrometer men lättare att använda.

Smältsäkring Ett kretsskydd som består av en ledare omgiven av värmetålig isolering. Ledaren är tunnare än den ledning den skyddar och är därmed den svagaste länken i kretsen. Till skillnad från en bränd säkring måste vanligen en smältsäkring skäras bort från ledningen vid byte.

Spel Den sträcka en del färdas innan något inträffar. "Luften" i ett länksystem eller ett montage mellan första ansatsen av kraft och verklig rörelse. Exempel, den sträcka bromspedalen färdas innan kolvarna i huvudcylindern rör på sig. Även utrymmet mellan två delar, exempelvis kolv och cylinderlopp.

Spiralfjäder En spiral av elastiskt stål som förekommer i olika storlekar på många platser i en bil, bland annat i fjädringen och ventilerna i topplocket.

Startspärr På bilar med automatväxellåda förhindrar denna kontakt att motorn startas annat än om växelväljaren är i N eller P.

Storändslager Lagret i den ände av vevstaken som är kopplad till vevaxeln.

Svetsning Olika processer som används för att sammanfoga metallföremål genom att hetta upp dem till smältning och sammanföra dem.

Svänghjul Ett tungt roterande hjul vars energi tas upp och sparas via moment. På bilar finns svänghjulet monterat på vevaxeln för att utjämna kraftpulserna från arbetstakterna.

Syresensor En enhet i motorns grenrör som känner av syrehalten i avgaserna och omvandlar denna information till elektricitet som bär information till styrelektroniken. Även kalla Lambdasond.

Säkring En elektrisk enhet som skyddar en krets mot överbelastning. En typisk säkring innehåller en mjuk metallbit kalibrerad att smälta vid en förbestämd strömstyrka, angiven i ampere, och därmed bryta kretsen.

T

Termostat En värmestyrd ventil som reglerar kylvätskans flöde mellan motor blocket och kylaren vilket håller motorn vid optimal arbetstemperatur. En termostat används även i vissa luftrenare där temperaturen är reglerad.

Toe-in Den distans som framhjulens framkanter är närmare varandra än bakkanterna. På bakhjulsdrivna bilar specificeras vanligen ett litet toe-in för att hålla framhjulen

parallella på vägen, genom att motverka de krafter som annars tenderar att vilja dra isär framhjulen.

Toe-ut Den distans som framhjulens bakkanter är närmare varandra än framkanterna. På bilar med framhjulsdrift specificeras vanligen ett litet toe-ut.

Toppventilsmotor (OHV) En motortyp där ventilerna finns i topplocket medan kamaxeln finns i motorblocket.

Torpedplåten Den isolerade avbalkningen mellan motorn och passagerarutrymmet.

Trumbroms En bromsanordning där en trumformad metallcylinder monteras inuti ett hjul. När bromspedalen trycks ned pressas böjda bromsbackar försedda med bromsbelägg mot trummans insida så att bilen saktar in eller stannar.

Trumbroms, montage

Turboaggregat En roterande enhet, driven av avgastrycket, som komprimerar insugsluften. Används vanligen till att öka motoreffekten från en given cylindervolym, men kan även primäranvändas till att minska avgasutsläpp.

Tändföljd Turordning i vilken cylindrarnas arbetstakter sker, börjar med nr 1.

Tändläge Det ögonblick då tändstiftet ger gnista. Anges vanligen som antalet vevaxelgrader för kolvens övre dödpunkt.

Tätningsmassa Vätska eller pasta som används att täta fogar. Används ibland tillsammans med en packning.

U

Universalknut En koppling med dubbla pivåer som överför kraft från en drivande till en driven axel genom en vinkel. En universalknut består av två Y-formade ok och en korsformig del kallad spindeln.

Urtrampningslager Det lager i kopplingen som flyttas inåt till frigöringsarmen när kopplingspedalen trycks ned för frikoppling.

V

Ventil En enhet som startar, stoppar eller styr ett flöde av vätska, gas, vakuum eller löst material via en rörlig del som öppnas, stängs eller delvis maskerar en eller flera portar eller kanaler. En ventil är även den rörliga delen av en sådan anordning.

Ventilspel Spelet mellan ventilskaftets övre ände och ventiltryckaren. Spelet mäts med stängd ventil.

Ventiltryckare En cylindrisk del som överför rörelsen från kammen till ventilskaftet, antingen direkt eller via stötstång och vipparm. Även kallad kamsläpa eller kamföljare.

Vevaxel Den roterande axel som går längs med vevhuset och är försedd med utstickande vevtappar på vilka vevstakarna är monterade.

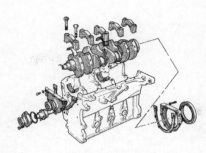

Vevaxel, montage

Vevhus Den nedre delen av ett motorblock där vevaxeln roterar.

Vibrationsdämpare Se Harmonibalanserare

Vipparm En arm som gungar på en axel eller tapp. I en toppventilsmotor överför vipparmen stötstångens uppåtgående rörelse till en nedåtgående rörelse som öppnar ventilen.

Viskositet Tjockleken av en vätska eller dess flödesmotstånd.

Volt Enhet för elektrisk spänning i en krets 1 volt genom ett motstånd av 1 ohm ger en strömstyrka om 1 ampere.